영유아의 언어·의사소통 발달 촉진
부모교육 프로그램

우리 아이와 함께 나누어요

진연선 · 김다윤 · 김종경 · 주은영 · 송엽 공저

학지사

머리말

To. 영유아의 언어 및 의사소통 촉진 전문가 선생님들

영유아는 대부분의 시간을 부모와 함께 보내며 부모에게 의존할 수밖에 없기 때문에 부모와 아동의 상호작용은 영유아의 발달에 중대한 영향을 미치는 최초의 중요한 사회적 환경입니다. 교육자와 전문가들이 자녀의 발달 문제를 알아서 해결해 주는 것이 부모에게는 편리할 수도 있지만, 부모는 자녀의 발달에 일차적인 영향을 미치기 때문에 부모의 역할을 간과할 수는 없습니다. 따라서 영유아의 의사소통 능력을 발달시키기 위해서는 부모가 아동의 수준에 맞는 적절한 자극을 제공하고, 아동의 의사소통 신호를 민감하게 알아차리고 반응해 주며, 아동이 주시할 수 있는 언어표현을 많이 사용해야 합니다. 이를 위해서는 부모가 아동의 언어 및 의사소통 발달에 적절하게 개입할 수 있도록 부모를 준비시키는 노력이 필요합니다.

따라서 이 책은 현장의 전문가 선생님들이 언어 및 의사소통에 어려움이 있는 자녀를 둔 부모에게 전문가의 역할을 부여하기 위한 부모교육 자료로 영유아 시기 자녀와의 상호작용 증진과 자녀의 언어 및 의사소통 능력 발달을 돕기 위한 프로그램을 제시하였습니다.

이 책은 'PART 1 프로그램 지침서' 'PART 2 프로그램 워크북' 'PART 3 가정생활에서 할 수 있는 언어 및 의사소통 지도 활용집'으로 구성되어 있습니다.

'PART 1 프로그램 지침서'에서는 전문가 선생님들께서 본 프로그램의 개발 배경 및 목적, 프로그램 관련 이론, 프로그램의 구성과 구체적인 내용, 프로그램의 활용 방법을 확인할 수 있습니다.

'PART 2 프로그램 워크북'은 실제 프로그램 진행 시 활용할 수 있는 것으로 회기별 활동지, 기록지, 교육 프로그램-부모교육 이론 자료집을 포함하였습니다.

'PART 3 가정생활에서 할 수 있는 언어 및 의사소통 지도 활용집'은 가정 내에서 경험할 수 있는 대표 상황에서 활용이 가능한 언어 및 의사소통 촉진 방법을 구체적으로 제시하여 전문가 선생님들께서 부모에게 보다 다양한 활동 내에서 의사소통을 촉진할 수 있도록 안내하는 자료집입니다.

실제 현장에서는 영유아의 언어 및 의사소통 촉진 시 부모교육 프로그램이 많이 요구됩니다. 바쁜 현장 속에서 부모교육 프로그램을 진행할 때 이 책이 도움이 되기를 바랍니다.

To. 부모님들

영유아 시기의 우리 아이들에게는 가정에서 가장 많은 시간을 함께 보내는 부모님께서 전문가가 되어 아이들의 언어 및 의사소통을 촉진하는 것이 아주 효과적입니다. 그렇다면 가정에서 영유아 시기에 언어 및 의사소통을 촉진하기 위해 어떻게 하면 좋을까요?

첫째, 우리 아이가 좋아하는 놀이나 활동을 관찰해 봅니다. 우리 아이가 부모님과 함께 상호작용할 때 가장 좋아하는 놀이나 활동이 무엇인가요? 예를 들어, 간식 먹는 시간인가요? 목욕시간인가요? 아니면 비눗방울 놀이시간인가요?

둘째, 우리 아이가 좋아하는 놀이나 활동 안에서 사용하는 제스처와 발성이 얼마만큼의 양과 어떤 형태를 갖추고 있는지 확인합니다. 예를 들어, 부모님에게 간식을 요구하기 위해 제스처를 많이 사용하나요? 발성을 많이 사용하나요? 예를 들어, 간식을 요구할 때 손을 내미나요? 부모님의 손을 끄나요? 아니면 손을 내밀면서 발성을 사용하나요? 발성을 사용한다면 어떤 발성인가요? "어~" 하는 모음 발성인가요? "음마~" "까까"와 같이 자음이 섞인 발성인가요?

셋째, 우리 아이가 언어 및 의사소통 표현을 나타낸다면 어떤 형태를 갖추고 있는지 확인합니다. 예를 들어, 과자가 먹고 싶을 때 "과자"라고 낱말로 표현하나요? 아니면 "과자 줘"라고 문장의 형태를 갖추고 있나요?

이처럼 영유아 시기의 우리 아이들의 언어 및 의사소통을 증진하기 위해서는 적절한 상호작용 환경을 만들어 주어야 하고, 우리 아이의 언어, 말, 의사소통 발달 수준에 맞는 적절한 자극으로 의사소통을 촉진해야 합니다.

이 책이 가정에서 부모님이 아동과 상호작용할 때 보다 자신감 있게 언어 및 의사소통을 촉진하는 데 도움이 되기를 바랍니다.

2018년
저자 일동

차례

Part 3 가정생활에서 할 수 있는 언어 및 의사소통 지도 활용집 / 167

PART 1
프로그램 지침서

1. 프로그램 개발 배경 및 목적

부모가 아동발달에 중요한 역할을 한다. 이는 부모가 자녀의 발달에 영향을 미치는 자극을 제공하는 데 중요한 역할을 수행하며 또한 책임져야 한다는 것을 의미한다.

교육자와 전문가들이 자녀의 발달 문제를 알아서 해결해 주는 것이 부모에게는 편리할 수도 있지만 부모는 자녀의 발달에 일차적인 영향을 미치기 때문에 부모의 역할이 간과될 수는 없다. 특히 영유아의 경우, 부모는 아동이 접하는 최초의 경험 대상이며 부모와의 의사소통을 통해 사회화의 기초를 형성한다. 그렇기 때문에 부모가 아동의 언어적 · 비언어적 수단에 민감하게 반응하고 아동의 행동에 의미를 부여해 주면서 아동에게 상호교환적인 자극과 경험을 제공하였을 때 아동은 그 안에서 일련의 규칙을 습득하고 의사소통을 표현하는 방식을 배우게 된다.

이 프로그램은 부모에게 전문가로서의 역할을 부여하기 위한 부모교육 또는 부모참여 프로그램으로, 자신의 자녀를 양육하고 의사결정을 하는 모든 단계를 포함한 조기중재의 전체적인 측면을 강조하면서 영유아 시기의 자녀와의 상호작용 증진과 언어 및 의사소통 능력 발달을 돕기 위한 프로그램이다.

프로그램의 목적은 다음과 같다.

첫째, 자녀의 의사소통 수준, 자녀와의 의사소통을 위해서 현재 양육자가 사용하는 전략들, 현재 직면하고 있는 특정 문제들에 대해서 인식시킨다.

둘째, 언어 및 의사소통 발달의 순서와 과정에 대해서 양육자에게 정보를 제공한다.

셋째, 자녀의 의사소통 발달을 촉진하기 위한 언어 및 의사소통 촉진 방법에 대한 정보를 제공한다.

넷째, 자녀와 상호작용 시, 자녀에게 반응적이고 성공적인 상호작용을 보조하는 방법을 알도록 양육자를 돕는다.

다섯째, 매일의 활동 및 규칙적인 일과 내에서 의사소통 발달을 위한 보다 효과적인 활동을 확인하게 하여 영유아 자녀와의 관계 및 의사소통 발달을 향상시킬 수 있도록 돕는다.

2. 프로그램 관련 이론

1) 부모-아동의 상호작용의 중요성

아동의 의사소통 발달은 가족이나 주위의 다른 사람과 상호작용을 통하여 일상생활에서 자연스럽게 이루어진다(Kaiser & Hester, 1994). 의사소통을 목적으로 하는 부모와 아동 간의 사회적 상호작용은 언어 획득을 위한 기본 조건인 동시에 언어 발달을 위한 근원적인 작용이라고 하였다. 특히 영유아는 대부분의 시간을 부모와 함께 보내며 부모에게 의존할 수밖에 없기 때문에 부모와 아동의 상호작용은 영유아의 발달에 중대한 영향을 미치는 최초의 중요한 사회적 환경이다. 또한 부모는 지속적인 상호작용을 통해 다양한 의사소통 상황에 관여하고 실용적 강화를 할 수 있어 아동의 발달을 위한 효과적이고 경제적인 중재자 역할을 할 수 있다(Mundy & Gomes, 1998; Stack & Arnold, 1998).

Kaiser와 동료들은 부모들이 실제로 언어 기술과 부모와 아동 간 상호작용에 긍정적인 효과를 낳으면서 자연적인 언어 중재 전략을 성공적으로 사용하는 것을 학습할 수 있으며, 가정환경에서 이러한 전략들을 일반화시킬 수 있다고 하였다(Kaiser, Hancock, & Nietfeld, 2000; Kaiser & Hemmeter, 1996). 또 다른 선행연구에서는 가정 내 언어 환경을 살펴보기 위해 LENA DLP(Lena Digital Language Processor)를 사용하여 부모와 아동이 상호작용하여 부모가 아동에게 들려주는 단어 수, 아동의 발성 수, 부모와 아동의 대화 차례 수를 살펴보며 가정 내 언어 환경의 중요성을 강조하기도 하였다(진연선 외, 2014). LENA DLP는 아동이 접하는 자연스러운 환경 내에서 아동의 언어 환경을 살펴보는 것으로, 방법은 LENA Research Foundation에서 제작한 조끼에 특수 제작된 LENA DLP 녹음기를 넣고 아동에게 입힌 후 약 16시간 이상 아동의 일상생활을 녹음한다. 아동의 일상적인 대화 자료를 녹음한 후 LENA 소프트웨어를 이용하여 녹음된 것을 자동 분석하여 아동의 언어 사용 및 양육자가 아동에게 들려주는 어휘 수, 대화를 주고받는 횟수, TV 노출 시간 등 아동의 전반적인 언어 환경을 분석할 수 있다(Gilkerson & Richards, 2008).

2) 영유아기 언어 및 의사소통 발달 특성

아동은 태어나면서부터 울음소리를 이용하여 다양한 욕구를 표현하고 점차 얼굴 표정, 눈맞춤, 몸짓을 이용하여 자신의 감정을 표현하며 부모의 관심을 유도하는 등 의사소통을 위해 원시적인 몸짓과 발성을 사용하는 언어이전기를 지나 12개월쯤 되면 단어 사용을 시작으로 점차 인간적인 발성과 복합적인 단어를 사용하면서 언어적 의사소통 능력을 발달시켜 나간다(Owens, 2005). 그러므로 언어이전기는 초기 의사소통 행위들(몸짓, 단순 발성)을 사용하고 언어기로 나아가기 위한 중요한 단계이다.

(1) 전반적인 언어 및 의사소통 발달

아동은 시기별로 자신의 욕구를 표현하기 위해 음성을 사용한다. 그러나 한꺼번에 소리를 내기 때문에 종종 발음이 틀리기도 한다. 그러다가 연령이 증가함에 따라 소리를 통제하는 능력과 발음을 정확하게 구사하는 능력이 세련되어진다. 말하고자 하는 어휘의 소리를 확인하고 소리의 순서를 결정해서 이해할 수 있는 형태로 통합하는 등 여러 가지 발성 기술이 발달한다. 생후 18~30개월에는 짧고 간단한 문장을 사용하지만, 30개월에서 3세 아동은 더 길고 복잡한 문장을 사용한다. 발달 시기별 전반적인 언어 및 의사소통 발달은 다음과 같다(배소영, 1995; Roseberry-McKibbin, & Hegde, 2006).

〈표 1-1〉 언어발달

발달 시기	언어발달
0~3 개월	• 큰 소리에 깜짝 놀람 • 소리가 나는 쪽으로 눈을 움직임 • 말소리에 주의를 기울이고 말소리가 나는 쪽으로 머리를 돌림 • 반사적으로 웃음 • 들어 올릴 때 가만히 있음 • 2개월 정도에는 사람과 말하면, 활동을 멈추거나 소리 내기를 멈춤
4~6 개월	• 6개월 정도에는 엄마가 "이리 와"라고 말하면서 팔을 내밀면, 팔을 벌려 반응함 • 가족 이름을 물어보면, 가족 구성원 쪽으로 움직이거나 바라봄(예: 아빠 어디 있어?) • 으르렁(growling), 깩깩거리며(squealing), 소리 지르고(yelling), 양 입술을 진동시켜 내는 소리 등과 같은 음성 놀이를 통해 음성 메커니즘을 탐구함 • 성인과 같은 모음을 산출하기 시작함 • 옹알이와 비슷한 발성을 시작함. 2음절을(예: 바바) 산출하고 양 입술을 이용하여 /ㅁ/을 산출함

7~9 개월	• 사물 이름을 명명하면 그 사물을 봄 • "아니"라는 말을 이해함 • 일부 제스처를 이용하기 시작(예: 까꿍놀이, 쎄쎄쎄 같은 제스처나 '아니'의 의미로 머리를 흔듦) • 말소리를 다양하게 조합하여 사용함 • 억양이 있는 음성놀이 및 강세 패턴을 사용함 • 약 9개월에 다른 사람의 억양과 말소리를 모방함 • 약 9개월에 다양한 옹알이를 시작함(예: 마바마바) • 숨겨진 장난감을 찾음(사물 영속성 시작)
10~12 개월	• '아니, 안녕, 쎄쎄쎄, 뜨겁다' 등과 같은 10개 이상의 단어를 이해함 • "앉아"와 같은 간단한 지시를 이해하고 특히 제스처가 동반된 요구를 이해함 • 상징과 물체를 연결하기 시작함. 맨 처음엔 실제 단어를 사용함 • 타인이 요구하는 블록, 장난감, 물건을 줌 • 몸짓을 주시하여 간단한 지시를 이해하거나 따라 함 • 숨겨진 장난감이 있었던 장소를 봄 • 자신의 이름 부르면 머리를 돌림 • 원하거나 필요한 것을 표현하기 위해서 제스처나 발성을 사용함 • 크게 재잘거림. 다양하고 폭넓은 음과 억양을 사용함. 발성 시 음도가 다양해짐 • 음성놀이에서 모든 자음 및 모음을 사용함
12~24 개월	[의미] • 한 단어를 사용하여 다양한 의미를 전달하고자 함. 3~20개의 단어를 사용하고 제스처를 사용함 • 약 18개월에 약 200개의 단어들을 이해하고 10~50개의 단어들을 산출함 • 일부 단어를 이해하고 간단한 요구를 할 수 있음 • "아니"라는 말을 이해함 • 가장 빈번하게 사용하는 어휘 범주는 '명사(예: 공, 엄마)' '동사(예: 마셔, 달려)' • 의미관계 혹은 다른 단어들 간의 관계(예: 인과관계)에 근거하여 의미를 이해함 • 한 단어 발화로 시작해서 점차 두 단어 발화를 사용함 • 이 시기에 다음과 같은 현상을 보임 　－과잉확대(과대일반화)(예: 여자는 다 엄마) 　－"이게 뭐야?" 질문에 대답할 수 있음(머리를 끄덕이거나 옆으로 흔들어 예/아니요로 대답함) 　－"모두 없어"와 같은 부정을 나타내는 말을 할 수 있음 　－1단계 명령 혹은 제스처를 수반한 간단한 지시를 수행할 수 있음(예: 엄마한테 숟가락 주세요) 　－19~24개월에는 '안에, 위에'와 같은 공간 개념을 사용하여 지시를 수행할 수 있음 　－다섯 가지 신체 부위를 지적할 수 있음

－알고 있는 사물을 지적할 수 있음

－19~24개월에는 간단한 이야기에 귀를 기울임. 특히 반복된 이야기 듣는 것을 좋아함

－'좀 더'라고 요구할 수 있음

－19~24개월에는 대명사와 이름으로 자신을 표현할 수 있음(예: 나는 보검이야)

－즉각적인 경험을 말로 할 수 있음(예: 앗 뜨거워)

－일부 동사 및 형용사를 사용할 수 있음

[구문]

• 한 단어, 한 단어를 한 문장처럼 사용. 한 단어는 여러 가지 생각을 표현. 예를 들어, "올려 줘"라는 표현은 "더 이상 여기 앉아서 놀기 싫어요. 나를 데리고 가세요"라는 의미일 수 있음. 평균발화 길이는 낱말 1~2개

• 문장과 같은 단어 사용. 한 단어에 음성 및 제스처를 더해서 의사소통함. 문장과 같은 단어는 다음과 같은 여러 가지 기본적인 기능들을 수행할 수 있음

－강한 어조와 단호한 말투 "차" → 아동은 차를 보면서 당신에게 말함

－의문문 "차?" → 이게 차인가요?

－서술적인 말투 "차" → 이거 차야.

• 일부 아동은 약 18개월에 두 단어를 붙여서 사용함

• 발화의 약 51%가 명사로 이루어져 있음

[화용]

• 전제가 나타남. 1~2세 아동은 청자 및 화자를 위해 의미를 공유하는 표현을 사용함

• 대화 규칙의 일부를 이해함. 화자와 청자의 역할을 할 수 있음

• 의도한 바를 전하기 위해서 비구어뿐만 아니라 구어를 사용함

• 초기 단어들을 의사소통 의도를 전달하기 위해서 사용하며 청자의 반응보다는 자신의 의도에 더 많은 관심을 둠

24~36 개월	[의미] • 대개 이해력이 표현력보다 좋음 • 30개월 된 아동은 약 2400개의 단어 이해. 36개월 된 아동은 약 3600개의 단어 이해. 36개월에서 표현어휘는 200~600개. 30개월에서는 평균 425개의 표현어휘를 가짐 • 의미는 지속적으로 학습되는 것으로 추정. 대상, 현상, 행위, 형용사, 동사, 공간 개념, 시간 개념 • 첫 대명사로 스스로를 지시하는 '나'를 사용 • 약 30개월에는 의문사 질문에 간단하게 대답. 성인에게 의문사 질문을 함 • 간단한 신체 부위를 지적할 수 있음

- 1~2개의 부분적인 명령을 수행할 수 있음(예: 양말 집어서 엄마한테 주세요)
- 복수형 이해
- 36개월에는 간단한 경험을 말할 수 있고 이해한 이야기를 말할 수 있음

[구문]
- 단어조합을 사용함. 구와 문장 구조를 가지기 시작함
- 낱말 2~4개의 평균 발화길이를 가짐. 36개월이 되면 종종 3~4개의 단어로 이루어진 문장을 사용함
- 주어-목적어-동사의 형태로 3~4개의 단어를 결합함(예: 아빠가 공을 던지다)
- 전보문식 구어를 사용함. 단어순서는 종종 목적어-동사(예: 강아지를 앉혀), 동사-목적어(예: 밀어 포비), 주어-동사 순. 대부분 문장은 완벽하지 못함
- 의문사(예: 저건 뭐야? 언제 집에 가?)와 예/아니요 질문을 사용함
- 동사의 앞에 "아니, 안 해"를 붙여 부정을 표현함(예: 나 그거 안 해. 그가 안 물었어)

[화용]
- 가끔씩 자기중심적이기는 하지만 대부분의 발화는 의사소통 의도를 가짐
- 빠른 주제 변화를 보임. 3세 아동은 대화의 약 20% 정도에서만 주제를 유지할 수 있음
- 의사소통에서 비평하기, 명령하기, 요구하기, 다루기, 질문하기, 대답하기 등이 나타남
- 개인 간 의사소통이 확대됨. 자신의 생각과 개성을 표현하기 위한 자신의 역할을 배움

출처: Roseberry-McKibbin & Hegde(2006).

〈표 1-2〉 한국어 언어발달 이정표

나이 영역	말소리	의미	구문구조	문법형태소	화용	이야기
0	옹알이 ㅁ ㄴ ㅃ ㄸ ㄲ ㅂ ㄷ ㄱ				몸짓과 소리로 의도 표현	큰소리, 과장된 소리에 가끔 반응
1		명사 이거 뭐 동사(줘, 가, 먹어, 앉아)	한낱말+억양		이름하기 부르기 대답하기 모방하기 요구하기	물어뜯거나 찢는다. 찾기도 한다.

2	ㅁㄴ ㅃㄸㄲ ㅂㄷㄱ	동사(끼워, 빼, 떼, 까)	두낱말 조합(행위자, 행위, 수식, 실체, 지시, 장소, 도구, 의문어, 부정 개념 중심)	종결어미(-야, -자) 의존명사(-거) 주격조사(-가) 주제보조사(-는) 보조용언(-쥐) 과거시제(-었-)	자기중심적	간단한 내용 질문에 대답 친숙한 이야기 가능
3	ㅍㅌㅋ ㅎ	관계어(크다-작다) 의문사(왜, 어떻게) 이렇게	세낱말 조합 한국어 기본구조 (주어+서술어+서술어) (주어+부사어+서술어) (주어+목적어+서술어)	연결어미(-고) 종결어미(다양) 전성어미(는, ㄴ, ㄹ)	자기주장과 반응이 대체로 적절	처음 본 이야기 산출 시도 명사나 서술어 나열

출처: 배소영(1995).

(2) 몸짓언어

몸짓언어란 언어습득 전인 생후 1~2년 동안에 의사소통을 목적으로 사용하는 몸짓을 말한다. 전언어적 의사소통 수단인 몸짓은 음성언어(발성, 언어)로의 발달을 위한 다리 역할을 한다. 어린 아동의 경우, 표현언어 능력이 제한되기 때문에 대부분의 의사표현이 표정, 울음, 눈짓, 몸짓과 같은 비언어적 행위에 의해 이루어진다. 대부분의 어린 아동의 경우 생후 9~10개월경부터 의사소통을 위한 몸짓을 사용하기 시작한다. 보통 11개월에서 20개월 사이에 1~2개의 상징적 몸짓을 만들어 사용할 수 있으며 1세 영아도 상대방이 몸짓을 사용하는 의도를 이해할 수 있다(Behne, Carpenter, & Tomasello, 2005). 생후 2~3년간 의사소통적 몸짓은 언어와 점차 통합되면서 언어를 대신하거나 보완해 주는 기능을 한다. 3세경이 되어 언어로도 의사소통이 가능해지면 몸짓언어는 사라진다. 표상적 몸짓은 구어가 발달하면서 점차 사라지나 손 흔들기, 끄덕이기와 같은 관습적 몸짓은 말과 합쳐져서 계속 사용된다.

〈표 1-3〉 몸짓 유형

몸짓 유형	내용 및 예
지시적 몸짓	몸짓이 의미하는 바는 몸짓이 사용되는 맥락에 의해 결정된다. 자신이 원하는 것을 달라고 그 사물을 가리키는(pointing) 것이나 먹을 것을 달라는 뜻을 나타내기 위해 입술에 손을 대는 몸짓을 예로 들 수 있다.
관습적 몸짓	모든 문화에 보편적으로 나타나는 몸짓이다. 고개를 끄덕끄덕하는 것이 대표적이다. 주로 주위에 성인이 목표 어휘와 함께 아동에게 몸짓을 시범 보이는 과정을 통해 아동이 습득하게 된다. 예를 들어, 엄마가 "빠이빠이 해야지" 하니 손을 흔들거나 소꿉놀이 중 고맙습니다의 의미로 "-다" 하고 소리 내고 고개를 끄덕이며 엄마가 알려 주었던 몸짓을 한다.
표상적 몸짓	참조물의 속성, 형태나 생김새를 반영하여 나타내는 몸짓으로 참조적 몸짓이라고도 한다. 예를 들어, '후후' 부는 동작은 뜨겁다는 속성을 나타내는 몸짓언어이고, '공'을 나타내기 위해 던지는 시늉을 하며, 새를 보고 두 팔을 벌리고 위아래로 흔드는 동작을 할 수 있다.

출처: Behne, Carpenter, & Tomasello(2005).

(3) 발성 및 표현언어 발달

① 발성 발달

언어이전기에 다양한 자음을 포함하는 복잡한 옹알이는 이후 언어발달을 예측한다(Bauman-Waengler, 2004). 그리고 언어 환경은 옹알이를 산출할 때 아동이 선호하는 소리에 영향을 미친다. 또한 첫 50낱말은 아동들이 반복적으로 사용하는 특정 문맥, 사회적 표현(인사말), 관심을 나타내는 말에 국한되어 있다. Ingram(1976)은 아동들이 어휘를 대략 50개 정도 습득하고 나서야 비로소 한 번 또는 두 번 듣고도 들은 단어를 일관성 있게 산출할 수 있는 생산적인 말소리 체계를 갖게 된다고 하였다. 초기 발성은 여러 단계로 나뉘는데(Oller, 1980; Bauman-Waengler, 2004) 발달 시기별 발성 발달을 좀 더 구체적으로 살펴보면 다음과 같다(하승희, 박보라, 2015; Nathani, Ertmer, & Stark, 2006).

〈표 1-4〉 발성 발달

발달 시기	발성 발달
0~2개월	• 딸꾹질과 같은 생리적인 소리, 울음, 불완전한 공명음이 포함되는 발성
1~4개월	• 모음 같은 소리, 자음 같은 소리

3~8개월	• 전사 가능한 모음, 자음 같은 소리 －단일 모음으로만 구성된 소리(예: 아) －모음이 2회 이상 산출된 소리(예: 아아, 아오)	
5~10개월	• 전사 가능한 모음, 자음 소리 －단일 자-모음 음절(예: 빠) －중첩적 옹알이(자음+모음, CV, 음절이 2개 이상인 소리) a. 반복적 옹알이: 자모음이 같은 순서로 반복적으로 산출된 소리(예: 빠빠, 다다) b. 반복되지 않은 옹알이: 자모음 결합이 서로 다른 소리로 산출되는 소리(예: 빠따)	
9~12개월	• 2음절 구조가 가장 많음. 평균 4개의 음절 유형 단일 자모음. 평균 5.4개 자음. 양순음, 성문음/파열음, 비음 －초성 자음: /ㅂ, ㅃ, ㅎ, ㅁ, ㄴ/, 종성 자음: /ㅁ/	• 자음+모음(CV) 외에 단일 음절(VC, CVC) (예: 암, 맘) • 복잡한 2음절(VCV, VCVC 등)(예: 아따, 아빠아) • 다양한 강세와 억양이 없는 여러 음절을 포함한 다음절의 연속체(VCVCV, VCVCCV) • 다양한 강세와 억양패턴을 가지고 자음과 모음이 변하지 않는 다음절 변화들
12~15개월	• 반복적 옹알이(reduplicated canonical babbling) 음소발달 활발. 자음이 포함된 음절구조의 발성 활발 －조음 위치: 치조음 －조음방법: 파열음, 비음 －종성자음: /ㄴ/	
15~18개월	• 다양한 자음, 모음이 결합된 복잡한 음절. 변형적 음절성 옹알이(variegated babbling), 자곤(jargon), 이중모음까지 포함하기도 함. 평균 9.8개 자음 －15개월: 초성자음-연구개음, 파열음과 비음. 종성자음-/ㅇ/ －18개월: 초성자음-경구개음. 파찰음 추가. 종성자음-주로 비음	

〈용어〉
• c: consonant, v: vowel

출처: 하승희, 박보라(2015); Nathani, Ertmer, & Stark(2006).

② 표현언어 발달

돌이 지나면서 아동은 말로 의사소통하기를 시작한다. 아직 제스처나 발성도 많이 사용하지만 이때부터는 아동의 의미 세계가 확대된다. 첫 낱말은 흔히 아동이 접하고 필요로 하는 것 중에 선택된다. 이 낱말 중 대다수가 구체적인 참조물이 있는 사물이나 사람인 경우가 많다. '맘마, 물, 까

까, 엄마, 이모' 등이 그 예이다. 낱말 단계의 경우, 생활환경에서 많이 들을 수 있고 많이 사용하는 고빈도 어휘를 산출한다. 첫 낱말 표현의 예는 "아빠" "엄마" "어(네)" "암(물)" "시어(싫어)" "아이, 아이야(아니야, 안 돼)" "하미(할머니)" "여여(열어)" "시에(시계)" "으쨔(의자)" "빠빠(빠방 차)" 등과 같다 (배소영, 1995).

첫 낱말이 나타난 이후 아이들이 10개 내외의 낱말을 습득할 때까지의 기간에는 상당한 개인 차가 있다. 보통 양적인 면에서 1세 6개월 정도가 되면 보통 50~100개 정도의 낱말이나 어구를 표현할 수 있다. 두 낱말 조합 표현 예는 "빵 먹어" "문 닫아" "엄마 가" "시계 아니야" "아빠 없다" "아가 이뻐" "아빠 타이" "엄마 신" "집 가" 등이 있다(심현섭 외, 2005). 초기 문장 단계의 경우, 우리말에 있는 기본 구문구조를 활발하게 사용한다. '주어+목적어+서술어' '주어+부사어+서술어' '주어+서술어+서술어' '서술어+[주어+목적어]+서술어'의 구조를 빈번하게 사용한다. 또한 제한된 범위 내에서 문법형태소를 탐색한다. 조사나 문장어미, 시제 등을 나타내는 문법형태소의 발달단계에서 격조사는 [공존격 → 장소격 → 주격(가) → 주격(는) → 목적격 → 도구격] 순서로, 동사형태소는 [문장어미 → 과거형 → 미래형 → 수동형 → 진행형]의 순서로 발달되므로 이를 교육 시에 고려하여야 한다. 하지만 문장의 습득 속도가 느린 아동에게 문법적인 완벽함을 요구하지 않도록 조심하여야 한다. 지나친 교정은 아동의 구어 의욕을 감소시키기 때문이다(조명한, 1982).

〈표 1-5〉 문법형태소 출현 순위

출현 순위	문법형태소	예
1	문장어미	아, 라
2	공존격조사	랑, 하고, 도
3	장소격조사-목표격, 처소격	목표격: 에, 한테, 으(에)로 처소격: 에
4	과거시제	었
5	미래시제	ㄹ
6	주격조사	가
7	진행시제	ㄴ, ㄴ다
8	수동	이, 히
9	주격조사	는
10	목적격조사	을, 를

11	도구격조사	로
그 외	한정격조사, 수여격조사	한정격조사: 도, 만 수여격조사: 에게, 한테

출처: 조명한(1982).

(4) 언어 이해

이해는 호명을 듣고 반응을 보이는지, 제스처가 동반된 상황을 적절하게 이해하는지, 제스처를 동반하지 않아도 단어나 짧은 구와 문장을 들려주었을 때 이해하는지를 살펴보는 것이 중요하다 (Wetherby & Prizant, 2007). 수준에 따라 직접적 지시, 신체적 촉구, 모델링을 통해 아동이 해야 할 것을 보여 줄 수도 있다.

3) 영유아기 언어 및 의사소통 발달 관련 요소

영유아기 언어 및 의사소통 발달 관련 요소는 인지, 운동 및 사회성 발달과 밀접하게 연관되어 있다고 설명하고 있다(이윤경, 2011; Bates et al., 1977; Bates & Snyder, 1987; Wijnroks & Veldhoven, 2003). 특히 McLean과 Snyder-McLean(1978)은 의사소통 발달이 다른 영역의 발달, 특히 인지 및 사회성 발달과 밀접한 관계를 가지고 진행되며, 언어 및 의사소통 발달 초기에는 인지 및 사회성 발달이 기초가 되므로 이 시기의 언어 및 의사소통 행동 발달을 이해하기 위해서는 이러한 발달영역 간의 상호교류적 특성들을 이해해야만 한다고 강조하였다. 이를 바탕으로 공동주의집중과 인지적 기초 능력을 구체적으로 살펴보면 다음과 같다.

(1) 공동주의집중

공동주의집중은 사회적 상호작용에 기본이 되는 기술로, 관심을 공유하기 위해서 대상을 응시하거나 가리키는 등의 전형적인 몸짓을 사용하는 것이다. 즉, 상대방의 시도에 적절하게 반응하거나, 자신이 관심을 보이는 대상에 대해 자발적으로 상대방의 주의를 유도하는 것을 말한다 (Bakeman & Adamson, 1984; Jones & Carr, 2004). 이는 언어 획득 이전에 발생하는 가장 빠른 사회적 행동 중 하나로(Sigman & Capps, 1997), 타인의 심적 표상에 대한 이해를 시작하게 하여 언어 능력으로 이어질 뿐 아니라(Baron-Cohen & Swttenham, 1997) 아동의 놀이, 모방, 그리고 사회적 행동의 발달과 연관된다(Bates, Bnigni, Bretherton, Camaioni, & Volterra, 1977). 공동주의집중은 영아기 전반에 거쳐 서서히 발달한다(Butterworth, 1995; Corkum & Moore, 1995). 신생아기에는 주로 양육자와 눈을 맞추는 쌍방적 공동주의집중을 한다. 그리고 생후 6개월경에는 부모에서 외부 대상으로 또는 외부 대상에서 양육자로 주의를 전환하거나 눈을 마주치게 된다. 생후 10개월 정도가 돼서야 비로소 다른 사람의 도움 없이 자발적으로 타인의 시선을 따라가고 생후 13개월에서 생후 18개월 사이에 협응적 공동주의집중이 폭발적으로 증가한다.

(2) 인지적 기초 능력

영유아는 언어가 사물을 상징하며 그 언어를 사용하면 자신의 의사를 손쉽게 전달할 수 있다는 것을 인지적으로 깨달을 때 창조적인 언어를 사용할 수 있다. 주로 Piaget의 감각운동기(0~24개월) 시기에 영유아는 물리적ㆍ감각적 경험을 통하여 사물을 인식하게 되며 말기에는 상징적 사고가 생겨 놀이나 언어 등을 통하여 자신의 의사를 표현하기 시작한다. 감각운동기(0~24개월)에는 수단-목적 및 인과성 개념(Bates & Snyder, 1987), 사물영속성 개념(Bates et al., 1977), 모방, 도식화 및 상징놀이(Acredolo & Goodwyn, 1988)와 같은 언어나 의사소통과 밀접한 관계가 있는 인지 능력이 발달한다.

〈표 1-6〉 수단-목적 및 인과성, 사물영속성, 동작 및 소리 모방, 도식 및 상징놀이

수단-목적 및 인과성	• '수단-목적' 개념: 문제해결을 위한 수단으로 여러 가지 사물을 사용할 수 있다는 것을 이해하는 능력을 말한다. • 인과성 개념의 인식: 다른 사물이나 사람이 어떤 행위의 원인이 될 수 있다는 것을 깨닫는 것이다. 이러한 인과성 개념은 원인을 나타내는 초기 문장이나 질문하기 등의 기초 능력이 된다.
사물영속성	• 사물이 시각적으로 보이는 것이나 즉각적인 현상과는 무관하게 독립적으로 존재한다는 것을 이해하는 능력을 말한다. • 이러한 사물영속성 개념이 발달함으로써 눈에 보이지 않는 사물이나 사람, 활동에 대하여 이야기할 수 있게 되는 것이다. • 초기 한 낱말로 흔히 사용되는 '또'나 '더'와 같은 어휘의 사용이나 "공 가져와" 하면 다른 방에 가서 공을 가져올 수 있는 것은 이러한 사물영속성 개념에 기초한 것이다.
동작 및 소리 모방	• 동작이나 음성을 사용하여 제시된 행동을 모방할 수 있는 능력을 의미한다.

• 도식
 − 아동이 다양한 기능과 관련하여 사물을 구별해 내는 데서 시작한다.
 − 초기 모든 사물에 대하여 똑같은 행동(예: 빨기)을 무분별하게 적용하다가, 차츰 흔들고 두드리고 움직여 보거나 치는 행동을 여러 대상에게 적용하게 된다.
 − 도식의 발달은 사물의 기능과 관련된 행동을 사용하고 사물에 대한 시각적 탐색을 시작했음을 보여 주는 것이다.
 − 점차 사회적 기능과 관련하여 사물과 행동을 조합하기 시작한다. 예를 들어, 인형을 껴안거나 머리를 만지거나 하는 행동을 보인다. 이러한 행동은 상징놀이를 보이기 위한 전 단계의 형태를 띠는 것이며 명명하기의 기초적인 능력이 된다.

• 상징놀이: 어떤 사물이나 행동을 다른 사물이나 행동으로 상징화할 수 있는 능력의 발달을 의미한다.
 − 빗으로 머리를 빗는 등의 일상 사물에 대한 기능적인 놀이 단계에서 가상놀이 단계로 발전할 때 순수한 상징놀이가 시작되었다고 볼 수 있다.
 − 처음에는 아동 자신에 대해서만 가상행동을 나타내는 자기중심적인 형태(예: 아동 자신이 빈 컵으로 마시는 척)로 나타낸다.
 − 보편적인 상징놀이가 나타나는 초기에는 행위 하나하나를 도식화하는 단순상징행동을 보이다가(예: 빗으로 인형의 머리를 빗기는 척한다) 일련의 행위들을 연결하여 도식화하는 복합상징행동을 보이게 된다.
 − 이후, 자신이 할 가상놀이의 사물을 미리 찾는 행동을 보이거나 언어로 언급하는 행동이 나타나기도 하며 사물을 대치하여 사용하기도 하고(예: 물컵을 비누로 사용), 사물을 움직이는 것처럼 가장하는 행동을 보이기도 한다(예: 인형이 걸어가는 것처럼 가장).

도식 및 상징놀이

1. 초기 및 전환기적 상징놀이 단계	1) 탐험적인 놀이(Exploratory Play): 9~10개월, 물건에 대한 합당한 기능을 보여 주지는 못하지만 탐험하는 자세를 보인다.
	2) 전 상징기적 행동(Presymbolic Schemes): 11~13개월, 물건에 대한 전체적인 사용을 보여 준다. 예) 전화기를 들어 귀에 가져간다.
	3) 자동적 상징 행동(Autosymbolic Schemes): 14~15개월, 자신의 몸을 중심으로 한 상징놀이를 한다. 예) 빈병을 들어 마시는 흉내를 낸다. 접시로부터 먹는 흉내를 낸다.
2. 상징놀이 단계	1) 단순 상징행동(Single Schemes): 16~17개월, 자신의 신체에만 국한되지 않는 진정한 상징행동을 다음의 두 경우 중 한 가지로 보인다. (1) 인형이나 다른 대상에게 상징행동을 보인다. 예) 인형에게 우유 먹이는 흉내를 낸다. 곰인형을 잠자리에 눕히는 흉내를 낸다.

2. 상징놀이 단계	(2) 다른 사람이나 물체의 흉내를 낸다. 예) 신문 읽는 흉내를 낸다(아빠 흉내). 고양이 인형을 집어 들고는 "야옹" 한다(고양이 흉내).
	2) 단순 상징행동 조합(Single Scheme Combination): 18~19개월, 한 가지 단순한 상징행동을 둘이나 그 이상의 대상에게 반복한다. 예) 인형에게 우유를 주는 흉내를 낸 후, 자신에게도 우유를 먹이는 흉내를 낸다. 마실 것을 엄마, 인형, 곰인형에게 차례로 주는 흉내를 낸다.
	3) 복합 단순행동 조합(Multischeme Combination): 20~24개월, 연속적인 일련의 행동 속에서 두 가지 이상의 상징행동이 나타난다. 예) 국자로 냄비를 젓는다 → 접시에 따른다 → 인형에게 떠 먹인다.
3. 계획적 상징행동 단계	1) 물건대치 상징행동(Object Substitution): 24~35개월, 전래적인 물건 대신에 다른 물건으로 대치하여 상징행동을 보일 수 있다. 무의미 물건대치, 비전래적인 물건대치, 상징적 물건대치
	2) 대행자 놀이(Agent Play): 24~35개월, 인형이나 다른 사물을 움직이고 행위할 수 있는 행위자로 가장하거나, 다른 사람의 역할을 가장한다.
4. 사회적 역할놀이 단계	1) 두 가지 사회인인 역할: 36~47개월 2) 세 가지 사회적인 역할: 48~59개월 3) 복합적인 사회적 역할: 60~72개월

출처: 김영태(2002).

4) 영유아기 언어 및 의사소통 촉진 전략

　아동의 의사소통 능력을 발달시키기 위해서는 부모가 아동의 수준에 맞는 적절한 자극을 제공하고 아동의 의사소통 신호를 민감하게 알아차리고 반응해 주며 아동이 주시할 수 있는 언어적 표현을 많이 사용해야 한다. 이를 위해서는 부모가 아동의 언어 및 의사소통 발달에 적절하게 개입할 수 있도록 부모를 준비시키는 노력이 필요하다(Alpert & Kaiser, 1992; Patterson & Barnard, 1990).

　아동의 의사소통 능력을 증진시키기 위해서는 눈맞춤, 관심 공유, 모방 등의 초기 의사소통 기술로 언어발달을 도모하고(Kliger & Dawson, 1992). 아동의 발화와 단어조합 사용을 발달시키는 방법을 사용할 수 있다(Rescorla & Goosens, 1992). 구체적인 전략은 다음과 같다(Manolson, Ward & Dodington, 1995; Owens, 2005; Yoder & Warren, 2002; Ingersoll & Dvortcsak, 2010; 김정미, 이수향, 2007; 이금진, 2001).

(1) 관찰하기

아동이 관심을 가지는 것과 느끼는 것을 관찰하는 것이다. 가끔 부모들은 아동이 무슨 생각을 하고 있는지 알지 못할 때가 있다. 그러므로 아동의 행동, 몸짓, 얼굴 표정을 관찰하는 시간을 갖게 되면 아동의 마음을 이해하는 데 도움이 된다.

(2) 공동주의집중 및 공동활동 늘리기: 참여하며 놀기, 아동 주도 따르기

아동이 관심 있어 하는 활동에 참여하여 따르는 것이다. 아동이 원하는 행동이나 활동을 주도하도록 맞추는 것으로, 기능적인 언어 사용을 가르치는 데 아동 주도를 따르는 것은 매우 중요하다. 아동 주도 행동은 활동의 선택이나 대화의 시도 등에서 이루어질 수 있다. 이렇게 아동이 선택한 활동 또는 대화의 주제는 아동의 참여를 도와주며 적극적인 의사소통자의 역할을 해 줄 수 있다. 아동 주도를 따르기 위해서는 부모가 공동주의집중과 공동활동을 유지해야 한다.

두 사람이 의사소통을 하기 위해서는 우선 함께 주목할 수 있어야 한다. 부모와 아동이 실제로 어떤 활동에 함께 참여하는 것은 의사소통 발달에 중요한 역할을 한다. 아동이 어떤 활동을 하고 있을 때 부모가 활동을 같이 하도록 한다. 부모의 개입에 대해 관심을 보이면 아동이 좋아하는 다른 물체를 다소 과장된 자극과 함께 제시하여 관심을 유도한다(다소 높은 소리, 다양한 억양, 과장된 제스처 사용).

(3) 공동주의집중 및 공동활동 늘리기: 의사소통 촉진을 위한 놀이 확장

두 사람이 의사소통을 하기 위해서는 우선 함께 주목할 수 있어야 한다. 이때 적절한 의사소통을 촉진하기 위해서 부모는 아동의 놀이 패턴과 놀이 기능을 확인하고 이를 의미 있는 행동으로 확대시켜 나가야 한다.

(4) 기다리기

아동이 흥미 있어 하는 것을 관찰할 수 있게 시간을 제공하거나 상호작용을 시작할 시간 혹은 부모의 말이나 행동에 대해 아동이 반응할 시간을 제공하는 것이다. 부모가 아동의 메시지를 귀 기울여 들을 때 부모는 아동에게 그들이 중요한 존재라는 것을 알릴 수 있고 이는 아동의 자신감을 세우는 데 도움이 된다. 상호작용 시작 시간을 기다리는 것은 부모가 관찰하기, 참여하며 놀기를 통해 아동이 원하는 물건이나 행동을 미리 파악한 후 아동이 원하는 것을 요청할 수 있도록 하는 것이다. 이를 위해 구조화된 상황을 만들어 주고 아동 스스로 의사를 표현할 수 있도록 기회를 제공한다. 지시를 내린 후 반응할 시간을 기다리는 것은 부모의 사물 요청하기와 행동 요청하기 등의 지시에 아동이 반응할 시간을 제공한다. 이때 수준에 따라 직접적 지시, 신체적 촉구, 모델링을 통해 아동이 해야 할 것을 보여 줄 수도 있다.

(5) 얼굴 마주 보기

아동과 상호작용을 할 때 얼굴을 마주 보면 부모와 아동은 같은 순간을 공유하기 쉽다. 얼굴 마주 보기는 아동의 상호작용 준비도를 확인할 수 있는 가장 중요한 방법이자 좋은 방법이다. 아동은 부모의 얼굴과 표정을 봄으로써 부모가 무엇을 하는지, 무엇을 말하는지를 알 수 있으며 부모가 어떻게 소리나 낱말을 산출하는지를 알 수 있다. 부모는 언제나 아동이 부모의 눈을 똑바로 볼 수 있도록 자세와 위치를 바꾸어야 한다.

(6) 모방하기

아동의 행동이나 말을 모방하는 것을 말한다. 이는 의사소통을 막 시작한 어린 아동과 연결하는 가장 좋은 방법으로 아동의 의사소통 행동, 표정, 소리와 말을 그대로 모방하는 것이다. 아동의 메시지를 해석하는 것은 부모가 듣고 있으며 이해하려고 애쓰고 있다는 것을 아동에게 알리는 매우 강력한 방법이다.

(7) 언어 확장하기

아동이 표현한 소리를 확대 및 확장해 주는 것을 의미한다.

아동은 자신이 원하는 것과 마음에 있는 것을 표현하기 위해 궁극적으로는 낱말이 필요하다. 아동에게 교육할 낱말은 현재 그 순간에 일어나고 있는 것에 맞추어야 하고 항상 같은 것에 대하여 같은 낱말을 사용해야 한다.

아동이 스스로 표현하도록 돕기 위해 언어를 덧붙이는 방법은 아동의 의사소통 발달단계에 좌우된다. 발성 수준의 경우, 아동의 발성 수준을 고려하여 확장을 해 주어야 한다. 낱말 단계는 생활환경에서 많이 들을 수 있고 많이 사용하는 고빈도 어휘를 고려하여 들려준다(명사, 동사, 형용사 등). 그리고 초기 문장 단계는 아동의 문장 수준에 맞추어 들려준다. 이때 문장의 습득 속도가 느린 아동에게 문법적인 완벽함을 요구하지 않도록 조심하여야 한다. 지나친 교정은 아동의 구어 의욕을 감소시키기 때문이다.

낱말 단계와 초기 문장 단계의 경우, 아동중심기법은 아동의 관심을 살펴 그 물건이나 행동에 함께 참여하며 적절한 목표언어 형태를 시범 보이는 것이다. 시범의 방법에는 혼잣말기법, 평행발화기법이 있으며 이는 직접적인 모방을 요구하기보다 집중적인 자극을 주는 방법이다. 또한 직접적인 모델링을 통해 모방하게 하여 촉진할 수도 있다. 이때 다양한 환경을 고려하여 확장해 주는 것이 좋다.

발성 및 언어 확장을 위해서는 제스처 양식을 함께 촉진하는 것이 도움이 된다. 선행연구를 살펴보면 상징적인 제스처와 구어 발달 간에 정적상관을 보여 의사소통 맥락 내에 더 많은 상징적인 제스처를 사용할수록 어휘가 더 풍부하다고 한다. 결국 제스처 양식을 함께 촉진하는 것은 부모와의 초기 의사소통 및 후기 아동의 어휘 기술에 모두 이롭다(Boyatzis & Waston, 1993; Goodwyn, Acredolo, & Brown, 2000; Nicoladis, Mayberry, & Genesee, 1999).

〈표 1-7〉 일상생활 내에서 상징적 제스처 양식 예

참조물	제스처 예
음료수	엄지를 입에 갖다 댐
더	집게손가락을 두드림 혹은 두 손을 넓게 펼침
원숭이	팔을 긁음
모자	머리를 두드림
물고기	입술로 뽀뽀함
물	손바닥을 함께 문지름
책	손바닥을 열거나 닫음
돼지	손가락으로 코를 누름
카메라	손을 눈에 걸고 사진 찍는 흉내를 냄
선풍기	손가락 하나를 들고 돌림
냄새 남	코를 찡그리며 손가락을 댐
무서움	가슴을 반복적으로 두드림
밖으로 나감	손잡이를 돌리는 행동
기린	손으로 목을 잡고 길게 표현
어디?	손바닥을 위로 올림

출처: Goodwyn, Acredolo, & Brown(2000).

〈표 1-8〉 언어모델링 예

아동의 의사소통	모델링할 언어
전의도적 또는 비관습적 제스처	의도적인 제스처와 한 단어
유사 단어 또는 한 단어	한 단어와 두 단어 조합
두 단어 조합	간단한 구절/문장

출처: Ingersoll & Dvortcsak(2010).

(8) 차례 주고받으며 대화하기

아동과 부모가 교대로 주고받으며 상호작용하는 것을 말한다. 균형 잡힌 대화를 위해 부모는 대화 시 최대한 일대일의 비율로 아동이 말하는 기회와 동일하게 말할 기회를 가져야 한다. 균형 잡힌 대화는 아동의 관심을 유지하고 상호작용에 참여하게끔 한다. 아동이 부모와의 상호작용에 참여하는 것이 길면 길수록 아동이 언어를 배울 기회가 더 많아진다. 이때 아동의 발화 길이와 말·반응속도, 아동의 관심에 맞추어야 한다. 대화를 위해 아동의 속도를 유지하도록 하는 것이 필요하다.

아동이 대화에서 주고받기를 하는 방법을 배우는 데에는 많은 시간이 걸린다. 때로는 아동이 자신의 순서를 인식하지 못해서 주고받기에 실패할 수도 있다. 가장 간단한 방법은 '기다리기'이다. 그러나 어려운 경우, 얼굴 표정과 몸짓으로 신호를 주고 기다리거나 시각적 단서를 제시하여 아동에게 익숙한 활동의 순서를 바꾸고 기다리는 등의 방법이 있다. 또한 '모방하기'를 적용해 봐도 좋다.

(9) 기타: 말 속도, 명료도, 말소리 크기, 운율

상호작용 시 부모의 말 속도, 명료도, 말소리 크기, 운율도 언어 및 의사소통 촉진에 영향을 미친다. 말 속도는 부모의 절대적인 말 속도뿐 아니라 아동과 비교하였을 때의 상대적인 말 속도를 의미한다. 명료도에서는 부모의 말이 명료하게 전달되는지, 아동의 말 모델로 적절한가를 동시에 고려해야 한다. 말소리 크기는 말소리가 너무 조용하면 아동의 활동에 영향을 미칠 수 없으며 너무 크면 지시적이거나 지배적으로 느껴질 수 있다. 운율은 아동과 상호작용하는 동안 부모의 말에 나타나는 강세와 억양을 살펴봄으로써 생기와 같은 비구어적 측면과도 관련된다.

3. 프로그램 구성 및 구체적인 내용

1) 프로그램 구성

이 프로그램은 'PART 1 프로그램 지침서' 'PART 2 프로그램 워크북' 'PART 3 가정생활에서 할 수 있는 언어 및 의사소통 지도 활용집' 으로 구성하였다.

〈표 1-9〉 프로그램 구성 및 내용

프로그램 구성	내용	
PART 1 프로그램 지침서	전문가가 부모에게 이 프로그램을 잘 적용할 수 있도록 프로그램 개발 배경 및 목적, 프로그램 관련 이론, 프로그램 구성 및 구체적인 내용, 활용 방법에 대해 안내	
PART 2 프로그램 워크북	교육 프로그램: 부모교육 이론 자료를 제공하여 훈련 프로그램 이전에 1회기에서 이론 교육을 실시	부모교육 이론 자료집
	훈련 프로그램: 실제 부모를 훈련하는 것으로, 언어 및 의사소통 촉진에 대한 방법을 회기별로 실시	초기 면담지, 사전·사후 관찰 기록지, 회기별 활동지, 가정 내 과제지-의사소통 행동 기록지
PART 3 가정생활에서 할 수 있는 언어 및 의사소통 지도 활용집	가정에서 할 수 있는 총 26개의 활동을 제공하였고, 이를 언어이전기와 언어기로 나누어 '언어 및 의사소통 촉진 방법'에 대해 안내	

'PART 1 프로그램 지침서'는 전문가를 대상으로 제작하였으며 프로그램 개발 배경 및 목적, 프로그램 관련 이론, 프로그램 구성 및 구체적인 내용, 활용 방법을 소개하였다.

'PART 2 프로그램 워크북'은 교육 프로그램(education program)과 훈련 프로그램(training program)으로 구성되어 있다. 교육 프로그램은 이론 자료를 통해 전문가가 부모에게 교육을 진행하는 것으로, 부모가 아동의 언어 및 의사소통 수준과 자신의 촉진 방법에 대해 객관적으로 인식하는 것을 목적으로 실시한다. 이론 자료에서는 언어 및 의사소통 발달 자료와 언어 및 의사소통 촉진 전략에 대해 소개하였다. 훈련 프로그램은 실제 언어 및 의사소통 촉진에 대한 훈련 프로그램 방법을 회기별로 소개하였다. 훈련 프로그램은 아동의 언어 및 의사소통 발달 수준에 맞추어 언어 이전기와 언어기로 나누어서 활동을 구성하였다.

프로그램에서 진행되는 자료는 '부모교육 이론 자료집' '초기 면담지' '사전 · 사후 관찰 기록지' '회기별 활동지' '가정 내 과제지—의사소통 행동 기록지'를 포함하였다.

첫째, '부모교육 이론 자료집'은 언어 및 의사소통 발달 자료와 언어 및 의사소통 촉진 전략에 대해 소개하였다.

둘째, '초기 면담지'는 '부모와 아이 간 상호작용' '아이가 주로 사용하는 의사소통 수단의 예' '본 프로그램을 통해 배우고 싶은 것과 궁금한 내용' '현재 아동의 교육력과 치료력'에 대한 내용을 포함하였다.

셋째, '사전 · 사후 관찰 기록지'는 '전체 종합' '부모—아동의 상호작용' '아동의 놀이 특성' '양육자의 의사소통 촉진 전략' '아동의 언어 및 의사소통'의 내용을 포함하였고 사전과 사후로 나누어 기술하게 하였다.

넷째, '회기별 활동지'는 각 회기별로 '회기-목표' '오늘의 활동' '부모님 생각해 보세요—우리 아이와 나는?' 'Q&A'를 포함하였다.

다섯째, '가정 내 과제지—의사소통 행동 기록지'는 가정 내 언어 및 의사소통 촉진 방법을 적용할 수 있도록 돕는 것이며 촉진 목표별로 가정 내 적용을 잘 하였는지를 기록할 수 있도록 하였다.

'PART 3 가정생활에서 할 수 있는 언어 및 의사소통 지도 활용집'은 가정 내에서 경험할 수 있는 대표 상황에서 언어 및 의사소통 촉진 방법을 구체적으로 제시하여 전문가가 부모에게 보다 다양한 활동 내에서 촉진할 수 있도록 돕는 자료집이다. 보다 효과적인 촉진을 위해 아동의 언어 및 의사소통 발달 수준에 맞추어 언어이전기와 언어기로 나누어 촉진 방법을 소개하였다.

가정생활에서 할 수 있는 언어 및 의사소통 지도 활용집은 총 26개의 활동으로 이루어져 있다. 활동은 일상에서 가능한 '일상활동'과 '놀이활동'으로 나누었고 놀이 및 언어 수준에 맞추어 '언어이전기'와 '언어기'로 나누어 활동을 정리하였다. 활동의 내용에는 '목표' '언어 및 의사소통 촉진 방법' '고려사항'이 포함되었다. '목표' 영역에는 '부모 목표'와 '아동 목표'가 포함되었고, '언어 및 의사소통 촉진 방법'에는 '준비물'과 '촉진 전략별 놀이방법'이 포함되었다. 활동은 일상활동에서는 식사시간, 씻기시간, 옷 입고 벗기, 장난감 정리 시간, 바깥놀이, 매트 위에서 구르기, 음악 듣고 춤추기, 잼 바르기 놀이, 꽃 심기 활동을 포함하였다. '놀이활동'에서는 멜로디 장난감, 블록놀이, 기차놀이, 공놀이, 비눗방울 놀이, 풍선놀이, 퍼즐놀이, 찰흙놀이, 도장 찍기 놀이, 그리기 놀이, 음식 차리기 놀이, 병원놀이, 목욕놀이, 마트놀이, 미장원 놀이, 생일축하 놀이, 책 보기 활동을 포함하였다.

〈표 1-10〉 가정생활에서 할 수 있는 언어 및 의사소통 지도 활용집

활동	언어이전기	언어기
일상활동-식사시간	○	○
일상활동-씻기시간	○	○
일상활동-옷 입고 벗기	○	○
일상활동-장난감 정리 시간	○	○
일상활동-바깥놀이(미끄럼틀, 그네 타기)	○	○
일상활동-매트 위에서 구르기	○	○
일상활동-음악 듣고 춤추기	○	○
일상활동-잼 바르기 놀이	×	○
일상활동-꽃 심기	×	○
놀이활동-멜로디 장난감	○	○
놀이활동-블록놀이	○	○
놀이활동-기차놀이	○	○
놀이활동-공놀이	○	○
놀이활동-비눗방울 놀이	○	○
놀이활동-풍선놀이	○	○
놀이활동-퍼즐놀이	○	○
놀이활동-찰흙놀이	○	○
놀이활동-도장 찍기 놀이	○	○
놀이활동-그리기 놀이	○	○
놀이활동-음식 차리기 놀이	×	○
놀이활동-병원놀이	×	○
놀이활동-목욕놀이	×	○
놀이활동-마트놀이	×	○
놀이활동-미장원 놀이	×	○
놀이활동-생일축하 놀이	×	○
놀이활동-책 보기 활동	○	○

2) 프로그램의 구체적인 내용

실제 프로그램을 진행하기 위해서는 'Part 2 프로그램 워크북'을 활용한다.

'프로그램 워크북'을 살펴보면 이 프로그램은 총 8회기로 언어이전기와 언어기로 나누어 부모교육 프로그램을 실시한다.

프로그램은 교육 프로그램(education program)과 훈련 프로그램(training program)으로 나뉜다.

교육 프로그램은 1회기에 진행되며 '부모교육 이론 자료집'을 제공한다.

훈련 프로그램은 2회기부터 8회기까지 진행된다. 이때 2회기부터 6회기까지는 '프로그램 회기별 활동지 및 기록지'를 사용하여 아동과 부모에게 맞는 언어 및 의사소통 촉진 전략 방법을 소개하고 훈련한다. 그리고 훈련이 끝나고 회기를 마무리하기 전에는 가정 내 과제를 제공한다. 가정 내 과제 상황에는 씻는 상황, 옷 입는 상황, 먹는 상황, 놀이 상황, 책 보기 상황이 포함되어 있으나, 이외에 아동에게 맞는 활동을 수정하거나 대체할 수 있다. 7회기에는 '사후평가'를 실시하고 8회기는 종합 점검 및 추후 계획에 대해 의논하고 마무리한다.

덧붙여 가정 과제 제공 시에는 'Part 3 가정생활에서 할 수 있는 언어 및 의사소통 지도 활용집'을 활용하여 다양한 가정 상황에서 보다 쉽게 적용해 볼 수 있도록 돕는다.

〈표 1-11〉 프로그램의 진행 내용과 시간 예시

프로그램	회기	프로그램 진행 내용과 시간 예시(60분 기준)
교육 프로그램	1회기	5분: 프로그램 목적 소개하기 20분: 초기 면담 실시, 사전평가 촬영하기 30분: 이론 자료를 제공하여 교육 프로그램 실시하기 5분: '가정 내 과제지-의사소통 행동 기록지'에 대해 함께 토의한 후 일상생활 의사소통 점검하기
훈련 프로그램	2~6회기	10분: 과제를 통해 가정 내 언어 및 의사소통 환경을 점검하기 5분: 오늘의 목표 설명하기 5분: 전문가가 직접 모델링하여 활동 보여 주기 10분: 목표에 맞추어 부모와 아동의 상호작용 활동 실시 및 기록하기 20분: 상호작용 시 수월했던 점과 어려움에 대해 토의하기, 피드백 내용을 염두하고 다시 상호작용하기 10분: '가정 내 과제지-의사소통 행동 기록지'에 대해 함께 토의한 후 과제 안내하기

7회기	10분: 지금까지의 회기를 정리하며 수월했던 목표와 수월하지 않은 목표를 다시 확인하기 20분: 사후평가 촬영 후 진전을 확인하기 20분: 상호작용 시 수월했던 점과 어려움에 대해 토의하기 10분: 마무리 및 정리하기
8회기	20분: 점검 및 영상 확인하기 20분: '사전·사후 관찰 기록지'를 통해 진전 결과 설명하기 10분: 종합 점검 및 추후 계획에 대해 의논하기 10분: 마무리 및 정리하기, 자료 제공하기(사전·사후 관찰 기록지, 영상)

(1) 회기별 진행 방법

[1회기]

부모교육 프로그램에 대해 전반적으로 소개한다. 그리고 아동의 언어 및 의사소통 발달 수준, 놀이 방법, 부모와의 상호작용, 프로그램에 대한 부모의 기대를 초기 면담을 통해 확인한다. 프로그램의 기초선이 될 수 있는 사전평가를 실시한다. 이때 가능하다면 부모의 동의하에 10~15분 정도 부모와 아동의 상호작용을 동영상으로 촬영하며 아동과 부모의 강약점을 확인한다. 그리고 사전평가 후에는 교육 프로그램을 진행한다. 이때 부모교육 이론 자료를 보여 주며 이론 교육을 실시한다. 이론 교육은 아동의 언어 및 의사소통 촉진과 관련된 이론 자료를 제공한다. 이론 교육 시, 부모와 아동의 상호작용의 중요성, 영유아기 언어 및 의사소통 발달 특성, 영유아기 언어 및 의사소통 발달 관련 요소, 영유아기 언어 및 의사소통 촉진 전략에 대해 소개한다. 이론 교육이 끝난 후 '가정 내 과제지-의사소통 행동 기록지'를 통해 과제를 제공한다. 1회기가 끝난 후 전문가는 '사전·사후 관찰 기록지'의 '사전평가란'에 작성하고 아동과 부모의 강약점에 대한 확인을 한다.

[1회기]
☞ 프로그램의 목적에 대해 간단하게 소개를 한다.: 교육 프로그램 자료집 활용
☞ 초기 면담지를 통해 초기 면담을 실시한다.: 초기 면담지 활용
☞ 사전평가 기록지를 참고하여 사전평가를 실시한다.
☞ 부모교육 이론 자료집을 제공한 후 교육 프로그램을 제공한다.: 교육 프로그램 자료집 활용

☞ 오늘의 목표에 대한 설명과 아동의 행동을 관찰할 수 있는 가정 내 과제지-의사소통 행동 기록지를 제
공한다.: 회기별 활동지, 가정 내 과제지-의사소통 행동 기록지 활용
☞ 1회기가 끝난 후 전문가는 '사전 · 사후 관찰 기록지'의 '사전평가란'을 작성하고 강약점 확인 후 추후 프
로그램 진행을 계획한다.: 사전 · 사후 관찰 기록지 활용

〈표 1-12〉 교육 프로그램 내용

부모와 아동의 상호작용의 중요성	• 부모와 아동의 상호작용의 중요성에 대해 설명
영유아기 언어 및 의사소통 발달 특성	• 전반적 언어 및 의사소통 발달을 설명 • 영유아의 몸짓언어, 발성 및 언어 발달에 대해 설명
영유아기 언어 및 의사소통 발달 관련 요소	• 공동주의집중에 대해 설명 • 영유아의 인지적 기초 능력에 대해 설명
영유아기 언어 및 의사소통 촉진 전략	• 영유아기 언어 및 의사소통을 촉진할 수 있는 전략에 대해 설명

[2~6회기]

본격적으로 훈련 프로그램을 진행한다. 이때 아동의 언어 및 의사소통 수준을 고려하여 언어이
전기와 언어기로 나누어 촉진 전략을 구분하였기 때문에 아동의 수준에 맞는 자료를 선택하여 활
동을 실시한다. 언어이전기에 의사소통 시, 제스처를 주로 사용하고 무발화이거나 의미 있는 발
성 수가 15개 미만(모음, 자음 포함)인 경우가 대상이다. 그리고 언어기는 발성 및 구어 표현의 수
가 15개 이상인 경우나 표현언어가 낱말 단계와 초기 문장 단계인 아동을 대상으로 한다.

진행 절차는 다음과 같다. 우선 전문가는 부모가 지난 회기에 했던 과제를 점검한다. 그리고 회
기별 활동지를 통해 이번 회기의 목표를 설명하고 전문가가 직접 모델링하여 목표의 이해를 돕는
다. 목표에 맞추어 부모와 아동이 상호작용 활동을 실시해 볼 수 있도록 한 뒤 전문가는 부모가 사
용하는 의사소통 촉진 전략의 강약점을 확인한다. 이때 가능한 경우, 부모의 동의하에 영상촬영을
하도록 한다. 상호작용 시 수월했던 점과 어려움에 대해 토의하고 촬영이 가능했던 경우에는 영상
을 보면서 피드백을 함께 제공한다. 논의 및 피드백 내용을 염두하고 다시 한 번 아동과 상호작용
을 실시해 보도록 한다. 마지막으로 이번 회기 목표를 점검한 후 '가정 내 과제지-의사소통 행동
기록지'를 제공하여 오늘의 과제를 함께 안내한 뒤 과제 제공 시 과제 수행을 돕기 위해 '가정생활
에서 할 수 있는 언어 및 의사소통 지도 활용집'을 참고하도록 돕는다.

[2~6회기]
☞ 지난 과제를 통해 가정 내 언어 및 의사소통 환경을 점검한다. ☞ 회기별 활동지를 제공한 후, 오늘의 목표를 설명한다.: 회기별 활동지 활용 ☞ 전문가가 목표에 맞추어 직접 모델링하여 활동을 보여 준다. ☞ 목표에 맞추어 부모와 아동은 상호작용 활동을 실시하고 전문가는 강약점을 기록한다. ☞ 상호작용 시 수월했던 점과 어려웠던 점에 대해 토의한 후 피드백 내용을 염두하고 다시 상호작용해   본다. ☞ 가정 내 과제지를 제공한 후 오늘의 과제를 안내한다.: 가정 내 과제지 활용

〈표 1-13〉 언어이전기와 언어기의 회기 목표

언어이전기	• 관찰하기, 공동주의집중 및 공동활동 늘리기: 참여하며 놀기, 아동 주도 따르기 • 공동주의집중 및 공동활동 늘리기: 의사소통 촉진을 위한 놀이 확장 • 기다리기: 상호작용 시작 시간 기다리기, 얼굴 마주 보기 • 행동 및 구어 모방하기, 제스처/발성 및 언어 확장하기 • 기다리기: 상호작용 지시에 반응하기를 기다리기
언어기	• 관찰하기, 공동주의집중 및 공동활동 늘리기: 참여하며 놀기, 아동 주도 따르기 • 공동주의집중 및 공동활동 늘리기: 의사소통 촉진을 위한 놀이 확장 • 기다리기, 얼굴 마주 보기 • 모방하기, 언어 확장하기(1) • 언어 확장하기(2), 차례 주고받으며 대화하기

[7회기]

지금까지 진행한 목표를 간단하게 점검해 주고 수월했던 목표와 수월하지 않은 목표에 대해 확인한다. 수월하지 않았던 목표의 경우 다시 의논하고 '사후평가'를 진행한다. 사후평가 시 가능하다면 부모의 동의하에 영상촬영을 실시한다. 7회기가 끝난 다음 전문가는 진전 사항에 대해 확인한 후 '사전 · 사후 관찰 기록지'의 '사후 평가란'에 작성한다.

7회기
☞ 지금까지의 회기를 정리하며 수월했던 목표와 어려웠던 목표를 다시 확인한다.: 회기별 활동지 활용 ☞ 사후평가를 실시한다. ☞ 상호작용 시 수월했던 점과 어려웠던 점에 대해 토의한다. ☞ 7회기가 끝난 후 전문가는 사후평가를 통해 양육자와 아동의 현행 수준을 파악하고 사전 · 사후 관찰 기록지에 진전 내용을 기록한다.: 사전 · 사후 관찰 기록지 활용 　─아동의 언어 및 의사소통 능력 파악 　─부모의 언어 및 의사소통 기술 촉진 전략 확인

[8회기]

사전평가와 사후평가 결과를 바탕으로 프로그램의 진전을 확인하고 종합 점검 및 추후 계획에 대해 의논한다.

종합 점검을 할 때는 사전 · 사후 관찰 기록지에 작성된 진전 결과를 설명한다. 이때 촬영이 이루어졌다면 그동안 촬영한 영상들을 같이 보여 주며 진전된 양상을 확인한다. 마지막으로 사전 · 사후 관찰 기록지와 영상들을 부모에게 제공하며 프로그램을 마무리한다.

8회기
☞ 지금까지 했던 내용을 정리하며 영상들을 확인한다. ☞ 사전 · 사후 관찰 기록지를 통해 진전된 결과를 설명한다. ☞ 종합 점검을 한 뒤 추후 계획에 대해 의논한다. ☞ 사전 · 사후 관찰 기록지와 영상을 제공한다.

(2) 기록지 기록 방법

기록지에는 '초기 면담지' '사전 · 사후 관찰 기록지' '가정 내 과제지─의사소통 행동 기록지'가 있다.

초기 면담지는 부모가 작성하는 것으로, '부모와 아이 간 상호작용' '아이가 주로 사용하는 의사소통 수단 예' '이 프로그램을 통해 배우고 싶은 것, 궁금한 내용' '현재 아동의 교육력과 치료력'에 대한 내용을 포함하였고 부모와의 면담을 통해 기록하게 한다. 기록하는 동안 이해가 안 되는 것이 있으면 전문가에게 구체적인 안내와 예시를 듣고 기록한다.

'사전·사후 관찰 기록지'는 전문가가 작성하는 것으로, 부모와 아동의 상호작용을 관찰한 후 '부모-아동의 상호작용' '양육자의 의사소통 촉진 전략' '아동의 언어 및 의사소통' '아동의 놀이 특성'의 내용을 사전과 사후로 나누어 기술한다. 구체적으로 살펴보면, 첫째, '부모-아동 상호작용'에는 '부모와 아동이 가장 길게 상호작용한 놀이' '아동이 혼자 한 놀이' '상호작용하며 수월한 점과 수월하지 않은 점'에 대해 기록한다. 둘째, '아동의 놀이 특성'은 의사소통과 관련된 놀이 특성을 살펴보는 것으로 '상징놀이 발달 단계 및 놀이 특성' '의사소통 의도가 가장 많이 나타나는 놀이' '의사소통 의도가 가장 적게 나타나는 놀이'를 기록할 수 있다. 셋째, '양육자의 의사소통 촉진 전략'은 프로그램에서 이루어졌던 총 8개의 전략이 다양한 활동에서 적절하게 자주 이루어졌는지 채점을 하여 기록한다. 채점기준은 1점, 2점, 3점, 4점으로 나뉘어져 있다. 마지막으로 '아동의 언어 및 의사소통'은 아동의 '제스처' 사용, '발성 및 구어' 사용, '상호작용 지시에 반응하기' '차례 주고받으며 대화하기' 측면에 대해 기술하는 것이다. 이때 아동의 언어 및 의사소통 수준에 따라 해당 영역에 기술하면 된다.

'가정 내 과제지-의사소통 행동 기록지'는 부모가 작성하는 것으로, 가정 내에서 언어 및 의사소통 촉진 방법을 적용할 수 있도록 돕는 것이다. 촉진 목표별로 가정 내에서 적용을 잘하였는지를 기록하는 기록지를 포함하였다.

4. 프로그램의 활용: 초기 면담지, 가정 내 과제지−의사소통 행동 기록지, 사전 · 사후 관찰 기록지 작성 예시

1) 언어이전기

언어이전기의 초기 면담지(부모용), 가정 내 과제지−의사소통 행동 기록지(부모용), 사전 · 사후 관찰 기록지(전문가용) 작성 예시는 다음과 같다.

초기 면담지(부모용)			언어이전기

아동 이름(성별)	이 * * (남, 여)	생년월일	2013년 11월 1일
작성자(아동과의 관계)	엄마	작성일	2015년 9월 4일
가족 구성원	아빠, 엄마		

1. 부모와 아이 간 상호작용

아이가 주로 좋아하는 놀이는?	* 색칠하는 것을 좋아해요. * 찰흙을 주물러서 쪼개 놓고 세워 놓는 것 좋아해요. * 휴대폰 놀이를 좋아해요. * 소꿉놀이를 좋아해요.
부모와 함께하였을 때 가장 좋아하는 놀이는? (놀이 방법, 지속시간)	엄마: 저랑은 거의 놀이가 안 돼요. 아빠: 아빠랑 놀이할 때는 아주 즐거워해요. 단 5분을 놀아 줘도 땀을 내며 신나게 놀아 줘요.

2. 아이가 주로 사용하는 의사소통 수단 예

제스처	* 주로 원하는 것이 있을 때 손을 끌고 가요.
발성/언어	* /이/ 소리 내는 데 거의 소리 안 내요.

3. 이 프로그램을 통해 배우고 싶은 것, 궁금한 내용

* 아이가 다른 어른들의 말보다 제 말을 제일 안 들어요. 원하는 것을 표현하기 전에 미리 해 주는 것도
  많았어요.
* 아이랑 같이 놀고 싶은데 아이는 같이 하는 것을 싫어해요. 어떻게 놀아 줄지 모르겠어요.

4. 현재 아동의 교육력과 치료력

어린이집 /유치원	* 현재 다니고 있나요? 다니지 않아요. * 언제부터 다녔나요?
치료	없어요.

가정 내 과제지 − 의사소통 행동 기록지 − 1회기(부모용) 언어이전기			
아동 이름(성별)	이 * * (남, 여)	생년월일	2013년 11월 1일
부모	엄마	기록일	2015년 9월 4일
이 주의 목표	우리 아이 언어 및 의사소통 발달 이해하기, 부모의 촉진 전략 확인하기		
다음을 확인해 주세요	• 우리 아이와 가장 상호작용이 잘되는 상황은 언제인가요? 얼마나 오래 지속되었나요?(예: 5분, 10분) • 우리 아이가 가장 좋아하는 놀이는 무엇인가요? • 우리 아이가 가장 싫어하는 놀이는 무엇인가요? • 우리 아이가 부모에게 주로 어떻게 의사를 표현하나요?(예: 몸짓, 발성, 언어 등) • 우리 아이가 구체적으로 어떻게 표현하나요?(예: 몸짓으로 손을 끈다, "빠빠빠"라는 소리를 낸다, 울면서 떼를 쓴다 등)		
새롭게 발견한 점은 무엇인가요?	∨ 제가 간단한 지시를 하면 심부름은 잘하는 것 같아요. ∨ 퍼즐 놀이를 좋아했어요. ∨ 주로 제 손을 끌고 갈 때가 많아요.		
어려운 점은 무엇인가요?	∨ 생각한 것보다 아이는 저를 많이 찾아요. 하지만 저는 아이랑 놀이하는 것이 생각보다 재미있지 않아요. 제가 걱정만 하고 잘 웃지 않는 것 같아요. ∨ 아이가 놀자고 하면 어렵고 막막해요.		

가정 내 과제지 – 의사소통 행동 기록지(부모용)				언어이전기
아동 이름(성별)	이 * * (남,여)	생년월일		2013년 11월 1일
부모	엄마	기록일[회기]		2015년 9월 14일 [1 회기]
상황	구체적인 상황		아동 행동 및 발화	
씻는 상황	∨ 닦아 달라고 하기 전에 제가 미리 닦아 줬 어요.		∨ 아이가 도와달라고 하지 않았음	
옷 입는 상황	∨ 아이가 옷을 입는 데 잘 안 되어서 낑낑댐.		∨ 낑낑대면서 소리 냄	
먹는 상황	∨ 설거지하는 중에 치즈를 꺼내 달라고 소 리 냄		∨ 떼쓰는 소리 냄	
놀이 상황	∨ 퍼즐놀이를 아이가 가져와서 함께 하였음		∨ 퍼즐놀이를 하는 동안에는 아이가 주로 퍼즐 맞추기를 하였고 다른 행동은 나타 나지 않았음	
책 보기 상황	∨ 시도하지 못하였음			
기타 상황				

가정 내 과제지 – 의사소통 행동 기록지 – 2회기(부모용)		언어이전기

아동 이름(성별)	이 * * (남,)여)	생년월일	2013년 11월 1일
부모	엄마	기록일	2015년 9월 21일

이 주의 목표	관찰하기, 공동주의집중 및 공동활동 늘리기: 참여하며 놀기, 아동 주도 따르기

다음을 확인해 주세요	• 나는 우리 아이와 얼마나 상호작용이 잘 되나요? • 우리 아이는 주로 혼자 노는 것을 좋아하나요? 아니면 부모와 함께 놀이하는 것을 좋아하나요? • 우리 아이와 함께 가장 길게 놀이하는 활동은 어떤 활동인가요? • 우리 아이와 재미있고 길게 놀이를 하기 위해 나는 어떻게 하였나요?

관찰하기

• 얼마나 자주 적용했나요?

적용하지 못함	일주일에 2회	일주일에 3회	일주일에 4회 이상	일주일에 4회 이상 (일관적으로 자주)
		V		

공동주의집중 및 공동활동 늘리기: 참여하며 놀기, 아동주도 따르기

• 얼마나 자주 적용했나요?

적용하지 못함	일주일에 2회	일주일에 3회	일주일에 4회 이상	일주일에 4회 이상 (일관적으로 자주)
		V		

• 참여하며 놀기가 수월했던 활동은 무엇인가요? 얼마나 참여하며 놀기가 가능했나요?

V 율동하기, 퍼즐 맞추기는 수월했던 것 같아요. 아이가 좋아하면 다른 것을 강요하지 않고 같이 참여해 줬어요. 10분 정도 유지되었어요.

• 참여하며 놀기가 어려웠던 활동은 무엇인가요? 왜 어려웠다고 생각하나요?

V 퍼즐 맞추기를 할 때 처음에는 같이 하였으나 나중에는 아이가 혼자 맞추고 상호작용이 덜 이루어졌어요.

가정 내 과제지 – 의사소통 행동 기록지(부모용)			언어이전기
아동 이름(성별)	이 * * (남,)여)	생년월일	2013년 11월 1일
부모	엄마	기록일[회기]	2015년 9월 21일 [2 회기]
상황	구체적인 상황	아동 행동 및 발화	
씻는 상황	∨ 씻을 때 아이는 거품놀이를 좋아하였음	∨ 씻을 때 거품놀이를 하며 많이 웃었음	
옷 입는 상황	∨ 옷 입는 상황에서는 옷만 입히기 바빴음		
먹는 상황	∨ 우유, 주스를 건네준 상황 ∨ 빵을 건네준 상황	∨ 우유, 주스 마시는 것을 좋아함 ∨ 빵을 꾹꾹 누르고 뜯어서 먹는 것을 좋아함	
놀이 상황	∨ 퍼즐 맞추기를 함께 함 ∨ 아빠와 율동하기를 함께 함	∨ 아이가 퍼즐 맞추기를 좋아하여 함께 참 여하였음. 퍼즐을 엄마에게 건네주기도 하였음. 하지만 길게 지속되지는 않음 ∨ 아빠와 율동하기를 하며 크게 웃었음	
책 보기 상황	∨ 아이가 책 보는 것을 좋아하지 않아 책을 권해 보았음	∨ 책을 보는 상황에서 금방 다른 곳으로 가 버림	
기타 상황			

가정 내 과제지 – 의사소통 행동 기록지 – 3회기(부모용)   언어이전기

아동 이름(성별)	이 * * (남,)여)	생년월일	2013년 11월 1일
부모	엄마	기록일	2015년 10월 5일
이 주의 목표	공동주의집중 및 공동활동 늘리기: 의사소통 촉진을 위한 놀이 확장		

다음을 확인해 주세요	• 우리 아이와 놀이를 할 때 얼마나 다양하게 놀이를 하나요? • 상호작용할 때 짧은 시간 안에 여러 개의 놀이로 상호작용하나요? 아니면 하나의 놀이를 가지고 보다 긴 시간 동안 상호작용이 가능한가요? • 놀이 확장을 할 때 어떻게 하나요? • 놀이 확장을 할 때 아이도 잘 따라오나요?

공동주의집중 및 공동활동 늘리기: 의사소통 촉진을 위한 놀이 확장	• 얼마나 자주 적용했나요? (아래 표) • 어떤 놀이를 확장해 보았나요? ∨ 율동하는 것을 좋아해서 평소보다 신나게 놀아 주었더니 아주 좋아하였음. 아이가 좋아하니 평소보다 길게 놀이 가능하였음(5분 정도). 그래서 다른 동요를 틀고 율동하였음 ∨ 퍼즐 맞추기를 같이 하였음. 퍼즐 맞추기를 하며 숨기기 놀이를 해 보았음 ∨ 소꿉놀이를 하는 동안에 자르기만 해서 동물 인형에게 먹여 주는 것을 해 보았음 • 가장 수월했던 활동은 무엇인가요? 어떻게 적용해 보았나요? ∨ 모두 어려웠음. 그중 율동하는 것은 보다 수월하였음. 나도 즐거우니 아이도 더 즐거워하는 것 같았음 • 가장 어려웠던 활동은 무엇인가요? 왜 어려웠다고 생각하나요? ∨ 대부분 어려웠음. 특히 소꿉놀이 하는 동안에 동물 인형에게 먹여 주는 것에 관심 끌게 하는 것이 어려웠음 ∨ 놀이를 하는 동안 다양한 놀이에 관심을 보이기는 하나 길게 놀이하는 것은 아직 어려움

적용하지 못함	일주일에 2회	일주일에 3회	일주일에 4회 이상	일주일에 4회 이상 (일관적으로 자주)
		∨		

가정 내 과제지 – 의사소통 행동 기록지(부모용)				언어이전기
아동 이름(성별)	이 * * ⦿남, 여)		생년월	2013년 11월 1일
부모	엄마		기록일[회기]	2015년 10월 5일 [3 회기]
상황	구체적인 상황		아동 행동 및 발화	
씻는 상황	∨ 씻는 동안에 비누거품 놀이를 하였음		∨ 씻는 동안에 비누거품 놀이를 보여 주었더니 아이도 좋아하였음	
옷 입는 상황	∨ 단추를 꾹꾹 잠그는 것을 하였음		∨ 엄마, 아빠 단추를 잠그려고 노력하였음	
먹는 상황	∨ 먹느라고 특별한 활동은 없었음			
놀이 상황	∨ 율동하는 것을 좋아해서 평소보다 신나게 놀아 주었더니 아주 좋아하였음. 다른 동요로도 율동해 보기를 하였음 ∨ 퍼즐 맞추기를 같이 하였음. 퍼즐 맞추기를 하며 숨기기 놀이를 해 보았음 ∨ 소꿉놀이를 하는 동안에 자르기만 해서 동물 인형에게 먹여 주는 것을 해 보았음		∨ 율동하는 동안 신나게 춤을 추었음. 다른 동요를 듣고 다르게 춤추기도 하였음 ∨ 숨기기 놀이를 하니까 아이가 엄마에게 오며 간질이기를 하였음 ∨ 소꿉놀이 하는 동안에 처음에는 관심이 없다가 여덟 마리의 동물에게 직접 먹여 주었음	
책 보기 상황	∨ 책을 읽어 주려고 하니 싫어하였음			
기타 상황	∨ 다양한 활동에서 엄마를 찾는 횟수가 많아짐			

가정 내 과제지 – 의사소통 행동 기록지 – 4회기(부모용)		언어이전기

아동 이름(성별)	이 * * (남,여)	생년월일	2013년 11월 1일
부모	엄마	기록일	2015년 10월 12일

이 주의 목표	기다리기: 상호작용 시작 시간 기다리기, 얼굴 마주 보기

다음을 확인해 주세요	• 나는 얼마나 우리 아이에게 의사를 표현할 기회를 주나요? 혹시 아이가 의사를 표현하기 전에 미리 해 주지는 않나요? • 어떤 상황에서 주로 아이의 의사표현 기회를 주나요? 기회를 주는 상황이 다양한가요? • 나는 우리 아이에게 얼굴 마주 보기를 강요하지는 않나요? • 얼굴 마주 보기를 주로 어떤 상황에서 유도하나요? 가장 잘되는 상황은 어떤 상황인가요?

기다리기: 상호작용 시작 시간 기다리기

• 얼마나 자주 적용했나요?

적용하지 못함	일주일에 2회	일주일에 3회	일주일에 4회 이상	일주일에 4회 이상 (일관적으로 자주)
			∨	

• 어떤 활동에서 적용해 보았나요?
∨ 간식 먹는 상황, 소꿉놀이 상황, 책 보기 상황 등에서 적용해 보았음
• 가장 수월했던 활동은 무엇인가요? 어떻게 적용해 보았나요?
∨ 간식 먹을 때 우유를 일부러 조금만 따라 주고 기다려 주었더니 더 달라고 함
∨ 간식 먹을 때 미리 위에 있는 것을 꺼내 주지 않고 기다렸더니 꺼내 달라고 함
∨ 신나게 율동하는 상황에서 '그대로 멈춰라'를 하고 오랫동안 멈춰 기다렸더니 빨리 추라고 말하였음
• 가장 어려웠던 활동은 무엇인가요? 왜 어려웠다고 생각하나요?
∨ 소꿉놀이 하는 상황에서 자르기 활동을 하였는데 칼을 주지 않고 기다리니 떼를 썼음. 숨기기 놀이를 통해 재미있게 하였더니 떼는 조금 줄고 웃으며 찾으려 하였음. 하지만 길게 유지되지는 않았음
∨ 소꿉놀이 하는 동안 다르게 놀이하는 방법이 궁금함

얼굴 마주 보기

• 얼마나 자주 적용했나요?

적용하지 못함	일주일에 2회	일주일에 3회	일주일에 4회 이상	일주일에 4회 이상 (일관적으로 자주)
		∨		

• 어떤 활동에서 적용해 보았나요?
∨ 간식 먹는 상황, 소꿉놀이 상황, 책 보기 상황 등에서 적용해 보았음
• 가장 수월했던 활동은 무엇인가요? 어떻게 적용해 보았나요?
∨ 간식 먹는 상황은 수월함. 더 달라고 할 때 자세랑 위치를 맞추었더니 금방 얼굴을 마주 보게 됨
• 가장 어려웠던 활동은 무엇인가요? 왜 어려웠다고 생각하나요?
∨ 소꿉놀이, 책 보기를 할 때는 아이가 놀이에 집중하고 있기 때문에 얼굴 마주 보기가 어려웠고 주로 바닥을 봄. 좀 더 고민해 봐야 함

가정 내 과제지 – 의사소통 행동 기록지(부모용)		언어이전기

아동 이름(성별)	이 * * (남,)여	생년월일	2013년 11월 1일
부모	엄마	기록일[회기]	2015년 10월 12일 [4회기]

상황	구체적인 상황	아동 행동 및 발화
씻는 상황	∨ 씻는 상황에서 물을 조금만 틀고 기다렸음	∨ 아이가 더 틀어 달라고 함. "(손으로 가리키며) 다다다"
옷 입는 상황	∨ 옷 입을 때 머리가 끼는 상황에서 잠시 기다렸음	∨ 아이가 소리를 내서 "여기 있네" 하고 까꿍놀이로 바꾸었더니 아이가 좋아함 ∨ 이때 서로 얼굴을 마주 보았음
먹는 상황	∨ 간식 먹을 때 우유를 일부러 조금만 따라 주고 기다려 주었음 ∨ 간식 먹을 때 미리 위에 있는 것을 꺼내 주지 않고 기다렸더니 꺼내 달라고 함	∨ 더 달라고 컵을 내밀었음 ∨ 치즈를 꺼내 주지 않고 기다렸음. 대신 앉아서 아이와 키높이를 맞추었음. 아이가 손가락을 가리키며 소리를 내었고 그때 꺼내 주었음 ∨ 간식 먹는 상황은 수월함. 더 달라고 할 때 자세랑 위치를 맞추었더니 금방 얼굴 마주 보기 됨
놀이 상황	∨ 신나게 율동하는 상황에서 '그대로 멈춰라'를 하고 오랫동안 멈춰 기다림 ∨ 소꿉놀이 하는 상황에서 자르기 활동을 하였는데 칼을 주지 않고 기다리니 떼를 썼음. 숨기기 놀이를 통해 재미있게 하였음	∨ 엄마가 멈추니 아이가 웃으면서 빨리 추라고 몸을 흔들며 크게 웃음. "야야야" 발성 소리 냄 ∨ 아이가 자르는 제스처를 하면서 소리를 냄 ∨ 소꿉놀이, 책 보기를 할 때는 아이가 놀이에 집중하고 있기 때문에 얼굴 마주 보기가 어려웠고 주로 바닥을 봄. 좀 더 고민해 봐야 함
책 보기 상황	∨ 책을 함께 보는 상황에서 넘기다가 다음 장에서 기다렸음	∨ 넘겨 달라고 "마마마" 소리 내며 넘기는 제스처를 보여 줌
기타 상황	∨ 소리가 많아짐	∨ "이이이" "으으" "아바바" "다다다" "아" "이" "야야야야"

가정 내 과제지 – 의사소통 행동 기록지 – 5회기(부모용)		언어이전기

아동 이름(성별)	이 * * (남,여)	생년월일	2013년 11월 1일
부모	엄마	기록일	2015년 10월 19일
이 주의 목표	행동 및 구어 모방하기, 제스처/발성 및 언어 확장하기		

다음을 확인해 주세요	• 나는 우리 아이에게 얼마나 모방을 하도록 유도하나요? 혹시 부모의 말을 모방하는 것 외에 아이의 말이나 행동을 모방한 적이 많은가요? • 아이의 말이나 행동을 모방했다면 어떤 상황에서 하였나요? • 부모가 아동의 말이나 행동을 모방했을 때 아이는 어떤 반응을 보이나요? • 나는 우리 아이의 말이나 행동을 확장할 때 어느 수준으로 확장해 주었나요? 너무 짧지는 않았나요? 혹은 너무 길지는 않았나요? • 내가 우리 아이의 행동이나 말을 확장해 주었을 때 아이는 어떤 반응을 보이나요?

행동 및 구어 모방하기	• 얼마나 자주 적용했나요? 적용표 • 어떤 활동에서 적용해 보았나요? ∨ 비눗방울 놀이, 생일파티 놀이, 먹는 상황, 양치할 때 등의 상황에서 적용해 봄 • 가장 수월했던 활동은 무엇인가요? 어떻게 적용해 보았나요? ∨ 놀이는 이전보다 많이 수월함 • 가장 어려웠던 활동은 무엇인가요? 왜 어려웠다고 생각하나요? ∨ 기다리기를 일관적으로 사용해야 하는데 그렇지 않은 경우에 소리가 나오지 않을 때도 있어 모방하기 어려울 때가 있음

적용하지 못함	일주일에 2회	일주일에 3회	일주일에 4회 이상	일주일에 4회 이상 (일관적으로 자주)
			∨	

제스처/발성 및 언어 확장하기	• 얼마나 자주 적용했나요? 적용표 • 어떤 활동에서 적용해 보았나요? ∨ 비눗방울 놀이, 생일파티 놀이, 먹는 상황, 양치할 때 등의 상황에서 적용해 봄 • 가장 수월했던 활동은 무엇인가요? 어떻게 적용해 보았나요? ∨ 비눗방울 놀이, 생일파티 놀이, 먹는 상황에서는 수월하였음. 최대한 흥미 있는 상황을 유지하며 아동의 의사를 기다렸음 • 가장 어려웠던 활동은 무엇인가요? 왜 어려웠다고 생각하나요? ∨ 놀이는 재미있으나 그때그때마다 아이에게 맞는 쉬운 발성을 생각해 내기 어려움. 조금이라도 어려우면 확장되지 않음

적용하지 못함	일주일에 2회	일주일에 3회	일주일에 4회 이상	일주일에 4회 이상 (일관적으로 자주)
			∨	

가정 내 과제지 – 의사소통 행동 기록지(부모용)		언어이전기	
아동 이름(성별)	이 * * (남,여)	생년월일	2013년 11월 1일
부모	엄마	기록일[회기]	2015년 10월 19일 [5 회기]
상황	구체적인 상황	아동 행동 및 발화	
씻는 상황	∨ 이 닦는 상황에서 아이가 내는 소리를 모 방하고 이닦는 제스처를 보여 주고 소리 를 알려 줌	엄마: (이 닦는 것을 보여 주고 관심 끔) 아동: (손 내밀고) 으 엄마: 으, 이(이 닦는 것을 보여 주며) 아동: 이	
옷 입는 상황	∨ 옷 입고 양말 신는 상황에서 신을 때 끙끙 대는 상황	엄마: (소매에 팔을 끼우며 기다림) 아동: (아이가 팔을 소매에 빼려고 함) 엄마: (빼는 흉내 내며) 윽 아동: 으	
먹는 상황	∨ 계란 프라이랑 햄을 먹는 상황에서 먹여 달라고 하고 입을 꾹 다묾. 아이가 입을 벌 리라고 할 때까지 기다림

∨ 주스 마시는 상황에서 주스를 조금만 줌. 그리고 더 달라고 할 때까지 기다림 | 엄마: 아~(입을 다물음) 아동: (엄마에게 먹이려고 하다가) 으 엄마: 으~ 아 아동: 아 엄마: 아, 옳 아동: 아 엄마: 아, 옳

엄마: (주스를 조금만 주고 다 마시고 나서 더 달라고 할 때까지 기다림) 아동: 아 엄마: 아 (손을 컵 모양으로 하고 턱에 대고) 스~(들이마시는 발성) 아동: (손을 컵 모양으로 하고 턱에 대고) 으 엄마: (손을 컵 모양으로 하고 턱에 대고) 스 ~(들이마시는 발성) | |
놀이 상황	∨ 비눗방울을 많이 불어 주고 나서 불어 주 지 않고 불어 달라고 할 때까지 기다림	엄마: (비눗방울을 불어 달라고 할 때까지 기다림) 아동: 엄마 엄마: 엄마, 후~(바람 세게 불며 발성) 아동: 엄마 (입을 바람 부는 형태로 오므림) 엄마: 엄마 (입을 바람 부는 형태로 오므림) 후~(바람 세게 불며 발성)	
책 보기 상황	∨ 뽀뽀하기 책을 보며 신체에 입으로 도장 찍기, 뽀뽀하기 놀이함	엄마: (책을 보여 주며 뽀뽀하는 입을 보여 주고 기다림) 아동: (엄마에게 뽀뽀해 달라고 입을 내밀) 엄마: (입을 내미는 것 모방) 부~ 아동: 부 엄마: (입을 내밀고) 부, 뽀뽀	
기타 상황	∨ 아이가 점점 예뻐 보임		

가정 내 과제지 – 의사소통 행동 기록지 – 6회기(부모용)		언어이전기

아동 이름(성별)	이 ＊ ＊ (남, 여)	생년월일	2013년 11월 1일
부모	엄마	기록일	2015년 10월 26일
이 주의 목표	기다리기: 상호작용 지시에 반응하기를 기다리기		

다음을 확인해 주세요	• 우리 아이에게 가정 안에서 사물을 가져오게 하거나 행동을 하게끔 심부름을 자주 시켜 보았나요? 우리 아이가 나의 지시에 잘 반응하나요? • 지시를 하였을 때 어떤 상황에서 잘 이루어지나요? • 지시를 하였을 때 반응이 없는 경우 어떻게 하였나요?

• 얼마나 자주 적용했나요?

적용하지 못함	일주일에 2회	일주일에 3회	일주일에 4회 이상	일주일에 4회 이상 (일관적으로 자주)
		∨		

기다리기: 상호작용 지시에 반응하기를 기다리기

• 어떤 활동에서 적용해 보았나요?

∨ 기저귀를 가지고 오라고 심부름 시켰음

∨ 소꿉놀이 상황에서 음식 자르라는 지시를 주고 잘 따르는지 보았음

∨ 책 보기 상황에서 동물 소리를 내면 손으로 가리키게 하였음

• 가장 수월했던 활동은 무엇인가요? 어떻게 적용해 보았나요?

∨ 기저귀 가져 오라고 할 때 가져옴

∨ 음식 자르라는 지시에 따르기가 가능하였음

• 가장 어려웠던 활동은 무엇인가요? 왜 어려웠다고 생각하나요?

∨ 음식 이름을 모를 때 지시 따르기가 어려웠음. 혹은 흥미가 떨어졌을 때 반응이 없었음

∨ 책 보기 상황에서 처음에는 책에 집중하게 하는 것이 어려웠음

가정 내 과제지 – 의사소통 행동 기록지(부모용)			언어이전기
아동 이름(성별)	이 * * (남.)여)	생년월일	2013년 11월 1일
부모	엄마	기록일[회기]	2015년 10월 26일 [6 회기]
상황	구체적인 상황	아동 행동 및 발화	
씻는 상황	∨ 목욕하는 상황에서 신체 부위 이름 대면 가리키게 하였음	엄마: 눈 어디 있어? 아동: (눈 짚음) 엄마: 코 어디 있어? 아동: (코 짚음) 엄마: 엄마 코 어디 있어? 아동: (엄마 코 짚음)	
옷 입는 상황	∨ 기저귀 갈 때 기저귀 가져 오라고 하였음	∨ 기저귀 가져왔음	
먹는 상황	∨ 하지 않았음		
놀이 상황	∨ 소꿉놀이하면서 음식 이름 대면 그 음식을 자르게 하였음. 잘 안 되면 손으로 가리켜서 직접적으로 지시해 주었음	엄마: 포도 잘라. 아동: (포도 자름) 엄마: 멜론 잘라. 아동: (몰라서 가만히 있었음) 엄마: (멜론을 가리키고) 멜론 잘라. 아동: (엄마가 가리킨 것을 보고 멜론을 자름)	
책 보기 상황	∨ 동물책을 함께 보며 동물 소리를 내면 가리키게 하였음	엄마: 어흥. 아동: (호랑이 가리킴) 어으. 엄마: (손으로 두 귀 쫑긋거리는 행동을 보여주며) 토끼. 아동: (가리키지 못함) 엄마: (손으로 두 귀 쫑긋거리는 것을 강조해서 한 번 더 보여 줌) 아동: (토끼 가리킴)	
기타 상황	∨ 지시 따르기가 생각보다 잘됨		

언어 · 의사소통 촉진 부모교육 프로그램:
사전 · 사후 관찰 기록지(전문가용)

언어이전기

아동 이름(성별)	이 * * (남, 여)	생년월일	2013년 11월 1일
작성자(아동과의 관계)	엄마	사전 평가일	2015년 9월 4일
가족 구성원	아빠, 엄마	사후 평가일	2015년 11월 2일

1. 전체 종합

	사전 평가	사후 평가
부모와 아동의 상호작용	• 사전 평가 시에는 부모가 아동과 놀이 하는 것에 부담을 많이 느꼈음 • 아동은 부모와 함께 놀이하기보다 혼자 놀기가 더 많았음	• 떠즐놀이, 씻기놀이, 비눗방울 놀이 등에서 각 10~15분 정도 상호작용하며 놀기 가능함 • 보다 일관적으로 다양하게 확장할 필요 있음
아동의 놀이 특성	• 떠즐놀이(끼우기 놀이), 색칠하기(끄적거리기), 휴대폰 놀이, 소꿉놀이(자르는 놀이)	• 씻기놀이, 간식 먹기 놀이, 비눗방울 놀이, 뽀뽀하기 놀이 등에서 의사소통 의도가 있는 놀이가 이루어짐 • 엄마가 즐거울 때 아동도 즐거워하고 이때 의도 있는 놀이가 많이 진행됨
양육자의 의사소통 촉진 전략	• 아동의 행동을 관찰하고, 함께 공동 주의집중하며 활동하는 데 어려움이 있었음 • 아동이 원하는 것을 요청할 때까지 기다리지 않고 미리 도와주었음 • 아동에게 지시를 내릴 때도 기저귀 심부름 외에는 시도하지 않았으며 기저귀 심부름에서도 반응이 바로 없는 경우 도와주었음	• 아동의 행동을 관찰하고 함께 공동주의집중 하려고 노력함. 주로 아동 주도를 따라가며 보다 활기차게 놀이를 하려고 노력함 • 아동이 원하는 것을 요청할 때까지 기다리려고 노력함. 이로 인해 아동의 발성 빈도도 증가하였음. 하지만 바쁜 상황이거나 다양한 활동 내에서 일관적으로 확장될 필요가 있음

	• 놀이를 할 때는 상호작용하기보다 주로 바닥을 보며 놀잇감에 집중하는 모습이 보였음 • 아동의 소리를 모방하기보다는 엄마의 소리를 아이가 모방하게끔 많이 유도하였음 • 발성 및 언어확장에서도 아동의 수준에 맞추어 촉진하기 어려움 • 이외에 말 속도가 빠른 편이었고 명료하게 전달하지 않았으며 말소리의 크기도 작았음	• 아동에게 지시를 내릴 때 기저귀 심부름 외에 놀이와 책 보기 상황에서도 적용하려 함. 그리고 아이의 반응을 충분히 기다려 주려 하였음 • 놀이를 할 때는 아동과 서로 얼굴을 맞추기 위해 키 높이를 맞추거나 장난감의 위치를 잘 맞추려고 노력함 • 아동의 소리를 모방하려고 노력함. 하지만 간혹 아동의 발성을 그대로 모방하기보다 성인의 소리로 변형해서 모방하려 하였음 • 발성 및 언어 확장에서도 아동의 수준에 맞추어 촉진해 주려 함. 하지만 상황에 따라 쉬운 말로 유연하게 바꾸는 것이 어렵다고 함 • 말 속도와 명료도, 말소리의 크기는 적절하게 유지하려고 노력함
아동의 언어 및 의사소통	• 제스처: 손 끌기 • 발성 및 언어: "이"	• 제스처: 손 끌기, 포인팅하기, 두 손 모아서 앞으로 내밀기, 고개 젓기, 동물 흉내 내기 등 • 발성 및 언어: "이(양치할 때)" "아(음식 먹으며)" "어으(호랑이)" "후~(부는 발성)" "빠(뽀뽀 발성)" "음(맛있을 때)" "엄마" "아빠" 등
종합 정리 및 추후 권고	• 부모는 이제 아동과 놀이하는 것에 대해 부담을 느끼지 않고 좋아함 • 이로 인해 아동은 부모와 함께 놀이하려는 빈도가 많아졌음 • 부모는 아동을 관찰하고 함께 공동주의집중하며 활동하려 노력하였고 이로 인해 아동은 부모와 함께 놀이를 하게 되었음. 그리고 부모가 아동에게 의사를 표현할 기회를 다양하게 주면서 아동이 의사소통 의도를 표현하는 빈도가 많아졌고 이를 아동의 수준에 맞추어 쉬운 말로 확장해 주면서 아동이 부담 느끼지 않게 언어와 의사소통에서 촉진되었음 • 앞으로의 권고사항은 다음과 같음. 　-첫째, 보다 다양한 활동에서 일관적으로 상호작용하기를 권고함 　-둘째, 현재 아동이 모음 확장이 많이 나타나고 있고 자음산출의 빈도가 늘고 있음. 앞으로 자음의 유형을 확장하는 동시에 음절 길이 확장도 지속적으로 이루어져야 함	

수고 많으셨습니다.

2. 부모–아동 상호작용

	사전 평가	사후 평가
부모와 아동이 가장 길게 상호작용한 놀이	• 놀이 시간: 2분 이내 • 놀이 예: 엄마랑 거의 놀이하는 시간이 없다고 보고함	• 놀이 시간: 10~15분 • 놀이 예: 퍼즐놀이, 씻기놀이, 옷 입기 놀이, 간식 먹기 놀이, 비눗방울 놀이, 뽀뽀하기 놀이, 율동하기 등
아동이 혼자 한 놀이	• 놀이 시간: 10~20분 • 놀이 예: 퍼즐놀이, 찰흙놀이	• 놀이 시간: 3분 이내 • 놀이 예: 거의 엄마랑 놀이하는 시간이 많음. 간혹 엄마가 집안일을 할 때 혼자 논다고 함
상호작용하며 수월한 점과 수월하지 않은 점 (부모 보고)	• 수월한 점: "수월한 것이 없어요." • 수월하지 않은 점: "아이가 다른 어른들의 말보다 제 말을 제일 안 들어요. 원하는 것을 표현하기 전에 미리 해 주는 것도 많았어요." "아이랑 같이 놀고 싶은데 아이는 같이 하는 것 싫어해요. 어떻게 놀아 줄지 모르겠어요."	• 수월한 점: "아이가 예뻐 보여요." "아직 익숙하지는 않지만 아이랑 노는 것이 좀 더 편해졌어요." • 수월하지 않은 점: "다양한 놀이를 해 보고 싶어요." "바쁠 때는 신경을 못 쓸때가 여전히 있어요."

3. 아동의 놀이 특성

	사전 평가	사후 평가
상징놀이 발달 단계 및 놀이 특성	• 퍼즐놀이(끼우기 놀이), 색칠하기(끄적거리기), 휴대폰 놀이, 소꿉놀이(자르는 놀이)	• 퍼즐놀이, 씻기놀이, 옷 입기 놀이, 간식 먹기 놀이, 비눗방울 놀이, 뽀뽀하기 놀이, 율동하기, 책 보기 등
의사소통 의도가 가장 많이 나타나는 놀이	• 대부분 혼자 놀이함	• 씻기놀이, 간식 먹기 놀이, 비눗방울 놀이, 뽀뽀하기 놀이 등

의사소통 의도가 가장 적게 나타나는 놀이	• 대부분 혼자 놀이함	• 옷 입히기 놀이, 책 보기 활동 등

4. 양육자의 의사소통 촉진 전략

	내용	사전 평가	사후 평가
(1) 관찰하기	아동이 관심을 가지는 것과 느끼는 것을 관찰하는 것이다. 아동의 행동, 몸짓, 얼굴 표정을 관찰하는 시간을 갖게 되면 아동의 마음을 이해하는 데 도움이 된다.	1	3
(2) 공동주의집중 및 공동활동 늘리기: 참여하며 놀기, 아동 주도 따르기	아동이 관심 있어 하는 활동에 참여하여 따르는 것이다. 아동 주도에 따르기 위해서는 부모가 공동주의집중 및 공동활동을 유지해야 한다.	1	3
(3) 공동주의집중 및 공동활동 늘리기: 의사소통 촉진을 위한 놀이 확장	적절한 의사소통 촉진을 위해서는 부모는 아동의 놀이 패턴과 놀이 기능을 확인하고 이를 의미 있는 행동으로 확대해 나가야 한다.	1	2
(4) 기다리기	기다리기는 아동이 흥미 있어 하는 것을 관찰할 수 있게 시간을 제공하고, 상호작용을 시작할 시간 혹은 부모가 말하거나 행한 것에 대해 아동이 반응할 시간을 제공하는 것이다.	1	2
(5) 얼굴 마주 보기	부모는 언제나 아동이 부모의 눈을 똑바로 볼 수 있도록 자세와 위치를 바꾸어야 한다.	1	2
(6) 모방하기	아동의 행동이나 말을 모방하는 것을 말한다. 아동의 의사소통 행동, 표정, 소리와 말을 그대로 모방하는 것이다.	1	3
(7) 언어 확장하기	아동이 표현한 소리를 확대 및 확장해 주는 것을 의미한다. 발성 수준의 경우, 아동의 발성 수준을 고려하여 확장을 해 주어야 한다. 낱말 단계와 초기 문장 단계의 경우 구체적인 어휘 확장 및 구문 길이 확장을 도와야 한다.	1	2

	내용		
(8) 차례 주고받으며 대화하기	아동과 부모가 교대로 주고받으며 상호작용하는 것으로 균형 잡힌 대화를 위해 부모는 대화 시 최대한 일대일의 비율로 아동이 말하는 기회와 동일하게 말할 기회를 가져야 한다.		
(9) 기타			
말 속도	부모의 절대적인 말 속도뿐 아니라 아동과 비교했을 때 상대적인 말 속도를 살펴본다.	1	2
명료도	부모의 말이 명료하게 전달되는지, 아동의 말 모델로 적절한가를 동시에 고려한다.	1	2
말소리 크기	말소리가 너무 조용하면 아동의 활동에 영향을 미칠 수 없으며, 너무 크면 지시적이거나 지배적으로 느껴지게 된다.	1	4
운율	아동과 상호작용하는 동안 부모의 말에 나타나는 강세와 억양을 살펴본다. 이는 생기와 같은 비구어적 측면과도 관련된다.	1	4

채점 기준

1점: 거의 나타나지 않음, 2점: 1개의 활동에서 반 정도 적절하게 나타남, 3점: 1~2개의 활동에서 적절하게 나타남, 4점: 다양한 활동에서 일관적으로 항상 나타남

5. 아동의 언어 및 의사소통

		내용	사전 평가	사후 평가
제스처		아동이 제스처를 사용하나요?	• 손 끌기 • 발성: "이"	• 손 끌기, 포인팅하기, 두 손 모아서 앞으로 내밀기, 고개 젓기, 동물 흉내 내기 등
		어떤 상황에서 어떤 제스처를 사용하나요?	• 원하는 것이 있을 때 손을 끎	• 원하는 것이 있거나, 거부하는 상황, 동물 책을 보는 상황에서 동물 흉내 내며 제스처를 사용함

발성, 구어(낱말, 초기 문장)	의사소통 의도(기쁨, 불편함, 요구하는 상황 등)를 표현하기 위해 소리를 사용하나요? 문장을 사용하나요?	• 간단한 발성을 사용함	• 간단한 발성을 사용함
	어떤 소리를 내나요?	• "이"	• "이(양치할 때)" "아(음식 먹으며)" "어으(호랑이)" "후~(부는 발성)" "빠(뽀뽀 발성)" "음(맛있을 때)" 등
	2개 혹은 3개 이상의 단어를 조합해서 말하나요? 어떤 문장을 말하나요?	• 사용 안 함	• 사용 안 함. 하지만 엄마에게 사물을 달라고 할 때 '엄마 + (손 모으기)' 형태의 '구어+제스처' 조합이 나타나기 시작
	문장표현 시 조사(예: 엄마가, 아빠랑, 마트에서), 과거/미래시제(예: 먹었어, 먹을 거야), 연결어미(예: 밥 먹고 자요, 아파서 울어)를 사용하나요?		
상호작용 지시에 반응하기	부모가 아동의 이름을 부를 때 반응하나요?	• 반응함	• 반응함
	제스처에 적절하게 반응하나요?(예: 사물을 달라는 제스처에 사물 건네주기)	• 많이 시도해 보지 않았다고 함	• 가능하다고 함
	제스처를 동반하지 않고 단어나 짧은 구를 들려주었을 때 이해하나요?	• 시도해 보지 않았다고 함	• 많이 반복한 친숙한 활동에서 가능함(예: 소꿉놀이, 비눗방울 놀이 등)

차례 주고받으며 대화하기	차례 주고받으며 대화하기가 잘 이루어지나요?		
	차례 주고받으며 대화하기가 잘 이루어지는 활동은 어떤 활동인가요?		
	차례 주고받으며 대화하기가 잘 이루어질 때 어떤 소리를 주로 내나요?		

2) 언어기

언어기의 초기 면담지(부모용), 가정 내 과제지−의사소통 행동 기록지(부모용), 사전 · 사후 관찰 기록지(전문가용) 작성 예시는 다음과 같다.

초기 면담지(부모용)

언어기

아동 이름(성별)	김 ** (남.)여)	생년월일	2013년 3월 23일
작성자(아동과의 관계)	모	작성일	2016년 2월 10일
가족 구성원	부, 모, 여동생(생후 8개월)		

1. 부모와 아이 간 상호작용

아이가 주로 좋아하는 놀이는?	* 주로 자동차를 가지고 놀아요. 자동차를 가지고 주차를 하거나 사고 났을 때 소방차가 와서 구해 주면서 놀아요.

| 부모와 함께하였을 때 가장 좋아하는 놀이는? (놀이 방법, 지속시간) | 엄마: 자동차 놀이. 주로 아이가 하는 놀이를 쳐다봐 줘요. 지속시간은 5분 정도요. |
| | 아빠: 아빠랑은 주로 밖에 나가서 놀이를 하거나 신체놀이를 해요. 지속시간은 30분 정도요. |

2. 아이가 주로 사용하는 의사소통 수단 예

| 제스처 | * 주로 제스처보다는 소리를 많이 내요. |
| 발성/언어 | * "주세요": 정확한 발음은 아니고요. "주에요"라고 해요.
* "출동": 자동차 놀이 하면서 "출동"이라고 해요.
* "폭폭(기차)" "땡(기차)" "빠방(자동차)" "엥/이응(소방차, 구급차)" "물" "빵" "마니(많이)" "빠아(바나나)" "아네(안 돼)" "어응(호랑이)" "한버(한 번)" |

3. 이 프로그램을 통해 배우고 싶은 것, 궁금한 내용

* 아이랑 재미있게 놀이하고 상호작용하면서 언어를 촉진하는 방법을 배우고 싶어요.
* 아이가 제 말을 잘 모방하지 않아서 고민이에요.
* 아이가 주로 자동차 놀이를 하는데, 다양한 놀이로 상호작용하고 싶어요.

4. 현재 아동의 교육력과 치료력

| 어린이집/유치원 | * 현재 다니고 있나요? 아니요. 대신 토요일마다 문화센터를 다녀요.

* 언제부터 다녔나요? 다니지 않아요. |
| 치료 | 없어요. |

가정 내 과제지 – 의사소통 행동 기록지 – 1회기(부모용)			언어기
아동 이름(성별)	김 ** (남,)여)	생년월일	2013년 3월 23일
부모	정 ** (엄마)	기록일	2016년 2월 13일
이 주의 목표	우리 아이 언어 및 의사소통 발달 이해하기, 부모의 촉진 전략 확인하기		
다음을 확인해 주세요	• 우리 아이와 가장 상호작용이 잘되는 상황은 언제인가요? 얼마나 오래 지속되었나요?(예: 5분, 10분) • 우리 아이가 가장 좋아하는 놀이는 무엇인가요? • 우리 아이가 가장 싫어하는 놀이는 무엇인가요? • 우리 아이가 부모에게 주로 어떻게 의사를 표현하나요? (예: 몸짓, 발성, 언어 등) • 우리 아이가 구체적으로 어떻게 표현하나요?(예: 몸짓으로 손을 끈다, "빠빠빠"라는 소리를 낸다, 울면서 떼를 쓴다 등)		
새롭게 발견한 점은 무엇인가요?	∨ 주차장 놀이 말고는 아이랑 생각보다 상호작용이 잘 안 돼요. 주차장 놀이는 10분 이상 가능했어요. ∨ 우리 아이가 가장 좋아하는 놀이는 역시 자동차 놀이예요. ∨ 가장 싫어하는 놀이는 책 보기예요. ∨ 아이는 주로 소리로 표현해요. 그런데 제스처 사용도 많이 나타나고 떼쓰기 형태도 나타나네요. 그리고 보통 저는 아이가 말하기 전에 미리 해 주는 경우도 있었어요.		
어려운 점은 무엇인가요?	∨ 다른 놀이를 시도해 보는데 잘 안 돼요. ∨ 아이에게 모방하라고 하면 말을 잘 따라 하지 않고 엄마보다는 아빠랑 놀이하는 것을 더 좋아해요. ∨ "이거"라고 표현을 하거나 "엄마 엄마"라고 의사표현을 해요. 조금 기다리니까 길게 나오기도 하는데 금방 싫증이 나서 가 버려요.		

가정 내 과제지 – 의사소통 행동 기록지(부모용)				언어기
아동 이름(성별)	김 ** (남,)여)		생년월일	2013년 3월 23일
부모	정 ** (엄마)		기록일[회기]	2016년 2월 13일 [1 회기]
상황	구체적인 상황		아동 행동 및 발화	
씻는 상황	∨ 씻는 상황에서 물을 더 틀어 달라고 했어요. ∨ 아이가 손을 씻겨 달라고 했어요.		∨ "물" ∨ (말은 사용하지 않고 손만 내밀었음)	
옷 입는 상황	∨ 신발이 안 신겨지자 발을 내밀며 말했어요.		∨ "바"	
먹는 상황	∨ 식사 상황에서는 돌아다니면서 먹어서 잘 안 되었고 간식 먹는 상황에서 의사소통이 잘 되었어요. 하지만 모방은 잘 안되었어요.		∨ (말은 하지 않고 손만 내밀었음) ∨ (멜론을 따라 하게 하였는데 따라 하지 않고 빨리 달라고 하였음)	
놀이 상황	∨ 자동차 놀이를 제일 좋아해요. 하지만 주로 혼자 놀이를 해요. ∨ 제가 끼어들면 싫어하고 가라고 해요.		∨ "땡(기차)" "빠방(자동차)" "엥/이용(소방차, 구급차)" "아네(안 돼)"	
책 보기 상황	∨ 싫어해서 시도해 보지 못했어요.			
기타 상황	∨ 잠자는 상황에서 아빠에게 말함		∨ "자"	

가정 내 과제지 – 의사소통 행동 기록지 – 2회기(부모용)		언어기

아동 이름(성별)	김 ** (남,)여)	생년월일	2013년 3월 23일
부모	정 ** (엄마)	기록일	2016년 2월 20일
이 주의 목표	관찰하기, 공동주의집중 및 공동활동 늘리기: 참여하며 놀기, 아동 주도 따르기		
다음을 확인해 주세요	• 나는 우리 아이와 얼마나 상호작용이 잘 되나요? • 우리 아이는 주로 혼자 노는 것을 좋아하나요? 아니면 부모와 함께 놀이하는 것을 좋아하나요? • 우리 아이와 함께 가장 길게 놀이하는 활동은 어떤 활동인가요? • 우리 아이와 재미있고 길게 놀이를 하기 위해 나는 어떻게 하였나요?		

관찰하기	• 얼마나 자주 적용했나요?				
	적용하지 못함	일주일에 2회	일주일에 3회	일주일에 4회 이상	일주일에 4회 이상 (일관적으로 자주)
					∨

공동주의집중 및 공동활동 늘리기: 참여하며 놀기, 아동 주도 따르기	• 얼마나 자주 적용했나요?				
	적용하지 못함	일주일에 2회	일주일에 3회	일주일에 4회 이상	일주일에 4회 이상 (일관적으로 자주)
					∨

공동주의집중 및 공동활동 늘리기: 참여하며 놀기, 아동 주도 따르기

• 참여하며 놀기가 수월했던 활동은 무엇인가요? 얼마나 참여하며 놀기가 가능했나요?

∨ 자동차 놀이 – 자동차 놀이로 함께 놀이해 보았어요. 지난번보다 길게 20분 정도 놀았어요.

∨ 씻는 상황 – 아이가 물장난을 했을 때 이전에는 씻기기 바빴는데 이번에는 놀이처럼 같이 해 보았어요(10분).

∨ 간식 먹는 상황 – 아이랑 간식 먹는 상황에서 빵 자르기를 좋아해서 빵을 자르게 도와줬어요(5분).

• 참여하며 놀기가 어려웠던 활동은 무엇인가요? 왜 어려웠다고 생각하나요?

∨ 책 보기는 아직 어려워요. 관심이 적은 것 같아요.

∨ 옷 입는 상황은 아이 옷 입히기에 바빠서 잘하지는 못했어요.

가정 내 과제지 – 의사소통 행동 기록지(부모용)			언어기	
아동 이름(성별)	김 ** (남, 여)	생년월일	2013년 3월 23일	
부모	정 ** (엄마)	기록일[회기]	2016년 2월 20일 [2 회기]	
상황	구체적인 상황		아동 행동 및 발화	
씻는 상황	∨ 아이가 물장난을 하여 같이 물장난을 함		∨ 아이가 좋아함. 계속 엄마랑 물장난 하며 놀기를 원하였음	
옷 입는 상황	∨ 옷 입히기 바빴음. 어떻게 놀아 줘야 할지 막막하였음			
먹는 상황	∨ 빵 자르는 것에 관심을 두어 빵 칼을 아이에게 주었더니 잘 자름		∨ 아이가 빵 자르는 것을 좋아하여 계속 칭찬해 주고 웃어 주었더니 좋아하였음	
놀이 상황	∨ 아이가 자동차, 기차를 갖고 주차장 놀이 하는 것을 좋아하여 함께 놀이하였음. 이전에는 말을 모방하게 하였으나 이번에는 아이가 좋아하는 놀이에 같이 웃어 주었고 활기차게 놀아 주려 하였음. 그랬더니 좀 더 길게 상호작용이 이루어졌고 다음번에 엄마랑 같이 또 놀자고 엄마를 찾았음. 새로운 단어가 많이 늘지는 않았지만 자주 사용하는 말을 더 많이 사용하였음		∨ 아이가 엄마랑 같이 놀자고 자동차를 건네주었음 ∨ "빠방" "폭폭" "꽝"	
책 보기 상황	∨ 아직 어려움. 아이가 좋아하는 책을 골랐는데 조금 보다가 다시 주차장 놀이를 하자고 하였음			
기타 상황	∨ 잠자는 상황에서 아빠에게 말함		∨ "자"	

가정 내 과제지 – 의사소통 행동 기록지 – 3회기(부모용)		언어기

아동 이름(성별)	김 * * (남,)여)	생년월일	2013년 3월 23일
부모	정 * * (엄마)	기록일	2016년 2월 27일
이 주의 목표	공동주의집중 및 공동활동 늘리기: 의사소통 촉진을 위한 놀이 확장		

다음을 확인해 주세요	• 우리 아이와 놀이를 할 때 얼마나 다양하게 놀이를 하나요? • 상호작용할 때 짧은 시간 안에 여러 개의 놀이로 상호작용하나요? 아니면 하나의 놀이를 가지고 보다 긴 시간 동안 상호작용이 가능한가요? • 놀이 확장을 할 때 어떻게 하나요? • 놀이 확장을 할 때 아이도 잘 따라오나요?

공동주의집중 및 공동활동 늘리기: 의사소통 촉진을 위한 놀이 확장

• 얼마나 자주 적용했나요?

적용하지 못함	일주일에 2회	일주일에 3회	일주일에 4회 이상	일주일에 4회 이상 (일관적으로 자주)
		V		

• 어떤 놀이를 확장해 보았나요?

V 주차장 놀이를 할 때 기차랑 빨간색 자동차만 좋아했는데 오토바이랑 자전거도 주차할 수 있도록 했어요.

V 주차장 놀이를 할 때 주차하는 것만 했는데 동물들을 태워 보기도 했어요.

V 주차장 놀이를 하다가 동물들을 집에 데려다 주기도 했어요.

V 씻기 놀이를 할 때 물장난만 했었는데 엄마 손이랑 발을 닦아 주기도 했어요. 그리고 인형도 목욕시켜 줬어요. 그랬더니 놀이시간이 좀 더 길어졌네요.

V 먹는 상황에서 엄마만 먹여 주다가 아빠, 동생한테도 먹여 주는 행동을 보였어요.

• 가장 수월했던 활동은 무엇인가요? 어떻게 적용해 보았나요?

V 오토바이랑 자전거도 주차하게 하니 의외로 너무 좋아했어요. 그래서 놀이시간이 좀 더 길어질 수 있었던 것 같아요.

V 씻기놀이를 할 때 생각했던 것보다 인형들 목욕시켜 주는 것을 좋아하더라고요.

• 가장 어려웠던 활동은 무엇인가요? 왜 어려웠다고 생각하나요?

V 주차장 놀이 외에 소꿉놀이랑 병원놀이도 시도해 보았는데 여전히 주차장 놀이만 좋아해요.

가정 내 과제지 – 의사소통 행동 기록지(부모용)			언어기
아동 이름(성별)	김＊＊ (남,)여)	생년월일	2013년 3월 23일
부모	정＊＊＊ (엄마)	기록일[회기]	2016년 2월 27일 [3 회기]

상황	구체적인 상황	아동 행동 및 발화
씻는 상황	∨ 씻기 놀이를 할 때 물장난을 하다가 엄마 손이랑 발을 씻겨 줌 ∨ 인형들을 모두 가지고 왔더니 인형도 손이 랑 발, 배 등을 목욕시켜 줌	∨ "바(발)" "소(손)" "닦아" "엄마 닦아"
옷 입는 상황	∨ 옷 입는 상황에서는 아이가 지퍼를 만지 작 거려서 지퍼를 올리는 것을 보여 줌. 그 랬더니 엄마 옷이랑 아빠 옷도 지퍼를 올 려 줌	∨ "쭉"(올리면서 소리 냄), "아네(안 돼)"
먹는 상황	∨ 먹는 상황에서 포도를 맛있게 먹고 있었 음. 엄마가 "엄마 아" 하며 달라고 하니 엄 마에게 건네주었음. 그러더니 '아빠' '동 생'에게도 먹여 주려 하였음	∨ "엄마" "아빠" "아빠 아" "먹어"
놀이 상황	∨ 주차장 놀이를 할 때 기차랑 자동차만 하 다가 오토바이, 자전거도 갖다 주었더니 좋아하였고 평소보다 길게 놀이가 진행되 었음 ∨ 주차장 놀이를 하다가 동물들을 태워 주 는 모습을 보여 주었더니 자기도 동물들 을 태워 주었음 ∨ 병원놀이, 소꿉놀이는 2~3분 하다가 다시 주차장 놀이함	∨ "따으으(자전거)" ∨ "타" "주에인(주세요)"
책 보기 상황	∨ 책 보기는 교통수단이 있는 책을 사서 보 여 주었음. 흥미를 보여 평소보다 꽤 오랫 동안 책 보기에 성공함	∨ "빠방" "타" "이용"
기타 상황	∨ 잠자는 상황에서 아빠에게 말함	∨ "코 자"라고 말함

가정 내 과제지 – 의사소통 행동 기록지 – 4회기(부모용)		언어기
아동 이름(성별)	김 * * (남, 여)	생년월일	2013년 3월 23일
부모	정 * * (엄마)	기록일	2016년 3월 5일
이 주의 목표	기다리기, 얼굴 마주 보기		

다음을 확인해 주세요	• 나는 얼마나 우리 아이에게 의사를 표현할 기회를 주나요? 혹시 아이가 의사를 표현하기 전에 미리 해 주지는 않나요? • 어떤 상황에서 주로 아이의 의사표현 기회를 주나요? 기회를 주는 상황이 다양한가요? • 나는 우리 아이에게 얼굴 마주 보기를 강요하지는 않나요? • 얼굴 마주 보기를 주로 어떤 상황에서 유도하나요? 가장 잘되는 상황은 어떤 상황인가요?

기다리기

• 얼마나 자주 적용했나요?

적용하지 못함	일주일에 2회	일주일에 3회	일주일에 4회 이상	일주일에 4회 이상 (일관적으로 자주)
				∨

• 어떤 활동에서 적용해 보았나요?
∨ 다양한 활동에서 적용해 보았어요. (예: 간식 먹는 상황, 책 보는 상황, 옷 입는 상황, 주차장 놀이, 병원놀이)
• 가장 수월했던 활동은 무엇인가요? 어떻게 적용해 보았나요?
∨ 이전에는 주차장 놀이 외에 다른 활동에서는 길게 이루어지지 않았으나 대부분의 활동에서 적용하였더니 수월하였어요.
• 가장 어려웠던 활동은 무엇인가요? 왜 어려웠다고 생각하나요?
∨ 병원놀이는 지속적이지 않아 기다리기가 어려웠어요.

얼굴 마주 보기

• 얼마나 자주 적용했나요?

적용하지 못함	일주일에 2회	일주일에 3회	일주일에 4회 이상	일주일에 4회 이상 (일관적으로 자주)
		∨		

• 어떤 활동에서 적용해 보았나요?
∨ 다양한 활동에서 적용해 보았어요.
• 가장 수월했던 활동은 무엇인가요? 어떻게 적용해 보았나요?
∨ 간식 먹는 상황, 씻는 상황, 옷 입는 상황 등에서는 수월했어요. 간식 먹을 때 미리 도와주지 않고 기다렸더니 말로 도와달라고 했어요. 씻는 상황도 마찬가지고요.
• 가장 어려웠던 활동은 무엇인가요? 왜 어려웠다고 생각하나요?
∨ 주차장 놀이는 길게 놀이 가능하고 말도 많이 나오나 얼굴 마주 보기는 쉽지 않네요.

가정 내 과제지 – 의사소통 행동 기록지(부모용)			언어기

아동 이름(성별)	김＊＊ (남,)여)	생년월일	2013년 3월 23일
부모	정＊＊ (엄마)	기록일[회기]	2016년 3월 5일 [4 회기]

상황	구체적인 상황	아동 행동 및 발화
씻는 상황	∨ 물을 트는 상황에서 뜨거울 때 ∨ 양치하는 상황에서 물을 달라고 표현함	∨ "아뜨" ∨ "물 줘"
옷 입는 상황	∨ 단추를 잠그는 상황에서 도와주지 않고 기다림	∨ "안 돼" "빼"
먹는 상황	∨ 물을 조금만 주고 기다렸음 ∨ 가족들에게 먹여 주기를 할 때 일부러 입을 벌리지 않고 기다렸음	∨ "물 주에요(주세요)" ∨ "자 먹어요"
놀이 상황	∨ 주차장 놀이를 할 때 원하는 자동차들을 엄마가 다 가지고 있고 하나씩 엄마에게 달라고 하게 하였음. 안 주고 기다려 주기도 하였음 ∨ 기찻길을 지나가는 상황에서 가로막고 장난을 치며 기다렸음	∨ "애앵 줘" "폭폭 줘" "엄마 폭폭 줘." ∨ "안 돼" "애앵 안 돼."
책 보기 상황	∨ 동물들 나오는 책을 보자고 높이 있는 책을 꺼내려고 함. 바로 도와주지 않고 기다림	∨ "안 돼"
기타 상황	∨ 동생이 말을 안 듣는 상황에서 기다렸음	∨ "때려"

가정 내 과제지 – 의사소통 행동 기록지 – 5회기(부모용)		언어기

아동 이름(성별)	김 * * (남,)여)	생년월일	2013년 3월 23일
부모	정 * * (엄마)	기록일	2016년 3월 12일
이 주의 목표	모방하기, 언어 확장하기(1)		

다음을 확인해 주세요	• 나는 우리 아이에게 얼마나 모방을 하도록 유도하나요? 혹시 부모의 말을 모방하는 것 외에 아이의 말이나 행동을 모방한 적이 많은가요? • 아이의 말이나 행동을 모방했다면 어떤 상황에서 하였나요? • 부모가 아동의 말이나 행동을 모방했을 때 아이는 어떤 반응을 보이나요? • 나는 우리 아이의 말이나 행동을 확장할 때 어느 수준으로 확장해 주었나요? 너무 짧지는 않았나요? 혹은 너무 길지는 않았나요? • 내가 우리 아이의 행동이나 말을 확장해 주었을 때 아이는 어떤 반응을 보이나요?

모방하기

• 얼마나 자주 적용했나요?

적용하지 못함	일주일에 2회	일주일에 3회	일주일에 4회 이상	일주일에 4회 이상 (일관적으로 자주)
			V	

• 어떤 활동에서 적용해 보았나요?
V 씻기 상황, 먹는 상황, 옷 입는 상황 등에서 적용해 보았음
• 가장 수월했던 활동은 무엇인가요? 어떻게 적용해 보았나요?
V 놀이시간이 길어지니 소리가 이전보다 많아졌고 아이의 소리를 모방해 주려 노력하였음
• 가장 어려웠던 활동은 무엇인가요? 왜 어려웠다고 생각하나요?
V 좋아하던 놀이에서도 상황에 따라 놀이에 흥미가 떨어지는 경우 소리가 잘 나오지 않아 모방할 소리가 없었음
V 아이가 발음이 정확하지 않아 어떻게 모방해 주어야 할지 어려웠음

언어 확장하기(1)

• 얼마나 자주 적용했나요?

적용하지 못함	일주일에 2회	일주일에 3회	일주일에 4회 이상	일주일에 4회 이상 (일관적으로 자주)
				V

• 어떤 활동에서 적용해 보았나요?
V 씻기 상황, 먹는 상황, 옷 입는 상황 등에서 적용해 보았음
V 병원놀이, 스티커 붙이기 놀이 등에서도 적용해 보았음
• 가장 수월했던 활동은 무엇인가요? 어떻게 적용해 보았나요?
V 대부분 놀이에 흥미를 가져 수월하였음. 아이가 말을 하면 그 말을 조금 더 길게 들려주었음
V 같은 상황에서 반복해서 들려주면 훨씬 더 내 말을 따라 하는 행동이 많았음
• 가장 어려웠던 활동은 무엇인가요? 왜 어려웠다고 생각하나요?
V 아이가 말한 것에서 길게 들려주었는데 아이가 뒤로 보고 있거나 내 소리를 듣지 않을 때는 확장이 덜 되는 것 같았음
V 발음을 고쳐 주려고 하자 다시 놀이시간이 짧아지면서 짜증냈음
V 문장이 너무 길어지면 짜증냈음

가정 내 과제지 – 의사소통 행동 기록지(부모용)		언어기

아동 이름(성별)	김 * * (남), 여)	생년월일	2013년 3월 23일
부모	정 * * (엄마)	기록일[회기]	2016년 3월 12일 [5 회기]

상황	구체적인 상황	아동 행동 및 발화
씻는 상황	∨ 수건으로 몸 닦는 상황 ∨ 아빠랑 같이 목욕하는 상황	아동: 안 돼 엄마: 안 돼. 닦아 엄마: 배 닦아, 손 닦아, 머리 닦아(신체 부위를 순서대로 말하며 닦았음)
옷 입는 상황	∨ 옷 벗는 상황에서 잘 안 벗겨지자 도와달라고 할 때까지 기다렸음	아동: 안 돼 엄마: 안 돼. 벗어 아동: 벗어
먹는 상황	∨ 동생이 밥을 안 먹는 상황을 보고함	아동: 안 돼 엄마: 안 돼. 안 먹어 아동: 안 먹어 엄마: 맞아, 맘마 안 먹어 아동: 맘마 안 먹어
놀이 상황	∨ 스티커놀이 하였음. 잘 안 붙여지는 것을 보고 기다렸음 ∨ 병원놀이 하였음. 병원놀이 하는 동안에는 말을 하기보다는 놀이 자체가 길었음	아동: 꾹 엄마: 꾹. 붙여 아동: 부어(붙여) 엄마: 부어, 엄마 부어(붙여) 아동: 엄마 부어(붙여)
책 보기 상황	∨ 책 보는 상황에서 엄마가 재미있게 읽어 주고 나서 다음 페이지로 넘기지 않고 기다렸음	아동: 엄마(넘겨 달라는 의미) 엄마: 엄마. 넘겨 아동: 엄마 엄마: 엄마. 넘겨 아동: 넘거(넘겨)
기타 상황	∨ 최근 뒤에 '-거'를 넣어서 말함	∨ "아빠 흥거 떠요? 엄마 뭐 해? 아기야. 맘마 안 먹어. 이거 안 돼"

가정 내 과제지 – 의사소통 행동 기록지 – 6회기(부모용) 언어기

아동 이름(성별)	김 * * (남,)여)	생년월일	2013년 3월 23일
부모	정 * * (엄마)	기록일	2016년 3월 19일

이 주의 목표	언어 확장하기(2), 차례 주고받으며 대화하기

다음을 확인해 주세요	• 나는 우리 아이와 얼마나 차례를 주고받으며 대화하나요? • 우리 아이와 나는 어떤 활동에서 보다 긴 시간 동안 대화가 가능한가요? • 차례를 주고받으며 대화하기가 잘 안 되는 상황은 어떤 상황인가요? 왜 잘 안 된다고 생각하나요?

언어 확장하기(2)

• 얼마나 자주 적용했나요?

적용하지 못함	일주일에 2회	일주일에 3회	일주일에 4회 이상	일주일에 4회 이상 (일관적으로 자주)
				V

• 어떤 활동에서 적용해 보았나요?
V 일상생활에서 일관적으로 적용해 보았음
V 이외에 그림 그리기, 책 보기, 소꿉놀이에서도 적용해 보았음

• 가장 수월했던 활동은 무엇인가요? 어떻게 적용해 보았나요?
V 이제는 주차장 놀이 외에 다른 놀이도 엄마랑 같이 하자고 함

• 가장 어려웠던 활동은 무엇인가요? 왜 어려웠다고 생각하나요?
V 다양한 놀이를 적용하였을 때 관심은 많으나 상황에 따라 짧게 끝나기도 함

차례 주고받으며 대화하기

• 얼마나 자주 적용했나요?

적용하지 못함	일주일에 2회	일주일에 3회	일주일에 4회 이상	일주일에 4회 이상 (일관적으로 자주)
		V		

• 어떤 활동에서 적용해 보았나요?
V 일상생활에서 일관적으로 적용해 보았음
V 이외에 그림 그리기, 책 보기, 소꿉놀이에서도 적용해 보았음

• 가장 수월했던 활동은 무엇인가요? 어떻게 적용해 보았나요?
V 이제는 주차장 놀이 외에 다른 놀이도 엄마랑 같이 하자고 함

• 가장 어려웠던 활동은 무엇인가요? 왜 어려웠다고 생각하나요?
V 같은 놀이라고 하더라도 관찰하기랑 기다리기를 하지 않으며, 차례 주고받으며 대화가 이루어지지 않아 지속적인 관찰하기, 기다리기를 잊지 않아야 할 것 같다.

가정 내 과제지 ─ 의사소통 행동 기록지(부모용)		언어기	
아동 이름(성별)	김 * * (남,)여)	생년월일	2013년 3월 23일 언어기
부모	정 * * (엄마)	기록일[회기]	2016년 3월 19일 [6 회기]
상황	구체적인 상황	아동 행동 및 발화	
씻는 상황	∨ 씻고 있는 상황에서 내가 기침을 하는 상황에서 서로 눈이 마주침	아동: 엄마 (콜록 소리 흉내 내며) 해떠요(했어요)? 엄마: 엄마 (콜록 소리 흉내) 해떠요. 엄마 기침 해떠요.	
옷 입는 상황	∨ 단추를 잠그는 상황에서 어려워하는 것을 봄	아동: 엄마 꾹 엄마: 응. 엄마 꾹. 엄마 꾹 눌러요 아동: 엄마 꾹 눌러 엄마: (다른 단추를 보여 주며) **아. 이거 꾹 눌러 아동: 이거 꾹 엄마: 이거 꾹. 이거 꾹 눌러요.	
먹는 상황	∨ 바나나를 먹는 **이를 위해 바나나를 잘라 주며 먹고 서로 먹여 주는 것을 하였음. 일부러 크게 잘라 주기도 하고 작게 잘라 주기도 하였음	아동: 엄마 아 먹어 엄마: 엄마 아 먹어. 엄마 바나나 먹어. 아동: 바아아(바나나) 먹어요. 엄마: (일부러 바나나를 크게 잘라 줌) **아 바나나 먹어요. 아동: 커 엄마: 커. 많이 커 아동: 많이 커. 잘라 엄마: 응 알겠어요	
놀이 상황	∨ 엄마랑 얼굴 그림 그리기를 함께하였음	아동: 엄마 그려. 엄마: 엄마 그려. (눈을 가리키며) 엄마 눈 그려. 아동: 눈 그려 아동: (코를 가리키며) 코 엄마: 코. 코 그려. 아동: 코 그려. 엄마: 코 그려. 엄마가 코 그려. 아동: 엄마가 그려.	
책 보기 상황	∨ 병원 이야기 책을 함께 봄	아동: (친구 가리키며) 아따. 엄마: 아따, 친구 아따. 아동: 많이 아따. 엄마: 많이 아따. 배가 많이 아따. 아동: 배가 아따.	
기타 상황	∨ 아빠랑 엄마랑 함께 춤추는 상황	∨ "엄마 난나나 또 해 줘요." (춤추라고 함)	

언어 · 의사소통 촉진 부모교육 프로그램:
사전 · 사후 관찰 기록지(전문가용)

언어기

아동이름(성별)	김 ** (남, 여)	생년월일	2013년 3월 23일
작성자(아동과의 관계)	정 ** (엄마)	사전 평가일	2016년 2월 13일
가족 구성원	아빠, 엄마, 여동생	사후 평가일	2016년 3월 26일

1. 전체 종합

	사전 평가	사후 평가
부모와 아동의 상호작용	• 사전 평가 시, 주로 아이는 주차장 놀이를 즐겼고 엄마는 그림 그리며 색 이름을 알려 주거나 숫자를 알려 주기에 집중하였음	• 다양한 놀이에서 긴 시간 동안 함께 놀이 가능함
아동의 놀이 특성	• 자동차 주차놀이	• 씻기 놀이, 옷 입기 놀이, 간식 먹기 놀이, 그림 그리기 놀이, 소꿉놀이, 병원놀이, 주차장 놀이 등 • 대부분 놀이 상황에서 의사소통 의도가 충분하였음
양육자의 의사소통 촉진 전략	• 관찰하기에서는 주로 아동의 놀이를 관찰하기보다 부모가 놀잇감을 먼저 선택하였음 • 공동주의집중 및 공동활동 늘리기에서는 주로 아동이 좋아하는 놀이에 참여를 하면서도 부모가 원하는 활동으로 집중시키기도 하였음. 또한 부모는 아동이 하는 주차장 놀이에서 놀이 확장에 어려움을 겪었음 • 기다리기는 아동이 도움 요청을 할 때까지 기다렸으나 일관적이지는 않았음	• 관찰하기에서는 아동의 놀이를 여유 있게 관찰하였고 이에 따라 공동주의 집중 및 공동활동 늘리기도 함께 개선되었음 • 기다리기는 이전보다 아동에게 다양한 기회를 많이 주려 함 • 얼굴 마주 보기에서 부모는 아동과 눈을 맞추려고 노력하였으나 아직 일관적이지는 않았음 • 모방하기에서는 아동의 말을 있는 그대로 모방하려 노력하였음. 하지만 간혹 놓치는 경우도 있었음

	• 얼굴 마주 보기에서 부모는 주로 아동의 얼굴을 마주 보기보다 놀잇감에 집중하는 모습을 보였음 • 모방하기에서는 아동의 말을 모방해 주기는 하였으나 아동이 소리를 있는 그대로 모방하기보다 성인의 말 형태로 모방하였음 • 언어 확장은 확장을 하기는 하였으나 아동의 발성과 언어 수준을 고려한 확장이 아닌 너무 복잡하고 긴 형태였음 • 차례 주고받으며 대화하기는 일대일 비율로 대화하기에서 어려움을 보였음 • 기타: 말 속도 측면에서 말 속도가 빠른 편이었음	• 언어 확장은 아동의 언어 수준에 맞추어 일관적으로 확장해 주었음 • 다양한 촉진 전략에서 개선되면서 차례 주고받으며 대화하기의 빈도와 지속시간이 아주 많이 향상됨 • 기타: 말 속도 측면에서 말 속도를 늦추려고 노력함
아동의 언어 및 의사소통	• 제스처: 주로 소리를 많이 냄 • 발성 및 언어: "출동" "폭폭(기차)" "빠방(자동차)" "엥/이용(소방차, 구급차)" "불" "빵" "마니(많이)" "빠아(바나나)" "아내(안 돼)"	• 제스처: 주로 소리를 많이 냄 • 발성 및 언어: "바(발)" "닦아" "쭉" "따으으(자전거)" "배 닦아" "안 먹어" "부어(붙여)" "엄마 부어(붙여)" "많이 커" 엄마 닦아" "코 그려" "엄마 나났나 해 주세요" 등

종합 정리 및 추후 권고	• 초반에는 아동이 혼자 자동차를 가지고 놀 때가 많았는데 이제는 함께하는 것이 많아져 좋다고 함. 그리고 초반에는 아동과 상호작용할 때 여유가 없었는데 이제는 여유가 생겨 아동의 놀이를 관찰하게 되고 창의적으로 확장하는 것도 즐겁다고 함
	• 부모는 아동을 관찰하고 함께 공동주의집중하며 활동하려 노력하였고 이로 인해 아동은 부모와 함께 놀이를 하게 되었음. 그리고 부모가 아동에게 의사를 표현할 기회를 다양하게 주면서 아동이 의사소통 의도를 표현하는 빈도가 많아졌고 이를 아동의 수준에 맞추어 쉬운 말로 확장해 주면서 아동이 부담을 느끼지 않게 하여 언어와 의사소통에서 촉진이 되었음. 이로 인해 함께 놀이하는 시간이 굉장히 길어졌고 단어, 단어 조합 빈도가 늘었으며 차례를 주고받으며 대화하기도 가능해졌음
	• 앞으로의 권고사항은 다음과 같음
	  –첫째, 보다 다양한 활동에서 일관적으로 상호작용하기를 권고함
	  –둘째, 현재 아동은 많이 늘었지만 앞으로도 표현하는 단어와 문장 수의 지속적인 확장이 필요함. 따라서 단어와 문장 촉진이 지속적으로 이루어져야 하고 문법형태소 확장도 함께 필요함
	  –셋째, 촉진 시 아동의 소리를 모방해 주거나 확장해 주는 것보다 의식적으로 자세와 위치를 맞고 입 모양을 보여 주며 소리를 명확히 들려주는 것이 효율적임	

수고 많으셨습니다.		

2. 부모-아동 상호작용

	사전 평가	사후 평가
부모와 아동이 가장 길게 상호작용한 놀이	• 놀이 시간: 5분 이내 • 놀이 예: 자동차 놀이	• 놀이 시간: 30분 이상(하나의 놀이) • 놀이 예: 씻기 놀이, 옷 입기 놀이, 간식 먹기 놀이, 그림 그리기 놀이, 소꿉놀이, 병원놀이, 주차장 놀이 등
아동이 혼자 한 놀이	• 놀이 시간: 20~30분 • 놀이 예: 자동차 놀이	• 놀이 시간: 3분 이내 • 놀이 예: 거의 엄마랑 놀이하는 시간이 많음. 간혹 엄마가 집안일을 할 때 혼자 논다고 함
상호작용하며 수월한 점과 수월하지 않은 점 (부모 보고)	• 수월한 점: "자동차 놀이를 하면 길게 놀이가 가능한데 상호작용하면서 하는 놀이는 아니에요." • 수월하지 않은 점: "색깔을 알려 주는 상황에서 잘 듣지 않아요." "모방이 일관적으로 나타나지 않고 주로 혼자 놀아요."	• 수월한 점: "아이를 관찰하며 여유 있게 살펴보니 다양한 놀이에서 아이와 놀이하는 것에 자신감이 붙었어요." • 수월하지 않은 점: "아직 자신이 원하는 것에 끼어들지 못할 때도 있어요."

3. 아동의 놀이 특성

	사전 평가	사후 평가
상징놀이 발달 단계 및 놀이 특성	• 자동차 주차 놀이	• 씻기 놀이, 옷 입기 놀이, 간식 먹기 놀이, 그림 그리기 놀이, 소꿉놀이, 병원놀이, 주차장 놀이 등
의사소통 의도가 가장 많이 나타나는 놀이	• 대부분 혼자 놀이함	• 대부분 활동에서 의사소통 의도를 많이 표현함
의사소통 의도가 가장 적게 나타나는 놀이	• 대부분 혼자 놀이함	• 책 보기는 아직 일관적으로 의사소통 의도가 많이 나타나지는 않음

4. 양육자의 의사소통 촉진 전략

	내용	사전 평가	사후 평가
(1) 관찰하기	아동이 관심을 가지는 것과 느끼는 것을 관찰하는 것이다. 아동의 행동, 몸짓, 얼굴 표정을 관찰하는 시간을 갖게 되면 아동의 마음을 이해하는 데 도움이 된다.	1	4
(2) 공동주의집중 및 공동활동 늘리기: 참여하며 놀기, 아동 주도 따르기	아동이 관심 있어 하는 활동에 참여하여 따르는 것이다. 아동 주도에 따르기 위해서는 부모가 공동주의집중 및 공동활동을 유지해야 한다.	1	3
(3) 공동주의집중 및 공동활동 늘리기: 의사소통 촉진을 위한 놀이 확장	적절한 의사소통 촉진을 위해서는 부모는 아동의 놀이 패턴과 놀이 기능을 확인하고 이를 의미 있는 행동으로 확대해 나가야 한다.	1	4
(4) 기다리기	기다리기는 아동이 흥미 있어 하는 것을 관찰할 수 있게 시간을 제공하고, 상호작용을 시작할 시간 혹은 부모가 말하거나 행한 것에 대해 아동이 반응할 시간을 제공하는 것이다.	2	4
(5) 얼굴 마주 보기	부모는 언제나 아동이 부모의 눈을 똑바로 볼 수 있도록 자세와 위치를 바꾸어야 한다.	1	3
(6) 모방하기	아동의 행동이나 말을 모방하는 것을 말한다. 아동의 의사소통 행동, 표정, 소리와 말을 그대로 모방하는 것이다.	2	3
(7) 언어 확장하기	아동이 표현한 소리를 확대 및 확장해 주는 것을 의미한다. 발성 수준의 경우, 아동의 발성 수준을 고려하여 확장을 해 주어야 한다. 낱말 단계와 초기 문장 단계의 경우 구체적인 어휘 확장 및 구문 길이 확장을 도와야 한다.	1	4
(8) 차례 주고받으며 대화하기	아동과 부모가 교대로 주고받으며 상호작용하는 것으로 균형 잡힌 대화를 위해 부모는 대화 시 최대한 일대일의 비율로 아동이 말하는 기회와 동일하게 말할 기회를 가져야 한다.	1	4

(9) 기타				
말 속도	부모의 절대적인 말 속도뿐 아니라 아동과 비교했을 때 상대적인 말 속도를 살펴본다.		1	3
명료도	부모의 말이 명료하게 전달되는지, 아동의 말 모델로 적절한가를 동시에 고려한다.		3	4
말소리 크기	말소리가 너무 조용하면 아동의 활동에 영향을 미칠 수 없으며, 너무 크면 지시적이거나 지배적으로 느껴지게 된다.		4	4
운율	아동과 상호작용하는 동안 부모의 말에 나타나는 강세와 억양을 살펴본다. 이는 생기와 같은 비구어적 측면과도 관련된다.		4	4

채점 기준

1점: 거의 나타나지 않음, 2점: 1개의 활동에서 반 정도 적절하게 나타남, 3점: 1~2개의 활동에서 적절하게 나타남, 4점: 다양한 활동에서 일관적으로 항상 나타남

5. 아동의 언어 및 의사소통

	내용	사전 평가	사후 평가
제스처	아동이 제스처를 사용하나요?	• 고개 젓기, 동물 흉내 내기 등 주로 소리를 많이 냄	• 주로 소리를 많이 냄
	어떤 상황에서 어떤 제스처를 사용하나요?	• 거부하는 상황에서 고개 젓기 등	• 주로 소리를 많이 냄
구어(낱말, 초기 문장)	의사소통 의도(기쁨, 불편함, 요구하는 상황 등)를 표현하기 위해 소리를 사용하나요? 문장을 사용하나요?	• 사용함. 하지만 빈도도 적고 유형이 다양하지 않음	• 단어 조합형태가 증가함
	어떤 소리를 내나요?	• "출동" "폭폭(기차)" "빠빵(자동차)" "엥/이옹(소방차, 구급차)" "불" "빵" "마니(많이)" "빠아(바나나)" "아내(안 돼)"	• "바(발)" "닦아" "쭉" "따으으(자전거)" "부어(불여)" 등

	2개 혹은 3개 이상의 단어를 조합해서 말하나요? 어떤 문장을 말하나요?	• 없음	"배 닦아" "안 먹어" "엄마 부어(붙여)" "많이 커" 엄마 닦아" "코 그려" "엄마 나냐나 해 주세요" 등
	문장표현 시 조사(예: 엄마가, 아빠랑, 마트에서), 과거/미래시제(예: 먹었어, 먹을 거야), 연결어미(예: 밥 먹고 자요, 아파서 울어)를 사용하나요?	• 없음	• 자발적 표현은 없으나 모방표현 가능(예: 엄마가 그려)
상호작용 지시에 반응하기	부모가 아동의 이름을 부를 때 반응하나요?	• 반응함	• 반응함
	제스처에 적절하게 반응하나요?(예: 사물을 달라는 제스처에 사물 건네주기)	• 대부분 반응함	• 대부분 가능함
	제스처를 동반하지 않고 단어나 짧은 구를 들려주었을 때 이해하나요?	• 상황에 따라 다름	• 대부분의 활동에서 이해함. 그리고 점점 확장되어 늘고 있음
차례 주고받으며 대화하기	차례 주고받으며 대화하기가 잘 이루어지나요?	• 아이가 혼자 놀이를 할 때는 잘 이루어지지 않음.	• 다양한 놀이에서 차례 주고받으며 대화하기가 나타남. 자발적으로 질문도 나타남.
	차례 주고받으며 대화하기가 잘 이루어지는 활동은 어떤 활동인가요?	• 간식 먹기 등	• 일상생활 외에 다양한 놀이에서 나타남
	차례 주고받으며 대화하기가 잘 이루어질 때 어떤 소리를 주로 내나요?	• 단어	• 단어 혹은 단어 조합의 문장 형태로 나타남

[참고문헌]

김영태(2002). 아동언어장애의 진단 및 치료. 서울: 학지사.

김정미, 이수향(2007). It takes two to talk. 부모교육 프로그램이 언어발달지체아동의 의사소통과 부모의 행동에 미치는 효과. 언어청각장애연구, 12(4), 607-624.

배소영(1995). 우리나라 아동의 언어발달: 언어발달 진단의 일차적 자료. 언어치료 전문교육. 서울: 언어병리학회 편.

심현섭, 김영태, 김진숙, 김향희, 배소영, 신문자, 이승환, 이정학, 한재순(2005). 의사소통장애의 이해. 서울: 학지사.

이금진(2001). 부모교육을 통한 아동중심의 놀이지도가 어머니의 상호작용 행동 및 아동의 의사소통 능력 발달에 미치는 영향. 언어청각장애연구, 6(1), 92-104.

이윤경(2011). 언어발달지체 영유아의 언어 및 의사소통 능력과 인지, 운동 및 사회성 발달과의 관계. 언어청각장애연구, 16(1), 1-12.

조명한(1982). 한국아동의 언어 획득 연구. 서울: 서울대학교 출판부.

진연선, 성인경, 이현숙, 배소영(2014). 부모교육 프로그램이 3세 이하 미숙아와 양육자의 사회적 의사소통 증진에 미치는 효과. 유아특수교육연구, 14(4), 121-142.

하승희, 박보라(2015). 일반 영유아의 초기 발성과 음운 발달에 관한 종단 연구. 말소리와 음성과학, 7, 63-73.

Acredolo, L. P., & Goodwyn, S. W. (1988). Symbolic gesturing in normal infants. *Child Development, 59*, 450-456.

Alpert, C. L., & Kaiser, A. P. (1992). Training parents to do milieu language teaching with their language-impaired preschool children. *Journal of Early Intervention, 16*, 31-52.

Bakeman, R., & Adamson, L. B. (1984). Coordinating attention to people and objects in mother-infant and peer-infant interaction. *Child Development, 55*, 1278-1289.

Bates, E., Benigni, L., Bretherton, I., Camaioni, L., & Volterra, V. (1977). From gesture to the first word: On cognitive and social prerequisites. In M. Lewis & L. Rosenblum (Eds.), *Interaction, conversation, and the development of language*. New York, NY: Wiley.

Bates, E., & Snyder, L. (1987). The cognitive hypothesis in language development. In I. Uzgiris & J. Hunt (Eds.), *Infant performance and experience*. Urban, IL: University of Illinois Press.

Bauman-Waengler, J. (2004). *Articulatory and phonological impairments: A clinical Focus* (2nd ed.). Boston: Allyn & Bacon.

Behne, T., Carpenter, T., & Tomasello, M. (2005). One year olds comprehend the communicative intentions behind gestures in a hiding game. *Developmental Science, 8*, 492-499.

Boyatzis, C. J., & Watson, M. W. (1993). Preschool children's symbolic representation of objects through gestures. *Child Development, 64*, 729-735.

Butterworth, G. (1995). Origins of mind in perception and action. In C. Moore & P. J. Dunham (Eds.), *Joint attention: Its origins and role in development*. (pp. 29-40). Hillsdale, NJ: Lawrence Erlbaum.

Corkum, V., & Moore, C. (1995). Development of joint visual attention in infants. In C. Moore & P. J. Dunham (Eds.), *Joint attention: Its origins and role in development* (pp. 61-83). Hillsdale, NJ: Lawrence Erlbaum.

Gilkerson, J., & Richards, J. (2008). *The LENA natural language study* (Technical Report LTR-02-2). Boulder, CO: LENA Foundation.

Goodwyn, S. W., Acredolo, L. P., & Brown, C. A. (2000). Impact of symbolic gesturing on early language development. *Journal of Nonverbal Behavior, 24*(2), 81-103.

Ingersoll, B., & Dvortcsak, A. (2010). *Teaching social communication to children with Autism*. New York: The Guilford Press.

Ingram, D. (1976). Surface constraints in children's speech. *Journal of Child Language, 2*, 287-292.

Jones, E., & Carr, E. (2004). Joint attention in children with autism: Theory and intervention. *Focus on Autism and Other Developmental Disabilities, 19*(1), 13-26.

Kaiser, A. P., Hancock, T. B., & Nietfeld, J. P. (2000). The effects of parent-implemented enhanced milieu teaching on the social communication of children who have autism. *Early Education and Development, 11*, 423-446.

Kaiser, A. P., & Hemmeter, M. L. (1996). The effects of teaching parents to use responsive interaction strategies. *Topics in Early Childhood Special Education, 16*, 375-407.

Kaiser, A. P., & Hester, P. P. (1994). The generalized effects of enhanced milieu teaching. *Journal of Speech and Hearing Research, 37*(6), 1320-1340.

Kliger, L., & Dawson, G. (1992). Facilitating early social and communicative development in children with autism. In S. Warren & J. Reichle (Eds.), *Causes and effects in communication and language intervention* (pp. 223-251). Norwood, NJ: Ablex.

Manolson, A., Ward, B., & Dodington, N. (1995). *You Make the Difference-In Helping Your Children*. Toronto: A Hanen Centre Publication.

McLean, J. E., & Snyder-McLean, L. K. (1978). *A transactional approach to early language training*.

Columbus, OH: Charles E. Merrill Publishing Company.

Mundy, P., & Gomes, A. (1998). Individual differences in joint attention skill development in the second year. *Infant Behavior and Development, 21*, 469-482.

Nathani, S., Ertmer, D. J., & Stark, R. E. (2006). Assessing vocal development in infants and toddlers. *Clinical Linguistics and Phonetics, 20*(5), 351-369.

Nicoladis, E., Mayberry, R. I., & Genesee, F. (1999). Gesture and early bilingual development. *Developmental Psychology, 35*, 514-526.

Owens, R. E. (2005). *Language development: Introduction* (5th ed.). Boston: Allyn & Bacon.

Oller, D. K. (1980). The emergence of the sounds of speech in infancy. *Child phonology, 1*, 93-112.

Patterson, D. M., & Barnard, K. E. (1990). Parenting of low birth weight infants: A review of issues and interventions. *Infant Mental Health Journal, 11*, 37-55.

Rescorla, L., & Goosens, M. (1992). Symbolic play development in toddlers with expressive specific language impairment. *Journal of Speech and Hearing Research, 35*, 1290-1302.

Roseberry-McKibbin, C., & Hegde, M. N. (2006). *An advanced review of speech-language pathology* (2nd ed.). PRO-ED.

Sigman, M., & Capps, L. (1997). *Children with autism: A developmental perspective*. Cambridge, Mass: Harvard University Press.

Stack, D. M., & Arnold, S. L. (1998). Changes in mothers' touch and hand gestures influence infant behavior during face to face interchanges. *Infant behavior and Development, 21*(3), 451-468.

Wetherby, A. A., & Prizant, B. M. (2007). *CSBS DP Manual: Communication and Symbolic Behavior Scales Developmental Profile*. Paul H Brookes Pub Co.

Wijnroks, L., & Veldhoven, N. (2003). Individual differences in postural control and cognitive development in preterm infant. *Infant Behavior and Development, 26*, 14-26.

Yoder, P. J., & Warren, S. F. (2002). Effects prelinguistic milieu teaching and parent responsivity education on dyads involving children with intellectual disabilities. *Journal of Speech, Language, and Hearing Research, 45*, 1158-1174.

PART 2
프로그램 워크북

프로그램 진행 방법 한눈에 보기

• 언어이전기

프로그램	회기	소요시간 (60분 기준)	프로그램 진행 내용	준비물
교육 프로그램	1회기	5분	• 프로그램 목적 소개하기	
		20분	• 초기 면담 실시하기 • 사전평가 촬영하기	• 초기 면담지(pp. 100–101) • 동영상 촬영 도구
		30분	• 이론 자료를 제공하여 교육 프로그램 실시 하기	• 회기별 활동지: 1회기(p. 107) • 부모교육 이론 자료집 (pp. 89–98)
		5분	• '가정 내 과제지–의사소통 행동 기록지'에 대해 함께 토의한 후 일상생활 의사소통 점검하기	• 가정 내 과제지–의사소통 행 동 기록지: 1회기 (pp. 108–109)
		1회기 종료 후	• 전문가: '사전 · 사후 관찰 기록지'의 사전 평가란 작성하기	• 사전 · 사후 관찰 기록지 (pp. 102–106)
훈련 프로그램	2회기	10분	• 과제를 통해 가정 내 언어 및 의사소통 환 경을 점검하기	• (1회기에서 작성한) 가정 내 과 제지–의사소통 행동 기록지
		5분	• 오늘의 목표 설명하기 −관찰하기 −공동주의집중 및 공동활동 늘리기: 참여 하며 놀기, 아동 주도 따르기	• 회기별 활동지: 2회기 (pp. 110–111)
		5분	• 전문가가 직접 모델링하여 활동 보여 주기	
		10분	• 목표에 맞추어 부모와 아동의 상호작용 활 동 실시 및 기록하기	• 동영상 촬영 도구
		20분	• 상호작용 시 수월했던 점과 어려움에 대해 토의하기 • 피드백 내용을 염두에 두고 다시 상호작용 하기	
		10분	• '가정 내 과제지–의사소통 행동 기록지'에 대해 함께 토의한 후 과제 안내하기	• 가정 내 과제지–의사소통 행 동 기록지: 2회기 (pp. 112–113)
	3회기	10분	• 과제를 통해 가정 내 언어 및 의사소통 환 경을 점검하기	• (2회기에서 작성한) 가정 내 과 제지–의사소통 행동 기록지
		5분	• 오늘의 목표 설명하기 −공동주의집중 및 공동활동 늘리기: 의사 소통 촉진을 위한 놀이 확장	• 회기별 활동지: 3회기 (pp. 114–115)

	시간	활동 내용	준비물
	5분	• 전문가가 직접 모델링하여 활동 보여 주기	
	10분	• 목표에 맞추어 부모와 아동의 상호작용 활동 실시 및 기록하기	• 동영상 촬영 도구
	20분	• 상호작용 시 수월했던 점과 어려움에 대해 토의하기 • 피드백 내용을 염두에 두고 다시 상호작용하기	
	10분	• '가정 내 과제지—의사소통 행동 기록지'에 대해 함께 토의한 후 과제 안내하기	• 가정 내 과제지—의사소통 행동 기록지: 3회기(pp. 116-117)
4회기	10분	• 과제를 통해 가정 내 언어 및 의사소통 환경을 점검하기	• (3회기에서 작성한) 가정 내 과제지—의사소통 행동 기록지
	5분	• 오늘의 목표 설명하기 −기다리기: 상호작용 시작 시간 기다리기 −얼굴 마주 보기	• 회기별 활동지: 4회기 (pp. 118-119)
	5분	• 전문가가 직접 모델링하여 활동 보여 주기	
	10분	• 목표에 맞추어 부모와 아동의 상호작용 활동 실시 및 기록하기	• 동영상 촬영 도구
	20분	• 상호작용 시 수월했던 점과 어려움에 대해 토의하기 • 피드백 내용을 염두에 두고 다시 상호작용하기	
	10분	• '가정 내 과제지—의사소통 행동 기록지'에 대해 함께 토의한 후 과제 안내하기	• 가정 내 과제지—의사소통 행동 기록지: 4회기(pp. 120-121)
5회기	10분	• 과제를 통해 가정 내 언어 및 의사소통 환경을 점검하기	• (4회기에서 작성한) 가정 내 과제지—의사소통 행동 기록지
	5분	• 오늘의 목표 설명하기 −행동 및 구어 모방하기 −제스처/발성 및 언어 확장하기	• 회기별 활동지: 5회기 (pp. 122-123)
	5분	• 전문가가 직접 모델링하여 활동 보여 주기	
	10분	• 목표에 맞추어 부모와 아동의 상호작용 활동 실시 및 기록하기	• 동영상 촬영 도구
	20분	• 상호작용 시 수월했던 점과 어려움에 대해 토의하기 • 피드백 내용을 염두에 두고 다시 상호작용하기	
	10분	• '가정 내 과제지—의사소통 행동 기록지'에 대해 함께 토의한 후 과제 안내하기	• 가정 내 과제지—의사소통 행동 기록지: 5회기(pp. 124-125)

		10분	• 과제를 통해 가정 내 언어 및 의사소통 환경을 점검하기	• (5회기에서 작성한) 가정 내 과제지−의사소통 행동 기록지
		5분	• 오늘의 목표 설명하기 −기다리기: 상호작용 지시에 반응하기를 기다리기	• 회기별 활동지: 6회기 (pp. 126−127)
		5분	• 전문가가 직접 모델링하여 활동 보여 주기	
6회기		10분	• 목표에 맞추어 부모와 아동의 상호작용 활동 실시 및 기록하기	• 동영상 촬영 도구
		20분	• 상호작용 시 수월했던 점과 어려움에 대해 토의하기 • 피드백 내용을 염두에 두고 다시 상호작용하기	
		10분	• '가정 내 과제지−의사소통 행동 기록지'에 대해 함께 토의한 후 과제 안내하기	• 가정 내 과제지−의사소통 행동 기록지: 6회기(pp. 128−129)
7회기		10분	• 과제를 통해 가정 내 언어 및 의사소통 환경을 점검하기 • 지금까지의 회기를 정리하며 수월했던 목표와 수월하지 않은 목표를 다시 확인하기	• (6회기에서 작성한) 가정 내 과제지−의사소통 행동 기록지 • 회기별 활동지: 7회기 (pp. 130−131)
		20분	• 사후평가 촬영 후 진전을 확인하기	• 동영상 촬영 도구
		20분	• 상호작용 시 수월했던 점과 어려움에 대해 토의하기	
		10분	• 마무리 및 정리하기	
		7회기 종료 후	• 전문가: '사전 · 사후 관찰 기록지'의 사후평가란 작성	• 사전 · 사후 관찰 기록지 (pp. 102−106)
8회기		20분	• 점검 및 영상 확인하기	• 회기별 활동지: 8회기 (p. 132) • 동영상 파일
		20분	• '사전 · 사후 관찰 기록지'를 통해 진전 결과 설명하기	• 사전 · 사후 관찰 기록지 (pp. 102−106)
		10분	• 종합 점검 및 추후 계획에 대해 논의하기	
		10분	• 마무리 및 정리하기 • 자료 제공하기: 사전 · 사후 관찰 기록지 및 영상	• 사전 · 사후 관찰 기록지 (pp. 102−106) • 동영상 파일

• 언어기

프로그램	회기	소요시간 (60분 기준)	프로그램 진행 내용	준비물
교육 프로그램	1회기	5분	• 프로그램 목적 소개하기	
		20분	• 초기 면담 실시하기 • 사전평가 촬영하기	• 초기 면담지(pp. 134-135) • 동영상 촬영 도구
		30분	• 이론 자료를 제공하여 실시하기	• 회기별 활동지: 1회기 (p. 141) • 부모교육 이론 자료집 (pp. 89-98)

		5분	• '가정 내 과제지−의사소통 행동 기록지'에
			  대해 함께 토의한 후 일상생활 의사소통
			  점검하기
				• 가정 내 과제지−의사소통 행
				  동 기록지: 1회기
				  (pp. 142-143)

		1회기
		종료 후
			• 전문가: '사전·사후 관찰 기록지'의 사전
			  평가란 작성하기
				• 사전·사후 관찰 기록지
				  (pp. 136-140)

훈련
프로그램
	2회기	10분	• 과제를 통해 가정 내 언어 및 의사소통 환
			  경을 점검하기
				• (1회기에서 작성한) 가정 내 과
				  제지−의사소통 행동 기록지

		5분	• 오늘의 목표 설명하기
			  −관찰하기
			  −공동주의집중 및 공동활동 늘리기: 참여
			    하며 놀기, 아동 주도 따르기
				• 회기별 활동지: 2회기
				  (pp. 144-145)

		5분	• 전문가가 직접 모델링하여 활동 보여 주기	
		10분	• 목표에 맞추어 부모와 아동의 상호작용 활 동 실시 및 기록하기	• 동영상 촬영 도구

		20분	• 상호작용 시 수월했던 점과 어려움에 대해
			  토의하기
			• 피드백 내용을 염두에 두고 다시 상호작용
			  하기	

		10분	• '가정 내 과제지−의사소통 행동 기록지'에
			  대해 함께 토의한 후 과제 안내하기
				• 가정 내 과제지−의사소통 행
				  동 기록지: 2회기(pp. 146-147)

	3회기	10분	• 과제를 통해 가정 내 언어 및 의사소통 환
			  경을 점검하기
				• (2회기에서 작성한) 가정 내 과
				  제지−의사소통 행동 기록지

		5분	• 오늘의 목표 설명하기
			  −공동주의집중 및 공동활동 늘리기: 의사
			    소통 촉진을 위한 놀이 확장
				• 회기별 활동지: 3회기
				  (pp. 148-149)

		5분	• 전문가가 직접 모델링하여 활동 보여 주기	

	10분	• 목표에 맞추어 부모와 아동의 상호작용 활동 실시 및 기록하기	• 동영상 촬영도구
	20분	• 상호작용 시 수월했던 점과 어려움에 대해 토의하기 • 피드백 내용을 염두에 두고 다시 상호작용하기	
	10분	• '가정 내 과제지−의사소통 행동 기록지'에 대해 함께 토의한 후 과제 안내하기	• 가정 내 과제지−의사소통 행동 기록지: 3회기(pp. 150-151)
4회기	10분	• 과제를 통해 가정 내 언어 및 의사소통 환경을 점검하기	• (3회기에서 작성한) 가정 내 과제지−의사소통 행동 기록지
	5분	• 오늘의 목표 설명하기 −기다리기 −얼굴 마주 보기	• 회기별 활동지: 4회기 (pp. 152-153)
	5분	• 전문가가 직접 모델링하여 활동 보여 주기	
	10분	• 목표에 맞추어 부모와 아동의 상호작용 활동 실시 및 기록하기	• 동영상 촬영 도구
	20분	• 상호작용 시 수월했던 점과 어려움에 대해 토의하기 • 피드백 내용을 염두에 두고 다시 상호작용하기	
	10분	• '가정 내 과제지−의사소통 행동 기록지'에 대해 함께 토의한 후 과제 안내하기	• 가정 내 과제지−의사소통 행동 기록지: 4회기(pp. 154-155)
5회기	10분	• 과제를 통해 가정 내 언어 및 의사소통 환경을 점검하기	• (4회기에서 작성한) 가정 내 과제지−의사소통 행동 기록지
	5분	• 오늘의 목표 설명하기 −모방하기 −언어 확장하기(1)	• 회기별 활동지: 5회기 (pp. 156-157)
	5분	• 전문가가 직접 모델링하여 활동 보여 주기	
	10분	• 목표에 맞추어 부모와 아동의 상호작용 활동 실시 및 기록하기	• 동영상 촬영 도구
	20분	• 상호작용 시 수월했던 점과 어려움에 대해 토의하기 • 피드백 내용을 염두에 두고 다시 상호작용하기	
	10분	• '가정 내 과제지−의사소통 행동 기록지'에 대해 함께 토의한 후 과제 안내하기	• 가정 내 과제지−의사소통 행동 기록지: 5회기(pp. 158-159)

6회기	10분	• 과제를 통해 가정 내 언어 및 의사소통 환경을 점검하기	• (5회기에서 작성한) 가정 내 과제지−의사소통 행동 기록지
	5분	• 오늘의 목표 설명하기 −언어 확장하기(2) −차례 주고받으며 대화하기	• 회기별 활동지: 6회기 (pp. 160-161)
	5분	• 전문가가 직접 모델링하여 활동 보여 주기	
	10분	• 목표에 맞추어 부모와 아동의 상호작용 활동 실시 및 기록하기	• 동영상 촬영 도구
	20분	• 상호작용 시 수월했던 점과 어려움에 대해 토의하기 • 피드백 내용을 염두에 두고 다시 상호작용하기	
	10분	• '가정 내 과제지−의사소통 행동 기록지'에 대해 함께 토의한 후 과제 안내하기	• 가정 내 과제지−의사소통 행동 기록지: 6회기(pp. 162-163)
7회기	10분	• 과제를 통해 가정 내 언어 및 의사소통 환경을 점검하기 • 지금까지의 회기를 정리하며 수월했던 목표와 수월하지 않은 목표를 다시 확인하기	• (6회기에서 작성한) 가정 내 과제지−의사소통 행동 기록지 • 회기별 활동지: 7회기 (pp. 164-165)
	20분	• 사후평가 촬영 후 진전을 확인하기	• 동영상 촬영 도구
	20분	• 상호작용 시 수월했던 점과 어려움에 대해 토의하기	
	10분	• 마무리 및 정리하기	
	7회기 종료 후	• 전문가: '사전·사후 관찰 기록지'의 사후 평가란 작성	• 사전·사후 관찰 기록지 (pp. 136-140)
8회기	20분	• 점검 및 영상 확인하기	• 회기별 활동지: 8회기 (p. 166) • 동영상 파일
	20분	• '사전·사후 관찰 기록지'를 통해 진전 결과 설명하기	• 사전·사후 관찰 기록지 (pp. 136-140)
	10분	• 종합 점검 및 추후 계획에 대해 논의하기	
	10분	• 마무리 및 정리하기 • 자료 제공하기: 사전·사후 관찰 기록지 및 영상	• 사전·사후 관찰 기록지 (pp. 136-140) • 동영상 파일

1. 교육 프로그램-부모교육 이론 자료집

*부모교육 이론 자료집은 프로그램 진행 시에 부모용으로 제공되는 것입니다.

1. 프로그램의 목적 및 전반적인 소개

부모는 자녀의 발달에 중요한 역할을 수행하며 또한 책임을 가지고 있습니다. 즉, 부모는 아동의 발달에 영향을 미칠 수 있는 중요한 자극들을 제공하게 됩니다.

교육자와 전문가들이 자녀의 발달 문제를 알아서 해결해 주는 것이 부모에게는 편리할 수도 있지만 부모는 자녀의 발달에 일차적인 영향을 미치기 때문에 부모의 역할이 간과될 수는 없습니다.

이 프로그램은 부모에게 전문가로서 역할을 부여하기 위한 프로그램입니다. 또한 자녀와의 상호작용 증진과 언어 및 의사소통 능력 발달을 돕기 위한 방법을 모색할 수 있는 프로그램입니다.

다음을 배울 수 있습니다.

☞ 언어와 의사소통 발달에 대한 이론 및 우리 아이의 언어발달에 대해 이해하기
☞ 언어와 의사소통 촉진 전략을 배우기
☞ 언어와 의사소통을 촉진하기 위해 우리 아이에게 맞는 놀잇감과 활동을 선택하는 방법 배우기

프로그램 대상은 다음과 같습니다.

☞ 말/언어 표현에 어려움이 있는 영유아기 아동
☞ 자녀와 놀이 시 성공적인 상호작용을 통해 의사소통하는 것과 언어 촉진 방법을 배우고 싶은 부모님

프로그램의 구성은 다음과 같습니다.

☞ 총 8회기로 이루어져 있으며 한 회기에 50분에서 1시간가량 소요됩니다.

프로그램 절차는 다음과 같습니다.

☞ 부모교육의 필요성에 대해 양육자 인식시키기
☞ 영유아 의사소통 및 언어 관련 교육 자료 제공. 양육자와 아동의 목표 설정
☞ 언어 및 의사소통 촉진 부모교육 실전 훈련 프로그램 실시

2. 부모-아동 상호작용의 중요성 [이론-1]

다음을 생각해 볼까요?

우리 아이랑 상호작용하는 것은 어떠세요?
우리 아이랑 상호작용하는 것이 쉬우신가요?
언제 쉬우세요?
언제 어려우세요?
왜 어려우세요?
왜 부모와 아이와의 상호작용이 중요할까요?

아동의 의사소통 발달은 가족이나 주위의 다른 사람과 상호작용을 통하여 일상생활에서 자연스럽게 이루어집니다.

의사소통을 목적으로 하는 부모와 아동 간의 사회적 상호작용은 언어 획득을 위한 기본 조건인 동시에 언어발달을 위한 근원적인 작용입니다.

특히 영유아는 대부분의 시간을 부모와 함께 보내며 부모에게 의존할 수밖에 없기 때문에 부모와 아동의 상호작용은 영유아의 발달에 중대한 영향을 미치는 최초의 중요한 사회적 환경입니다. 또한 부모는 지속적인 상호작용을 통해 다양한 의사소통 상황에 관여하고 실용적 강화를 할 수 있기에 아동의 발달을 위해 효과적인 중재자가 될 수 있습니다.

따라서 우리 아이와 상호작용하는 것에 대해 구체적으로 생각해 볼 필요가 있습니다.

3. 영유아기 언어 및 의사소통 발달 특성 [이론-2]

다음을 생각해 볼까요?

우리 아이가 자신의 의사를 주로 어떻게 표현하나요?
우리 아이가 낼 수 있는 소리는 무엇인가요?
우리 아이가 모방할 수 있는 소리는 무엇인가요?
우리 아이가 가장 길게 표현하는 소리는 무엇인가요?

1) 전반적인 언어 및 의사소통 발달

아동은 태어나면서부터 울음소리를 이용하여 다양한 욕구를 표현하고 점차 얼굴 표정, 눈맞춤, 몸짓을 이용하여 자신의 감정을 표현하며 관심 갖기를 유도합니다. 의사소통을 위해 원시적인 몸짓과 발성을 사용하는 언어이전기를 지나 12개월쯤 되면 단어 사용을 시작으로 점차 의미 있는 발성과 복합적인 단어를 사용하면서 언어적 의사소통 능력을 발달시켜 나갑니다. 언어이전기는 초기 의사소통 행위들(몸짓, 단순 발성)을 사용하고 언어기로 나아가기 위한 중요한 단계입니다.

다음 표를 보고 우리 아이의 언어 및 의사소통 발달에 대해 확인해 보겠습니다.

발달 시기	언어발달		의사소통 발달
	수용언어	표현언어	
0~3 개월	• 사람 목소리에 조용해짐 • 말하는 사람의 눈과 입을 봄(보기 도식 형성 중) • 소리 나는 곳 쳐다보기	• 의도적이지는 않지만 배가 고플 때 울기 • 2~3개월: cooing(쿠잉) 출현함	• 초보적 의사소통 단계 • 울음, 미소, 눈맞춤 등의 초보적인 의사소통 행동이 반사적으로 나타남 • 자신의 행동이 타인에게 영향을 준다는 것을 인식하지 못함
3~6 개월	• 엄마 목소리에 조용해짐 • 목소리를 구별함 • 자신의 이름에 반응 • 상대방의 말 경청	• 다양한 모음소리 산출 • 주고받기 차례 지키기 가능 • 다른 사람 말에 목소리로 반응함 • 싫음과 흥분 표현	• 4~7개월: 목표지향적인 의사소통 행동 단계 • 자신의 행동이 다른 사람에게 영향을 미친다는 것을 인식함 • 의사소통 의도는 즉각적인 목표 성취에 제한되어 있음
6~9 개월	• 사진 잠깐 쳐다봄 • 이름 부르면 불린 대상 찾음 • 간단한 요구에 몸짓으로 반응함 • 일상용품 단어를 인식함	• 다양한 자음소리를 사용한 옹알이 함 • 성인의 억양을 모방하여 옹알이 함 • 음절을 반복한 옹알이 함 • 울음보다는 구어로 표현하는 빈도 높음	
9~12 개월	• 부정적인 말 이해 • 친숙한 단어 선별적으로 듣기 • 간단한 지시 이해 • 책 보기 즐김	• 단일한 음절 옹알이 사용 • 특정 언어에 몸짓으로 반응함 • 욕구를 표현하기 위해 음성과 행동을 사용함	• 도구적 전환기 행동 단계 • 미리 계획된 목적을 위해 분명하게 신호를 보냄 • 행위의 도구적 의미를 이해함 • 자신의 행동과 결과 사이의 수단-목적 관계를 알기까지 수많은 시행착오를 겪음

12~18 개월	• 간단한 언어 요구에 반응함 • 하나의 신체부위 식별 • 많은 명사들 이해 • 다른 방에 있는 물건 가져오기 가능	• 성인과 유사한 억양 패턴 사용 • 다양한 의사소통 기능 위해 몸짓, 음성 사용 • 초어(proto word) 사용 • 부정적 말을 의미에 맞게 사용 • 3~10개 이상의 표현어휘 습득	• 11~14개월: 언어 이전의 의도적 의사소통 행동 단계 　-인과관계를 충분히 이해 　-여러 방법을 써서라도 목적을 성취함 　-뚜렷하게 의사를 내포하는 제스처 사용 　-억양 변화시키는 발성 패턴 동반 • 14~16개월: 언어적 의사소통 행동 단계
18~24 개월	• 3~6개의 신체부위 식별 가능 • 인칭대명사(나, 너 등), 행위동사, 형용사(예뻐, 나빠, 아파 등) 이해 가능 • 2단계 지시 가능	• 자곤(jargon)과 말을 사용하나 자곤보다는 낱말 사용 • 2개의 낱말 문장 사용 나타남 • 3~4개의 낱말 문장 모방 가능 • 50~100개 정도의 표현어휘 습득	• 언어를 사용하여 다양한 의사소통 의도를 표현할 수 있음
24~36 개월	• 이름을 말하면 일상의 물건들을 그림에서 찾음 • 쓰임새를 말하면 물건 식별 가능 • 아동에게 말하는 대부분의 것들을 이해 • 부정문, 의문문 이해	• 두 낱말 문장 표현 • 무엇과 어디와 같은 의문사 사용하여 질문 • 부정문 사용 • 50~250개 이상의 표현어휘 습득	

2) 몸짓언어

　몸짓언어란 언어습득 전인 생후 1~2년 동안 의사소통을 목적으로 사용하는 몸짓을 말합니다. 전언어적 의사소통 수단인 몸짓은 음성언어(발성, 언어)로의 발달을 위한 다리 역할을 합니다. 어린 아동의 경우, 표현언어 능력이 제한되기 때문에 대부분의 의사표현이 표정, 울음, 눈짓, 몸짓과 같은 비언어적 행위에 의해 이루어집니다.

　• 대부분의 어린 아동의 경우 생후 9~10개월 경부터 의사소통을 위한 몸짓을 사용하기 시작합니다. 보통 11개월에서 20개월 사이에 1~2개의 상징적 몸짓을 만들어 사용할 수 있으며 1세 영아도 상대방이 몸짓을 사용하는 의도를 이해할 수 있습니다.

• 생후 2~3년간 의사소통적 몸짓은 언어와 점차 통합되면서 언어를 대신하거나 보완해 주는
  기능을 합니다.
• 3세경이 되어 언어로도 의사소통이 가능해지면 몸짓언어는 줄어듭니다.

따라서 언어적 수단 이전에 우리 아이가 사용하는 몸짓 언어의 양과 다양도를 파악하는 것은 아
주 중요합니다.

3) 발성 및 표현언어 발달

(1) 발성 발달

언어이전기에 나타나는 다양한 모음과 자음을 포함하는 복잡한 옹알이가 이후 언어발달을 예측
합니다. 그리고 언어 환경은 옹알이를 산출할 때 아동이 선호하는 소리에 영향을 미칩니다.
따라서 적절한 언어 및 의사소통 촉진을 위해서는 우리 아이가 현재 사용하고 있는 모음과 자음
에는 어떤 소리가 있는지 어떤 형태의 소리를 산출하는지에 대해 확인하여야 합니다.

(2) 표현언어 발달

돌이 지나면서 아동은 말로 의사소통하기 시작합니다. 아직 몸짓언어나 발성도 많이 사용하지
만 이때부터 아동은 의미 세계를 확대하기 시작합니다. 첫 낱말은 흔히 아동이 접하고 필요로 하
는 것 중에 선택됩니다. 이 낱말 중 대다수가 구체적인 참조물이 있는 사물이나 사람인 경우가 많
습니다. 다음은 첫 낱말의 예입니다.

"아빠" "엄마" "어(네)" "암(물)" "시어(싫어)" "아이, 아이야(아니야, 안 돼)" "하미(할머니)" "여여(열
어)" "시에(시계)" "으쨔(의자)" "빠빠(빠방 차)"

첫 낱말이 나타난 이후부터 아이들이 10개 내외의 낱말을 습득할 때까지의 기간에는 상당한 개
인차가 있습니다. 양적인 면에서 1세 6개월 정도가 되면 보통 50~100개 정도의 낱말이나 어구를
표현할 수 있습니다. 두 낱말 조합 표현 예는 "빵 먹어" "문 닫아" "엄마 가" "시계 아니야" "아빠 없
다" "아가 예뻐" "아빠 타이" "엄마 신" "집 가" 등이 있습니다. 초기 문장 단계의 경우, 우리말에 있

는 기본 구문구조를 활발하게 사용합니다. '주어+목적어+서술어' '주어+부사어+서술어' '주어+서술어+서술어' '서술어+[주어+목적어]+서술어'의 구조를 빈번하게 사용합니다. 또한 제한된 범위 내에서 문법형태소를 탐색합니다. 하지만 문장의 습득 속도가 느린 아동에게 문법적인 완벽함을 요구하지 않도록 조심하여야 합니다. 지나친 교정은 아동의 구어 의욕을 감소시키기 때문입니다. 다음은 두 낱말 조합 표현과 문법형태소의 예입니다.

"빵 먹어" "문 닫아" "엄마 가" "시계 아니야" "아빠 없다" "아가 예뻐" "아빠 타이" "엄마 신" "집 가"

출현 순위	문법형태소	예
1	문장어미	아, 라
2	공존격조사	랑, 하고, 도
3	장소격조사-목표격, 처소격	목표격: 에, 한테, 으(에)로 처소격: 에
4	과거시제	었
5	미래시제	ㄹ
6	주격조사	가
7	진행시제	ㄴ, ㄴ다
8	수동	이, 히
9	주격조사	는
10	목적격조사	을, 를
11	도구격조사	로
그 외	한정격조사, 수여격조사	한정격조사: 도, 만 수여격조사: 에게, 한테

4) 언어 이해

이해는 호명을 듣고 반응을 보이는지, 제스처가 동반된 상황에서 적절하게 이해하는지, 제스처를 동반하지 않아도 단어나 짧은 구와 문장을 들려주었을 때 이해하는지를 살펴보는 것이 중요합니다. 수준에 따라 직접적 지시, 신체적 촉구, 모델링을 통해 아동이 해야 할 것을 보여 줄 수도 있습니다.

4. 영유아기 언어 및 의사소통 발달 관련 요소 [이론-3]

다음을 생각해 볼까요?

우리 아이와 함께 긴 시간 동안 공동주의집중하며 놀이할 수 있나요?
얼마나 긴 시간 동안 공동주의집중이 유지되나요?
우리 아이와 어떤 놀이를 하나요?
우리 아이가 어떤 놀이를 했으면 하나요?

1) 공동주의집중

공동주의집중은 사회적 상호작용에 기본이 되는 기술로, 관심을 공유하기 위해서 대상을 응시하거나 가리키는 등의 전형적인 몸짓을 사용하는 상대방의 시도에 적절하게 반응하거나, 자신이 관심을 보이는 대상에 대해 자발적으로 상대방의 주의를 유도하는 것을 말합니다. 공동주의집중은 영아기 전반에 거쳐 서서히 발달합니다. 신생아기에는 주로 양육자와 눈을 맞추는 쌍방적 공동주의집중을 합니다. 그리고 생후 6개월경에는 부모에서 외부 대상으로 또는 외부 대상에서 양육자로 주의집중을 전환하거나 눈을 마주치게 됩니다. 10개월 정도가 돼서야 비로소 다른 사람의 도움 없이 자발적으로 타인의 시선을 따라가고 13개월에서 18개월 사이에 협응적 공동주의집중이 폭발적으로 증가합니다. 따라서 적절한 공동주의집중이 유지되어야 언어 및 의사소통 발달에 긍정적인 영향을 미칠 수 있습니다.

2) 인지적 기초 능력

영유아는 언어가 사물을 상징하며 그 언어를 사용하면 자신의 의사를 손쉽게 전달할 수 있다는 것을 인지적으로 깨달을 때 창조적인 언어를 사용할 수 있습니다.

수단–목적 및 인과성	• '수단–목적' 개념: 문제해결을 위한 수단으로 여러 가지 사물을 사용할 수 있다는 것을 이해하는 능력 • 인과성 개념의 인식: 다른 사물이나 사람이 어떤 행위의 원인이 될 수 있다는 것을 깨닫는 것. 이러한 인과성 개념은 원인을 나타내는 초기 문장이나 질문하기 등의 기초 능력이 됨
사물영속성	• 사물이 시각적으로 보이는 것이나 즉각적인 현상과는 무관하게 독립적으로 존재한다는 것을 이해하는 능력을 말함 • 이러한 사물영속성 개념이 발달함으로써 눈에 보이지 않는 사물이나 사람, 활동에 대하여 이야기할 수 있게 되는 것임 • 초기 한 낱말로 흔히 사용되는 "또"나 "더"와 같은 어휘의 사용이나 "공 가져와" 하면 다른 방에 가서 공을 가져올 수 있는 것은 이러한 사물영속성 개념에 기초한 것임
동작 및 소리 모방	• 동작이나 음성을 사용하여 제시된 행동을 모방할 수 있는 능력을 의미함
도식 및 상징놀이	• 도식 　－아동이 다양한 기능과 관련하여 사물을 구별해 내는 데서 시작 　－초기 모든 사물에 대하여 똑같은 행동(예: 빨기)을 무분별하게 적용하다가, 차츰 흔들고 두드리고 움직여 보거나 치는 행동을 여러 대상에게 적용하게 됨 　－도식의 발달은 사물의 기능과 관련된 행동을 사용하고 사물에 대한 시각적 탐색을 시작했음을 보여 주는 것임 　－점차 사회적 기능과 관련하여 사물과 행동을 조합하기 시작함 • 상징놀이: 어떤 사물이나 행동을 다른 사물이나 행동으로 상징화할 수 있는 능력의 발달을 의미 　－빗으로 머리를 빗는 등의 일상 사물에 대한 기능적인 놀이 단계에서 가상놀이 단계로 발전할 때 순수한 상징놀이가 시작되었다고 볼 수 있음 　－처음에는 아동 자신에 대해서만 가상행동을 나타내는 자기중심적인 형태(예: 아동 자신이 빈 컵으로 마시는 척)로 나타냄 　－보편적인 상징놀이가 나타나는 초기에는 행위 하나하나를 도식화하는 단순상징행동을 보이다가(예: 빗으로 인형의 머리를 빗기는 척한다) 일련의 행위들을 연결하여 도식화하는 복합상징행동을 보이게 됨 　－이후, 자신이 할 가상놀이의 사물을 미리 찾는 행동을 보이거나 언어로 언급하는 행동이 나타나기도 하며 사물을 대치하여 사용하기도 하고(예: 물컵을 비누로 사용), 사물을 움직이는 것처럼 가장하는 행동을 보이기도 함(예: 인형이 걸어가는 것처럼 가장)

5. 영유아기 언어 및 의사소통 촉진 전략 [이론-4]

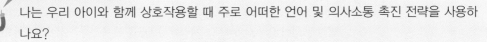

다음을 생각해 볼까요?

나는 우리 아이와 함께 상호작용할 때 주로 어떠한 언어 및 의사소통 촉진 전략을 사용하나요?

  아동의 의사소통 능력을 발달시키기 위해서는 부모가 아동의 수준에 맞는 적절한 자극을 제공하고 아동의 의사소통 신호를 민감하게 알아차리고 반응해 주며 아동이 주시할 수 있는 언어 표현을 많이 사용해야 합니다. 이를 위해서는 부모가 아동의 언어 및 의사소통 발달에 적절하게 개입할 수 있도록 부모를 준비시키는 노력이 필요합니다.

(1) 관찰하기	아동이 관심을 가지는 것과 느끼는 것을 관찰하는 것이다. 가끔 부모들은 아동이 무슨 생각을 하고 있는지 알지 못할 때가 있다. 그러므로 아동의 행동, 몸짓, 얼굴 표정을 관찰하는 시간을 갖게 되면 아동의 마음을 이해하는 데 도움이 된다.
(2) 공동주의집중 및 공동활동 늘리기: 참여하며 놀기, 아동 주도 따르기	아동이 관심 있어 하는 활동에 참여하여 따르는 것이다. 아동 주도를 따르기 위해서는 부모가 공동주의집중 및 공동활동을 유지해야 한다. 두 사람이 의사소통을 하기 위해서는 우선 함께 주목할 수 있어야 한다. 부모와 아동이 실제로 어떤 활동에 함께 참여하는 것은 의사소통 발달에 중요한 역할을 한다.
(3) 공동주의집중 및 공동활동 늘리기: 의사소통 촉진을 위한 놀이 확장	두 사람이 의사소통을 하기 위해서는 우선 함께 주목할 수 있어야 한다. 이때 적절한 의사소통 촉진을 위해서는 부모는 아동의 놀이 패턴과 놀이 기능을 확인하고 이를 의미 있는 행동으로 확대시켜 나가야 한다.
(4) 기다리기	기다리기는 아동이 흥미 있어 하는 것을 관찰할 수 있도록 시간을 제공하거나 상호작용을 시작한 시간 혹은 부모가 말하거나 행한 것에 대해 아동이 반응할 시간을 제공하는 것이다.
(5) 얼굴 마주 보기	부모의 얼굴과 표정을 봄으로써 부모가 무엇을 하는지, 무엇을 말하는지를 알 수 있으며 부모가 어떻게 소리나 낱말을 산출하는지를 알 수 있다. 부모는 언제나 아동이 부모의 눈을 똑바로 볼 수 있도록 자세와 위치를 바꾸어야 한다.

(6) 모방하기	아동의 행동이나 말을 모방하는 것을 말한다. 의사소통을 막 시작한 어린 아동과 연결되는 가장 좋은 방법으로 아동의 의사소통 행동, 표정, 소리와 말을 그대로 모방하는 것이다.
(7) 언어 확장하기	아동이 표현한 소리를 확대 및 확장해 주는 것을 의미한다. 발성 수준의 경우, 아동의 발성 수준을 고려하여 확장을 해 주어야 한다. 낱말 단계와 초기 문장 단계의 경우 구체적인 어휘 및 구문 길이 확장을 도와야 한다. 발성 및 언어 확장을 위해서는 제스처 양식을 함께 촉진하는 것이 도움이 된다. **아동의 의사소통 / 모델링할 언어** 전의도적 또는 비관습적 제스처 / 의도적인 제스처와 한 단어 유사 단어 또는 한 단어 / 한 단어와 두 단어 조합 두 단어 조합 / 간단한 구절/문장
(8) 차례 주고받으며 대화하기	아동과 부모가 교대로 주고받으며 상호작용하는 것으로, 균형 잡힌 대화를 위해 부모는 대화 시 최대한 일대일의 비율로 아동이 말하는 기회와 동일하게 말할 기회를 가져야 한다.
(9) 기타: 말 속도, 명료도, 말소리 크기, 운율	상호작용 시 나타나는 부모의 말 속도, 명료도, 말소리 크기, 운율도 언어 및 의사소통 촉진에 영향을 미친다. 말 속도는 부모의 절대적인 말 속도뿐 아니라 아동과 비교하였을 때 상대적인 말 속도를 의미한다. 명료도에서는 부모의 말이 명료하게 전달되는지, 아동의 말 모델로 적절한가를 동시에 고려해야 한다. 말소리 크기는 말소리가 너무 조용하면 아동의 활동에 영향을 미칠 수 없으며, 너무 크면 지시적이거나 지배적으로 느껴질 수 있기에 적절하게 유지해야 한다. 운율은 아동과 상호작용하는 동안 부모의 말에 나타나는 강세와 억양을 살펴보아야 하며 이는 생기와 같은 비구어적 측면과도 관련된다.

2. 훈련 프로그램

1) 언어이전기

훈련 프로그램 기록지-초기 면담지, 사전·사후 관찰 기록지

초기 면담지(부모용)			언어이전기

아동 이름(성별)	(남, 여)	생년월일	
작성자(아동과의 관계)		작성일	
가족 구성원			

1. 부모와 아이 간 상호작용

아이가 주로 좋아하는 놀이는?	
부모와 함께하였을 때 가장 좋아하는 놀이는? (놀이 방법, 지속시간)	엄마: 아빠:

2. 아이가 주로 사용하는 의사소통 수단 예

제스처	
발성/언어	

3. 이 프로그램을 통해 배우고 싶은 것, 궁금한 내용

4. 현재 아동의 교육력과 치료력

어린이집 /유치원	* 현재 다니고 있나요? * 언제부터 다녔나요?
치료	

언어·의사소통 촉진 부모교육 프로그램: 사전·사후 관찰 기록지(전문가용)

언어이전기

아동 이름(성별)	(남, 여)	생년월일	
작성자(아동과의 관계)		사전 평가일	
가족 구성원		사후 평가일	

---

1. 전체 종합

	사전 평가	사후 평가
부모와 아동의 상호작용		
아동의 놀이 특성		
양육자의 의사소통 촉진 전략		
아동의 언어 및 의사소통		
종합 정리 및 추후 권고		
수고 많으셨습니다.		

2. 부모-아동 상호작용

	사전 평가	사후 평가
부모와 아동이 가장 길게 상호작용한 놀이	• 놀이 시간: • 놀이 예:	• 놀이 시간: • 놀이 예:
아동이 혼자 한 놀이	• 놀이 시간: • 놀이 예:	• 놀이 시간: • 놀이 예:
상호작용하며 수월한 점과 수월하지 않은 점 (부모 보고)	• 수월한 점: • 수월하지 않은 점:	• 수월한 점: • 수월하지 않은 점:

3. 아동의 놀이 특성

	사전 평가	사후 평가
상징놀이 발달 단계 및 놀이 특성		
의사소통 의도가 가장 많이 나타나는 놀이		
의사소통 의도가 가장 적게 나타나는 놀이		

4. 양육자의 의사소통 촉진 전략

	내용	사전 평가	사후 평가
(1) 관찰하기	아동이 관심을 가지는 것과 느끼는 것을 관찰하는 것이다. 아동의 행동, 몸짓, 얼굴 표정을 관찰하는 시간을 갖게 되면 아동의 마음을 이해하는 데 도움이 된다.		
(2) 공동주의집중 및 공동활동 늘리기: 참여하며 놀기, 아동 주도 따르기	아동이 관심 있어 하는 활동에 참여하여 따르는 것이다. 아동 주도에 따르기 위해서는 부모가 공동주의집중 및 공동활동을 유지해야 한다.		
(3) 공동주의집중 및 공동활동 늘리기: 의사소통 촉진을 위한 놀이 확장	적절한 의사소통을 촉진하기 위해서는 부모는 아동의 놀이 패턴과 놀이 기능을 확인하고 이를 의미 있는 행동으로 확대해 나가야 한다.		
(4) 기다리기	기다리기는 아동이 흥미 있어 하는 것을 관찰할 수 있게 시간을 제공하고 상호작용을 시작할 시간 혹은 부모가 말하거나 행한 것에 대해 아동이 반응할 시간을 제공하는 것이다.		
(5) 얼굴 마주 보기	부모는 언제나 아동이 부모의 눈을 똑바로 볼 수 있도록 자세와 위치를 바꾸어야 한다.		
(6) 모방하기	아동의 행동이나 말을 모방하는 것을 말한다. 아동의 의사소통 행동, 표정, 소리와 말을 그대로 모방하는 것이다.		
(7) 언어 확장하기	아동이 표현한 소리를 확대 및 확장해 주는 것을 의미한다. 발성 수준의 경우, 아동의 발성 수준을 고려하여 확장을 해 주어야 한다. 낱말 단계와 초기 문장 단계의 경우 구체적인 어휘 및 구문 길이 확장을 도와야 한다.		

(8) 차례 주고받으며 대화하기	아동과 부모가 교대로 주고받으며 상호작용하는 것으로 균형 잡힌 대화를 위해 부모는 대화 시 최대한 일대일의 비율로 아동이 말하는 기회와 동일하게 말할 기회를 가져야 한다.		
(9) 기타			
말 속도	부모의 절대적인 말 속도뿐 아니라 아동과 비교했을 때 상대적인 말 속도를 살펴본다.		
명료도	부모의 말이 명료하게 전달되는지, 아동의 말 모델로 적절한가를 동시에 고려한다.		
말소리 크기	말소리가 너무 조용하면 아동의 활동에 영향을 미칠 수 없으며, 너무 크면 지시적이거나 지배적으로 느껴지게 된다.		
운율	아동과 상호작용하는 동안 부모의 말에 나타나는 강세와 억양을 살펴본다. 이는 생기와 같은 비구어적 측면과도 관련된다.		

채점 기준

1점: 거의 나타나지 않음, 2점: 1개의 활동에서 반 정도 적절하게 나타남, 3점: 1~2개의 활동에서 적절하게 나타남, 4점: 다양한 활동에서 일관적으로 항상 나타남

5. 아동의 언어 및 의사소통

	내용	사전 평가	사후 평가
제스처	아동이 제스처를 사용하나요?		
	어떤 상황에서 어떤 제스처를 사용하나요?		
발성, 구어(낱말, 초기 문장)	의사소통 의도(기쁨, 불편함, 요구하는 상황 등)를 표현하기 위해 소리를 사용하나요? 문장을 사용하나요?		

	어떤 소리를 내나요?		
	2개 혹은 3개 이상의 단어를 조합해서 말하나요? 어떤 문장을 말하나요?		
	문장표현 시 조사(예: 엄마가, 아빠랑, 마트에서), 과거/미래시제 (예: 먹었어, 먹을 거야), 연결어미(예: 밥 먹고 자요, 아파서 울어)를 사용하나요?		
상호작용 지시에 반응하기	부모가 아동의 이름을 부를 때 반응하나요?		
	제스처에 적절하게 반응하나요?(예: 사물을 달라는 제스처에 사물 건네주기)		
	제스처를 동반하지 않고 단어나 짧은 구를 들려주었을 때 이해하나요?		
차례 주고받으며 대화하기	차례 주고받으며 대화하기가 잘 이루어지나요?		
	차례 주고받으며 대화하기가 잘 이루어지는 활동은 어떤 활동인가요?		
	차례 주고받으며 대화하기가 잘 이루어질 때 어떤 소리를 주로 내나요?		

1회기 훈련 프로그램
사전평가, 교육 프로그램–양육자 인식시키기: 이론을 통해 구체적인 내용 확인

언어 및 의사소통 촉진 부모교육 – 언어이전기		회기별 활동지
아동 이름:	생년월일:	
부모:	날짜:	

회기–목표	1회기–사전평가, 교육 프로그램–양육자 인식시키기: 이론을 통해 구체적인 내용 확인
활동지 및 기록지	초기 면담지, 사전 · 사후 관찰 기록지, 회기별 활동지, 가정 내 과제지, 부모교육 이론 자료집
오늘의 활동	☞ 프로그램의 목적을 소개한다. ['회기별 활동지' 활용] ☞ 면담을 통해 초기면담지를 작성한다. ['초기 면담지' 활용] ☞ 사전평가를 통해 양육자와 아동의 현행 수준을 파악하고 강약점을 확인한다. ['사전 · 사후 관찰 기록지' 활용] –아동의 언어 및 의사소통 능력 파악 –부모의 언어 및 의사소통 기술 촉진 전략 확인 ☞ 부모교육 이론 자료를 제공한 후 교육 프로그램을 진행한다. [교육 프로그램–'부모교육 이론 자료집' 활용] ☞ 오늘의 목표에 대한 설명과 가정 내 과제지를 제공한다. ['가정 내 과제지' 활용]

부모님 생각해 보세요. – 우리 아이와 나는?
• 나는 우리 아이에 대해 얼마나 많이 알고 있나요? • 우리 아이가 어떤 놀이를 좋아하나요? 놀이를 할 때 주로 혼자 노나요? 아니면 부모와 함께 노나요? • 우리 아이랑 상호작용하는 것이 쉬운가요? 그렇지 않다면 언제 어려우세요? 어떤 점이 어려우세요? • 우리 아이가 나와 상호작용이 가장 잘 되는 상황은 언제인가요? • 우리 아이는 주로 나에게 어떻게 의사를 표현하나요? • 우리 아이가 낼 수 있는 소리는 무엇인가요? 우리 아이가 가장 길게 표현하는 소리는 무엇인가요? • 나는 우리 아이의 언어 촉진을 위해 주로 어떤 전략을 사용하나요?

가정 내 과제지 – 의사소통 행동 기록지 – 1회기(부모용)		언어이전기
아동 이름(성별)	(남, 여)	생년월일	
부모		기록일	

이 주의 목표	우리 아이 언어 및 의사소통 발달 이해하기, 부모의 촉진 전략 확인하기
다음을 확인해 주세요	• 우리 아이와 가장 상호작용이 잘 되는 상황은 언제인가요? 얼마나 오래 지속되었나요?(예: 5분, 10분) • 우리 아이가 가장 좋아하는 놀이는 무엇인가요? • 우리 아이가 가장 싫어하는 놀이는 무엇인가요? • 우리 아이가 부모에게 주로 어떻게 의사를 표현하나요?(예: 몸짓, 발성, 언어 등) • 우리 아이가 구체적으로 어떻게 표현하나요?(예: 몸짓으로 손을 끈다, "빠빠빠"라는 소리를 낸다, 울면서 떼를 쓴다 등)
새롭게 발견한 점은 무엇인가요?	
어려운 점은 무엇인가요?	

언어이전기

가정 내 과제지 – 의사소통 행동 기록지(부모용)		언어이전기

아동 이름(성별)	(남, 여)	생년월일	
부모		기록일[회기]	[회기]

상황	구체적인 상황	아동 행동 및 발화
씻는 상황		
옷 입는 상황		
먹는 상황		
놀이 상황		
책 보기 상황		
기타 상황		

2회기 **훈련 프로그램**
관찰하기, 공동주의집중 및 공동활동 늘리기:
참여하며 놀기, 아동 주도 따르기

◎ 가끔 부모는 아동이 무슨 생각을 하고 있는지 알지 못할 때가 있다. 그러므로 아동의 행동, 몸짓, 얼굴 표정 등을 관찰하는 시간을 갖게 되면 아동의 마음을 이해하는 데 도움이 된다.

◎ 아동이 관심 있어 하는 것에 참여하여 아동과 함께 노는 것은 아동 주도를 따르는 가장 좋은 방법 중의 하나이다.

◎ 공동주의집중 및 공동활동 시간 늘리기–참여하며 놀기, 아동 주도 따르기: 두 사람이 의사소통을 하기 위해서는 우선 함께 주목할 수 있어야 한다.
부모와 아동이 실제로 어떤 활동에 함께 참여하는 것은 의사소통 발달에 중요한 역할을 한다. 아동이 어떤 활동을 하고 있을 때 부모가 그 활동에 개입하고, 아동이 부모의 개입을 좋아하면 부모가 주도하여 다른 활동을 같이 하도록 한다.

◎ 부모의 개입에 대해 관심을 보이면 아동이 좋아하는 다른 물체를 다소 과장된 자극과 함께 제시하여 관심을 유도한다(다소 높은 소리, 다양한 억양, 과장된 제스처 사용).

언어이전기

언어 및 의사소통 촉진 부모교육 – 언어이전기		회기별 활동지
아동 이름:	생년월일:	
부모:	날짜:	

회기-목표	2회기 – 관찰하기, 공동주의집중 및 공동활동 늘리기: 참여하며 놀기, 아동 주도 따르기
활동지 및 기록지	회기별 활동지, 가정 내 과제지
오늘의 활동	☞ 지난 과제를 통해 가정 내 언어 및 의사소통 환경을 점검한다. ☞ 오늘의 목표를 설명한다. ['회기별 활동지' 활용] ☞ 전문가가 목표에 맞추어 직접 모델링하여 활동을 보여 준다. ☞ 목표에 맞추어 부모와 아동은 상호작용 활동을 실시하고 전문가는 강약점을 기록한다. ☞ 상호작용 시, 수월했던 점과 어려웠던 점에 대해 토의한 후 피드백 내용을 염두에 두고 다시 상호작용해 본다. ☞ 가정 내 과제지를 제공한 후 오늘의 과제를 안내한다. ['가정 내 과제지' 활용]

부모님 생각해 보세요. – 우리 아이와 나는?
• 나는 우리 아이와 얼마나 상호작용이 잘 되나요? • 우리 아이는 주로 혼자 노는 것을 좋아하나요? 아니면 부모와 함께 놀이하는 것을 좋아하나요? • 우리 아이와 함께 가장 길게 놀이하는 활동은 어떤 활동인가요? • 우리 아이와 재미있고 길게 놀이를 하기 위해 나는 어떻게 하였나요?

Q & A
부모: "우리 아이는 퍼즐이나 블록으로 아주 오랫동안 놀이를 할 수 있어요." 전문가 대답: "퍼즐을 할 때 주로 아이 혼자 놀이를 하나요? 아니면 부모와 함께 놀이를 하나요? 퍼즐이나 블록으로 놀이를 할 때 부모에게 도움을 여러 번 요청하거나 함께 놀이를 하자고 퍼즐을 건네주는지 확인해 보세요." 부모: "우리 아이는 내가 같이 놀려고 하면 그냥 가 버려요." 전문가 대답: "아이가 가 버리는 이유가 여러 가지가 있을 거예요. 부모랑 놀이하는 것보다 혼자 놀이하는 것이 더 재미있거나 부모가 아동이 원하는 것을 해 주기보다는 아동이 했으면 하는 놀이를 강요하지는 않았나 생각해 보세요. 혹은 부모가 지나치게 아이의 언어를 교정해 주는 것도 이유가 될 수 있어요."

가정 내 과제지 – 의사소통 행동 기록지 – 2회기(부모용)					언어이전기

아동 이름(성별)		(남, 여)	생년월일		
부모			기록일		

이 주의 목표	관찰하기, 공동주의집중 및 공동활동 늘리기: 참여하며 놀기, 아동 주도 따르기

다음을 확인해 주세요	• 나는 우리 아이와 얼마나 상호작용이 잘 되나요? • 우리 아이는 주로 혼자 노는 것을 좋아하나요? 아니면 부모와 함께 놀이하는 것을 좋아하나요? • 우리 아이와 함께 가장 길게 놀이하는 활동은 어떤 활동인가요? • 우리 아이와 재미있고 길게 놀이를 하기 위해 나는 어떻게 하였나요?

관찰하기

• 얼마나 자주 적용했나요?

적용하지 못함	일주일에 2회	일주일에 3회	일주일에 4회 이상	일주일에 4회 이상 (일관적으로 자주)

공동주의집중 및 공동활동 늘리기: 참여하며 놀기, 아동 주도 따르기

• 얼마나 자주 적용했나요?

적용하지 못함	일주일에 2회	일주일에 3회	일주일에 4회 이상	일주일에 4회 이상 (일관적으로 자주)

• 참여하며 놀기가 수월했던 활동은 무엇인가요? 얼마나 참여하며 놀기가 가능했나요?

• 참여하며 놀기가 어려웠던 활동은 무엇인가요? 왜 어려웠다고 생각하나요?

가정 내 과제지 – 의사소통 행동 기록지(부모용)		언어이전기

아동 이름(성별)	(남, 여)	생년월일	
부모		기록일[회기]	[　 회기]

상황	구체적인 상황	아동 행동 및 발화
씻는 상황		
옷 입는 상황		
먹는 상황		
놀이 상황		
책 보기 상황		
기타 상황		

3회기 훈련 프로그램

공동주의집중 및 공동활동 늘리기: 의사소통 촉진을 위한 놀이 확장

◎ 두 사람이 의사소통을 하기 위해서는 우선 함께 주목해야 한다. 부모와 아동이 실제로 어떤 활동에 함께 참여하는 것은 의사소통 발달에 중요한 역할을 한다.

◎ 이때 적절한 의사소통 촉진을 위해서 부모는 아동의 놀이 패턴과 놀이 기능을 확인하고 이를 의미 있는 행동으로 확대시켜 나가야 한다.

언어 및 의사소통 촉진 부모교육 – 언어이전기	회기별 활동지
아동 이름:	생년월일:
부모:	날짜:

회기-목표	3회기-공동주의집중 및 공동활동 늘리기: 의사소통 촉진을 위한 놀이 확장
활동지 및 기록지	회기별 활동지, 가정 내 과제지
오늘의 활동	☞ 지난 과제를 통해 가정 내 언어 및 의사소통 환경을 점검한다. ☞ 오늘의 목표를 설명한다. ['회기별 활동지' 활용] ☞ 전문가가 목표에 맞추어 직접 모델링하여 활동을 보여 준다. ☞ 목표에 맞추어 부모와 아동은 상호작용 활동을 실시하고 전문가는 강약점을 기록한다. ☞ 상호작용 시, 수월했던 점과 어려웠던 점에 대해 토의한 후 피드백 내용을 염두에 두고 다시 상호작용해 본다. ☞ 가정 내 과제지를 제공한 후 오늘의 과제를 안내한다. ['가정 내 과제지' 활용]

부모님 생각해 보세요. – 우리 아이와 나는?

- 우리 아이와 놀이를 할 때 얼마나 다양하게 놀이를 하나요?
- 상호작용할 때 짧은 시간 안에 여러 개의 놀이로 상호작용하나요? 아니면 하나의 놀이를 가지고 보다 긴 시간 동안 상호작용이 가능한가요?
- 놀이 확장을 할 때 어떻게 하세요?
- 놀이 확장을 할 때 아이도 잘 따라오나요?

Q & A

부모: "우리 아이와 자동차 놀이를 하면 다른 놀이보다는 함께 상호작용이 잘 돼요. 하지만 항상 자동차 주차하는 놀이만 하게 되네요."

전문가 대답: "아이가 좋아하는 놀이가 자동차 놀이라면 그 놀이 안에서 확장을 하는 것이 중요해요. 하지만 우리는 항상 고민에 빠지죠. 놀이가 다양해야 보다 다양한 언어 촉진을 할 수 있기 때문이에요. 아이가 좋아하는 놀이를 어떻게 확장하여 보다 길게 놀이를 할 수 있는지를 아이 입장에서 생각해 보세요. 예를 들어, 항상 아이가 빨간 자동차로만 주차를 한다면 어느 날은 주차할 수 있는 자동차를 5대 이상을 준비하는 것이지요. 이전에는 아이와 빨간 자동차로만 놀이를 하였는데 이제 주차할 자동차 수가 많아졌으니 보다 길게 놀이할 수 있겠지요. 또 주차장을 한 군데만 두는 것이 아니라 2개 이상을 두거나 위치를 바꿔 보세요. 그러면 아이가 좋아하는 놀이 내에서도 작은 변화로 큰 변화를 이끌 수 있답니다."

부모: "하지만 자동차 놀이 외에 다른 놀이도 하고 싶어요."

전문가 대답: "네. 다른 놀이를 시도하시는 것도 좋아요. 하지만 그것 또한 너무 아동의 관심에서 많이 벗어난 놀이보다 아동이 관심 있는 활동을 잘 관찰하여 확장하셔야 해요. 때로는 새로운 놀이를 해 보고 싶으실 때 그 놀이가 아주아주 재미있고 매력적인 놀이라는 것을 부모가 보여 주며 관심을 이끄는 것이 좋아요."

가정 내 과제지 – 의사소통 행동 기록지 – 3회기(부모용) 언어이전기			
아동 이름(성별)	(남, 여)	생년월일	
부모		기록일	
이 주의 목표	공동주의집중 및 공동활동 늘리기: 의사소통 촉진을 위한 놀이 확장		
다음을 확인해 주세요	• 우리 아이와 놀이를 할 때 얼마나 다양하게 놀이를 하나요? • 상호작용할 때 짧은 시간 안에 여러 개의 놀이로 상호작용하나요? 아니면 하나의 놀이를 가지고 보다 긴 시간 동안 상호작용이 가능한가요? • 놀이 확장을 할 때 어떻게 하나요? • 놀이 확장을 할 때 아이도 잘 따라오나요?		

공동주의집중 및 공동활동 늘리기: 의사소통 촉진을 위한 놀이 확장

• 얼마나 자주 적용했나요?

적용하지 못함	일주일에 2회	일주일에 3회	일주일에 4회 이상	일주일에 4회 이상 (일관적으로 자주)

• 어떤 놀이를 확장해 보았나요?

• 가장 수월했던 활동은 무엇인가요? 어떻게 적용해 보았나요?

• 가장 어려웠던 활동은 무엇인가요? 왜 어려웠다고 생각하나요?

가정 내 과제지 – 의사소통 행동 기록지(부모용)		언어이전기
아동 이름(성별)	(남, 여)	생년월일	
부모		기록일[회기]	[회기]
상황	구체적인 상황	아동 행동 및 발화
씻는 상황		
옷 입는 상황		
먹는 상황		
놀이 상황		
책 보기 상황		
기타 상황		

4회기 훈련 프로그램
기다리기: 상호작용 시작 시간 기다리기, 얼굴 마주 보기

◎ 기다리기: 아동이 상호작용을 시작할 시간을 제공하기

　－부모가 아동의 메시지를 귀 기울여 들을 때, 부모는 아동에게 자신이 중요한 존재라는 것을 알릴 수 있고 이는 아동의 자신감을 세워 준다.

　－부모는 아동이 원하는 물건이나 행동을 미리 파악한다. 그런 후 아동이 원하는 것을 요청할 수 있도록 구조화된 상황을 만들어 주고 아동 스스로 의사를 표현할 수 있도록 기회를 준다.

◎ 얼굴 마주 보기

　－부모가 아동과 상호작용할 때 얼굴을 마주 보면 부모와 아동은 서로 연결되고 순간을 공유하기 쉽다.

　－얼굴 마주 보기는 아동의 상호작용 준비도를 확인할 수 있는 가장 중요한 방법이자 좋은 방법이다.

　－아동은 부모의 얼굴을 보고 표정을 봄으로써 부모가 무엇을 하는지, 무엇을 말하는지를 알 수 있으며, 부모가 어떻게 소리나 낱말을 산출하는지 알 수 있다. 부모는 언제나 아동이 부모의 눈을 똑바로 볼 수 있도록 자세와 위치를 바꾸어야 한다.

언어 및 의사소통 촉진 부모교육 – 언어이전기	회기별 활동지
아동 이름:	생년월일:
부모:	날짜:

회기–목표	4회기–기다리기: 상호작용 시작 시간 기다리기, 얼굴 마주 보기
활동지 및 기록지	회기별 활동지, 가정 내 과제지
오늘의 활동	☞ 지난 과제를 통해 가정 내 언어 및 의사소통 환경을 점검한다. ☞ 오늘의 목표를 설명한다. ['회기별 활동지' 활용] ☞ 전문가가 목표에 맞추어 직접 모델링하여 활동을 보여 준다. ☞ 목표에 맞추어 부모와 아동은 상호작용 활동을 실시하고 전문가는 강약점을 기록한다. ☞ 상호작용 시, 수월했던 점과 어려웠던 점에 대해 토의한 후 피드백 내용을 염두에 두고 다시 상호작용해 본다. ☞ 가정 내 과제지를 제공한 후 오늘의 과제를 안내한다. ['가정 내 과제지' 활용]

부모님 생각해 보세요. – 우리 아이와 나는?

• 나는 얼마나 우리 아이에게 의사를 표현할 기회를 주나요? 혹시 아이가 의사를 표현하기 전에 미리 해 주지는 않나요?
• 어떤 상황에서 주로 아이에게 의사표현 기회를 주나요? 기회를 주는 상황이 다양한가요?
• 나는 우리 아이에게 얼굴 마주 보기를 강요하지는 않나요?
• 얼굴 마주 보기를 주로 어떤 상황에서 유도하나요? 가장 잘 되는 상황은 어떤 상황인가요?

Q & A

부모: "우리 아이는 선생님이 가르쳐 주면 단어를 잘 이야기하지만 집에서는 그 단어를 사용하지 않아요."
전문가 대답: "어떤 단어를 어떤 상황에서 잘 이야기하나요? 만약 '우유'라는 단어를 표현할 때 '이게 뭐야?'라는 질문에서 대답을 잘하나요? 우유가 정말 마시고 싶은 상황에서 바로 우유를 꺼내 주신 적은 없으신지요. 혹은 '까'라는 단어를 표현했으면 하는데 과자를 먹는 상황에서 부모가 먼저 과자 봉지를 까 주지는 않나요?"

부모: "우리 아이는 여기 눈 봐야지 하면 잘 보지 않아요."
전문가 대답: "얼굴 마주 보기는 사실 눈맞춤과 동일하게 생각하시면 됩니다. 하지만 자연스러운 상황에서 아이가 의도가 있을 때 얼굴을 마주 보며 순간을 공유하는 것이 중요하지요. 간혹 부모는 아이와 놀이할 때 장난감이 있는 바닥을 보거나, 아이와 키 높이가 맞지 않거나, 아이가 관심 없는 활동을 하며 얼굴을 보거나, 마주 보지 않고 멀리 있는 상황에서 얼굴 마주 보기를 유도하기도 합니다. 하지만 적절한 얼굴 마주 보기를 위해서는 우선 아이와 부모가 보다 쉽게 얼굴 마주 보기를 할 수 있도록 자세와 위치를 맞추는 것이 중요합니다. 단, 아이에게 맞추기를 강요하기보다 부모가 아이에게 맞춰 주는 것이 중요하지요. 예를 들어, 치즈가 먹고 싶은 상황에서 냉장고 앞에 갔을 때는 아이가 의사를 적절하게 표현할 수 있게 부모가 서 있는 것보다는 무릎을 꿇고 앉아서 아이와 얼굴을 마주볼 수 있도록 위치를 맞추는 것이 중요합니다. 적절한 자세와 위치를 맞추어야 얼굴 마주 보기가 가능하고 부모가 주는 자극도 적절하게 확인할 수 있답니다."

가정 내 과제지 – 의사소통 행동 기록지 – 4회기(부모용) 언어이전기					
아동 이름(성별)		(남, 여)	생년월일		
부모			기록일		
이 주의 목표	기다리기: 상호작용 시작 시간 기다리기, 얼굴 마주 보기				
다음을 확인해 주세요	• 나는 얼마나 우리 아이에게 의사를 표현할 기회를 주나요? 혹시 아이가 의사를 표현하기 전에 미리 해 주지는 않나요? • 어떤 상황에서 주로 아이에게 의사표현 기회를 주나요? 기회를 주는 상황이 다양한가요? • 나는 우리 아이에게 얼굴 마주 보기를 강요하지는 않나요? • 얼굴 마주 보기를 주로 어떤 상황에서 유도하나요? 가장 잘되는 상황은 어떤 상황인가요?				

기다리기: 상호작용 시작 시간 기다리기

• 얼마나 자주 적용했나요?

적용하지 못함	일주일에 2회	일주일에 3회	일주일에 4회 이상	일주일에 4회 이상 (일관적으로 자주)

• 어떤 활동에서 적용해 보았나요?

• 가장 수월했던 활동은 무엇인가요? 어떻게 적용해 보았나요?

• 가장 어려웠던 활동은 무엇인가요? 왜 어려웠다고 생각하나요?

얼굴 마주 보기

• 얼마나 자주 적용했나요?

적용하지 못함	일주일에 2회	일주일에 3회	일주일에 4회 이상	일주일에 4회 이상 (일관적으로 자주)

• 어떤 활동에서 적용해 보았나요?

• 가장 수월했던 활동은 무엇인가요? 어떻게 적용해 보았나요?

• 가장 어려웠던 활동은 무엇인가요? 왜 어려웠다고 생각하나요?

언어이전기

가정 내 과제지 – 의사소통 행동 기록지(부모용)			언어이전기
아동 이름(성별)	(남, 여)	생년월일	
부모		기록일[회기]	[회기]
상황	구체적인 상황	아동 행동 및 발화	
씻는 상황			
옷 입는 상황			
먹는 상황			
놀이 상황			
책 보기 상황			
기타 상황			

5회기 훈련 프로그램
행동 및 구어 모방하기, 제스처/발성 및 언어 확장하기

◎ 다양한 활동 내에서 적용해 보도록 한다.

◎ 모방하기

   – 의사소통을 막 시작한 어린 아동과 상호작용하는 가장 좋은 방법은 아동의 행동, 표정, 소리와 말을 그대로 모방하는 것이다.

   – 아동의 메시지를 해석하는 것은 부모가 듣고 있으며 이해하려고 애쓰고 있다는 것을 아동에게 알리는 매우 강력한 방법이다.

◎ 제스처/발성 및 언어 확장하기

   – 아동은 자신이 원하는 것과 마음에 있는 것을 표현하기 위해 궁극적으로는 낱말이 필요하다.

   아동이 스스로 표현하도록 돕기 위해 부모가 언어를 덧붙이는 방법은 아동의 의사소통 발달단계를 좌우한다.

   – 이때 중요한 것은 아동의 발성 수준을 고려하여 확장해 주는 것이다.

   – 또한 낱말은 현재 그 순간에 일어나고 있는 것에 맞추어야 하고 항상 같은 것에 대하여 같은 낱말을 사용해야 한다.

   – 발성 및 언어 확장을 위해서는 제스처 양식을 함께 보여 주는 것이 도움이 된다. 예를 들어, '음료수'를 촉진하기 위해 '엄지를 입에 갖다 대기', '책'은 '손바닥으로 열거나 닫기', '돼지'는 '손가락으로 코를 누르기', '냄새남'은 '코를 찡그리며 코에 손가락을 대기' 등이 있다.

언어이전기

언어 및 의사소통 촉진 부모교육 – 언어이전기		회기별 활동지
아동 이름:	생년월일:	
부모:	날짜:	

회기-목표	5회기-행동 및 구어 모방하기, 제스처/발성 및 언어 확장하기
활동지 및 기록지	회기별 활동지, 가정 내 과제지
오늘의 활동	☞ 지난 과제를 통해 가정 내 언어 및 의사소통 환경을 점검한다. ☞ 오늘의 목표를 설명한다. ['회기별 활동지' 활용] ☞ 전문가가 목표에 맞추어 직접 모델링하여 활동을 보여 준다. ☞ 목표에 맞추어 부모와 아동은 상호작용 활동을 실시하고 전문가는 강약점을 기록한다. ☞ 상호작용 시, 수월했던 점과 어려웠던 점에 대해 토의한 후 피드백 내용을 염두에 두고 다시 상호작용해 본다. ☞ 가정 내 과제지를 제공한 후 오늘의 과제를 안내한다. ['가정 내 과제지' 활용]

부모님 생각해 보세요. – 우리 아이와 나는?

• 나는 우리 아이에게 얼마나 모방을 하도록 유도하나요? 혹시 아이에게 부모의 말을 모방하도록 유도하는 것 외에 부모가 아이의 말이나 행동을 모방해 본 적이 많은가요?
• 아이의 말이나 행동을 모방했다면 어떤 상황에서 하였나요?
• 부모가 아동의 말이나 행동을 모방했을 때 아이는 어떤 반응을 보이나요?
• 나는 우리 아이의 말이나 행동을 확장할 때 어느 수준으로 확장해 주었나요? 너무 짧지는 않았나요? 혹은 너무 길지는 않았나요?
• 내가 우리 아이의 행동이나 말을 확장해 주었을 때 아이는 어떤 반응을 보이나요?

Q & A

부모: "우리 아이가 혼자 돌아다니면서 말을 해요. 그리고 제가 설거지를 하거나 바쁠 때는 아이와 떨어진 상황에서 말을 많이 모방해 주고 있는데 왜 말이 늘지 않을까요?"
전문가 대답: "부모가 아이의 행동이나 말을 모방할 때 아이와 같은 자세와 위치에서, 즉 아이가 부모를 확인할 수 있는 상황에서 모방해 주는 것이 보다 의미가 있습니다. 단 5분을 하더라도 부모가 모방해 주는 것을 아이가 알고 인식하는 것이 중요합니다."

부모: "저는 아이가 '냠냠' '슝~'이라고 할 때 그 말을 모방해 주는데 아이가 너무 싫어하고 가 버립니다."
전문가 대답: "아이가 한 말을 그대로 모방하셨는지요? 아이가 '냠냠'이라고 한 것이 발성에 가까운 소리인지요 아니면 정확한 소리에 가까운지요. 아이가 '냠냠' 소리를 낼 때 구어가 아니라 아기 말 같은 발성이어도 있는 그대로 따라 해 주는 것이 좋아요."

부모: "저는 우리 아이의 말을 모방해 주려고 할 때 우리 아이의 정확하지 않은 발음이 신경쓰여요. 아이가 정확한 발음이 아니어도 그 말을 그대로 따라 하면 되나요? 예를 들어, '뽀로로'를 '뽀오오'로 말하고 '헬리콥터'를 '이~'라고 하는데 정확한 소리로 해 주어야 하는 것은 아닌가요?"
전문가 대답: "아이가 말한 것을 있는 그대로 해야 아이가 자신의 실제 소리를 확인받고 자신의 소리에 대해 자신감을 갖게 됩니다. 만약 정확한 소리로 알려 주면 아이 입장에서는 오히려 엄마가 내 소리를 좋아하는 것이 아니라 싫어하는구나라는 생각에 발성이 줄어들 수 있습니다."

가정 내 과제지 – 의사소통 행동 기록지 – 5회기(부모용) 언어이전기			
아동 이름(성별)	(남, 여)	생년월일	
부모		기록일	
이 주의 목표	행동 및 구어 모방하기, 제스처/발성 및 언어 확장하기		
다음을 확인해 주세요	• 나는 우리 아이에게 얼마나 모방을 하도록 유도하나요? 혹시 아이에게 부모의 말을 모방하도록 유도하는 것 외에 부모가 아이의 말이나 행동을 모방해 본 적이 많은가요? • 아이의 말이나 행동을 모방했다면 어떤 상황에서 하였나요? • 부모가 아동의 말이나 행동을 모방했을 때 아이는 어떤 반응을 보이나요? • 나는 우리 아이의 말이나 행동을 확장할 때 어느 수준으로 확장해 주었나요? 너무 짧지는 않았나요? 혹은 너무 길지는 않았나요? • 내가 우리 아이의 행동이나 말을 확장해 주었을 때 아이는 어떤 반응을 보이나요?		
행동 및 구어 모방하기	• 얼마나 자주 적용했나요? {표: 적용하지 못함 / 일주일에 2회 / 일주일에 3회 / 일주일에 4회 이상 / 일주일에 4회 이상 (일관적으로 자주)} • 어떤 활동에서 적용해 보았나요? • 가장 수월했던 활동은 무엇인가요? 어떻게 적용해 보았나요? • 가장 어려웠던 활동은 무엇인가요? 왜 어려웠다고 생각하나요?		
제스처/발성 및 언어 확장하기	• 얼마나 자주 적용했나요? {표: 적용하지 못함 / 일주일에 2회 / 일주일에 3회 / 일주일에 4회 이상 / 일주일에 4회 이상 (일관적으로 자주)} • 어떤 활동에서 적용해 보았나요? • 가장 수월했던 활동은 무엇인가요? 어떻게 적용해 보았나요? • 가장 어려웠던 활동은 무엇인가요? 왜 어려웠다고 생각하나요?		

「행동 및 구어 모방하기」 표:

적용하지 못함	일주일에 2회	일주일에 3회	일주일에 4회 이상	일주일에 4회 이상 (일관적으로 자주)

「제스처/발성 및 언어 확장하기」 표:

적용하지 못함	일주일에 2회	일주일에 3회	일주일에 4회 이상	일주일에 4회 이상 (일관적으로 자주)

언어이전기

가정 내 과제지 – 의사소통 행동 기록지(부모용)		언어이전기

아동 이름(성별)		(남, 여)	생년월일	
부모			기록일[회기]	[회기]

상황	구체적인 상황	아동 행동 및 발화
씻는 상황		
옷 입는 상황		
먹는 상황		
놀이 상황		
책 보기 상황		
기타 상황		

6회기　훈련 프로그램
기다리기: 상호작용 지시에 반응하기를 기다리기

◎ 기다리기는 아동이 흥미 있어 하는 것을 관찰할 수 있는 시간을 제공하며 부모가 말하거나 행한 것에 대해 아동이 반응할 시간 혹은 아동이 상호작용을 시작할 시간을 제공해 준다.

◎ 기다리기: 지시를 내린 후 반응할 시간을 제공하기

－사물 요청하기와 행동 요청하기 시 지시에 반응할 시간을 제공한다.

－아동의 수준에 따라 단서가 있는 경우와 단서가 없는 경우로 나눈다. 그리고 직접적 지시, 신체적 촉구, 모델링을 통해 아동이 해야 할 것을 보여 줄 수도 있다.

• 단서가 있는 경우: 포인팅을 동반하거나 제스처 모델링을 보여 주고 지시를 한다.

• 단서가 없는 경우: 포인팅이나 제스처 모델링을 보여 주지 않고 사물/행동 요청하기를 유도한다.

언어 및 의사소통 촉진 부모교육 – 언어이전기	회기별 활동지
아동 이름:	생년월일:
부모:	날짜:

회기-목표	6회기-기다리기: 상호작용 지시에 반응하기를 기다리기
활동지 및 기록지	회기별 활동지, 가정 내 과제지
오늘의 활동	☞ 지난 과제를 통해 가정 내 언어 및 의사소통 환경을 점검한다. ☞ 오늘의 목표를 설명한다. ['회기별 활동지' 활용] ☞ 전문가가 목표에 맞추어 직접 모델링하여 활동을 보여 준다. ☞ 목표에 맞추어 부모와 아동은 상호작용 활동을 실시하고 전문가는 강약점을 기록한다. ☞ 상호작용 시, 수월했던 점과 어려웠던 점에 대해 토의한 후 피드백 내용을 염두에 두고 다시 상호작용해 본다. ☞ 가정 내 과제지를 제공한 후 오늘의 과제를 안내한다. ['가정 내 과제지' 활용]

부모님 생각해 보세요. – 우리 아이와 나는?
• 우리 아이에게 가정 안에서 사물을 가져오게 하거나 행동을 하게끔 심부름을 자주 시켜 보셨나요? 우리 아이가 나의 지시에 잘 반응하나요? • 지시를 하였을 때 어떤 상황에서 잘 이루어지나요? • 지시를 하였을 때 반응이 없는 경우 어떻게 하셨나요?

Q & A
부모: "아이에게 사물을 가지고 오라고 하였는데 듣지 않아요. 그래서 심부름을 시켜 본 적이 거의 없는 것 같아요." 전문가 대답: "심부름을 시킬 때 상황이 아주 중요합니다. 우선 아이가 알고 있는 단어인지 그리고 부모가 지시를 내릴 때 아이가 관심이 있는 상황인지 등이 영향을 줍니다. 때로는 아이 수준보다 너무 어려운 지시도 반응이 없을 수 있습니다. 쉬운 것부터 시작해 보세요. 예를 들어, 가지고 놀았던 장난감을 상자에 넣으며 정리하는 것이지요. 아이에게 장난감을 넣을 것을 유도하고 하나씩 넣어 보는 것입니다. 아이가 반응이 좋다면 이번에는 지시를 하나 더 추가해 보세요. 예를 들어, 과일을 정리하는 상황이었다면 포도를 넣을까, 딸기를 넣을까 등의 지시를 추가해 보는 것입니다. 만약 반응이 없다면 엄마가 포인팅 한 것을 정리해 봅니다. 그리고 점점 더 복잡한 지시로 확장을 해 보세요(예: 두 가지 사물 가져오기, 두 가지 행동에 반응하기, 멀리 있는 상황에서도 해 보기 등)." 부모: "우리 아이는 기저귀 가져 오라는 지시에 반응도 하고 신발 신으라는 지시에 반응을 잘 하는데요." 전문가 대답: "이때 아이가 기저귀를 이해하고 가져 오는 것인지 아니면 그 상황에 맞추어 필요한 물건을 가져 오는 것인지 분명하게 확인해야 해요. 혹은 '신발'이 무엇인지 이해하는 것인지 밖에 나가는 상황에서 신발이 필요해서 부모의 이야기를 듣지 않고 바로 가져 오는 것일 수도 있으니 확인해 보세요."

가정 내 과제지 – 의사소통 행동 기록지 – 6회기(부모용)		언어이전기

아동 이름(성별)	(남, 여)	생년월일	
부모		기록일	
이 주의 목표	기다리기: 상호작용 지시에 반응하기를 기다리기		

다음을 확인해 주세요	• 우리 아이에게 가정 안에서 사물을 가져오게 하거나 행동을 하게끔 심부름을 자주 시켜 보았나요? 우리 아이가 나의 지시에 잘 반응하나요? • 지시를 하였을 때 어떤 상황에서 잘 이루어지나요? • 지시를 하였을 때 반응이 없는 경우 어떻게 하였나요?

기다리기: 상호작용 지시에 반응하기를 기다리기	• 얼마나 자주 적용했나요? | 적용하지 못함	일주일에 2회	일주일에 3회	일주일에 4회 이상	일주일에 4회 이상 (일관적으로 자주) | |---|---|---|---|---| | | | | | | • 어떤 활동에서 적용해 보았나요? • 가장 수월했던 활동은 무엇인가요? 어떻게 적용해 보았나요? • 가장 어려웠던 활동은 무엇인가요? 왜 어려웠다고 생각하나요?

언어이전기

가정 내 과제지 – 의사소통 행동 기록지(부모용)		언어이전기	
아동 이름(성별)	(남, 여)	생년월일	
부모		기록일[회기]	[회기]
상황	구체적인 상황	아동 행동 및 발화	
씻는 상황			
옷 입는 상황			
먹는 상황			
놀이 상황			
책 보기 상황			
기타 상황			

7회기 훈련 프로그램
이론 및 회기 목표 점검, 사후평가

◎ 그동안 진행하였던 목표를 다시 점검하고 약점을 보완할 방법을 고민해 본다.

◎ 아동의 언어 및 의사소통 촉진을 위해 보다 다양한 활동 내에서 적용해 보도록 한다.

◎ 사후평가를 통해 진전 여부를 확인한다.

언어 및 의사소통 촉진 부모교육 – 언어이전기		회기별 활동지
아동 이름:	생년월일:	
부모:	날짜:	

회기–목표	7회기–이론 및 회기 목표 점검, 사후평가
활동지 및 기록지	회기별 활동지, 사전 · 사후 관찰 기록지
오늘의 활동	☞ 지금까지의 회기를 정리하며 수월했던 목표와 어려웠던 목표를 다시 확인한다. ['회기별 활동지' 활용] ☞ 사후평가를 통해 양육자와 아동의 현행 수준을 파악하고 진전 내용을 확인한다. ['사전 · 사후 관찰 기록지' 활용] 　–아동의 언어 및 의사소통 능력 파악 　–부모의 언어 및 의사소통 기술 촉진 전략 확인 ☞ 상호작용 시, 수월했던 점과 어려웠던 점에 대해 토의한다.

부모님 생각해 보세요. – 우리 아이와 나는?

• 나는 우리 아이에 대해 얼마나 많이 알고 있나요?
• 우리 아이가 어떤 놀이를 좋아하나요? 놀이를 할 때 주로 혼자 노나요? 아니면 부모와 함께 노나요?
• 우리 아이랑 상호작용하는 것이 쉬운가요? 그렇지 않다면 언제 어려우세요? 어떤 점이 어려우세요?
• 우리 아이가 나와 상호작용이 가장 잘되는 상황은 언제인가요?
• 우리 아이는 주로 나에게 어떻게 의사를 표현하나요?
• 우리 아이가 낼 수 있는 소리는 무엇인가요? 우리 아이가 가장 길게 표현하는 소리는 무엇인가요?
• 나는 우리 아이의 언어 촉진을 위해 주로 어떤 전략을 사용하나요?

8회기 훈련 프로그램
프로그램 종결 및 향후 계획 상담

언어 및 의사소통 촉진 부모교육 – 언어이전기	회기별 활동지
아동 이름:	생년월일:
부모:	날짜:

회기-목표	8회기-프로그램 종결 및 향후 계획 상담
활동지 및 기록지	회기별 활동지, 사전 · 사후 관찰 기록지
오늘의 활동	☞ 지금까지 했던 내용을 정리하며 영상들을 확인한다. ['회기별 활동지' 활용] ☞ '사전 · 사후 관찰 기록지'를 토대로 진전 보고서를 설명한다. ['사전 · 사후 관찰기록지' 활용] ☞ 종합 점검을 한 뒤 추후 계획에 대해 의논한다. ☞ 진전 보고서와 영상을 제공한다.

2. 훈련 프로그램

2) 언어기

훈련 프로그램 기록지-초기 면담지, 사전·사후 관찰 기록지

초기 면담지(부모용)			언어기

아동 이름(성별)	(남, 여)	생년월일	
작성자(아동과의 관계)		작성일	
가족 구성원			

1. 부모와 아이 간 상호작용

아이가 주로 좋아하는 놀이는?	
부모와 함께하였을 때 가장 좋아하는 놀이는? (놀이 방법, 지속시간)	엄마: 아빠:

2. 아이가 주로 사용하는 의사소통 수단 예

제스처	
발성/언어	

언어기

3. 이 프로그램을 통해 배우고 싶은 것, 궁금한 내용

4. 현재 아동의 교육력과 치료력

어린이집 /유치원	* 현재 다니고 있나요? * 언제부터 다녔나요?
치료	

언어 · 의사소통 촉진 부모교육 프로그램:
사전 · 사후 관찰 기록지(전문가용)

언어기

아동 이름(성별)	(남, 여)	생년월일	
작성자(아동과의 관계)		사전 평가일	
가족 구성원		사후 평가일	

1. 전체 종합

	사전 평가	사후 평가
부모와 아동의 상호작용		
아동의 놀이 특성		
양육자의 의사소통 촉진 전략		
아동의 언어 및 의사소통		
종합 정리 및 추후 권고		
수고 많으셨습니다.		

언어기

2. 부모-아동 상호작용

	사전 평가	사후 평가
부모와 아동이 가장 길게 상호작용한 놀이	• 놀이 시간: • 놀이 예:	• 놀이 시간: • 놀이 예:
아동이 혼자 한 놀이	• 놀이 시간: • 놀이 예:	• 놀이 시간: • 놀이 예:
상호작용하며 수월한 점과 수월하지 않은 점 (부모 보고)	• 수월한 점: • 수월하지 않은 점:	• 수월한 점: • 수월하지 않은 점:

3. 아동의 놀이 특성

	사전 평가	사후 평가
상징놀이 발달 단계 및 놀이 특성		
의사소통 의도가 가장 많이 나타나는 놀이		
의사소통 의도가 가장 적게 나타나는 놀이		

4. 양육자의 의사소통 촉진 전략

	내용	사전 평가	사후 평가
(1) 관찰하기	아동이 관심을 가지는 것과 느끼는 것을 관찰하는 것이다. 아동의 행동, 몸짓, 얼굴 표정을 관찰하는 시간을 갖게 되면 아동의 마음을 이해하는 데 도움이 된다.		
(2) 공동주의집중 및 공동활동 늘리기: 참여하며 놀기, 아동 주도 따르기	아동이 관심 있어 하는 활동에 참여하여 따르는 것이다. 아동 주도에 따르기 위해서는 부모가 공동주의집중 및 공동활동을 유지해야 한다.		
(3) 공동주의집중 및 공동활동 늘리기: 의사소통 촉진을 위한 놀이 확장	적절한 의사소통 촉진을 위해서는 부모는 아동의 놀이 패턴과 놀이 기능을 확인하고 이를 의미 있는 행동으로 확대해 나가야 한다.		
(4) 기다리기	기다리기는 아동이 흥미 있어 하는 것을 관찰할 수 있게 시간을 제공하기, 또한 상호작용을 시작한 시간 혹은 부모가 말하거나 행한 것에 대해 아동이 반응할 시간을 제공하는 것이다.		
(5) 얼굴 마주 보기	부모는 언제나 아동이 부모의 눈을 똑바로 볼 수 있도록 자세와 위치를 바꾸어야 한다.		
(6) 모방하기	아동의 행동이나 말을 모방하는 것을 말한다. 아동의 의사소통 행동, 표정, 소리와 말을 그대로 모방하는 것이다.		
(7) 언어 확장하기	아동이 표현한 소리를 확대 및 확장해 주는 것을 의미한다. 발성 수준의 경우, 아동의 발성 수준을 고려하여 확장을 해 주어야 한다. 낱말 단계와 초기 문장 단계의 경우 구체적인 어휘 확장 및 구문 길이 확장을 도와야 한다.		
(8) 차례 주고받으며 대화하기	아동과 부모가 교대로 주고받으며 상호작용하는 것으로 균형 잡힌 대화를 위해 부모는 대화 시 최대한 일대일의 비율로 아동이 말하는 기회와 동일하게 말할 기회를 가져야 한다.		

언어듣기

(9) 기타

말 속도	부모의 절대적인 말 속도뿐 아니라 아동과 비교했을 때 상대적인 말 속도를 살펴본다.		
명료도	부모의 말이 명료하게 전달되는지, 아동의 말 모델로 적절한가를 동시에 고려한다.		
말소리 크기	말소리가 너무 조용하면 아동의 활동에 영향을 미칠 수 없으며, 너무 크면 지시적이거나 지배적으로 느껴지게 된다.		
운율	아동과 상호작용하는 동안 부모의 말에 나타나는 강세와 억양을 살펴본다. 이는 생기와 같은 비구어적 측면과도 관련된다.		

채점 기준

1점: 거의 나타나지 않음, 2점: 1개의 활동에서 반 정도 적절하게 나타남, 3점: 1~2개의 활동에서 적절하게 나타남, 4점: 다양한 활동에서 일관적으로 항상 나타남

5. 아동의 언어 및 의사소통

	내용	사전 평가	사후 평가
제스처	아동이 제스처를 사용하나요?		
	어떤 상황에서 어떤 제스처를 사용하나요?		
구어(낱말, 초기 문장)	의사소통 의도(기쁨, 불편함, 요구하는 상황 등)를 표현하기 위해 소리를 사용하나요? 문장을 사용하나요?		
	어떤 소리를 내나요?		
	2개 혹은 3개 이상의 단어를 조합해서 말하나요? 어떤 문장을 말하나요?		

	문장표현 시 조사(예: 엄마<u>가</u>, 아빠<u>랑</u>, 마트<u>에서</u>), 과거/미래시제(예: 먹<u>었</u>어, 먹<u>을</u> 거야), 연결어미(예: 밥 먹<u>고</u> 자요, 아파<u>서</u> 울어)를 사용하나요?		
상호작용 지시에 반응하기	부모가 아동의 이름을 부를 때 반응하나요?		
	제스처에 적절하게 반응하나요?(예: 사물을 달라는 제스처에 사물 건네주기)		
	제스처를 동반하지 않고 단어나 짧은 구를 들려주었을 때 이해하나요?		
차례 주고받으며 대화하기	차례 주고받으며 대화하기가 잘 이루어지나요?		
	차례 주고받으며 대화하기가 잘 이루어지는 활동은 어떤 활동인가요?		
	차례 주고받으며 대화하기가 잘 이루어질 때 어떤 소리를 주로 내나요?		

1회기 훈련 프로그램
사전평가, 교육 프로그램-양육자 인식시키기:
이론을 통해 구체적인 내용 확인

언중기

언어 및 의사소통 촉진 부모교육 - 언어기		회기별 활동지
아동 이름:	생년월일:	
부모:	날짜:	

회기-목표	1회기-사전평가, 교육 프로그램-양육자 인식시키기: 이론을 통해 구체적인 내용 확인
활동지 및 기록지	초기 면담지, 사전·사후 관찰 기록지, 회기별 활동지, 가정 내 과제지
오늘의 활동	☞ 프로그램의 목적을 소개한다. ['회기별 활동지' 활용] ☞ 면담을 통해 초기면담지를 작성한다. ['초기 면담지' 활용] ☞ 사전평가를 통해 양육자와 아동의 현행 수준을 파악하고 강약점을 확인한다. ['사전·사후 관찰 기록지' 활용] -아동의 언어 및 의사소통 능력 파악 -부모의 언어 및 의사소통 기술 촉진 전략 확인 ☞ 부모교육 이론 자료를 제공한 후 교육 프로그램을 진행한다. [교육 프로그램-부모교육 이론 자료집 활용] ☞ 오늘의 목표에 대한 설명과 가정 내 과제지를 제공한다. ['가정 내 과제지' 활용]

부모님 생각해 보세요. - 우리 아이와 나는?

- 나는 우리 아이에 대해 얼마나 많이 알고 있나요?
- 우리 아이가 어떤 놀이를 좋아하나요? 놀이를 할 때 주로 혼자 노나요? 아니면 부모와 함께 노나요?
- 우리 아이랑 상호작용하는 것이 쉬운가요? 그렇지 않다면 언제 어려우세요? 어떤 점이 어려우세요?
- 우리 아이가 나와 상호작용이 가장 잘 되는 상황은 언제인가요?
- 우리 아이는 주로 나에게 어떻게 의사를 표현하나요?
- 우리 아이가 낼 수 있는 소리는 무엇인가요? 우리 아이가 가장 길게 표현하는 소리는 무엇인가요?
- 나는 우리 아이의 언어 촉진을 위해 주로 어떤 전략을 사용하나요?

가정 내 과제지 – 의사소통 행동 기록지 – 1회기(부모용)			언어기
아동 이름(성별)	(남, 여)	생년월일	
부모		기록일	
이 주의 목표	우리 아이 언어 및 의사소통 발달 이해하기, 부모의 촉진 전략 확인하기		
다음을 확인해 주세요	• 우리 아이와 가장 상호작용이 잘되는 상황은 언제인가요? 얼마나 오래 지속되었나요?(예: 5분, 10분) • 우리 아이가 가장 좋아하는 놀이는 무엇인가요? • 우리 아이가 가장 싫어하는 놀이는 무엇인가요? • 우리 아이가 부모에게 주로 어떻게 의사를 표현하나요?(예: 몸짓, 발성, 언어 등) • 우리 아이가 구체적으로 어떻게 표현하나요?(예: 몸짓으로 손을 끈다, "빠-빠-빠"라는 소리를 낸다, 울면서 떼를 쓴다 등)		
새롭게 발견한 점은 무엇인가요?			
어려운 점은 무엇인가요?			

언어기

가정 내 과제지 – 의사소통 행동 기록지(부모용)		
아동 이름(성별)	(남, 여)	생년월일	
부모		기록일[회기]	[　회기]
상황	구체적인 상황	아동 행동 및 발화
씻는 상황		
옷 입는 상황		
먹는 상황		
놀이 상황		
책 보기 상황		
기타 상황		

언어기

2회기 **훈련 프로그램**
관찰하기, 공동주의집중 및 공동활동 늘리기:
참여하며 놀기, 아동 주도 따르기

◎ 가끔 부모는 아동이 무슨 생각을 하고 있는지 알지 못할 때가 있다. 그러므로 아동의 행동, 몸짓, 얼굴 표정 등을 관찰하는 시간을 갖게 되면 아동의 마음을 이해하는 데 도움이 된다.

◎ 아동이 관심 있어 하는 것에 참여하여 아동과 함께 노는 것은 아동 주도를 따르는 가장 좋은 방법 중의 하나이다.

◎ 공동주의집중 및 공동활동 시간 늘리기–참여하며 놀기, 아동 주도 따르기: 두 사람이 의사소통을 하기 위해서는 우선 함께 주목할 수 있어야 한다. 부모와 아동이 실제로 어떤 활동에 함께 참여하는 것은 의사소통 발달에 중요한 역할을 한다. 아동이 어떤 활동을 하고 있을 때 부모가 그 활동에 개입하고, 아동이 부모의 개입을 좋아하면 부모가 주도하여 다른 활동을 같이 하도록 한다.

◎ 기능적인 언어 사용을 가르치는 데 있어서 아동 주도를 따르는 것은 매우 중요하다. 아동 주도적인 행동은 활동의 선택이나 대화의 시도 등에서 이루어질 수 있다. 이렇게 아동이 선택한 활동 또는 대화의 주제는 아동의 참여를 도와주며 적극적인 의사소통자의 역할을 촉진할 수 있다.

◎ 부모의 개입에 대해 관심을 보이면 아동이 좋아하는 다른 물체를 다소 과장된 자극과 함께 제시하여 관심을 유도한다(다소 높은 소리, 다양한 억양, 과장된 제스처 사용).

언어 및 의사소통 촉진 부모교육 – 언어기	회기별 활동지
아동 이름:	생년월일:
부모:	날짜:

회기–목표	2회기 – 관찰하기, 공동주의집중 및 공동활동 늘리기: 참여하며 놀기, 아동 주도 따르기
활동지 및 기록지	회기별 활동지, 가정 내 과제지
오늘의 활동	☞ 지난 과제를 통해 가정 내 언어 및 의사소통 환경을 점검한다. ☞ 오늘의 목표를 설명한다. ['회기별 활동지' 활용] ☞ 전문가가 목표에 맞추어 직접 모델링하여 활동을 보여 준다. ☞ 목표에 맞추어 부모와 아동은 상호작용 활동을 실시하고 전문가는 강약점을 기록한다. ☞ 상호작용 시, 수월했던 점과 어려웠던 점에 대해 토의한 후 피드백 내용을 염두에 두고 다시 상호작용해 본다. ☞ 가정 내 과제지를 제공한 후 오늘의 과제를 안내한다. ['가정 내 과제지' 활용]

부모님 생각해 보세요. – 우리 아이와 나는?

- 나는 우리 아이와 얼마나 상호작용이 잘 되나요?
- 우리 아이는 주로 혼자 노는 것을 좋아하나요? 아니면 부모와 함께 놀이하는 것을 좋아하나요?
- 우리 아이와 함께 가장 길게 놀이하는 활동은 어떤 활동인가요?
- 우리 아이와 재미있고 길게 놀이를 하기 위해 나는 어떻게 하였나요?

Q & A

부모: "우리 아이는 퍼즐이나 블록으로 아주 오랫동안 놀이를 할 수 있어요."
전문가 대답: "퍼즐을 할 때 주로 아이 혼자 놀이를 하나요? 아니면 부모와 함께 놀이를 하나요? 퍼즐이나 블록으로 놀이를 할 때 부모에게 도움을 여러 번 요청하거나 함께 놀이를 하자고 퍼즐을 건네주는지 확인해 보세요."

부모: "우리 아이는 내가 같이 놀려고 하면 그냥 가 버려요."
전문가 대답: "아이가 가 버리는 이유가 여러 가지가 있을 거예요. 부모랑 놀이하는 것보다 혼자 놀이하는 것이 더 재미있거나 혹은 부모가 아동이 원하는 것을 해 주기보다는 아이가 했으면 하는 놀이를 강요하지는 않았나 생각해 보세요. 혹은 부모가 지나치게 아이의 언어를 교정해 주는 것도 이유가 될 수 있어요."

가정 내 과제지 – 의사소통 행동 기록지 – 2회기(부모용) 언어기					
아동 이름(성별)		(남, 여)	생년월일		
부모			기록일		
이 주의 목표	관찰하기, 공동주의집중 및 공동활동 늘리기: 참여하며 놀기, 아동 주도 따르기				

다음을 확인해 주세요	• 나는 우리 아이와 얼마나 상호작용이 잘 되나요? • 우리 아이는 주로 혼자 노는 것을 좋아하나요? 아니면 부모와 함께 놀이하는 것을 좋아하나요? • 우리 아이와 함께 가장 길게 놀이하는 활동은 어떤 활동인가요? • 우리 아이와 재미있고 길게 놀이를 하기 위해 나는 어떻게 하였나요?

관찰하기

• 얼마나 자주 적용했나요?

적용하지 못함	일주일에 2회	일주일에 3회	일주일에 4회 이상	일주일에 4회 이상 (일관적으로 자주)

공동주의집중 및 공동활동 늘리기: 참여하며 놀기, 아동 주도 따르기

• 얼마나 자주 적용했나요?

적용하지 못함	일주일에 2회	일주일에 3회	일주일에 4회 이상	일주일에 4회 이상 (일관적으로 자주)

• 참여하며 놀기가 수월했던 활동은 무엇인가요? 얼마나 참여하며 놀기가 가능했나요?

• 참여하며 놀기가 어려웠던 활동은 무엇인가요? 왜 어려웠다고 생각하나요?

언중기

가정 내 과제지 – 의사소통 행동 기록지(부모용)		언어기

아동 이름(성별)	(남, 여)	생년월일	
부모		기록일[회기]	[회기]

상황	구체적인 상황	아동 행동 및 발화
씻는 상황		
옷 입는 상황		
먹는 상황		
놀이 상황		
책 보기 상황		
기타 상황		

3회기 훈련 프로그램
공동주의집중 및 공동활동 늘리기:
의사소통 촉진을 위한 놀이 확장

◎ 두 사람이 의사소통을 하기 위해서는 우선 함께 주목해야 한다. 부모와 아동이 실제로 어떤 활동에 함께 참여하는 것은 의사소통 발달에 중요한 역할을 한다.

◎ 이때 적절한 의사소통 촉진을 위해서는 부모는 아동의 놀이 패턴과 놀이 기능을 확인하고 이를 의미있는 행동으로 확대시켜 나가야 한다.

언어기

언어 및 의사소통 촉진 부모교육 – 언어기	회기별 활동지
아동 이름:	생년월일:
부모:	날짜:

회기-목표	3회기-공동주의집중 및 공동활동 늘리기: 의사소통 촉진을 위한 놀이 확장
활동지 및 기록지	회기별 활동지, 가정 내 과제지
오늘의 활동	☞ 지난 과제를 통해 가정 내 언어 및 의사소통 환경을 점검한다. ☞ 오늘의 목표를 설명한다. ['회기별 활동지' 활용] ☞ 전문가가 목표에 맞추어 직접 모델링하여 활동을 보여 준다. ☞ 목표에 맞추어 부모와 아동은 상호작용 활동을 실시하고 전문가는 강약점을 기록한다. ☞ 상호작용 시, 수월했던 점과 어려웠던 점에 대해 토의한 후 피드백 내용을 염두에 두고 다시 상호작용해 본다. ☞ 가정 내 과제지를 제공한 후 오늘의 과제를 안내한다. ['가정 내 과제지' 활용]

부모님 생각해 보세요. – 우리 아이와 나는?

- 우리 아이와 놀이를 할 때 얼마나 다양하게 놀이를 하나요?
- 상호작용할 때 짧은 시간 안에 여러 개의 놀이로 상호작용하나요? 아니면 하나의 놀이를 가지고 보다 긴 시간 동안 상호작용이 가능한가요?
- 놀이 확장을 할 때 어떻게 하세요?
- 놀이 확장을 할 때 아이도 잘 따라오나요?

Q & A

부모: "우리 아이와 자동차 놀이를 하면 다른 놀이보다는 함께 상호작용이 잘 돼요. 하지만 항상 자동차 주차하는 놀이만 하게 되네요."

전문가 대답: "아이가 좋아하는 놀이가 자동차 놀이라면 그 놀이 안에서 확장을 하는 것이 중요해요. 하지만 우리는 항상 고민에 빠지죠. 놀이가 다양해야 보다 다양한 언어 촉진을 할 수 있기 때문이에요. 아이가 좋아하는 놀이를 어떻게 확장하여 보다 길게 놀이를 할 수 있는 지를 아이 입장에서 생각해 보세요. 예를 들어, 항상 아이가 빨간 자동차로만 주차를 한다면 어느 날은 주차할 수 있는 자동차를 5대 이상을 준비하는 것이지요. 이전에는 아이와 빨간 자동차로만 놀이를 하였는데 이제 주차할 자동차 수가 많아 졌으니 보다 길게 놀이할 수 있겠지요. 또 주차장을 한 군데만 두는 것이 아니라 2개 이상을 두거나 위치를 바꿔 보세요. 그러면 아이가 좋아하는 놀이 내에서도 작은 변화로 큰 변화를 이끌 수 있답니다."

부모: "하지만 자동차 놀이 외에 다른 놀이도 하고 싶어요."

전문가 대답: "네. 다른 놀이를 시도하시는 것도 좋아요. 하지만 그것 또한 너무 아동의 관심에서 많이 벗어난 놀이보다 아동이 관심 있는 활동을 잘 관찰하여 확장하셔야 해요. 때로는 새로운 놀이를 해 보고 싶으실 때 그 놀이가 아주아주 재미있고 매력적인 놀이라는 것을 부모가 보여 주며 관심을 이끄는 것이 좋아요."

가정 내 과제지 – 의사소통 행동 기록지 – 3회기(부모용)			언어기
아동 이름(성별)	(남, 여)	생년월일	
부모		기록일	
이 주의 목표	공동주의집중 및 공동활동 늘리기: 의사소통 촉진을 위한 놀이 확장		

다음을 확인해 주세요

- 우리 아이와 놀이를 할 때 얼마나 다양하게 놀이를 하나요?
- 상호작용할 때 짧은 시간 안에 여러 개의 놀이로 상호작용하나요? 아니면 하나의 놀이를 가지고 보다 긴 시간 동안 상호작용이 가능한가요?
- 놀이 확장을 할 때 어떻게 하나요?
- 놀이 확장을 할 때 아이도 잘 따라오나요?

공동주의집중 및 공동활동 늘리기: 의사소통 촉진을 위한 놀이 확장

- 얼마나 자주 적용했나요?

적용하지 못함	일주일에 2회	일주일에 3회	일주일에 4회 이상	일주일에 4회 이상 (일관적으로 자주)

- 어떤 놀이를 확장해 보았나요?

- 가장 수월했던 활동은 무엇인가요? 어떻게 적용해 보았나요?

- 가장 어려웠던 활동은 무엇인가요? 왜 어려웠다고 생각하나요?

언어기

가정 내 과제지 – 의사소통 행동 기록지(부모용)		언어기

아동 이름(성별)	(남, 여)	생년월일	
부모		기록일[회기]	[회기]

상황	구체적인 상황	아동 행동 및 발화
씻는 상황		
옷 입는 상황		
먹는 상황		
놀이 상황		
책 보기 상황		
기타 상황		

4회기 훈련 프로그램
기다리기, 얼굴 마주 보기

◎ 기다리기는 아동이 흥미 있어 하는 것을 관찰하는 시간을 제공하며 부모가 말하거나 행한 것에 대해
아동이 반응할 시간 혹은 상호작용을 시작할 시간을 제공해 준다.

◎ 기다리기: 아동이 상호작용을 시작할 시간을 제공하기

　－부모가 아동의 메시지를 귀 기울여 들을 때, 부모는 아동에게 자신이 중요한 존재라는 것을 알릴 수
　있고 이는 아동의 자신감을 세워 준다.

　－부모는 아동이 원하는 물건이나 행동을 미리 파악한다. 그런 후 아동이 원하는 것을 요청할 수 있도
　록 구조화된 상황을 만들어 주고 아동 스스로 의사를 표현할 수 있도록 기회를 준다.

　－환경 조성하기: 아동이 즉시의 환경 조성에 관심을 기울인다면 아동이 필요하고, 원하고 흥미를 가
　지는 것에 대해 스스로 의사소통을 시작한다는 것이다. 이것은 아동이 자극적이고 흥미 있고, 발달
　적으로 적절한 환경에 있도록 하는 것이다. 환경을 조성하는 것은 원하는 물건이 아동의 손에 닿지
　않거나 성인의 도움이 필요한 곳에 위치시키는 것으로, 이때 얼굴을 마주 보는 것이 중요하다.

◎ 얼굴 마주 보기

　－부모가 아동과 상호작용할 때 얼굴을
　마주 보면 부모와 아동은 서로 연결되
　고 순간을 공유하기 쉽다.

　－얼굴 마주 보기는 아동의 상호작용 준
　비도를 확인할 수 있는 가장 중요한 방
　법이자 좋은 방법이다.

　－아동은 부모의 얼굴을 보고 표정을 봄
　으로써 부모가 무엇을 하는지, 무엇을
　말하는지를 알 수 있으며, 부모가 어
　떻게 소리나 낱말을 산출하는지 알 수
　있다. 부모는 언제나 아동이 부모의
　눈을 똑바로 볼 수 있도록 자세와 위치를 바꾸어야 한다.

언어기

언어 및 의사소통 촉진 부모교육 – 언어기	회기별 활동지
아동 이름:	생년월일:
부모:	날짜:

회기-목표	4회기-기다리기, 얼굴 마주 보기
활동지 및 기록지	회기별 활동지, 가정 내 과제지
오늘의 활동	☞ 지난 과제를 통해 가정 내 언어 및 의사소통 환경을 점검한다. ☞ 오늘의 목표를 설명한다. ['회기별 활동지' 활용] ☞ 전문가가 목표에 맞추어 직접 모델링하여 활동을 보여 준다. ☞ 목표에 맞추어 부모와 아동은 상호작용 활동을 실시하고 전문가는 강약점을 기록한다. ☞ 상호작용 시, 수월했던 점과 어려웠던 점에 대해 토의한 후 피드백 내용을 염두에 두고 다시 상호작용해 본다. ☞ 가정 내 과제지를 제공한 후 오늘의 과제를 안내한다. ['가정 내 과제지' 활용]

부모님 생각해 보세요. – 우리 아이와 나는?

- 나는 얼마나 우리 아이에게 의사를 표현할 기회를 주나요? 혹시 아이가 의사를 표현하기 전에 미리 해 주지는 않나요?
- 어떤 상황에서 주로 아이에게 의사표현 기회를 주나요? 기회를 주는 상황이 다양한가요?
- 나는 우리 아이에게 얼굴 마주 보기를 강요하지는 않나요?
- 얼굴 마주 보기를 주로 어떤 상황에서 유도하나요? 가장 잘 되는 상황은 어떤 상황인가요?

Q & A

부모: "우리 아이는 선생님이 가르쳐 주면 단어를 잘 이야기하지만 집에서는 그 단어를 사용하지 않아요."
전문가 대답: "어떤 단어를 어떤 상황에서 잘 이야기하나요? 만약 '우유'라는 단어를 표현할 때 '이게 뭐야?'라는 질문에서 대답을 잘하나요? 우유가 정말 마시고 싶은 상황에서 바로 우유를 꺼내 주신 적은 없으신지요. 혹은 '까'라는 단어를 표현했으면 하는데 과자를 먹는 상황에서 부모가 먼저 과자 봉지를 까 주지는 않나요?"

부모: "우리 아이는 여기 눈 봐야지 하면 잘 보지 않아요."
전문가 대답: "얼굴 마주 보기는 사실 눈맞춤과 동일하게 생각하시면 됩니다. 하지만 자연스러운 상황에서 아이가 의도가 있을 때 얼굴을 마주 보며 순간을 공유하는 것이 중요하지요. 간혹 부모는 아이와 놀이할 때 장난감이 있는 바닥을 보거나 혹은 아이와 키 높이가 맞지 않거나 혹은 아이가 관심 없는 활동을 하며 얼굴을 보거나 혹은 마주 보지 않고 멀리 있는 상황에서 얼굴 마주 보기를 유도하기도 합니다. 하지만 적절한 얼굴 마주 보기를 위해서는 우선 아이와 부모가 보다 쉽게 얼굴 마주 보기를 할 수 있도록 자세와 위치를 맞추는 것이 중요합니다. 단, 아이에게 맞추기를 강요하기보다 부모가 아이에게 맞춰 주는 것이 중요하지요. 예를 들어, 치즈가 먹고 싶은 상황에서 냉장고 앞에 갔을 때는 아이가 의사를 적절하게 표현할 수 있게 부모가 서 있는 것보다는 무릎을 꿇고 앉아서 아이와 얼굴을 마주볼 수 있도록 위치를 맞추는 것이 중요합니다. 적절한 자세와 위치를 맞추어야 얼굴 마주 보기가 가능하고 부모가 주는 자극도 적절하게 확인할 수 있답니다."

가정 내 과제지 – 의사소통 행동 기록지 – 4회기(부모용)					언어기

아동 이름(성별)		(남, 여)	생년월일		
부모			기록일		

이 주의 목표	기다리기, 얼굴 마주 보기

다음을 확인해 주세요	• 나는 얼마나 우리 아이에게 의사를 표현할 기회를 주나요? 혹시 아이가 의사를 표현하기 전에 미리 해 주지는 않나요? • 어떤 상황에서 주로 아이에게 의사표현 기회를 주나요? 기회를 주는 상황이 다양한가요? • 나는 우리 아이에게 얼굴 마주 보기를 강요하지는 않나요? • 얼굴 마주 보기를 주로 어떤 상황에서 유도하나요? 가장 잘되는 상황은 어떤 상황인가요?

기다리기

• 얼마나 자주 적용했나요?

적용하지 못함	일주일에 2회	일주일에 3회	일주일에 4회 이상	일주일에 4회 이상 (일관적으로 자주)

• 어떤 활동에서 적용해 보았나요?

• 가장 수월했던 활동은 무엇인가요? 어떻게 적용해 보았나요?

• 가장 어려웠던 활동은 무엇인가요? 왜 어려웠다고 생각하나요?

얼굴 마주 보기

• 얼마나 자주 적용했나요?

적용하지 못함	일주일에 2회	일주일에 3회	일주일에 4회 이상	일주일에 4회 이상 (일관적으로 자주)

• 어떤 활동에서 적용해 보았나요?

• 가장 수월했던 활동은 무엇인가요? 어떻게 적용해 보았나요?

• 가장 어려웠던 활동은 무엇인가요? 왜 어려웠다고 생각하나요?

언어기

가정 내 과제지 – 의사소통 행동 기록지(부모용)		언어기

아동 이름(성별)	(남, 여)	생년월일	
부모		기록일[회기]	[　　회기]

상황	구체적인 상황	아동 행동 및 발화
씻는 상황		
옷 입는 상황		
먹는 상황		
놀이 상황		
책 보기 상황		
기타 상황		

5회기 훈련 프로그램
모방하기, 언어 확장하기(1)

◎ 모방하기

- 의사소통을 막 시작한 어린 아동과 상호작용하는 가장 좋은 방법은 아동의 행동, 표정, 소리와 말을 그대로 모방하는 것이다.

- 부모가 아동의 메시지를 해석하는 것은 부모가 듣고 있으며 이해하려고 애쓰고 있다는 것을 아동에게 알리는 매우 강력한 방법이다.

◎ 언어 확장하기(1)

- 아동은 자신이 원하는 것과 마음에 있는 것을 표현하기 위해 궁극적으로는 낱말이 필요하다. 아동이 스스로 표현하도록 돕기 위해 부모가 언어를 덧붙이는 방법은 아동의 의사소통 발달단계를 좌우한다.

- 이때 중요한 것은 아동의 언어 수준을 고려하여 확장해 주는 것이다.

- 또한 낱말은 현재 그 순간에 일어나고 있는 것에 맞추어야 하고 항상 같은 것에 대하여 같은 낱말을 사용해야 한다.

- 언어 확장을 위해서는 제스처 양식을 함께 보여 주는 것이 도움이 된다. 예를 들어, '음료수'를 촉진하기 위해 '엄지를 입에 갖다 대기', '책'은 '손바닥으로 열거나 닫기', '돼지'는 '손가락으로 코를 누르기', '냄새남'은 '코를 찡그리며 코에 손가락을 대기' 등이 있다.

언어 및 의사소통 촉진 부모교육 – 언어기	회기별 활동지
아동 이름:	생년월일:
부모:	날짜:

회기-목표	5회기-모방하기, 언어 확장하기(1)
활동지 및 기록지	회기별 활동지, 가정 내 과제지
오늘의 활동	☞ 지난 과제를 통해 가정 내 언어 및 의사소통 환경을 점검한다. ☞ 오늘의 목표를 설명한다. ['회기별 활동지' 활용] ☞ 전문가가 목표에 맞추어 직접 모델링하여 활동을 보여 준다. ☞ 목표에 맞추어 부모와 아동은 상호작용 활동을 실시하고 전문가는 강약점을 기록한다. ☞ 상호작용 시, 수월했던 점과 어려웠던 점에 대해 토의한 후 피드백 내용을 염두에 두고 다시 상호작용해 본다. ☞ 가정 내 과제지를 제공한 후 오늘의 과제를 안내한다. ['가정 내 과제지' 활용]

부모님 생각해 보세요. – 우리 아이와 나는?

- 나는 우리 아이에게 얼마나 모방을 하도록 유도하나요? 혹시 아이에게 부모의 말을 모방하도록 유도하는 것 외에 부모가 아이의 말이나 행동을 모방해 본적이 많은가요?
- 아이의 말이나 행동을 모방했다면 어떤 상황에서 하였나요?
- 부모가 아동의 말을 모방했을 때 아이는 어떤 반응을 보이나요?
- 나는 우리 아이의 말을 확장할 때 어느 수준으로 확장해 주었나요? 너무 짧지는 않았나요? 혹은 너무 길지는 않았나요?
- 내가 우리 아이의 말을 확장해 주었을 때 아이는 어떤 반응을 보이나요?

Q & A

부모: "우리 아이가 혼자 돌아다니면서 말을 해요. 그리고 제가 설거지를 하거나 바쁠 때는 아이와 떨어진 상황에서 말을 많이 모방해 주고 있는데 왜 말이 늘지 않을까요?"
전문가 대답: "부모가 아이의 행동이나 말을 모방할 때 아이와 같은 자세와 위치에서, 즉 아이가 부모를 확인할 수 있는 상황에서 모방해 주는 것이 보다 의미가 있습니다. 단 5분을 하더라도 부모가 모방해 주는 것을 아이가 알고 인식하는 것이 중요합니다."

부모: "저는 아이가 '냠냠' '슝~'이라고 할 때 그 말을 모방해 주는데 아이가 너무 싫어하고 가 버립니다."
전문가 대답: "아이가 한 말을 그대로 모방하셨는지요? 아이가 '냠냠'이라고 한 것이 발성에 가까운 소리인지요 아니면 정확한 소리에 가까운지요. 아이가 '냠냠' 소리를 낼 때 구어가 아니라 아기 말 같은 발성이어도 있는 그대로 따라 해 주는 것이 좋아요."

부모: "저는 우리 아이의 말을 모방해 주려고 할 때 우리 아이의 정확하지 않은 발음이 신경쓰여요. 아이가 정확한 발음이 아니어도 그 말을 그대로 따라 하면 되나요? 예를 들어, '뽀로로'를 '뽀오오'로 말하고 '헬리콥터'를 '이~'라고 하는데 정확한 소리로 해 주어야 하는 것은 아닌가요?"
전문가 대답: "아이가 말한 것을 있는 그대로 해야 아이가 자신의 실제 소리를 확인받고 자신의 소리에 대해 자신감을 갖게 됩니다. 만약 정확한 소리로 알려 주면 아이 입장에서는 오히려 엄마가 내 소리를 좋아하는 것이 아니라 싫어하는구나라는 생각에 발성이 줄어들 수 있습니다."

가정 내 과제지 – 의사소통 행동 기록지 – 5회기(부모용)			언어기

아동 이름(성별)	(남, 여)	생년월일	
부모		기록일	

이 주의 목표	모방하기, 언어 확장하기(1)

다음을 확인해 주세요	• 나는 우리 아이에게 얼마나 모방을 하도록 유도하나요? 혹시 아이에게 부모의 말을 모방하도록 유도하는 것 외에 부모가 아이의 말이나 행동을 모방해 본 적이 많은가요? • 아이의 말이나 행동을 모방했다면 어떤 상황에서 하였나요? • 부모가 아동의 말이나 행동을 모방했을 때 아이는 어떤 반응을 보이나요? • 나는 우리 아이의 말이나 행동을 확장할 때 어느 수준으로 확장해 주었나요? 너무 짧지는 않았나요? 혹은 너무 길지는 않았나요? • 내가 우리 아이의 행동이나 말을 확장해 주었을 때 아이는 어떤 반응을 보이나요?

모방하기	• 얼마나 자주 적용했나요?

적용하지 못함	일주일에 2회	일주일에 3회	일주일에 4회 이상	일주일에 4회 이상 (일관적으로 자주)

• 어떤 활동에서 적용해 보았나요?

• 가장 수월했던 활동은 무엇인가요? 어떻게 적용해 보았나요?

• 가장 어려웠던 활동은 무엇인가요? 왜 어려웠다고 생각하나요?

언어 확장하기(1)	• 얼마나 자주 적용했나요?

적용하지 못함	일주일에 2회	일주일에 3회	일주일에 4회 이상	일주일에 4회 이상 (일관적으로 자주)

• 어떤 활동에서 적용해 보았나요?

• 가장 수월했던 활동은 무엇인가요? 어떻게 적용해 보았나요?

• 가장 어려웠던 활동은 무엇인가요? 왜 어려웠다고 생각하나요?

언어기

가정 내 과제지 – 의사소통 행동 기록지(부모용)		
아동 이름(성별)	(남, 여)	생년월일	
부모		기록일[회기]	[회기]
상황	구체적인 상황	아동 행동 및 발화
씻는 상황		
옷 입는 상황		
먹는 상황		
놀이 상황		
책 보기 상황		
기타 상황		

6회기 훈련 프로그램
언어 확장하기(2), 차례 주고받으며 대화하기

◎ 다양한 활동 내에서 적용해 본다.

◎ 언어 확장하기

　－아동은 자신이 원하는 것과 마음에 있는 것을 표현하기 위해 궁극적으로는 낱말이 필요하다. 아동이 스스로 표현하도록 돕기 위해 언어를 덧붙이는 방법은 아동의 의사소통 발달단계를 좌우한다.

　－이때 중요한 것은 아동의 발성 수준을 고려하여 확장해 주는 것이다.

　－또한 낱말은 현재 그 순간에 일어나고 있는 것에 맞추어야 하고 항상 같은 것에 대하여 같은 낱말을 사용해야 한다.

◎ 부모가 아동에게 제공하는 자연스럽고 적절한 언어 자극은 아동의 구문발달을 향상시킨다.

　－아동중심기법: 아동의 관심을 살펴 그 물건이나 행동에 함께 참여하며 적절한 목표 언어형태를 시범 보인다. 혼잣말기법, 평행발화기법의 경우, 직접적인 모방을 요구하기보다 집중적인 자극을 주는 방법이다.

　－첫 낱말 단계: 생활환경에서 많이 들을 수 있고 많이 사용하는 고빈도 어휘를 고려하여 들려준다(명사, 동사, 형용사 등)

　－초기 문장단계: 아동의 문장 수준에 맞추어 들려준다. 문장의 습득 속도가 느린 아동에게 문법적인 완벽함을 요구하지 않도록 조심한다. 지나친 교정은 아동의 구어 의욕을 감소시키기 때문이다.

◎ 균형 잡힌 대화는 상호작용 시 아동의 관심을 유지하고 아동이 상호작용에 참여하게 한다.

◎ 아동이 부모와의 상호작용에 참여하는 것이 길면 길수록 아동이 언어를 배울 기회가 더 많아진다.

◎ 균형 잡힌 대화를 위해 부모는 대화에서 최대한 일대일 비율로 아동이 말하는 기회와 동일하게 말할 기회를 가져야 한다.

◎ 아동의 발화 길이와 말·반응 속도, 아동의 관심에 맞추어야 한다. 대화를 위해 아동의 말·반응 속도를 유지하도록 하는 것이 필요하다.

◎ 아동이 대화를 주고받는 방법을 배우는 데에는 많은 시간이 걸린다. 때로는 아동이 자신의 순서를 인식하지 못해서 주고받기에 실패할 수도 있다. 가장 간단한 방법은 '기다리기'이다. 그러나 어려운 경우, 얼굴 표정과 몸짓으로 신호를 주고 기다리거나, 시각적 단서를 제시하여 아동에게 익숙한 활동의 순서를 바꾸고 기다리는 등의 방법이 있다. 또한 '모방하기'를 적용해 봐도 좋다.

언어 및 의사소통 촉진 부모교육 – 언어기	회기별 활동지
아동 이름:	생년월일:
부모:	날짜:

회기–목표	6회기 – 언어 확장하기(2), 차례 주고받으며 대화하기
활동지 및 기록지	회기별 활동지, 가정 내 과제지
오늘의 활동	☞ 지난 과제를 통해 가정 내 언어 및 의사소통 환경을 점검한다. ☞ 오늘의 목표를 설명한다. ['회기별 활동지' 활용] ☞ 전문가가 목표에 맞추어 직접 모델링하여 활동을 보여 준다. ☞ 목표에 맞추어 부모와 아동은 상호작용 활동을 실시하고 전문가는 강약점을 기록한다. ☞ 상호작용 시, 수월했던 점과 어려웠던 점에 대해 토의한 후 피드백 내용을 염두에 두고 다시 상호작용해 본다. ☞ 가정 내 과제지를 제공한 후 오늘의 과제를 안내한다. ['가정 내 과제지' 활용]

부모님 생각해 보세요. – 우리 아이와 나는?
• 나는 우리 아이와 얼마나 차례를 주고 받으며 대화하나요? • 우리 아이와 나는 어떤 활동에서 보다 긴 시간 동안 대화가 가능한가요? • 차례를 주고받으며 대화하기가 잘 안 되는 상황은 어떤 상황인가요? 왜 잘 안 된다고 생각하세요?

Q & A
부모: "우리 아이와 블록쌓기나 공을 주고받는 것은 잘 되는 편이에요." 전문가 대답: "차례 주고받으며 대화하기는 블록쌓기나 공 주고받기가 아니라 말을 차례로 주고받으며 대화하는 것을 말합니다." 부모: "저는 우리 아이와 함께 말로 대화가 잘 되는 편인데요." 전문가 대답: "어떤 상황에서 대화가 잘 되나요? 책을 보는 상황에서 부모의 질문에 대답하기를 잘 하나요? 아니면 놀이를 하는 상황에서 부모의 질문에 대답하기가 잘 이루어지나요? 혹시 대화를 할 때 아이의 의사를 표현할 기회는 몇 번인가요? 차례 주고받으며 대화하기는 부모의 지시에 반응도 잘해야 하고 때로는 아이의 요청에 부모도 잘 반응해야 차례 주고받으며 대화하기가 적절하게 이루어진답니다."

가정 내 과제지 – 의사소통 행동 기록지 – 6회기(부모용)				언어기

아동 이름(성별)		(남, 여)	생년월일	
부모			기록일	
이 주의 목표	언어 확장하기(2), 차례 주고받으며 대화하기			

다음을 확인해 주세요	• 나는 우리 아이와 얼마나 차례를 주고받으며 대화하나요? • 우리 아이와 나는 어떤 활동에서 보다 긴 시간 동안 대화가 가능한가요? • 차례를 주고받으며 대화하기가 잘 안 되는 상황은 어떤 상황인가요? 왜 잘 안 된다고 생각하나요?

언어 확장하기(2)	• 얼마나 자주 적용했나요? <table><tr><td>적용하지 못함</td><td>일주일에 2회</td><td>일주일에 3회</td><td>일주일에 4회 이상</td><td>일주일에 4회 이상 (일관적으로 자주)</td></tr><tr><td></td><td></td><td></td><td></td><td></td></tr></table> • 어떤 활동에서 적용해 보았나요? • 가장 수월했던 활동은 무엇인가요? 어떻게 적용해 보았나요? • 가장 어려웠던 활동은 무엇인가요? 왜 어려웠다고 생각하나요?
차례 주고받으며 대화하기	• 얼마나 자주 적용했나요? <table><tr><td>적용하지 못함</td><td>일주일에 2회</td><td>일주일에 3회</td><td>일주일에 4회 이상</td><td>일주일에 4회 이상 (일관적으로 자주)</td></tr><tr><td></td><td></td><td></td><td></td><td></td></tr></table> • 어떤 활동에서 적용해 보았나요? • 가장 수월했던 활동은 무엇인가요? 어떻게 적용해 보았나요? • 가장 어려웠던 활동은 무엇인가요? 왜 어려웠다고 생각하나요?

언어기

가정 내 과제지 – 의사소통 행동 기록지(부모용)		
아동 이름(성별)	(남, 여)	생년월일	
부모		기록일[회기]	[회기]
상황	구체적인 상황	아동 행동 및 발화
씻는 상황		
옷 입는 상황		
먹는 상황		
놀이 상황		
책 보기 상황		
기타 상황		

7회기 **훈련 프로그램**
이론 및 회기 목표 점검, 사후평가

◎ 그동안 진행하였던 목표를 다시 점검하고 약점을 보완할 방법을 고민해 본다.

◎ 아동의 언어 및 의사소통 촉진을 위해 보다 다양한 활동 내에서 적용해 보도록 한다.

◎ 사후평가를 통해 진전 여부를 확인한다.

언어기

언어 및 의사소통 촉진 부모교육 – 언어기		회기별 활동지
아동 이름:	생년월일:	
부모:	날짜:	

회기–목표	7회기–이론 및 회기 목표 점검, 사후평가
활동지 및 기록지	회기별 활동지, 사전 · 사후 관찰 기록지
오늘의 활동	☞ 지금까지의 회기를 정리하며 수월했던 목표와 어려웠던 목표를 다시 확인한다. ['회기별 활동지' 활용] ☞ 사후평가를 통해 양육자와 아동의 현행 수준을 파악하고 진전 내용을 확인한다. ['사전 · 사후 관찰 기록지' 활용] 　－아동의 언어 및 의사소통 능력 파악 　－부모의 언어 및 의사소통 기술 촉진 전략 확인 ☞ 상호작용 시, 수월했던 점과 어려웠던 점에 대해 토의한다.

부모님 생각해 보세요. – 우리 아이와 나는?

• 나는 우리 아이에 대해 얼마나 많이 알고 있나요?
• 우리 아이가 어떤 놀이를 좋아하나요? 놀이를 할 때 주로 혼자 노나요? 아니면 부모와 함께 노나요?
• 우리 아이랑 상호작용하는 것이 쉬운가요? 그렇지 않다면 언제 어려우세요? 어떤 점이 어려우세요?
• 우리 아이가 나와 상호작용이 가장 잘되는 상황은 언제인가요?
• 우리 아이는 주로 나에게 어떻게 의사를 표현하나요?
• 우리 아이가 낼 수 있는 소리는 무엇인가요? 우리 아이가 가장 길게 표현하는 소리는 무엇인가요?
• 나는 우리 아이의 언어 촉진을 위해 주로 어떤 전략을 사용하나요?

8회기 훈련 프로그램
프로그램 종결 및 향후 계획 상담

언어 및 의사소통 촉진 부모교육 - 언어기		회기별 활동지
아동 이름:	생년월일:	
부모:	날짜:	

회기-목표	8회기-프로그램 종결 및 향후 계획 상담
활동지 및 기록지	회기별 활동지, 사전 · 사후 관찰 기록지
오늘의 활동	☞ 지금까지 했던 내용을 정리하며 영상들을 확인한다. ['회기별 활동지' 활용] ☞ '사전 · 사후 관찰 기록지'를 토대로 진전보고서를 설명한다. ['사전 · 사후 관찰 기록 지' 활용] ☞ 종합 점검을 한 뒤 계획에 대해 의논한다. ☞ 진전 보고서와 영상을 제공한다.

PART 3

가정생활에서 할 수 있는
언어 및 의사소통 지도 활용집

가정생활에서 할 수 있는 언어 및 의사소통 지도 활용집: 제스처, 발성 및 언어 목록

활동	언어 이전기	언어기	구분	제스처, 발성 및 언어 목록
일상활동-식사시간	>		제스처	(손을 내밀며 까 달라고 요구하기), (음식을 가리키며 달라고 요구하기)
			발성 및 언어	어~(까 달라고 요구하기), 음마(엄마를 부르며 까 달라고 요구하기), 까~(까 달라고 요구하기) 등
		>	낱말 수준	주스, 포도, 딸기, 마셔, 따라, 오렌지, 바나나, 토마토, 복숭아 등
			초기 문장 수준	더 따라, 포도 줘, 아빠 바나나, 포도 주스 마셔, 엄마가 줘 따라 등
일상활동-씻기시간	>		제스처	(손을 내밀며 씻겨 달라고 요구하기)
			발성 및 언어	으(씻겨 달라고 요구하기), 발〈발〉~(씻겨 달라고 요구하기), 엄마(엄마를 부르며 씻겨 달라고 요구하기) 등
		>	낱말 수준	손, 발, 등, 배, 머리, 물, 씻어, 비누, 쓱쓱, 틀어 등
			초기 문장 수준	더 쟈, 손 닦아, 발 닦아, 등 닦아, 배 닦아, 머리 닦아, 손 씻어, 발 씻어, 등 씻어, 배 씻어, 물 틀어, 지아 쟈 등
일상활동-옷 입고 벗기	>		제스처	(옷을 가져와서 입혀 달라고 요구하기), (엄마 손을 끌어서 옷에 갓다 대며 옷을 입혀 달라고 요구하기), (옷을 잡아당기며 벗겨 달라고 요구하기)
			발성 및 언어	어/으(옷을 입혀 달라고 요구하기), 죽(양말 또는 옷을 벗겨 달라고 요구하기), 바지를 올리라고 요구하기, 지퍼를 올리라고 요구하기, 죽(단추를 잠그라고 요구하기), 빼/해(옷을 벗겨 달라고 요구하기), 음마/아빠(엄마/아빠를 부르면서 옷을 입혀 달라고 또는 벗겨 달라고 요구하기), 목죽(신발을 신겨 달라고 요구하기), 웃, 바지, 단추, 모자, 양말(양말), 시어〈신어〉 등
		>	낱말 수준	웃, 또, 써, 바지, 단추, 모자, 양말, 입어, 가위, 벗어, 아니, 띠어〈신어〉, 시어〈신어〉 등

활동			단계	수준	내용
				초기 문장 수준	옷 입어, 옷 벗어, 모자 써, 바지 입어, 바지 벗어, 다시 해 줘, 신발 신어, 양말 신어, 단추 끼워, 여기 아니야, 이거 안 입어, 여기에 끼워, 여기에 신발 신어, 모자 머리에 써 등
일상활동- 장난감 정리 시간	>		언어이전기	제스처	(손을 뻗으며 높은 곳에 올려 달라고 요구하기), (장난감을 엄마에게 주며 넣어 달라고 요구하기)
		>		발성 및 언어	아~(넣어 달라고 또는 장난감을 달라고 요구하기), 니/넣어(넣어 달라고 요구하기), 음마(엄마를 부르며 장난감을 넣어 달라고 요구하기), 여어(열어)/열어, 뚝/쑥~(장난감 통에 넣기), 똥, 투거(뚜껑), 빵빵 등
			언어기	낱말 수준	장난감, 공, 블록, 인형, 자동차(그 외 탈것), 통, 여기, 까내, 열어, 넣어, 올려, 아니야, 정리해, 안녕 등
				초기 문장 수준	공 넣어(줘), 블록 넣어(줘), 인형 넣어(줘), 인형 정리해, 장난감 정리해, 통 열어, 여기 넣어(줘), 통에서 까내, 엄마가 올려(줘), 자동차는 여기 아니야 등
일상활동- 바깥놀이(미끄럼틀, 그네 타기)	>		언어이전기	제스처	(팔을 벌리며 안아서 태워 달라고 요구하기), (놀이기구를 손으로 치며 태워 달라고 요구하기), (엄마의 손을 끌고 가며 부모가 타라고 요구하기), (손으로 밀어 달라고 요구하기), (손을 앞으로 뻗으며 밀어 달라고 요구하기) 등
		>		발성 및 언어	아~/어~/우~(태워 달라고 요구하기), 이/으/이야/므/므(엄마/가/해)?, 예/음마/으마/빠/아빠(부모가 타라고 요구하기) 등
			언어기	낱말 수준	그네, 미끄럼(미끄럼틀), 시소, 뺑뺑(뺑뺑이), 철봉, 타, 밀어, 돌려, 더, 세게, 삼실, 빨리, 천천히, 또, 내려, 무서워, 올라가, 내려가, 앉아 등
				초기 문장 수준	또 타, 더 타, 더 밀어, 더 돌려, 또 올라가, 또 내려가, 그네 타, 미끄럼 타, 시소 타, 뺑뺑 타, 그네 밀어, 뺑뺑 돌려, 더 세게 밀어, 그네 세게 밀어, 그네 삼실 밀어, 뺑뺑 세게 돌려, 뺑뺑 삼실 돌려, 뺑뺑 빨리 돌려, 뺑뺑 천천히 돌려, 그네 더 세게 밀어 등

일상활동		시기	구분	내용
일상활동- 매트 위에서 구르기	✓	언어이전기	제스처	(손 뒤집기), (손으로 매트 치기), (굴러 달라고 요구하기)
			발성 및 언어	우/오/아/어/에(굴러 달라고 요구하기), 궁/붕/푹/뚜/부/아고(굴러 달라고 요구하기) 등
		✓ 언어기	낱말 수준	꽈, 더, 자, 데구〈데굴〉, 뻥그〈빙글〉, 굴러, 누워, 이불, 매트, 돌려, 감아, 땅이, 조금, 푹신해 등
			초기 문장 수준	데구〈데굴〉 굴러, 뻥그〈빙글〉 감아, 이불 굴려, 매트 누워, 땅이 돌려, 더 감아, 데구〈데굴〉 감아, 더 땅이 뻥그〈빙글〉, 엄마가 누워, 엄마랑 감아, 이불 푹신해, 아빠가 꽈 줘, 아빠랑 같이 누워 등
일상활동- 음악 듣고 춤추기	✓	언어이전기	제스처	(라디오, 휴대전화 등을 포인팅하며 음악 틀어 달라고 요구하기), (부모의 손을 끌며 춤추라고 요구하기), (춤을 보여 주며 춤추라고 요구하기), (손으로 귀를 막거나, 손을 위에서 아래로 내리며, 쉬스처를 만들며 음악소리를 줄이라고 요구하기)
			발성 및 언어	어~/에~/이/아(음악을 틀도록 요구하기), 음/음마/으따/나나/바바/빠/빠빠/거/또/해(음악을 틀도록 요구하기), 두두/춰(춤추라고 요구하기), 악/거/꺼/이끄〈시끄〉/아니(소리를 줄이라고 요구하기) 등
		✓ 언어기	낱말 수준	춤, 춰, 쳐, 켜, 노래, 음악, 크다, 작다, 댐춰, 돌려, 움직여, 흔들어, 신체 부위 어휘(손, 발, 머리 등), 절려, 웃어, 고덕여 등
			초기 문장 수준	춤 춰, 음악 켜, 노래 켜, 음악 끼, 머리 돌려, 손 움직여, 머리 고덕여, 노래를 켜, 노래 소리 작아, 아빠가 춤 춰, 엄마가 노래 켜 등
일상활동- 잼 바르기 놀이	✓	✓ 언어기	낱말 수준	빵, 잼, 줘, 더, 칼, 큰, 접시, 무엇, 휴지, 땅이, 조금, 돌려, 열어, 먹어, 절러, 담아, 뜯어, 닦아, 닦이, 담아, 맛있다 등

활동	구분	수준	내용
(이전 활동 계속)	언어기	조기 문장 수준	빵 줘, 잼 줘, 빵 먹어, 잼 발라, 잼 닦아, 잼 발라라, 잼 조금 발라, 잼 맛있다, 접시에 담아, 빵에 잼 발라, 잼으로 빵 발라, 빵에 잼 많이 발라, 아빠가 뚜껑 열어 등
일상활동-꽃 심기	언어기	낱말 수준	꽃, 삽, 흙, 물, 화분, 주다, 푸다, 담다, 심다, 많다, 조금, 자라다, 예쁘다 등
	언어기	조기 문장 수준	꽃 심어, 흙 파(줘), 예쁘게 자라라, 흙 더 많이 줘, 물을 조금 줘, 화분에 꽃 심어, 삽으로 흙 파, 화분에 흙 담아 등
놀이활동-멜로디 장난감	언어이전기	제스처	(장난감을 건네며 멜로디를 틀어 달라고 요구하기), (엄마 손을 장난감에 끌며 멜로디를 틀어 달라고 요구하기), (노래에 맞춰 몸 흔들기)
		발성 및 언어	어~(멜로디를 틀어 달라고 요구하기), 음마(멜로디를 틀어 달라고 요구하기), 쥐(멜로디를 틀어 달라고 요구하기), 꾸-꾸꾸/꾹꾹(손으로 장난감 누르기), 두두/둥둥(북소리 따라 하기), 뿌뿌(나팔소리 따라 하기), 따따따 등
	언어기	낱말 수준	틀, 더, 넣어, 안 돼, 노래, 끼네, 틀어, 눌러, 빔줘, 많이, 먼저 등
		조기 문장 수준	노래 듣, 노래 틀어, 노래 멈춰, 노래 안 돼, 이거 눌러, 이거 넣어, 이거 꺼내 (줘), 더 많이 넣어, 내가 먼저 눌러, 엄마가 먼저 틀어 등
놀이활동-블록놀이	언어이전기	제스처	(손으로 누르는 시늉을 하거나 블록을 치며 끼워 달라고 요구하기), (손으로 빼는 시늉을 하거나 블록을 가리키며 블록을 빼 달라고 요구하기), (손을 내밀거나 뻗으며 블록을 달라고 요구하기)
		발성 및 언어	으~/으/우~/어~(끼워 달라고 요구하기), 따/딱/뚜/뚜(블록을 두드리기), 꾸-꾹/뿌/빠(끼워 달라고 요구하기), 또/더/도〈줘〉(블록을 달라고 요구하기), 엄마/아빠/끼위(끼워 달라고 요구하기) 등
	언어기	낱말 수준	다, 줘, 꽃, 차, 블록, 기위, 쌓아, 넣어, 비모, 나무, 누나(언니), 오빠(형), 빨강, 파랑, 노랑, 초록, 주황, 많이, 높다, 낮다, 붓다, 하마, 아어, 호랑이, 코끼리, 고릴라, 캥거루, 아저〈아저씨〉 등

놀이활동	시기	수준	내용
놀이활동－가지놀이	언어이전기	제스처	꽃 줘, 과랑 줘, 블록 기워, 블록 쌓아, 블록 쌓아, 나무 기워, 낫게 만들어, 더 많이 줘, 노랑 블록 줘, 블록 높게 쌓아, 아빠가 기워, 엄마가 쌓아 등
			(손을 내밀며 기찻길을 달라고 요구하기), (고개를 젓거나 손을 흔들며 싫다고 거부하기), (바닥을 치며 장난감을 놓으라고 요구하기), (고개를 끄덕이며 대답하기)
		발성 및 언어	오(달라고 요구하기), 우(끼우면서 표현하기), 따/딱/무/묵/뿍/끼워 달라고 요구하기), 네/응(대답하기), 아니(거부하기) 등
	언어기	낱말 수준	길, 가, 집, 표, 앞, 뒤, 껴, 빼, 기차, 출발, 도착, 앉아, 자리, 찾아, 나무, 지붕, 병원, 가게, 세워, 맛있, 꽂아, 없어, 연결, 구불, 울려, 아니야, 일어나, 표지판 등
		초기 문장 수준	집 도착, 기차 꽂아, 길 연결해, 기차 출발, 엄마 앉아, 동생 앉아, 병원 세워, 지붕 울려, 구불 길 줘, 가게에 가, 기차를 타, 나무는 싫어, 왼쪽으로 가, 뒤로 가, 엄마 자리에 앉아, 아빠가 표 사 등
놀이활동－공놀이	언어이전기	제스처	(손으로 바닥 치며 공 달라고 요구하기), (두 손 내밀며 공 달라고 요구하기), (던지는 시늉하며 공 튕기라고 요구하기), (지시에 반응하며 공 주기), (지시에 반응하며 공 던지기)
		발성 및 언어	발성 및 언어: 오/아/우~/어~/에/이야(공 달라고 요구하기), 타타(탕탕)/따따(공을 튕기기), 빠(빵)(공을 던지기), 쭈(쭉)/푸(묵)(공을 누르기), 슈(슝)(공 달라고 요구하기)
	언어기	낱말 수준	공, 또, 차, 던져, 넣어, 튕겨, 굴려, 굴린, 세게, 굴러, 살살, 담아, 크다, 작다, 농구, 야구, 축구, 볼링 등
		초기 문장 수준	공 차, 공 넣어, 엄마 튕겨, 아빠 던져, 엄마가 공 줘, 공 멀리 차, 공 살살 차, 공 세게 던져, 공을 차, 아빠 튕겨, 엄마가 공 넣어, 굴대에 넣어, 공을 굴려, 공을 튕겨, 공을 빠빠, 아빠 가다시 줘, 공이 커, 볼링 공 줘 등

놀이활동	언어이전기	언어기	구분	내용
놀이활동- 비눗방울 놀이	>		제스처	(비눗방울을 가리키며 붙여 달라고 요구하기), (손을 내밀며 크게 붙여 달라고 요구하기)
			발성 및 언어	어~(붙여 달라고 요구하기), 음마/마마~(붙여 달라고 요구하기), 엄마(엄마를 부르며 붙여 달라고 요구하기), 후~(붙여 달라고 요구하기) 등
		>	낱말 수준	부, 후, 붙여, 크게, 빨리 등
			초기 문장 수준	더 붙여/후, 아빠 붙여/후, 엄마 붙여/후, 엄마 비누 미끈, 빨리 손, 빨리 손으로 미끈미끈 등
놀이활동- 풍선놀이	>		제스처	(후후 불며 풍선을 붙여 달라고 요구하기), (두 손을 모으며 풍선을 달라고 요구하기), (하늘 위로 손을 뻗으며 풍선을 날리라고 요구하기), (풍선을 엄마에게 건네며 붙여 달라고 요구하기), (풍선을 엄마 손에 놓으며 풍선 잡으라고 요구하기)
			발성 및 언어	어~(풍선을 달라고 또는 붙여 달라고 요구하기), 후~/부~(풍선을 붙여 달라고 요구하기), 쭉~(풍선을 잡아당기기), 탕/팡~(풍선을 잡았다가 놓기), 히/쉬이(풍선의 바람을 빼기), 음마(풍선을 달라고 또는 붙여 달라고 엄마 부르기), 꾸꾸/꾸꾸(풍선을 누르기), 퉁퉁퉁(풍선을 두드리기), 부(풍선) 등
		>	낱말 수준	줘, 풍선, 놀이, 던져, 잡아, 넣어, 부어, 빨강(그 외 색깔), 둥글둥글, 날아, 그만 등
			초기 문장 수준	풍선 붙여, 그만 붙여, 풍선 줘, 풍선 잡아, 풍선 던져, 풍선 날려, 놀이 넣어, 더 크게 붙여, 풍선 높이 던져, 풍선이 날아, 접에 풍선 넣어, 아빠가 풍선 던져 등
놀이활동- 과즙놀이	>		제스처	(두 손을 모으며 과즙을 달라고 요구하기), (엄마의 손을 잡며 과즙을 기우거나 빼 달라고 요구하기), (과즙이 들어갔을 때 박수치기), (손으로 가리키며 과즙을 선택하기)

놀이[활동-창흥놀이]			
언어기	발성 및 언어	아~(끼워 달라고 혹은 과즙을 달라고 요구하기), 빼~(과즙을 빼 달라고 요구하기), 쑥/쭉~(과즙을 끼우기), 쭈, 음마(엄마), (끼워 엄마 부르기), 여이〈여기〉, 이거, 돌려, 빙글빙글(과즙을 돌리기) 등	
	낱말 수준	쭤, 빼, 디, 이거, 여기, 끼워, 맞춰, 찾아, 없어, 있어, 맞어, 땅이, 조금, 빨리, 던져, 모양(동물, 과일), 아니야 등	
	초기 문장 수준	땅이 줘, 이거 빼〈줘〉, 사자 끼워, 내가 끼워, 여기 끼워, 여기 맞어, 여기 아니야, 빨리 끼워〈줘〉, 땅땅이 없어, 이거 먼저 끼워, 여기에 끼워〈줘〉, 엄마가 명명이 빼〈줘〉, 아빠가 이거 찾아〈줘〉 등	
언어이전기	제스처	(창흥통을 건네며 뚜껑을 열어 달라고 요구하기), (원하는 모양을 가리키며 모양틀을 달라고 요구하기), (두 손을 내밀며 창흥을 더 달라고 요구하기), (창흥을 두드리며 자르고 싶다고 요구하기)	
언어기	발성 및 언어	아~(창흥 뚜껑을 열어 달라고 요구하기), 빠빠/아빠(아빠를 부르며 열어 달라고 요구하기), 우우/무/무무무/뭉뭉(돼지를 만들어 달라고 요구하기), 우우/뚜뚜/뚜뚝(더 자르고 싶다고 요구하기), 오(창흥을 더 달라고 요구하기), 배/엠〈밤〉, 아이/나아〈나와〉, 음마/엄마(엄마를 부르며 놀러 달라고 요구하기), 또, 줘, 아/까〈깡〉, 하잉('딸' 모양 틀을 달라고 요구하기), 무~/뭉~(모양 틀을 돌려 달라고 요구하기), 주우~(창흥을 붙여 달라고 요구하기) 등	
	낱말 수준	까〈깡〉, 또, 디, 눈, 입, 빵, 뱀, 나비, 딸기, 포도, 아빠, 엄마, 아기, 투껑, 반지, 개, 부자〈붙여〉, 차이〈창흥〉, 누아〈눌러〉, 여아〈열어〉, 밀어, 잘라, 넣어, 나와, 없어, 만들어 등	
	초기 문장 수준	눈 나와, 입 나와, 빵 먹어, 반지 껴, 창흥 붙여, 아빠 먹어, 엄마 먹어, 또 밀어/주우, 뚜껑 열어, 창흥 열어, 나비 눌러, 깡 잘라, 창흥 또, 머리 붙여, 눈 만들어,	

놀이활동-도장 찍기 놀이	>	언어이전기	제스처	(도장을 내밀며 손과 발등을 적어 달라고 요구하기), (물감을 내밀며 열어 달라고 요구하기)
			발성 및 언어	아~어~(손바닥이나 발바닥을 쳐 달라고 요구하기), 음마〈엄마〉(엄마가나 적어 달라고 엄마 부르며 요구하기), 여~어〈열어〉(열어 달라고 요구하기), 타(타)~, 두두〈둥둥〉~, 쿡〈쿡〉~쿡, 무〈쿡〉~쿡, 타〈탕〉~탕〈탕〉~(적어 달라고 요구하기), 해(빼)거나 해 달라고 요구하기), 나아〈나왔다〉(적어 달라고 요구하기) 등
	>	언어기	낱말 수준	꾸욱/쿡, 이야〈이거〉, 여어〈열어〉, 토끼, 나비, 아야, 아여, 포도, 하트, 도장, 딸기 등
			초기 문장 수준	아기 뺨, 아빠 뺨, 또 만들어, 나비 없어, 포도 넣어, 딸기 넣어, 딸기 디, 포도 칠흠 넣어, 딸기 칠흠 넣어, 포도에 넣어, 딸기에 넣어 등
놀이활동-그리기 놀이	>	언어이전기	제스처	(한 손/두 손 내밀며 사물 달라고 요구하기), (포인팅하며 그려 달라고 요구하기), (손 끝에 그려 달라고 요구하기), (그림 짓을 건네며 그려 달라고 요구하기) 등
			발성 및 언어	으~우~오~어~(기위 달라고 요구하기), 저〈적〉/쭈〈쭉〉/두~/뚜~/뿌/그여〈그려〉(그려 달라고 요구하기), 저/디(점을 그려라고 하기), 도/조〈줘〉, (색연필을 빼 달라고 요구하기) 등
	>	언어기	낱말 수준	그림, 그려, 색칠해, 색연필, 연필, 크레파스, 붓, 물감, 담가, 물통, 쩌, 묻혀, 비, 눈, 내려, 와, 해, 새, 동그라미, 네모, 세모, 진하게, 연하게, 넣어, 빼, 담어, 색깔 (과랑, 노랑, 초록, 보라…), 위, 아래, 얼음 등
			초기 문장 수준	그림 그려, 그림 색칠해, 연필로 그려, 붓 담가, 물통에 넣어, 물감 쩌, 비 내려, 눈 와, 해 떠, 새 날아, 네모 그려, 세모 그려, 해가 떠, 엄마랑 색칠해, 해가 떠, 진하게 색칠해, 연하게 색칠해, 붓을 넣고 빼, 물감 자서 색칠해 등

놀이활동- 음식 차리기 놀이	언어이전기		
	언어기	낱말 수준	물, 컵, 더, 줘, 음식, 접시, 반찬, 포크, 과일, 야채, 여기, 저기, 먹어, 담아, 담아, 붓어, 치워, 없어, 많이, 떨어져 등
		초기 문장 수준	더 줘, 음식 줘, 많이 줘, 많이 담아, 포크 치워, 야채 담아, 과일 떨어져, 여기 숟가락 놓아, 과일 숟가락 놓아, 여기 숟가락 놓아, 나 숟가락 없어, 포크로 먹어, 컵에 물 줘 등
놀이활동- 병원놀이	언어이전기		
	언어기	낱말 수준	손, 발, 코, 입, 팔, 다리, 엉덩이, 아파, 싫어, 무서워, 주사, 청진기, 안경, 써, 켜, 열, 재, 맞어, 한 대/두 대, 병원, 의사, 사람, 환자, 마셔, 쓰다, 이름 등
		초기 문장 수준	손 아파, 코 아파, 다리 아파, 안경 껴, 병원 가, 병원 해, 열 재, 한 대 맞어, 엄마랑 주사 맞아, 아빠가 진기 해, 안경 껴, 열 재, 병원 가, 약 써, 한 대 맞어, 주사 싫어, 주사 무서워, 청 주사 봐, 약 먹고 사탕, 밥 먹고 약 등
놀이활동- 목욕놀이	언어이전기		
	언어기	낱말 수준	또〈손〉, 빼〈발〉, 따〈써〉, 오〈옷〉, 줘, 빼〈빗〉, 여어〈열어〉, 아니, 땅이, 아기, 삐삐〈신발〉, 우까〈수건〉, 오떠〈로션〉, 메이〈머리〉, 임어, 담어, 뚜가〈뚜껑〉, 치또〈칫솔〉, 바따〈발라〉, 바빠〈벗어〉, 따빠〈잡아〉, 비누 등
		초기 문장 수준	로션 발라, 뚜껑 열어, 손 발라, 발 발라, 땅이 줘, 아기 손, 아기 발, 아기 발라, 비누 줘, 옷 입어, 옷 벗어, 신발 벗어, 수건 담아, 손 담아, 발 담아, 손 잡아, 발 잡아, 아기 손 잡아, 엄마가 닦아, 발도 발라, 수건으로 닦아 등
놀이활동- 마트놀이	언어이전기		
	언어기	낱말 수준	우~〈우유〉, 따디〈딸기〉, 암과〈앙과〉, 미어〈밀어〉, 아빠〈없어〉, 함미〈할머니〉, 주스, 카트, 오이, 이거, 넣어, 빼(요), 바나나, 오렌지, 당근, 포도 등

활동			단계	수준	내용
놀이활동－미장원 놀이		>	언어이전기	조기 문장 수준	빵 없어, 엄마 담아, 이거 빵, 양파 빼, 딸기 줘, 바나나 담아(요), 아빠 오렌지 주스, 카트에 빵 넣어, 아빠 양파 뺐어요, 할머니 빵이 없어, 아빠 수박도 뺐어요 등
			언어기	낱말 수준	무〈물〉, 빗, 디, 봐, 줘, 땡이, 마이〈머리〉, 아빠, 엄마, 아기, 앉아, 안 돼, 빗어, 뿌리, 누아〈눌러〉, 무까〈묶어〉, 푸따〈풀어〉, 까우〈가위〉, 자아〈잘라〉, 예뻐, 할머니/함미 등
				조기 문장 수준	물 뿌려, 물 눌러, 빗 빗어, 거울 봐, 머리 빗어, 아기 예뻐, 머리 뿌려, 땅이 뿌려, 머리 묶어, 머리 풀어, 가위 잘라, 아기 잘라, 머리 잘라, 아기 앉아, 함미 묶어, 더 땅이 뿌려, 머리 빗 빗어, 함미 빗 빗어, 아빠 가위 줘, 빗으로 빗어 등
놀이활동－생일축하 놀이		>	언어이전기	낱말 수준	후~, 부〈불〉, 나, 부티〈붙여〉, 포도, 케이크, 우유, 꼬자〈꽂아〉, 노래, 아빠, 생일 등
			언어기	조기 문장 수준	불 꽂아, 디/또 꽂아, 이거 불, 우유 빼, 케이 부쳐/부티〈케이크 붙여〉, 아빠 축하해, 내 생일이야, 생일 노래해(요), 아빠 생일이야, 생일 축하해, 내 생일이에요 등
놀이활동－책 보기 활동	>		언어이전기	제스처	(토끼 귀 쫑긋하며 흉내 내기), (돼지코 만들며 돼지 흉내 내기), (호랑이 흉내 내기)
				발성 및 언어	야옹, 꿀꿀, 아하하하(하품하는 모습) 등
			언어기	낱말 수준	호랑이〈호랑이〉, 돼지, 하품해, 누어〈눌러〉, 여어〈열어〉 등
				조기 문장 수준	호랑이〈호랑이〉 무서워, 돼지 코 여기 있네, 또 누어〈눌러〉, 엄마가 누어〈눌러〉, 엄마 호랑이〈호랑이〉 등

일상 활동	**식사시간**	종합 / 언어이전기

1) 목표

(1) 부모 목표

- 관찰하기, 공동주의집중 및 공동활동 늘리기: 참여하며 놀기, 아동 주도 따르기
- 공동주의집중 및 공동활동 늘리기: 의사소통 촉진을 위한 놀이 확장
- 기다리기: 상호작용 시작 시간 기다리기, 얼굴 마주 보기
- 행동 및 구어 모방하기, 제스처/발성 및 언어 확장하기
- 기다리기: 상호작용 지시에 반응하기를 기다리기

(2) 아동 목표

- 식사시간 상황에서 상호작용할 때 다양한 제스처, 발성, 언어를 이해하고 표현할 수 있다.

> 🏵 **목표 예**
> - 제스처: (손을 내밀며 까 달라고 요구하기), (음식을 가리키며 달라고 요구하기)
> - 발성 및 언어: 어~(까 달라고 요구하기), 음마(엄마를 부르며 까 달라고 요구하기), 까~(까 달라고 요구하기) 등

2) 언어 및 의사소통 촉진 방법

> • 준비물: 아동이 좋아하는 과일, 과자, 혹은 주스 등

〈놀이방법〉

① 아동이 좋아하는 과일, 과자, 혹은 주스 등을 준비한다.

② 관찰하기, 공동주의집중 및 공동활동 늘리기: 참여하며 놀기, 아동 주도 따르기

a. 아동이 좋아하는 것들을 보여 주며 아동이 무엇에 관심이 있고 좋아하는지를 관찰한다.

(예시) 부모: ○○아, 우와 여기 ○○이가 좋아하는 것들이 많구나.

b. 만약 아동이 바나나에 관심을 두고 만지고 있다면 아동의 관심을 따라간다.

(예시1) 부모: 우와, 바나나네. 맛있겠다.

(예시2) 부모: *(다른 바나나를 들고 보여 주며)* 아빠 바나나도 여기 있네.

c. 아동이 부모가 준비한 것에 관심이 없으면 다른 준비물을 보여 주며 관심을 유도한다. 이때 질문을 하거나 지시를 하지 않고 상황만을 언급해 준다. 아동에게 질문하거나 지시를 하면 아동 주도가 부모 주도로 바뀌어 자발적인 의사소통이 될 수 없다. 그리고 가능한 아동의 행동에 민감하게 반응하면서 상호작용을 지속하도록 노력한다.

◎ 활용 예

• 아동과 함께 빵과 우유를 준비한다. 아동이 빵과 우유를 좋아하면 함께 빵을 같이 탐색해 보고 우유를 탐색해 본다.

③ 공동주의집중 및 공동활동 늘리기: 의사소통 촉진을 위한 놀이 확장

a. 아동이 바나나를 만지기만 한다면 바나나를 까는 것을 보여 주며 놀이를 확장하며 보여 준다. 이때 부모는 아동이 부모가 바나나를 까는 것에 집중할 수 있도록 억양을 다르게 하거나 재미있는 소리를 내며 관심을 유도한다. 그리고 지속적으로 아동이 부모의 행동에 관심을 두고 있는지를 확인한다.

b. 놀이가 매우 활기를 띠는 상황이 되면 아동은 더 재미있고 동기화될 수 있는 상호작용을 할 수 있기 때문에 얼굴 표정, 제스처, 목소리 톤과 같은 비구어적 의사소통을 과하게 하여 활기를 북돋아 준다.

c. 아동이 관심을 보인다면 반복적으로 보여 준다.

d. 만약 아동이 관심이 없다면 아동이 들고 있는 바나나는 잠시 부모가 가지고 있고 오직 부모가 들고 있는 바나나에 아동이 집중할 수 있도록 유도해 본다.

(예시1) 부모: (바나나를 보여 주며) 우와 바나나야.

(예시2) 부모: (껍질 까는 시늉을 하며) 쓱쓱쓱~ 한번 까 볼까.

(예시3) 부모: (바나나 껍질을 한 줄씩 까며) 쓱~ (또 하나씩 까면서) 쓱~ 우와 맛있겠다.

e. 부모는 자극을 줄 때 아동이 잘 볼 수 있게 자세와 위치를 맞춰 둔다.

◎ 활용 예
• 아동이 빵과 우유를 좋아하면 빵을 뜯어 보기도 하고 우유를 따라 보기도 한다. 혹은 우유팩에 붙어 있는 빨대를 꽂아 보기도 한다. 이때 관심을 더 끌 수 있도록 제스처와 재미있는 소리를 내며 놀이를 확장한다.

---

④ 기다리기: 상호작용 시작 시간 기다리기, 얼굴 마주 보기

a. 아동 스스로 까기 어려운 바나나를 통째로 주고 아동의 반응을 기다린다.

(예시) 부모: (바나나를 통째로 주며 말하고 나서 기다린다) 우와 이거 엄청 맛있겠다. 우리 같이 먹자.

b. 아동이 반응이 없다면 다시 한 번 바나나에 관심을 갖도록 시도해 본다. 예를 들어, 부모가 바나나를 조금 먹는 것을 보여 주거나 아동에게 바나나를 조금 입 안에 넣어서 먹여 주고 다시 반응을 기다린다. 아동의 반응을 잘 기다리는 경우, 부모의 얼굴을 마주 보고 의사소통 의도를 표현하는 것을 확인할 수 있다.

c. 부모가 반응을 기다렸는데 아동이 부모에게 요청하지 않고 자신이 원하는 것만 하려고 한다면 부모는 아동이 부모에게 요청할 수 있는 또 다른 상황을 만들어 준다.

d. 이때 중요한 것은 아동의 반응이 정확한 구어여도 좋고 그렇지 않아도 된다는 것이다. 혹은 제스처나 모음발성이어도 좋다. 부모는 어떤 의사소통 수단이든 아동의 상호작용 시작에 긍정적으로 반응해 준다.

(예시1) 아동: (바나나를 까 달라고 건네준다)

부모: 우와 알겠어. 엄마가 까 줄게.

(예시2) 아동: (바나나를 까 달라고 건네며) 어~

부모: 우와 알겠어. 엄마가 까 줄게.

(예시3) 아동: (바나나를 까 달라고 건네며) 음마~마마.

부모: 우와 알겠어. 엄마가 까 줄게.

e. 기다리는 상황에서 부모가 무표정을 보이는 등 지시적/학습적인 상황이 되면 아동이 요청하지 않을 수 있다. 항상 부모가 가까이에 있어 언제든 도움을 줄 수 있다는 것을 아동이 인식하게 해 준다(예: 손을 가까이 두기). 그리고 기다리는 상황에서 다치거나 위험한 상황이 예상되면 상황을 만들지 않거나 미리 제지한다.

f. 반응이 잘 나오는 경우, 한 번의 시도에서 끝내는 것이 아니라 이를 반복적으로 해 보며 길게 상호작용하도록 한다.

◎ 활용 예
• 아동이 빵과 우유를 만지다가 뜯지 못하거나 우유 빨대를 꽂는 것이 어려울 때 바로 도와주지 않고 아동의 얼굴을 보며 반응을 기다린다. 아동이 반응을 보이면 즉각적으로 반응해 준다.

---

⑤ **행동 및 구어 모방하기, 제스처/발성 및 언어 확장하기**

a. 아동이 의사소통을 시작하기 위한 행동이나 소리를 냈다면 이를 모방한다. 대신 부모가 해석한 행동이 아니라 아동의 행동, 발성 그대로를 모방한다.

b. 모방을 할 때는 부모가 아동의 행동을 모방하고 있다는 것을 충분히 과장되게 표현해 준다.

c. 아동의 행동을 모방한 후에는 아동의 발성 및 언어 수준을 고려하여 확장을 해 준다. 만약 아동이 모음이 주로 나온다면 모음의 소리를 확장해 주거나 몇 개의 자음만을 이용하여 확장한다. 만약 아동이 자음 2개가 모두 1음절 상황에서 나온다면 1음절의 소리를 중첩적으로 반복하여 들려주어 음절을 확장해 주거나 다른 자음을 1음절 상황에서 알려 주어 음소 목록을 확장하여 들려준다.

(예시1) 아동: (바나나를 까 달라고 건네준다)

부모: (건네주는 제스처를 보이며) 어~

(예시2) 아동: (바나나를 까 달라고 건네며) 어~

부모: 어~ 우와.

(예시3) 아동: *(바나나를 까 달라고 건네며)* 음마~마마.

부모: 음마~마마, 엄마. 혹은 음마~마마, 까.

d. 아동이 다른 곳에 집중할 때보다는 부모와 상호작용하는 상황에서 공동 집중할 때 언어 확장을 시도한다. 이때, 부모는 아동에게 눈과 입을 보여 주며 목표 언어를 들려준다. 그리고 목표 언어를 강조해서 천천히 들려준다. 아동이 부모의 얼굴을 보고 있지 않은 상황이면 부모는 언어자극이 적절하게 입력될 수 있도록 자세와 위치를 변경하여 시선을 맞춰 본다. 발성 및 언어 확장을 할 때 제스처와 같은 시각적인 단서를 함께 사용한다.

e. 반응이 잘 나오는 경우, 한 번의 시도에서 끝내는 것이 아니라 이를 반복적으로 해 보거나 다른 간식을 이용하여 보다 많은 횟수의 언어 확장이 이루어지도록 한다. 모방을 유도해도 좋다. 하지만 아동이 많이 거부하면 필수적으로 모방을 유도하지 않아도 좋다.

⊚ 활용 예
• 아동이 빵과 우유를 만지다가 뜯지 못하거나 우유 빨대를 꽂는 것이 어려울 때 바로 도와주지 않고 아동의 얼굴을 보며 반응을 기다린다. 아동이 반응을 보이면 즉각적으로 모방해 주고 언어 확장을 해 준다.

⑥ 기다리기: 상호작용 지시에 반응하기를 기다리기

a. 다양한 과일을 앞에 두고 엄마의 지시에 심부름을 하는지 기다린다. 이때 충분히 기다려도 반응이 없다면 다시 들려주고 기다린다.

(예시) 부모: 자 우리 이제 다른 과일로도 해 보자. 딸기 가져오세요(주세요).

b. 아동이 반응이 없다면 너무 먼 거리에서 하지 않고 좀 더 가까운 거리에서 시도해 본다. 혹은 눈에 보이는 것부터 시작해 보거나 주변 자극물의 개수를 줄여 시도해 본다.

(예시1) 부모: *(멀리 있는 딸기가 아니라 눈에 보이는 식탁에 있는 경우)* 딸기 가져오세요.

(예시2) 부모: *(딸기, 바나나, 포도 등 4~5개 이상의 자극물에서 반응이 없다면 자극물을 2~3개 이내로 줄이며)* 딸기 주세요.

c. 아동이 반응이 없다면 활동에 주의집중할 수 있도록 신체적 촉구(예: 손 잡기)를 하여 활동에 시선을 집중시킨 후 다시 반응을 기다려 본다.

  (예시) 부모: (아동의 손을 잡고 딸기 쪽으로 갖다 두며) 딸기 가져오세요.

d. 그래도 반응이 없다면, 포인팅을 하거나 직접 지시를 하거나 모델링을 통해 아동이 해야 할 것을 보여 준다.

  (예시1) 부모: (딸기를 포인팅하며) 딸기 가져오세요.

  (예시2) 부모: (딸기를 포인팅하고 나서 두 손을 모아 내밀며) 딸기 주세요.

e. 앞의 과정을 여러 차례 반복하며 알려 준다.

f. 이 목표에서는 아동에게 지시를 할 때 아동 주도 따르기를 반드시 사용할 필요는 없다.

◉ 활용 예
• 과자 봉지를 뜯어 달라고 하는 상황에서도 진행할 수 있다.
• 치즈를 주는 상황에서 치즈를 주지 않고 아동의 반응을 기다린다. 아동이 반응을 보이면 즉각적으로 반응해 준다.

---

3) 고려사항

• 아동의 언어 및 의사소통 수준에 따라 들려주고 촉진하는 것이 달라질 수 있다.
• 언어 확장이 잘된다고 하더라도 아동의 관심사를 놓치지 않고 지속해서 따라 한다.
• 언어 확장이 잘되지 않더라도 언어 유도를 위해 너무 학습적·지시적으로 이끌지 않고, 놀이는 항상 즐겁게 유지하도록 한다.
• 아동이 놀이를 좋아하지 않거나 아픈 경우에는 억지로 시도하지 않는다.
• 아동이 먹는 것을 원하지 않는 상황에서는 억지로 진행하지 않는다.
• 급하게 먹는 식사시간보다는 여유 있는 식사시간 혹은 간식시간을 활용한다.

일상
활동

식사시간

종합 / 언어기

1) 목표

(1) 부모 목표

- 관찰하기, 공동주의집중 및 공동활동 늘리기: 참여하며 놀기, 아동 주도 따르기
- 공동주의집중 및 공동활동 늘리기: 의사소통 촉진을 위한 놀이 확장
- 기다리기, 얼굴 마주 보기
- 모방하기, 언어 확장하기(1)
- 언어 확장하기(2), 차례 주고받으며 대화하기

(2) 아동 목표

- 식사시간 상황에서 상호작용할 때 다양한 낱말, 문장을 이해하고 표현할 수 있다.

> 🌀 목표 예
> - 낱말 수준: 주스, 포도, 딸기, 마셔, 따라, 오렌지, 바나나, 토마토, 복숭아 등
> - 초기 문장 수준: 더 따라, 포도 줘, 아빠 바나나, 포도 주스 마셔, 엄마가 물 따라 등

2) 언어 및 의사소통 촉진 방법

> - 준비물: 아동이 좋아하는 과일, 과자, 혹은 주스 등

〈놀이방법〉

① 아동이 좋아하는 과일 주스, 컵을 준비한다.

② 관찰하기, 공동주의집중 및 공동활동 늘리기: 참여하며 놀기, 아동 주도 따르기

a. 아동이 좋아하는 것들을 보여 주며 아동이 무엇에 관심이 있고 좋아하는지를 관찰한다.

　(예시) 부모: ○○아, 우와 여기 ○○이가 좋아하는 것들이 많구나.

b. 아동이 관심 있는 것을 만지거나 반응을 보이면 아동의 관심을 따라간다.

　(예시) 부모: 우와, 포도 주스 좋아하는구나.

c. 아동이 부모가 준비한 것에 관심이 없으면 다른 준비물을 보여 주며 관심을 유도한다. 이때 질문을 하거나 지시를 하지 않고 상황만을 언급해 준다. 아동에게 질문하거나 지시를 하면 아동 주도가 부모 주도로 바뀌어 자발적인 의사소통이 될 수 없다. 그리고 가능한 아동의 행동에 민감하게 반응하면서 상호작용을 지속하도록 노력한다.

> ◉ 활용 예
> • 아동과 함께 빵과 우유를 준비한다. 아동이 빵과 우유를 좋아하면 함께 빵을 같이 탐색해 보고 우유를 탐색해 본다.

③ 공동주의집중 및 공동활동 늘리기: 의사소통 촉진을 위한 놀이 확장

a. 아동이 좋아하는 주스를 이용하여 뚜껑을 여는 것을 천천히 보여 준다. 그리고 반복적으로 보여 주며 관심을 유도한다.

이때 부모는 아동이 뚜껑을 여는 것에 집중할 수 있도록 억양을 다르게 하거나 재미있는 소리를 내며 관심을 유도한다. 그리고 지속적으로 아동이 부모의 행동에 관심을 두고 있는지를 확인한다.

b. 놀이가 매우 활기를 띠는 상황이 되면 아동이 더욱 재미를 느끼고 동기화되어 적극적인 상호작용을 할 수 있기 때문에 얼굴 표정, 제스처, 목소리 톤과 같은 비구어적 의사소통을 과장되게 표현하여 활기를 북돋아 준다.

c. 아동이 관심을 보인다면 반복적으로 보여 준다.

d. 만약 아동이 관심이 없다면 다시 보여 주거나 주스를 조금 마시게 하거나 부모가 대신 주스를 마시며 관심을 갖게 한다.

(예시1) 부모: *(주스 뚜껑을 열며)* 우와. 영차 영차 영~차 열었다.

(예시2) 부모: *(주스를 아이 컵에 따라서 먹기를 유도하거나 부모가 주스를 대신 마시며)* 포도 주스다. 포도 주스 맛있다.

e. 부모는 자극을 줄 때 아동이 잘 볼 수 있게 자세와 위치를 맞춰 둔다.

◎ 활용 예
• 아동이 빵과 우유를 좋아하면 빵을 뜯어 보기도 하고 우유를 따라 보기도 한다. 혹은 우유팩에 붙어 있는 빨대를 꽂아 보기도 한다. 이때 관심을 더 끌 수 있도록 제스처와 재미있는 소리를 내며 놀이를 확장한다.

---

④ 기다리기, 얼굴 마주 보기

a. 아동에게 주스가 맛있다는 것을 충분히 보여 준 후 아동이 주스를 볼 수 있지만 손이 닿지 않는 곳에 둔다. 혹은 주스 뚜껑을 열지 못한다면 뚜껑을 닫은 상황에서 잠시 멈추고 아동의 반응을 기다린다.

(예시) 부모: *(주스를 달라고 하거나 뚜껑을 열어 달라고 할 때까지 기다린다)*

b. 아동이 반응이 없다면 다시 한 번 주스에 관심을 갖도록 시도해 본다. 부모가 아동의 반응을 잘 기다리는 경우, 아동이 부모의 얼굴을 마주 보고 의사소통 의도를 표현하는 것을 확인할 수 있다.

c. 부모가 반응을 기다렸는데 아동이 부모에게 요청하지 않고 자신이 원하는 것만 하려고 한다면 부모는 아동이 부모에게 요청할 수 있는 또 다른 상황을 만들어 준다.

d. 이때 중요한 것은 아동의 반응이 정확한 문장이거나 정확한 발음의 낱말이 아니어도 좋다는 것이다. 부모는 어떤 의사소통 수단이든 아동의 상호작용 시작에 긍정적으로 반응해 준다.

(예시1) 아동: *(주스를 달라고 하며)* 주스.

부모: 우와 알겠어. 엄마가 주스 줄게.

(예시2) 아동: *(주스 뚜껑을 열어 달라고 하며)* 열어 혹은 여어<열어>.

부모: 우와 알겠어. 엄마가 뚜껑 열어 줄게.

(예시3) 아동: (포도 주스를 달라고 하며) 포도.

　　　　부모: 우와 알겠어. 아빠가 주스 줄게.

e. 기다리는 상황에서 부모가 무표정을 보이는 등 지시적/학습적인 상황이 되면 아동이 요청하지 않을 수 있다. 항상 부모가 가까이에 있어 언제든 도움을 줄 수 있다는 것을 아동이 인식하게 해 준다(예: 손을 가까이 두기). 그리고 기다리는 상황에서 다치거나 위험한 상황이 예상되면 상황을 만들지 않거나 미리 제지한다.

f. 반응이 잘 나오는 경우, 한 번의 시도에서 끝내는 것이 아니라 이를 반복적으로 해 보며 길게 상호작용하도록 한다.

⊛ 활용 예

• 아동이 빵과 우유를 만지다가 뜯지 못하거나 우유 빨대를 꽂는 것이 어려울 때 바로 도와주지 않고 아동의 얼굴을 보며 반응을 기다린다. 아동이 반응을 보이면 즉각적으로 반응해 준다.

낱말 수준	*(예시1) 아동: (빵을 뜯어 달라고 하며) 빵~* 　　　*부모: 우와 알겠어. 엄마가 빵 뜯어 줄게.* *(예시2) 아동: (빨대를 꽂아 달라고 하며) 빠때<빨대>.* 　　　*부모: 우와 알겠어. 아빠가 빨대 꽂아 줄게.*
초기 문장 수준	*(예시1) 아동: (빵을 뜯어 달라고 하며) 빵 뜯어~ 혹은 빵 까.* 　　　*부모: 우와 알겠어. 엄마가 빵 뜯어 줄게.* *(예시2) 아동: (빨대를 꽂아 달라고 하며) 빨대 꽂아.* 　　　*부모: 우와 알겠어. 아빠가 빨대 꽂아 줄게.*

---

⑤ 모방하기, 언어 확장하기(1)

a. 아동이 의사소통을 시작하기 위한 행동이나 소리를 냈다면 이를 모방한다. 대신 부모가 해석한 행동이 아니라 아동의 행동, 발성 그대로를 모방한다.

b. 모방을 할 때는 부모가 아동의 행동을 모방하고 있다는 것을 충분히 과장되게 표현해 준다.

c. 아동의 행동을 모방한 후에는 아동의 발성 및 언어 수준을 고려하여 확장을 해 준다. 만약 아동이 낱말 단계인데 음절 수준이 2음절이면 2음절 내에서 다양한 소리 목록을 넣어 들려준다. 만약 아동이 초기 문장 단계이면 무조건 긴 문장이 아니라 한 어절 정도를 추가하여 문장을 확

장하여 들려준다.

> (예시1) 아동: *(주스를 달라고 하며)* 주스.
>
>   부모: 주스, 주스 줘.
>
> (예시2) 아동: *(주스 뚜껑을 열어 달라고 하며)* 열어/여어<열어>.
>
>   부모: 열어/여어<열어>, 뚜껑 열어.
>
> (예시3) 아동: *(포도 주스를 달라고 하며)* 포도.
>
>   부모: 포도, 포도 주스.

d. 아동이 다른 곳에 집중할 때보다는 부모와 상호작용하는 상황에서 공동 집중할 때 언어 확장을 시도한다. 이때, 부모는 아동에게 눈과 입을 보여 주며 목표 언어를 들려준다. 그리고 목표 언어를 강조해서 천천히 들려준다. 아동이 부모의 얼굴을 보고 있지 않은 상황이면 부모는 언어자극이 적절하게 입력될 수 있도록 자세와 위치를 변경하여 시선을 맞춰 본다. 발성 및 언어 확장을 할 때 제스처와 같은 시각적인 단서를 함께 사용한다.

e. 반응이 잘 나오는 경우, 한 번의 시도에서 끝내는 것이 아니라 이를 반복적으로 해 보거나 다른 음식들을 이용하여 보다 많은 횟수의 언어 확장이 이루어지도록 한다. 모방을 유도해도 좋다. 하지만 아동이 많이 거부하면 필수적으로 모방을 유도하지 않아도 좋다.

◉ 활용 예

• 아동이 빵과 우유를 만지다가 뜯지 못하거나 우유 빨대를 꽂는 것이 어려울 때 바로 도와주지 않고 아동의 얼굴을 보며 반응을 기다린다. 아동이 반응을 보이면 즉각적으로 모방해 주고 언어 확장을 해 준다.

낱말 수준	(예시1) 아동: *(빵을 뜯어 달라고 하며)* 빵~ 　　부모: 빵, 빵 뜯어. (예시2) 아동: *(빨대를 꽂아 달라고 하며)* 빠때<빨대>. 　　부모: 빠때, 빨대 끼워.
초기 문장 수준	(예시1) 아동: *(빵을 뜯어 달라고 하며)* 빵 뜯어. 　　부모: 빵 뜯어, 엄마 빵 뜯어. (예시2) 아동: *(빨대를 꽂아 달라고 하며)* 빨대 꽂아. 　　부모: 빨대 여기에 꽂아.

⑥ 언어 확장하기(2), 차례 주고받으며 대화하기

　a. 주스 따르기와 먹기 활동에서 부모와 함께 차례를 주고받으며 대화를 해 본다. 한 번은 아동이 부모에게 요청을 하면 부모가 반응해 주고, 다음 차례는 부모가 아동에게 요청하면 아동이 반응해 준다.

　b. 이때 아동의 반응이 나올 때까지 기다리기를 본 활동에서도 적용해 본다. 어느 정도 활기찬 활동이 되고 반복이 이루어졌다면 기다리기를 한 후 부모가 확장해 준 언어를 모방할 때까지 기다려 본다. 아이가 언어 확장을 보이면 더 격한 반응으로 아이를 칭찬해 주면서 활동을 더욱 활기차게 만든다. 아이가 언어 확장을 보이지 않는 경우에도 격려하면서 다시 반복해서 목표 언어를 들려준다.

　　　(예시) 부모: 자 우리 엄마 한 번. ○○ 한 번 해서 같이 주스 먹자. 누가 먼저 해 볼까?

　　　　　아동: ○○.

　　　　　부모: 자 그럼 ○○이가 먼저 줘. ○○아 엄마 포도 주스 줘.

　　　　　아동: (포도 주스를 주며) 자 여기요.

　　　　　부모: (다 마신 다음에 컵을 내밀며) 더 많이 줘.

　　　　　아동: 여기요.(더 많이 준다)

　　　　　부모: 딸기 주스 줘.

　　　　　아동: (딸기 주스를 주며) 딸기 주스.

　　　　　부모: 자 이번에는 엄마가 줄게.(말하고 기다린다)

　　　　　아동: (딸기 주스를 가리키며) 주스.

　　　　　부모: 주스. 딸기 주스.(딸기 주스를 준다)

　　　　　아동: 더.

　　　　　부모: 더. 더 따라. (아동이 모방할 때까지 기다려 본다)

　　　　　아동: 더 따라.

　　　　　부모: 우와 알겠어. 엄마가 주스 더 줄게. 맛있게 먹어. (언어가 확장되었을 때 더
　　　　　　　칭찬하며 주스를 준다)

　c. 차례를 주고받으며 대화를 할 때 아동마다 차례를 주고받는 시간이 다를 수 있다. 아동이 흥미를 잃으면 오랜 시간을 지속할 수 없기 때문이다. 아동의 주의집중 시간에 따라 처음에는 짧

은 시간이라도 차례를 주고받는 횟수(빈도)를 늘려 주도록 한다. 이후 상호작용을 지속할 수 있는 시간이 길어지면 차례를 주고받는 횟수(빈도)뿐만 아니라 한 가지 놀이를 통해서 차례를 주고받는 시간을 늘려 준다.

🔍 활용 예

낱말 수준	부모: 자 아빠랑 ○○이랑 같이 빵, 우유 먹자. ○○이는 뭐 먹고 싶어? *(말하고 기다린다)* 아동: 빵. 부모: 빵, 빵 먹어. *(빵을 뜯지 않고 준다)* 아동: *(뜯는데 잘 안 되어 아빠에게 요청하며)* 안 돼. 빵. 부모: 안 돼. 빵. 빵 뜯어. *(아동이 모방할 때까지 기다려 본다)* 아동: 빵 뜯어. 부모: 우와 알겠어, 아빠가 빵 뜯어 줄게. *(언어가 확장되었을 때 더 칭찬하며 빵을 뜯어 준다)* 부모: 이번에는 어떤 우유 마실래? *(초코우유, 딸기우유를 보여 준다)* 아동: 딸기. 부모: 딸기, 딸기우유. 혹은 딸기, 딸기우유 마셔. *(아동이 모방할 때까지 기다린다)* 아동: 딸기우유 마셔. 부모: 이제 아빠 먹을게. ○○아, 빵 뜯어 줘. 아동: 네. *(빵을 뜯어 준다)* 부모: *(딸기우유와 초코우유를 주며)* 딸기우유 따라 줘. 아동: 네. 딸기우유요. *(딸기우유를 따라 준다)* 부모: 더 따라 줘. 맛있다. 아동: 네. *(더 많이 따라 준다)*
초기 문장 수준	부모: 자 아빠랑 ○○이랑 같이 빵, 우유 먹자. ○○이는 뭐 먹고 싶어? *(말하고 기다린다)* 아동: 빵 먹어. 부모: 빵 먹어. 빵 먹을래요. *(아동에게 빵을 뜯지 않고 준다)* 아동: *(뜯는데 잘 안 되어 아빠에게 요청하며)* 안 돼. 빵. 부모: 안 돼. 빵. 아빠 빵 뜯어. *(아동이 모방할 때까지 기다려 본다)* 아동: 아빠 빵 뜯어.

부모: 우와 알겠어. 아빠가 빵 뜯어 줄게 *(언어가 확장되었을 때 더 칭찬하며 빵을 뜯어 준다)*

부모: *(초코우유, 딸기우유를 보여 주며)* 이번에는 어떤 우유 마실래?

아동: 딸기 마셔.

부모: 딸기 마셔, 딸기우유 마셔 혹은 딸기 마셔, 딸기우유 마실 거야. *(아동이 모방할 때까지 기다린다)*

아동: 딸기우유 마실 거야.

부모: 이제 아빠 먹을게. ○○아, 빵 뜯어 줘.

아동: 네. *(빵을 뜯어 준다)*

부모: *(딸기우유와 초코우유를 보여 주며)* 딸기우유 따라 줘.

아동: 네, 딸기우유요. *(딸기우유를 따라 준다)*

부모: 더 따라 줘. 맛있다.

아동: 네, 더 따라 줄게요. *(우유를 더 많이 따라 준다)*

3) 고려사항

- 아동의 언어 및 의사소통 수준에 따라 들려주고 촉진하는 것이 달라질 수 있다.
- 언어 확장이 잘된다고 하더라도 아동의 관심사를 놓치지 않고 지속해서 따라 한다.
- 언어 확장이 잘되지 않더라도 언어 유도를 위해 너무 학습적 · 지시적으로 이끌지 않고, 놀이는 항상 즐겁게 유지하도록 한다.
- 아동이 주스를 좋아하지 않는 경우 아동이 좋아하는 음식을 이용한다.

일상 활동	씻기시간	종합 / 언어이전기

1) 목표

(1) 부모 목표

- 관찰하기, 공동주의집중 및 공동활동 늘리기: 참여하며 놀기, 아동 주도 따르기
- 공동주의집중 및 공동활동 늘리기: 의사소통 촉진을 위한 놀이 확장
- 기다리기: 상호작용 시작 시간 기다리기, 얼굴 마주 보기
- 행동 및 구어 모방하기, 제스처/발성 및 언어 확장하기
- 기다리기: 상호작용 지시에 반응하기를 기다리기

(2) 아동 목표

- 씻기시간 상황에서 상호작용할 때 다양한 제스처, 발성, 언어를 이해하고 표현할 수 있다.

목표 예
- 제스처: (손을 내밀며 씻겨 달라고 요구하기)
- 발성 및 언어: 으(씻겨 달라고 요구하기), 바〈발〉~(씻겨 달라고 요구하기), 엄마(엄마를 부르며 씻겨 달라고 요구하기) 등

2) 언어 및 의사소통 촉진 방법

- 준비물: 아동이 좋아하는 비누, 수건 등

〈놀이방법〉

① 아동이 좋아하는 비누, 수건 등을 준비한다.

② 관찰하기, 공동주의집중 및 공동활동 늘리기: 참여하며 놀기, 아동 주도 따르기

a. 아동이 좋아하는 것들을 보여 주며 아동이 무엇에 관심이 있고 좋아하는지를 관찰한다.

(예시) 부모: ○○아. 우와 여기 ○○이가 좋아하는 것들이 많구나.

b. 만약 아동이 비누, 수건, 물에 관심을 두고 만지고 있거나 좋아하는 반응을 보이면 아동의 관심을 따라간다.

(예시) 부모: 우와. 비누 거품 봐. 우와 재밌겠다.

c. 아동이 부모가 준비한 것에 관심이 없으면 다른 준비물을 보여 주며 관심을 유도한다. 이때 질문을 하거나 지시를 하지 않고 상황만을 언급해 준다. 아동에게 질문하거나 지시를 하면 아동 주도가 부모 주도로 바뀌어 자발적인 의사소통이 될 수 없다. 그리고 가능한 아동의 행동에 민감하게 반응하면서 상호작용을 지속하도록 노력한다.

활용 예
- 아동과 함께 비누거품 몸 씻기 놀이를 한다. 아동이 타월에 있는 비누거품을 좋아하면 함께 비누거품을 만지며 논다.
- 물 트는 것에 관심이 있으면 아동과 함께 물을 틀며 논다.

③ **공동주의집중 및 공동활동 늘리기: 의사소통 촉진을 위한 놀이 확장**

a. 아동이 비누나 비누거품을 만지작거리기만 한다면 물 트는 것, 비누거품을 만드는 것을 천천히 보여 준다. 그리고 반복적으로 보여 주며 관심을 유도한다.

이때 부모는 아동이 비누거품을 만드는 것, 물을 트는 것 등에 집중할 수 있도록 억양을 다르게 하거나 재미있는 소리를 내며 관심을 유도한다. 그리고 지속적으로 아동이 부모의 행동에 관심을 두고 있는지를 확인한다.

b. 놀이가 매우 활기를 띠는 상황이 되면 아동은 더 재미있고 동기화될 수 있는 상호작용을 할 수 있기 때문에 얼굴 표정, 제스처, 목소리 톤과 같은 비구어적 의사소통을 과하게 하여 활기를 북돋아 준다.

c. 아동이 관심을 보인다면 반복적으로 보여 준다.

d. 만약 아동이 관심이 없다면 아동 손에 비누거품을 묻혀 보게 하거나 방울을 불어 보도록 하여 관심을 끈다.

　(예시1) 부모: (물을 틀며) 우와 영차 영차 영~차 물 튼다.

　(예시2) 부모: (비누칠을 하며) 우와 비누가 미끈미끈하다.

e. 부모는 자극을 줄 때 아동이 잘 볼 수 있게 자세와 위치를 맞춰 둔다.

◎ 활용 예

• 아동과 함께 비누거품을 만지며 놀다가 비누거품 타월을 가지고 부모의 손을 닦아 본다. 그리고 아이도 닦아 준다. 이때 관심을 더 끌 수 있도록 제스처와 재미있는 소리를 내며 놀이를 확장한다.

---

④ 기다리기: 상호작용 시작 시간 기다리기, 얼굴 마주 보기

a. 아동과 함께 비누거품 활동을 하며 아동이 몸 씻기 놀이에 흥미를 갖게 한 후, 아동의 손을 잡고 타월을 든 채로 닦아 주지 않고 아동의 얼굴을 보며 반응을 기다린다.

　(예시) 부모: (타월로 비누거품을 보여 준 후 비누칠 해 달라고 할 때까지 기다린다)

b. 아동이 반응이 없다면 다시 한 번 비누거품에 관심을 갖도록 시도해 본다. 예를 들어, 비누거품을 아동의 손이나 배에 묻혀 주며 관심을 유도한다. 부모가 아동의 반응을 잘 기다리는 경우, 아동이 부모의 얼굴을 마주 보고 의사소통 의도를 표현하는 것을 확인할 수 있다.

c. 부모가 반응을 기다렸는데 아동이 부모에게 요청하지 않고 자신이 원하는 것만 하려고 한다면 부모는 아동이 부모에게 요청할 수 있는 또 다른 상황을 만들어 준다.

d. 이때 중요한 것은 아동의 반응이 정확한 구어여도 좋고 그렇지 않아도 된다는 것이다. 혹은 제스처나 모음발성이어도 좋다. 부모는 어떤 의사소통 수단이든 아동의 상호작용 시작에 긍정적으로 반응해 준다.

　(예시1) 아동: (씻겨 달라고 하며 손을 내민다)

　　　부모: 우와 알겠어. 엄마가 닦아 줄게.

　(예시2) 아동: (씻겨 달라고 하며) 으~

　　　부모: 우와 알겠어. 엄마가 닦아 줄게.

(예시3) 아동: *(씻겨 달라고 하며)* 엄마.

부모: 우와 알겠어. 엄마가 닦아 줄게.

(예시4) 아동: *(씻겨 달라고 하며)* 바<발>.

부모: 우와 알겠어. 엄마가 발 닦아 줄게.

e. 기다리는 상황에서 부모가 무표정을 보이는 등 지시적/학습적인 상황이 되면 아동이 요청하지 않을 수 있다. 항상 부모가 가까이에 있어 언제든 도움을 줄 수 있다는 것을 아동이 인식하게 해 준다(예: 손을 가까이 두기). 그리고 기다리는 상황에서 다치거나 위험한 상황이 예상되면 상황을 만들지 않거나 미리 제지한다.

f. 반응이 잘 나오는 경우, 한 번의 시도에서 끝내는 것이 아니라 이를 반복적으로 해 보며 길게 상호작용하도록 한다.

활용 예

• 아동과 함께 비누거품 활동을 하며 몸 씻기 놀이에 흥미를 갖게 한 후, 아동의 손, 발과 같은 신체부위를 지적하고 타월을 든 채로 닦아 주지 않고 아동의 얼굴을 보며 반응을 기다린다. 아동이 반응을 보이면 즉각적으로 반응해 준다.

---

⑤ **행동 및 구어 모방하기, 제스처/발성 및 언어 확장하기**

a. 아동이 의사소통을 시작하기 위한 행동이나 소리를 냈다면 이를 모방한다. 대신 부모가 해석한 행동이 아니라 아동의 행동, 발성 그대로를 모방한다.

b. 모방을 할 때는 부모가 아동의 행동을 모방하고 있다는 것을 충분히 과장되게 표현해 준다.

c. 아동의 행동을 모방한 후에는 아동의 발성 및 언어 수준을 고려하여 확장을 해 준다. 만약 아동이 모음이 주로 나온다면 모음의 소리를 확장해 주거나 몇 개의 자음만을 이용하여 확장한다.

만약 아동이 자음 2개가 모두 1음절 상황에서 나온다면 1음절의 소리를 중첩적으로 반복하여 들려주어 음절을 확장해 주거나 다른 자음을 1음절 상황에서 알려 주어 음소목록을 확장하여 들려준다.

(예시1) 아동: *(씻겨 달라고 하며 손 내민다)*

　　　　부모: *(손 내밀기 제스처를 보이며)* 우와 알겠어. 엄마가 닦아 줄게.

(예시2) 아동: *(씻겨 달라고 하며)* 으~

　　　　부모: 으. 우와 잘했어. 엄마가 닦아 줄게.

(예시3) 아동: *(씻겨 달라고 하며)* 엄마.

　　　　부모: 엄마. 우와 알겠어. 엄마가 닦아 줄게.

(예시4) 아동: *(씻겨 달라고 하며)* 바<발>~

　　　　부모: 바<발>. 우와 알겠어. 엄마가 발 닦아 줄게.

d. 아동이 다른 곳에 집중할 때보다는 부모와 상호작용하는 상황에서 공동 집중할 때 언어 확장을 시도한다. 이때, 부모는 아동에게 눈과 입을 보여 주며 목표 언어를 들려준다. 그리고 목표 언어를 강조해서 천천히 들려준다. 아동이 부모의 얼굴을 보고 있지 않은 상황이면 부모는 언어자극이 적절하게 입력될 수 있도록 자세와 위치를 변경하여 시선을 맞춰 본다. 발성 및 언어 확장을 할 때 제스처와 같은 시각적인 단서를 함께 사용한다.

e. 반응이 잘 나오는 경우, 한 번의 시도에서 끝내는 것이 아니라 이를 반복적으로 해 보거나 다른 목욕용품을 이용하여 보다 많은 횟수의 언어 확장이 이루어지도록 한다. 모방을 유도해도 좋다. 하지만 아동이 많이 거부하면 필수적으로 모방을 유도하지 않아도 좋다.

⚇ 활용 예
• 아동과 함께 비누거품 활동을 하며 몸 씻기 놀이에 흥미를 갖게 한 후, 아동의 손을 잡고 타월을 든 채로 닦아 주지 않고 아동의 얼굴을 보며 반응을 기다린다. 아동이 반응을 보이면 즉각적으로 모방해 주고 언어 확장을 해 준다.

---

⑥ 기다리기: 상호작용 지시에 반응하기를 기다리기

a. 다양한 비누거품을 두고 엄마의 지시에 반응하는지 기다린다. 이때 충분히 기다려도 반응이 없다면 다시 들려주고 기다린다.

(예시) 부모: 자, 우리 이제 닦아 주기 놀이를 할 거야.

b. 아동이 반응이 없다면 손을 잡고 다시 시도해 본다.

(예시1) 부모: (아동의 신체를 보며) 손. 손 닦아요.

(예시2) 부모: (아동의 신체를 보며) 배. 배 닦아요.

c. 아동이 반응이 없다면 활동에 주의집중할 수 있도록 신체적 촉구(예: 손 잡기)를 하여 활동에 시선을 집중시킨 후 다시 반응을 기다려 본다.

(예시) 부모: (아동의 손을 잡고 아동의 배 쪽으로 갖다 두며) 배. 배 닦아요.

d. 그래도 반응이 없다면, 포인팅을 하거나 직접 지시를 하거나 모델링을 통해 아동이 해야 할 것을 보여 준다.

(예시1) 부모: (아동의 배를 포인팅하며) 손. 손 닦아요.

(예시2) 부모: (아동의 배를 포인팅하고 배를 닦는 것을 보여 주며) 배. 배 닦아요.

e. 앞의 과정을 여러 차례 반복하며 알려 준다.

f. 이 목표에서는 아동에게 지시를 할 때 아동 주도 따르기를 반드시 사용할 필요는 없다.

◎ 활용 예
• 신체부위를 헹구는 상황에서도 진행할 수 있다.
• 양치를 하는 상황에서 칫솔을 주지 않고 아동의 반응을 기다린다. 아동이 반응을 보이면 즉각적으로 반응해 준다.

---

3) 고려사항

• 아동의 언어 및 의사소통 수준에 따라 들려주고 촉진하는 것이 달라질 수 있다.
• 언어 확장이 잘된다고 하더라도 아동의 관심사를 놓치지 않고 지속해서 따라 한다.
• 언어 확장이 잘되지 않더라도 언어 유도를 위해 너무 학습적 · 지시적으로 이끌지 않고, 놀이는 항상 즐겁게 유지하도록 한다.
• 아동이 씻는 것을 싫어하거나 여유가 없는 급한 상황에서는 시도하지 않는다.

일상 활동	씻기시간	종합 / 언어기

1) 목표

(1) 부모 목표

- 관찰하기, 공동주의집중 및 공동활동 늘리기: 참여하며 놀기, 아동 주도 따르기
- 공동주의집중 및 공동활동 늘리기: 의사소통 촉진을 위한 놀이 확장
- 기다리기, 얼굴 마주 보기
- 모방하기, 언어 확장하기(1)
- 언어 확장하기(2), 차례 주고받으며 대화하기

(2) 아동 목표

- 씻기시간 상황에서 상호작용할 때 다양한 낱말, 문장을 이해하고 표현할 수 있다.

> 🌀 **목표 예**
> - 낱말 수준: 손, 발, 등, 배, 물, 머리, 닦아, 씻어, 비누, 쓱쓱, 닦아, 틀어 등
> - 초기 문장 수준: 더 짜, 손 닦아, 발 닦아, 등 닦아, 배 닦아, 머리 닦아, 손 씻어, 발 씻어, 등 씻어, 배 씻어, 물 틀어, 치약 짜 등

2) 언어 및 의사소통 촉진 방법

> • 준비물: 비누, 수건 등

〈놀이방법〉

① 아동과 재미있게 목욕시간을 보낼 수 있도록 비누, 수건 등을 준비한다.

② 관찰하기, 공동주의집중 및 공동활동 늘리기: 참여하며 놀기, 아동 주도 따르기

　　a. 아동이 좋아하는 것들을 보여 주며 아동이 무엇에 관심이 있고 좋아하는지를 관찰한다.

　　　(예시) 부모: ○○아. 우와 여기 ○○이가 좋아하는 것들이 많구나.

　　b. 만약 아동이 비누, 수건, 물에 관심을 두고 만지고 있거나 좋아하는 반응을 보이면 아동의 관심을 따라간다.

　　　(예시) 부모: 우와. 비누거품 봐. 우와 재밌겠다.

　　c. 아동이 부모가 준비한 것에 관심이 없으면 다른 준비물을 보여 주며 관심을 유도한다. 이때 질문을 하거나 지시를 하지 않고 상황만을 언급해 준다. 아동에게 질문하거나 지시를 하면 아동 주도가 부모 주도로 바뀌어 자발적인 의사소통이 될 수 없다. 그리고 가능한 아동의 행동에 민감하게 반응하면서 상호작용을 지속하도록 노력한다.

　　🕹 활용 예
　　• 아동과 함께 비누거품 몸 씻기 놀이를 한다. 아동이 타월에 있는 비누거품을 좋아하면 함께 비누거품을 만지며 논다.
　　• 물 트는 것에 관심이 있으면 아동과 함께 물을 틀며 논다.

③ 공동주의집중 및 공동활동 늘리기: 의사소통 촉진을 위한 놀이 확장

　　a. 아동이 수도꼭지, 비누나 비누거품을 만지작거리기만 한다면 물을 트는 것, 비누거품을 만드는 것을 천천히 보여 준다. 그리고 반복적으로 보여 주며 관심을 유도한다.
　　이때 부모는 아동이 비누거품을 만드는 것, 물을 트는 것 등에 집중할 수 있도록 억양을 다르게 하거나 재미있는 소리를 내며 관심을 유도한다. 그리고 지속적으로 아동이 부모의 행동에 관심을 두고 있는지를 확인한다.

　　b. 놀이가 매우 활기를 띠는 상황이 되면 아동이 더욱 재미를 느끼고 동기화되어 적극적인 상호작용을 할 수 있기 때문에 얼굴 표정, 제스처, 목소리 톤과 같은 비구어적 의사소통을 과장되게 표현하여 활기를 북돋아 준다.

　　c. 아동이 관심을 보인다면 반복적으로 보여 준다.

d. 만약 아동이 관심이 없다면 아동의 손에 비누거품을 묻혀 보거나 방울을 불어 보도록 하여 관심을 끈다.

> *(예시1) 부모: (물을 틀며) 우와 영차 영차 영~차 물 튼다.*

> *(예시2) 부모: (비누칠을 하며) 우와 비누가 미끈미끈하다.*

e. 부모는 자극을 줄 때 아동이 잘 볼 수 있게 자세와 위치를 맞춰 둔다.

◎ 활용 예

• 아동과 함께 비누거품을 만지며 놀다가 비누거품 타월을 가지고 부모의 손을 닦아 본다. 그리고 아이도 닦아 준다. 이때 관심을 더 끌 수 있도록 제스처와 재미있는 소리를 내며 놀이를 확장한다.

---

④ 기다리기, 얼굴 마주 보기

a. 아동과 함께 비누거품 활동을 하며 아동이 몸 씻기 놀이에 흥미를 갖게 한 후, 아동의 손을 잡고 타월을 든 채로 닦아 주지 않고 아동의 얼굴을 보며 반응을 기다린다. 아동이 반응을 보이면 즉각적으로 반응해 준다.

> *(예시) 부모: (타월로 비누거품을 보여 준 후 비누칠 해 달라고 할 때까지 기다린다)*

b. 아동이 반응이 없다면 다시 한 번 비누거품에 관심을 갖도록 시도해 본다. 부모가 아동의 반응을 잘 기다리는 경우, 아동이 부모의 얼굴을 마주 보고 의사소통 의도를 표현하는 것을 확인할 수 있다.

c. 부모가 반응을 기다렸는데 아동이 부모에게 요청하지 않고 자신이 원하는 것만 하려고 한다면 부모는 아동이 부모에게 요청할 수 있는 또 다른 상황을 만들어 준다.

d. 이때 중요한 것은 아동의 반응이 정확한 문장이거나 정확한 발음의 낱말이 아니어도 좋다는 것이다. 부모는 어떤 의사소통 수단이든 아동의 상호작용 시작에 즉각적으로 반응해 준다.

> *(예시1) 아동: (씻겨 달라고 하며) 쓱쓱~*

> *부모: 우와 알겠어. 엄마가 닦아 줄게.*

> *(예시2) 아동: (씻겨 달라고 하며) 닦아~*

> *부모: 우와 알겠어. 엄마가 닦아 줄게.*

(예시3) 아동: (씻겨 달라고 하며) 엄마 쓱쓱~

　　부모: 우와 알겠어. 엄마가 닦아 줄게.

(예시4) 아동: (씻겨 달라고 하며) 발 닦아~

　　부모: 우와 알겠어. 엄마가 발 닦아 줄게.

e. 기다리는 상황에서 부모가 무표정을 보이는 등 지시적/학습적인 상황이 되면 아동이 요청하지 않을 수 있다. 항상 부모가 가까이에 있어 언제든 도움을 줄 수 있다는 것을 아동이 인식하게 해 준다(예: 손을 가까이 두기). 그리고 기다리는 상황에서 다치거나 위험한 상황이 예상되면 상황을 만들지 않거나 미리 제지한다.

f. 반응이 잘 나오는 경우, 한 번의 시도에서 끝내는 것이 아니라 이를 반복적으로 해 보며 길게 상호작용하도록 한다.

◎ 활용 예

• 아동과 함께 비누거품 활동을 하며 몸 씻기 놀이에 흥미를 갖게 한 후, 아동의 손을 잡고 타월을 든 채로 닦아 주지 않고 아동의 얼굴을 보며 반응을 기다린다. 아동이 반응을 보이면 즉각적으로 반응해 준다.

낱말 수준	*(예시1) 아동: (손가락으로 발을 가리키며) 발.* 　　*부모: 우와 알겠어. 엄마가 닦아 줄게.* *(예시2) 아동: (손가락으로 배를 가리키며) 배~* 　　*부모: 우와 알겠어. 엄마가 닦아 줄게.*
초기 문장 수준	*(예시1) 아동: (씻겨 달라고 하며) 발 닦아.* 　　*부모: 우와 알겠어. 엄마가 발 닦아 줄게.* *(예시2) 아동: (배를 닦아 달라고 하며) 배 닦아줘~* 　　*부모: 우와 알겠어. 엄마가 배 닦아 줄게.*

⑤ 모방하기, 언어 확장하기(1)

a. 아동이 의사소통을 시작하기 위한 행동이나 소리를 냈다면 이를 모방한다. 대신 부모가 해석한 행동이 아니라 아동의 행동, 발성 그대로를 모방한다.

b. 모방을 할 때는 부모가 아동의 행동을 모방하고 있다는 것을 충분히 과장되게 표현해 준다.

c. 아동의 행동을 모방한 후에는 아동의 발성 및 언어 수준을 고려하여 확장을 해 준다. 만약 아동이 낱말 단계인데 음절 수준이 2음절이면 2음절 내에서 다양한 소리 목록을 넣어 들려준다. 만약 아동이 초기 문장 단계이면 무조건 긴 문장이 아니라 한 어절 정도를 추가하여 문장을 확장하여 들려준다.

> (예시1) 아동: (씻겨 달라고 하며) 쓱쓱~
>
>   부모: 쓱쓱~ 닦아.
>
> (예시2) 아동: (씻겨 달라고 하며) 닦아~
>
>   부모: 닦아. 엄마 닦아.
>
> (예시3) 아동: (씻겨 달라고 하며) 엄마 쓱쓱~
>
>   부모: 엄마 쓱쓱. 엄마 닦아.
>
> (예시4) 아동: (씻겨 달라고 하며) 발 닦아~
>
>   부모: 발 닦아. 엄마 발 닦아.

d. 아동이 다른 곳에 집중할 때보다는 부모와 상호작용하는 상황에서 공동 집중할 때 언어 확장을 시도한다. 이때, 부모는 아동에게 눈과 입을 보여 주며 목표 언어를 들려준다. 그리고 목표 언어를 강조해서 천천히 들려준다. 아동이 부모의 얼굴을 보고 있지 않은 상황이면 부모는 언어자극이 적절하게 입력될 수 있도록 자세와 위치를 변경하여 시선을 맞춰 본다. 발성 및 언어 확장을 할 때 제스처와 같은 시각적인 단서를 함께 사용한다.

e. 반응이 잘 나오는 경우, 한 번의 시도에서 끝내는 것이 아니라 이를 반복적으로 해 보거나 다른 목욕용품들을 이용하여 보다 많은 횟수의 언어 확장이 이루어지도록 한다. 모방을 유도해도 좋다. 하지만 아동이 많이 거부하면 필수적으로 모방을 유도하지 않아도 좋다.

◎ 활용 예

• 아동과 함께 비누거품 활동을 하며 몸 씻기 놀이에 흥미를 갖게 한 후, 아동의 손을 잡고 타월을 든 채로 닦아 주지 않고 아동의 얼굴을 보며 반응을 기다린다. 아동이 반응을 보이면 즉각적으로 모방해 주고 언어 확장을 해 준다.

낱말 수준	(예시1) 아동: (씻겨 달라고 하며) 발. 　　　　부모: 발, 엄마 발. (예시2) 아동: (씻겨 달라고 하며) 배. 　　　　부모: 배, 배 닦아.
초기 문장 수준	(예시1) 아동: (씻겨 달라고 하며) 발 닦아. 　　　　부모: 발 닦아. 엄마가 발 닦아. (예시2) 아동: (씻겨 달라고 하며) 배 닦아. 　　　　부모: 배 닦아. 배 깨끗이 닦아 줘.

⑥ 언어 확장하기(2), 차례 주고받으며 대화하기

a. 비누칠 놀이를 하는 상황에서 부모와 함께 차례를 주고받으며 대화를 해 본다. 한 번은 아동이 부모에게 씻겨 달라고 요청을 하면 부모가 씻겨 주고, 다음 차례는 부모가 아동에게 씻겨 달라고 요청하면 아동이 씻겨 준다.

b. 이때 아동의 반응이 나올 때까지 기다리기를 본 활동에서도 적용해 본다. 어느 정도 활기찬 활동이 되고 반복이 이루어졌다면 기다리기를 한 후 부모가 확장해 준 언어를 모방할 때까지 기다려 본다. 아이가 언어 확장을 보이면 더 격한 반응으로 아이를 칭찬해 주면서 활동을 더욱 활기차게 만든다. 아이가 언어 확장을 보이지 않는 경우에도 격려하면서 다시 반복해서 목표 언어를 들려준다.

(예시1) 부모: 자 아빠 한 번, ○○ 한 번 깨끗하게 닦아 주기 해 보자. 누가 먼저 해 볼까?

아동: (아이가 먼저 한다고 한다)

부모: (손을 보여 주며) 자 그럼 ○○아 손.

아동: (손을 닦는다)

부모: (등을 보여 주며) 이번에는 아빠 등.

아동: (등을 닦는다)

부모: 더.

아동: (더 닦아 준다)

부모: 자 이번에는 아빠가 씻겨 줄게. (말하고 기다린다)

아동: (손을 내밀며) 닦아.

부모: 닦아. 손 닦아. *(닦아 준다)*

아동: *(발을 내밀며)* 발.

부모: 발. 발 닦아. *(아동이 모방할 때까지 기다려 본다)*

아동: 발 닦아.

부모: 우와 알겠어. 아빠가 깨끗하게 발 닦아 줄게. *(언어가 확장되었을 때 더 칭찬하며 닦아 준다)*

(예시2) 부모: 자 아빠 한 번. ○○ 한 번 깨끗하게 닦아 주기 해 보자. 누가 먼저 해 볼까?

아동: *(아이가 먼저 한다고 한다)*

부모: 자 그럼 ○○아 아빠 손 닦아.

아동: *(손을 닦는다)*

부모: 이번에는 ○○아 아빠 등 닦아.

아동: *(등을 닦는다)*

부모: 더 닦아 줘.

아동: *(더 닦아 준다)*

부모: 자 이번에는 아빠가 씻겨줄게. *(말하고 기다린다)*

아동: *(손을 내밀며)* 손 닦아.

부모: 손 닦아. 아빠 손 닦아. *(닦아 준다)*

아동: *(발을 내밀며)* 발 닦아.

부모: 발 닦아. 아빠 발 닦아. *(아동이 모방할 때까지 기다려 본다)*

아동: 아빠 발 닦아.

부모: 우와 알겠어. 아빠가 깨끗하게 발 닦아 줄게. *(언어가 확장되었을 때 더 칭찬하며 닦아 준다)*

c. 차례를 주고받으며 대화를 할 때 아동마다 차례를 주고받는 시간이 다를 수 있다. 아동이 흥미를 잃으면 오랜 시간을 지속할 수 없기 때문이다. 아동의 주의집중 시간에 따라 처음에는 짧은 시간이라도 차례를 주고받는 횟수(빈도)를 늘려 주도록 한다. 이후 상호작용을 지속할 수 있는 시간이 길어지면 차례를 주고받는 횟수(빈도)뿐만 아니라 한 가지 놀이를 통해서 차례를 주고받는 시간을 늘려 준다.

◎ 활용 예

낱말 수준	부모: 자 아빠 한 번, ○○ 한 번 깨끗하게 양치해 보자. 아빠가 먼저 해 볼게. 부모: (아빠가 칫솔과 치약을 보여 주며) 자 그럼 치카치카 칫솔 찾아 보자. 아동: (칫솔을 선택한다) 부모: (치약을 주며) 이번에는 치약. 치약. 짜. 아동: (치약을 짠다) 부모: 자 그럼 아빠는 치카치카 준비 끝. 부모: 자 이번에는 ○○이가 치카치카 하자. (말하고 기다린다) 아동: (칫솔과 치약을 보여 주며 아동의 반응을 기다리며) 치카치카. 부모: 치카치카. 치카치카 줄게. (아동에게 칫솔을 준다) 아동: (치약을 가리키며) 짜. 부모: 짜. 치약 짜. (아동이 모방할 때까지 기다려 본다) 아동: 치약 짜. 부모: 우와 알겠어. 아빠가 치약 짜 줄게. (일부러 조금만 짠다) 아동: 더. 부모: 더. 더 짜. 우와 잘했어. (언어가 확장되었을 때 더 칭찬하며 치약을 짜 준다)
초기 문장 수준	부모: 자, 아빠 한 번, ○○ 한 번 깨끗하게 양치하기 해 보자. 아빠가 먼저 해 볼게. 부모: (아빠가 칫솔과 치약을 보여 주며) 자 그럼 치카치카 칫솔 찾아 보자. 아동: (칫솔을 선택한다) 부모: (치약을 주며) 이번에는 치약. 치약 조금. 짜. 아동: (치약을 짠다) 부모: 자 그럼 아빠는 치카치카 준비 끝. 부모: 자 이번에는 ○○이가 치카치카 하자. (말하고 기다린다) 아동: (칫솔과 치약을 보여 주며 아동의 반응을 기다린다) 치카치카. 부모: 치카치카. 치카치카 줄게. (칫솔을 준다) 아동: (치약을 가리키며) 치약 짜.

부모: 치약 짜. 치약 꾹 짜. *(아동이 모방할 때까지 기다려 본다)* 아동: 치약 꾹 짜. 부모: 우와 알겠어. 아빠가 치약 꾹 짜 줄게. *(일부러 조금만 짠다)* 아동: 더 많이. 부모: 더 많이. 더 많이 짜. 우와 잘했어. *(언어가 확장되었을 때 더 칭찬하며 치약을 짜 준다)*

3) 고려사항

• 아동의 언어 및 의사소통 수준에 따라 들려주고 촉진하는 것이 달라질 수 있다.

• 언어 확장이 잘된다고 하더라도 아동의 관심사를 놓치지 않고 지속해서 따라 한다.

• 언어 확장이 잘되지 않더라도 언어 유도를 위해 너무 학습적·지시적으로 이끌지 않고, 놀이는 항상 즐겁게 유지하도록 한다.

• 아동이 씻는 것을 좋아하지 않거나 아픈 경우에는 억지로 시도하지 않는다.

일상 활동	**옷 입고 벗기**	종합 / 언어이전기

1) 목표

(1) 부모 목표

- 관찰하기, 공동주의집중 및 공동활동 늘리기: 참여하며 놀기, 아동 주도 따르기
- 공동주의집중 및 공동활동 늘리기: 의사소통 촉진을 위한 놀이 확장
- 기다리기: 상호작용 시작 시간 기다리기, 얼굴 마주 보기
- 행동 및 구어 모방하기, 제스처/발성 및 언어 확장하기
- 기다리기: 상호작용 지시에 반응하기를 기다리기

(2) 아동 목표

- 옷 입고 벗기 상황에서 상호작용할 때 다양한 제스처, 발성, 언어를 이해하고 표현할 수 있다.

🎯 목표 예

- 제스처: (옷을 가져와서 입혀 달라고 요구하기), (엄마 손을 끌어서 옷에 갖다 대며 옷을 입혀 달라고 요구하기), (옷을 잡아당기며 벗겨 달라고 요구하기)
- 발성 및 언어: 어/으(옷을 입혀 달라고 요구하기), 쭉(양말 또는 옷을 벗겨 달라고 요구하기, 바지를 올리라고 요구하기, 지퍼를 올리라고 요구하기), 꾹(단추를 잠그라고 요구하기), 빼/해(옷을 벗겨 달라고 요구하기), 음마/엄마/아빠(엄마/아빠를 부르면서 옷을 입혀 달라고 또는 벗겨 달라고 요구하기), 꼭꼭(신발을 신겨 달라고 요구하기), 옷, 바지, 다추〈단추〉, 신발, 모자, 얌말〈양말〉, 시어〈싫어〉 등

---

2) 언어 및 의사소통 촉진 방법

- 준비물: 아동이 입을(또는 입어야 할) 옷, 양말, 신발 혹은 모자 등

〈놀이방법〉

① 아동이 입을 셔츠, 바지(혹은 치마), 양말, 모자, 신발 등을 준비한다.

② 관찰하기, 공동주의집중 및 공동활동 늘리기: 참여하며 놀기, 아동 주도 따르기

　　a. 아동이 입어야 할 것들을 보여 주며 아동이 무엇에 관심이 있고 선호하는지를 관찰한다.

　　　　(예시) 부모: ○○아. 우와 여기 ○○이가 입을 것들이 많구나.

　　b. 만약 아동이 모자에 관심을 두고 만지고 있다면 아동의 관심을 따라간다.

　　　　(예시1) 부모: 우와. ○○이 모자네. 예쁘다.

　　　　(예시2) 부모: (모자를 같이 붙잡고 머리 위에서 늘려 보며) 와 모자 늘어난다. 쭉쭉.

　　c. 아동이 부모가 준비한 것에 관심이 없으면 다른 준비물을 보여 주며 관심을 유도한다. 이때 질문을 하거나 지시를 하지 않고 상황만을 언급해 준다. 아동에게 질문하거나 지시를 하면 아동 주도가 부모 주도로 바뀌어 자발적인 의사소통이 될 수 없다. 그리고 가능한 아동의 행동에 민감하게 반응하면서 상호작용을 지속하도록 노력한다.

⊛ 활용 예

• 아동이 좋아하는 재질의 옷을 만지면 감각을 나타내는 표현을 들려주며 함께 만진다(예: 아이 보들보들해).

• 아동이 양말에 관심을 보이면 다른 양말도 함께 잡아 만져 보기도 하고 잡아당겨 보기도 한다.

• 아동이 옷에 있는 캐릭터에 흥미를 보일 경우 캐릭터를 함께 만져 보며 관련 노래를 불러 준다.

---

③ 공동주의집중 및 공동활동 늘리기: 의사소통 촉진을 위한 놀이 확장

　　a. 아동이 모자를 만져 보기만 한다면 모자를 손에도 끼워 보고 발에도 끼워 보는 등 여러 가지 놀이를 확장하여 보여 준다. 이때 아동이 부모가 씌워 주는 모자가 어디로 향하는지에 집중할 수 있도록 여러 가지 억양을 사용하거나 재미있는 소리를 내며 관심을 유도한다. 그리고 지속적으로 아동이 부모의 행동에 관심을 두고 있는지를 확인한다.

　　b. 놀이가 매우 활기를 띠는 상황이 되면 아동은 더 재미있고 동기화될 수 있는 상호작용을 할 수 있기 때문에 얼굴 표정, 제스처, 목소리 톤과 같은 비구어적 의사소통을 과하게 하여 활기를 북돋아 준다.

c. 아동이 관심을 보인다면 씌워 준 모자를 다시 벗기는 등 활동을 반복적으로 보여 준다.

d. 만약 아동이 관심이 없다면 아동이 들고 있는 물건을 잠시 부모가 가지고 있고 오직 부모가 들고 있는 모자에 집중할 수 있도록 유도해 본다.

    (예시1) 부모: *(모자를 보여 주며)* 우와 모자다. 어디에 써 볼까?

    (예시2) 부모: *(모자를 아동의 눈앞에서 이리저리 움직이며)* 슈웅~

    (예시3) 부모: *(모자를 벌리며)* 와~ 커진다.

    (예시4) 부모: *(모자를 아동의 머리에 끼워 주며)* 쭉쭉쭉~ 들어간다. 혹은 쭉쭉쭉~ 들어
            갔다.

e. 부모는 자극을 줄 때 아동이 잘 볼 수 있게 자세와 위치를 맞춰 둔다.

◉ **활용 예**

• 아동이 호기심을 가지고 양말을 만지작거리면 아동과 함께 양말을 잡아 늘여 보기도 하고 아동의 손에 끼웠다 빼 보고 발에도 끼워 본다.

• 아동이 단추를 만지작거릴 경우 단추를 톡톡톡 두드리다가 풀어 옷을 벌려 보기도 하고 다시 잠가 보기도 한다.

• 아동이 신발에 호기심을 보일 경우 신발의 찍찍이를 떼 보며 소리를 들려준다.

---

④ **기다리기: 상호작용 시작 시간 기다리기, 얼굴 마주 보기**

a. 아동이 스스로 벗기 어려운 옷을 입고 있을 때 아동의 반응을 기다린다.

    (예시) 부모: 우리 이제 옷 벗자. *(옷을 벗으려는 아동과 마주 보고 기다린다)*

b. 아동이 반응이 없다면 다시 한 번 옷 벗기에 관심을 갖도록 시도해 본다. 예를 들어, 부모가 자신의 옷을 벗는 것을 보여 주거나 아동의 옷에 달린 지퍼를 일부만 내려 주고 다시 아동의 얼굴을 마주 보며 반응을 기다린다. 부모가 아동의 반응을 잘 기다리는 경우, 아동이 부모의 얼굴을 마주 보고 의사소통 의도를 표현하는 것을 확인할 수 있다.

c. 부모가 반응을 기다렸는데 아동이 부모에게 요청하지 않고 자신이 원하는 것만 하려고 한다면 부모는 아동이 부모에게 요청할 수 있는 또 다른 상황을 만들어 준다.

d. 이때 중요한 것은 아동의 반응이 정확한 구어여도 좋고 그렇지 않아도 된다는 것이다. 혹은 제스처나 모음발성이어도 좋다. 부모는 어떤 의사소통 수단이든 아동의 상호작용 시작에 긍정적으로 반응해 준다.

  (예시1) 아동: *(엄마의 손을 자신의 옷으로 끈다)*

     부모: 우와 알겠어. 엄마가 벗겨 줄게.

  (예시2) 아동: *(자신의 옷을 잡아끌며)* 어~

     부모: 우와 알겠어. 엄마가 벗겨 줄게.

  (예시3) 아동: *(엄마를 향해 자신의 옷을 잡아끌며)* 음마~ 마마.

     부모: 우와 알겠어. 엄마가 벗겨 줄게.

e. 기다리는 상황에서 부모가 무표정을 보이는 등 지시적/학습적인 상황이 되면 아동이 요청하지 않을 수 있다. 항상 부모가 가까이에 있어 언제든 도움을 줄 수 있다는 것을 아동이 인식하게 해 준다(예: 손을 가까이 두기). 그리고 기다리는 상황에서 다치거나 위험한 상황이 예상되면 상황을 만들지 않거나 미리 제지한다.

f. 반응이 잘 나오는 경우, 한 번의 시도에서 끝내는 것이 아니라 이를 반복적으로 해 보며 길게 상호작용하도록 한다.

☺ 활용 예
- 아동에게 옷을 벗자고 이야기해 준 후 옷의 한쪽 팔을 벗겨 준다. 그리고 반대쪽 팔은 벗겨 주지 않고 기다린다. 혹은 한쪽 바지만 벗겨 주고 반대쪽 바지를 더 벗겨 달라고 할 때까지 기다린다.
- 아동의 신발을 혼자 벗을 수 없을 만큼 조금만 벗겨 주고 아동의 반응을 기다린다. 혹은 신발을 한쪽만 벗겨 준 후 반대쪽 신발을 벗겨 달라는 신호를 보낼 때까지 기다린다.
- 아동이 좋아하지 않는 옷을 주고 아동의 반응을 기다린다. 혹은 옷을 조금 입혀 주고 아동이 싫다는 표현을 할 때까지 기다린다.

⑤ 행동 및 구어 모방하기, 제스처/발성 및 언어 확장하기
a. 아동이 의사소통을 시작하기 위한 행동이나 소리를 냈다면 이를 모방한다. 대신 부모가 해석한 행동이 아니라 아동의 행동, 발성 그대로를 모방한다.

b. 모방을 할 때는 부모가 아동의 행동을 모방하고 있다는 것을 충분히 과장되게 표현해 준다.

c. 아동의 행동을 모방한 후에는 아동의 발성 및 언어 수준을 고려하여 확장을 해 준다. 만약 아동이 모음이 주로 나온다면 모음의 소리를 확장해 주거나 몇 개의 자음만을 이용하여 확장한다.

만약 아동이 자음 2개가 모두 1음절 상황에서 나온다면 1음절의 소리를 중첩적으로 반복하여 들려주어 음절을 확장해 주거나 다른 자음을 1음절 상황에서 알려 주어 음소목록을 확장하여 들려준다.

(예시1) 아동: (엄마의 손을 자신의 옷으로 끈다)

부모: (옷을 벗는 제스처를 보여 주며) 어~

(예시2) 아동: (자신의 옷을 잡아끌며) 어~

부모: 어~ 우와 알겠어. 옷 벗어

(예시3) 아동: (엄마를 향해 자신의 옷을 잡아끌며) 음마~ 마마.

부모: 음마~ 마마. 엄마. 혹은 음마~ 마마. 빼.

d. 아동이 다른 곳에 집중할 때보다는 부모와 상호작용하는 상황에서 공동 집중할 때 언어 확장을 시도한다. 이때, 부모는 아동에게 눈과 입을 보여 주며 목표 언어를 들려준다. 그리고 목표 언어를 강조해서 천천히 들려준다. 아동이 부모의 얼굴을 보고 있지 않은 상황이면 부모는 언어자극이 적절하게 입력될 수 있도록 자세와 위치를 변경하여 시선을 맞춰 본다. 발성 및 언어 확장을 할 때 제스처와 같은 시각적인 단서를 함께 사용한다.

e. 반응이 잘 나오는 경우, 한 번의 시도에서 끝내는 것이 아니라 이를 반복적으로 해 보거나 다른 옷들을 이용하여 보다 많은 횟수의 언어 확장이 이루어지도록 한다. 모방을 유도해도 좋다. 하지만 아동이 많이 거부하면 필수적으로 모방을 유도하지 않아도 좋다.

🔘 **활용 예**

• 아동이 벗으려고 하는 양말의 한쪽을 벗겨 준다. 그리고 다른 한쪽은 벗겨 주지 않고 기다린다. 혹은 옷을 벗겨 주는 시늉만 하고 다시 벗겨 달라고 할 때까지 기다린다. 기다린 후에 아동이 벗으려는 제스처를 보이면 그 제스처를 모방하고 소리를 내면 아동의 소리를 모방한다. 그리고 아동의 언어 및 의사소통 수준에 맞는 소리로 확장한다(예: 어/으아/으짜/음마-발성. 빼/해. 쭉 등).

• 아동과 옷을 입을 때 좋아하지 않는 옷을 주고 반응을 기다린다. 혹은 옷을 조금 입혀 주고 아동이 싫다는 표현을 할 때까지 기다린다. 기다린 후 싫다고 제스처로 표현하거나 고개를 돌리는 제스처를 보여 주면 그 행동을 모방하고, 소리를 내면 아동의 소리를 모방해 주고 확장한다(예: 이이/아이/음마-발성, 엄마, 아니, 시어〈싫어〉 등).

⑥ 기다리기: 상호작용 지시에 반응하기를 기다리기

a. 다양한 옷을 앞에 두고 엄마의 지시에 따르는지 기다린다. 이때 충분히 기다려도 반응이 없다면 다시 들려주고 기다린다.

(예시) 부모: 자 우리 이제 바지 입자. 바지 가져오세요. 혹은 바지 주세요.

b. 아동이 반응이 없다면 너무 먼 거리에서 하지 않고 좀 더 가까운 거리에서 시도해 본다. 혹은 눈에 보이는 것부터 시작해 보거나 주변 자극물의 개수를 줄여 시도해 본다.

(예시1) 부모: (눈에 보이는 곳에 바지가 있는 경우) 바지 가져오세요.

(예시2) 부모: (티셔츠, 바지, 양말, 모자 등 4~5개 이상의 자극물에서 반응이 없다면 자극물을 2~3개 이내로 줄여) 바지 주세요.

c. 아동이 반응이 없다면 활동에 주의집중할 수 있도록 신체적 촉구(예: 손 잡기)를 하여 활동에 시선을 집중시킨 후 다시 반응을 기다려 본다.

(예시) 부모: (아동의 손을 잡아 바지가 있는 쪽에 갖다 대며) 바지 주세요.

d. 그래도 반응이 없다면, 포인팅을 하거나 직접 지시를 하거나 모델링을 통해 아동이 해야 할 것을 보여 준다.

(예시1) 부모: (바지를 포인팅하며) 바지 가져오세요.

(예시2) 부모: (바지를 포인팅하고 나서 두 손을 모아 내밀며) 바지 주세요.

e. 앞의 과정을 여러 차례 반복하며 알려 준다.

f. 이 목표에서는 아동에게 지시를 할 때 아동 주도 따르기를 반드시 사용할 필요는 없다.

활용 예
- 아동이 선호하는 모자를 보이는 곳에 놓고 엄마에게 씌워 달라고 한다. 혹은 큰 아빠 모자와 작은 아동의 모자를 함께 놓고 "아빠 모자 줘." 혹은 "○○ 모자 줘."라고 하며 기다린다.
- 아동이 좋아하는 양말을 한쪽만 신겨 주고 "○○ 양말 줘."라고 하며 반대쪽 양말을 가져오라고 한다. 그래도 안 되면 제스처 단서를 통해 유도한다.

3) 고려사항

- 아동의 언어 및 의사소통 수준에 따라 들려주고 촉진하는 것이 달라질 수 있다.
- 언어 확장이 잘된다고 하더라도 아동의 관심사를 놓치지 않고 지속해서 따라 한다.
- 언어 확장이 잘되지 않더라도 언어 유도를 위해 너무 학습적 · 지시적으로 이끌지 않고, 놀이는 항상 즐겁게 유지하도록 한다.
- 아동이 아픈 경우에는 억지로 시도하지 않는다.
- 아동이 입거나 벗는 것을 원하지 않는 상황에서는 억지로 진행하지 않는다.
- 급하게 외출을 해야 하는 시간보다는 여유 있는 귀가시간 혹은 외출 준비시간을 활용한다.

일상
활동
옷 입고 벗기

종합 / 언어기

1) 목표

(1) 부모 목표

- 관찰하기, 공동주의집중 및 공동활동 늘리기: 참여하며 놀기, 아동 주도 따르기
- 공동주의집중 및 공동활동 늘리기: 의사소통 촉진을 위한 놀이 확장
- 기다리기, 얼굴 마주 보기
- 모방하기, 언어 확장하기(1)
- 언어 확장하기(2), 차례 주고받으며 대화하기

(2) 아동 목표

- 옷 입고 벗기 상황에서 상호작용할 때 다양한 낱말, 문장 수준을 이해하고 표현할 수 있다.

✪ 목표 예
- 낱말 수준: 옷, 또, 써, 바지, 단추, 모자, 양말, 입어, 끼워, 벗어, 아니, 띠어〈신어〉, 시어〈싫어〉 등
- 초기 문장 수준: 옷 입어, 옷 벗어, 모자 써, 바지 입어, 바지 벗어, 다시 해 줘, 신발 신어, 양말 신어, 단추 끼워, 여기 아니야, 이거 안 입어, 여기에 끼워, 여기에 신발 신어, 모자 머리에 써 등

---

2) 언어 및 의사소통 촉진 방법

- 준비물: 아동이 입을(또는 입어야 할) 옷, 양말, 신발 혹은 모자 등

〈놀이방법〉

① 아동이 입을 셔츠, 바지(혹은 치마), 양말, 모자, 신발 등을 준비한다.

② 관찰하기, 공동주의집중 및 공동활동 늘리기: 참여하며 놀기, 아동 주도 따르기

    a. 아동이 입어야 할 것들을 보여 주며 아동이 무엇에 관심이 있고 선호하는지를 관찰한다.

    (예시) 부모: ○○아. 우와 여기 ○○이가 입을 것들이 많구나.

    b. 만약 아동이 모자에 관심을 두고 만지고 있다면 아동의 관심을 따라간다.

    (예시1) 부모: 우와. ○○이 모자 예쁘다.

    (예시2) 부모: (모자를 같이 붙잡고 머리 위로 올리며) 와~ 우리 모자 써 보자.

    c. 아동이 부모가 준비한 것에 관심이 없으면 다른 준비물을 보여 주며 관심을 유도한다. 이때 질문을 하거나 지시를 하지 않고 상황만을 언급해 준다. 아동에게 질문하거나 지시를 하면 아동 주도가 부모 주도로 바뀌어 자발적인 의사소통이 될 수 없다. 그리고 가능한 아동의 행동에 민감하게 반응하면서 상호작용을 지속하도록 노력한다.

> ⊛ 활용 예
> • 아동이 좋아하는 재질의 옷을 만지면 감각을 나타내는 표현을 들려주며 함께 만진다(예: 아이 보들 보들해, 예쁜 노란색이네).
> • 아동이 양말에 관심을 보이면 다른 쪽 양말을 함께 잡아 만져 보기도 하고 잡아당겨 보기도 한다.
> • 아동이 옷에 있는 캐릭터에 흥미를 보일 경우 캐릭터를 함께 보며 이야기해 준다.

③ 공동주의집중 및 공동활동 늘리기: 의사소통 촉진을 위한 놀이 확장

    a. 아동이 좋아하는 모자를 이용하여 모자를 아동의 손에도 끼워 보고 발에도 끼워 보며 여러 가지 놀이를 확장하여 보여 준다.

    이때 부모는 아동이 보여 주는 모자가 어디로 향하는지에 집중할 수 있도록 여러 가지 억양을 사용하거나 재미있는 소리를 내며 관심을 유도한다. 그리고 지속적으로 아동이 부모의 행동에 관심을 두고 있는지를 확인한다.

    b. 놀이가 매우 활기를 띠는 상황이 되면 아동이 더욱 재미를 느끼고 동기화되어 적극적인 상호작용을 할 수 있기 때문에 얼굴 표정, 제스처, 목소리 톤과 같은 비구어적 의사소통을 과장되

게 표현하여 활기를 북돋아 준다.

c. 아동이 관심을 보인다면 씌워 준 모자를 뺐다가 다시 씌워 주는 등 반복적으로 보여 준다.

d. 만약 아동이 관심이 없다면 아동의 모자를 부모가 쓰는 흉내를 내며 아동이 부모의 행동에 관심을 기울일 수 있도록 유도해 본다.

　(예시1) 부모: *(모자를 보여 주며)* 우와 모자예요. 영차 영차 써 보자.

　(예시2) 부모: *(모자를 벌려 이리저리 움직이며)* 누가 쓸까? 엄마가 쓸까? ○○가 쓸까?

　(예시3) 부모: *(모자를 아동에게 씌워 주며)* 쭉쭉쭉~ 들어간다. 성공!

e. 부모는 자극을 줄 때 아동이 잘 볼 수 있게 자세와 위치를 맞춰 둔다.

🔟 활용 예
- 아동이 호기심을 가지고 양말을 만지작거리면 아동과 함께 양말을 잡아당겨 보기도 하고 손에 끼워 보기도 한다. 양말을 뒤집어 보기도 한다.
- 아동이 단추를 만지작거릴 경우 단추를 톡톡톡 두드려 보다가 풀어 주기도 하고 다시 잠가 보기도 한다.
- 아동이 신발에 호기심을 보일 경우 신발의 찍찍이를 떼고 붙여 보며 소리를 들려준다. 신발의 짝을 찾아 맞춰 보기도 한다.

---

④ 기다리기, 얼굴 마주 보기

a. 아동이 신발을 신고 나가고자 하는 상황에서 아동이 신발을 볼 수 있지만 손이 닿지 않는 곳에 둔다. 혹은 신발을 혼자 신지 못한다면 신발을 제공한 상황에서 잠시 멈추어 아동의 반응을 기다린다.

　(예시) 부모: *(신발을 달라고 하거나 신겨 달라고 할 때까지 기다린다)*

b. 아동이 반응이 없다면 다시 한 번 신발을 신고 나가자고 주의를 환기시킨 후 아동의 얼굴을 마주 보며 반응을 기다린다. 부모가 아동의 반응을 잘 기다리는 경우, 아동이 부모의 얼굴을 마주 보고 의사소통 의도를 표현하는 것을 확인할 수 있다.

c. 부모가 반응을 기다렸는데 아동이 부모에게 요청하지 않고 자신이 원하는 것만 하려고 한다

면 부모는 아동이 부모에게 요청할 수 있는 또 다른 상황을 만들어 준다.

d. 이때 중요한 것은 아동의 반응이 정확한 문장이거나 정확한 발음의 낱말이 아니어도 좋다는 것이다. 부모는 어떤 의사소통 수단이든 아동의 상호작용 시작에 긍정적으로 반응해 준다.

(예시1) 아동: (신발을 달라고 하며) 신발.

부모: 우와 알겠어. 엄마가 신발 줄게.

(예시2) 아동: (신발을 신겨 달라고 하며) 띠어<신어>.

부모: 우와 알겠어. 엄마가 신발 신겨 줄게.

(예시3) 아동: (토끼 신발을 달라고 하며) 토끼.

부모: 우와 알겠어. 아빠가 토끼 신발 줄게.

e. 기다리는 상황에서 부모가 무표정을 보이는 등 지시적/학습적인 상황이 되면 아동이 요청하지 않을 수 있다. 항상 부모가 가까이에 있어 언제든 도움을 줄 수 있다는 것을 아동이 인식하게 해 준다(예: 손을 가까이 두기). 그리고 기다리는 상황에서 다치거나 위험한 상황이 예상되면 상황을 만들지 않거나 미리 제지한다.

f. 반응이 잘 나오는 경우, 한 번의 시도에서 끝내는 것이 아니라 이를 반복적으로 해 보며 길게 상호작용하도록 한다.

◎ 활용 예
• 아동이 옷을 벗는 것이 잘 되지 않거나 단추/지퍼를 푸는 것이 어려울 때 바로 도와주지 않고 아동의 얼굴을 보며 반응을 기다린다. 아동이 반응을 보이면 즉각적으로 반응해 준다.

낱말 수준	*(예시1) 아동: (옷을 벗겨 달라고 하며) 옷~* *부모: 우와 알겠어. 옷 벗자.* *(예시2) 아동: (단추를 풀어 달라고 하며)* *이거. 혹은 다추<단추>.* *부모: 우와 알겠어. 단추 풀어 줄게.*

초기 문장 수준	*(예시1)* 아동: *(옷을 벗겨 달라고 하며)* 옷 벗어. 혹은 옷 빼. 부모: 우와 알겠어. 엄마가 옷 벗겨 줄게. *(예시2)* 아동: *(단추를 풀어 달라고 하며)* 다추<단추>. 혹은 단추 빼. 부모: 우와 알겠어. 아빠가 단추 빼 줄게.

⑤ 모방하기, 언어 확장하기(1)

a. 아동이 의사소통을 시작하기 위한 행동이나 소리를 냈다면 이를 모방한다. 대신 부모가 해석한 행동이 아니라 아동의 행동, 발성 그대로를 모방한다.

b. 모방을 할 때는 부모가 아동의 행동을 모방하고 있다는 것을 충분히 과장되게 표현해 준다.

c. 아동의 행동을 모방한 후에는 아동의 발성 및 언어 수준을 고려하여 확장을 해 준다. 만약 아동이 낱말 단계인데 음절 수준이 2음절이면 2음절 내에서 다양한 소리 목록을 넣어 들려준다. 만약 아동이 초기 문장 단계이면 무조건 긴 문장이 아니라 한 어절 정도를 추가하여 문장을 확장하여 들려준다.

(예시1) 아동: *(신발을 달라고 하며)* 이바<신발>.

부모: 신발. 신발 줘.

(예시2) 아동: *(신발을 꺼내 달라고 하며)* 줘.

부모: 줘. 꺼내 줘.

(예시3) 아동: *(토끼 신발을 달라고 하며)* 토끼.

부모: 토끼. 토끼 신발.

d. 아동이 다른 곳에 집중할 때보다는 부모와 상호작용하는 상황에서 공동 집중할 때 언어 확장을 시도한다. 이때, 부모는 아동에게 눈과 입을 보여 주며 목표 언어를 들려준다. 그리고 목표 언어를 강조해서 천천히 들려준다. 아동이 부모의 얼굴을 보고 있지 않은 상황이면 부모는 언어자극이 적절하게 입력될 수 있도록 자세와 위치를 변경하여 시선을 맞춰 본다. 발성 및 언어 확장을 할 때 제스처와 같은 시각적인 단서를 함께 사용한다.

e. 반응이 잘 나오는 경우, 한 번의 시도에서 끝내는 것이 아니라 이를 반복적으로 해 보거나 다른 옷들을 이용하여 보다 많은 횟수의 언어 확장이 이루어지도록 한다. 모방을 유도해도 좋다. 하지만 아동이 많이 거부하면 필수적으로 모방을 유도하지 않아도 좋다.

🌀 활용 예

• 아동이 옷을 벗는 것이 잘되지 않거나 단추/지퍼를 푸는 것이 어려울 때 바로 도와주지 않고 아동의 얼굴을 보며 반응을 기다린다. 아동이 반응을 보이면 즉각적으로 모방해 주고 언어 확장해 준다.

낱말 수준	(예시1) 아동: (옷을 벗겨 달라고 하며) 옷~ 　　　　부모: 옷. 옷 벗어. (예시2) 아동: (단추를 풀어 달라고 하며) 　　　　　　　이거. 혹은 다추〈단추〉. 　　　　부모: 단추. 단추 빼
초기 문장 수준	(예시1) 아동: (옷을 벗겨 달라고 하며) 　　　　　　　옷 벗어 빼~ 　　　　부모: 옷 벗어. 엄마 옷 벗어. (예시2) 아동: (단추를 풀어 달라고 하며) 　　　　　　　다추〈단추〉. 혹은 단추 빼. 　　　　부모: 단추. 여기 단추 빼.

⑥ 언어 확장하기(2), 차례 주고받으며 대화하기

a. 옷 입기와 바지 입기 활동으로 부모와 함께 차례를 주고받으며 대화를 해 본다. 한 번은 아동이 부모에게 요청을 하면 부모가 반응해 주고, 다음 차례는 부모가 아동에게 요청하면 아동이 반응해 준다.

b. 이때 아동이 반응이 나올 때까지 기다리기를 본 활동에서도 적용해 본다. 어느 정도 활기찬 활동이 되고 반복이 이루어졌다면 기다리기를 한 후 부모가 확장해 준 언어를 모방할 때까지 기다려 본다. 아이가 언어 확장을 보이면 더 격한 반응으로 아이를 칭찬해 주면서 활동을 더욱 활기차게 만든다. 아이가 확장을 보이지 않는 경우에도 격려하면서 다시 반복해서 목표언어를 들려준다.

(예시) 부모: 자 우리 엄마 한 번, ○○ 한 번 해서 옷 입어 보자. 누가 먼저 해 볼까?

아동: ○○.

부모: 자, 그럼 ○○이가 먼저 시작해. 뭐 먼저 입을까?

아동: 옷이요. *(옷을 건네준다)*

부모: *(옷을 벌리며)* 어디에 넣을까?

아동: 여기요. *(딸을 내민다)*

부모: 다리에 끼우자. *(옷을 아동의 다리에 끼워 주고 기다린다)*

아동: 아니에요. 여기에요. *(딸을 내민다)*

부모: 그렇구나. *(옷을 입혀 준다)* 자, 이번에는 뭐 입을까?

아동: *(바지를 가리키며)* 바지.

부모: 아 바지, 토끼 바지. *(토끼 바지를 조금만 입혀 준다)*

아동: 더.

부모: 더, 더 입어. *(모방할 때까지 기다려 본다)*

아동: 더 입어.

부모: 우와 알겠어. 엄마가 바지 더 입혀 줄게. 다 되었다. *(언어가 확장되었을 때 더 칭찬해 준다)*

c. 차례를 주고받으며 대화를 할 때 아동마다 차례를 주고받는 시간이 다를 수 있다. 아동이 흥미를 잃으면 오랜 시간을 지속할 수 없기 때문이다. 아동의 주의집중 시간에 따라 처음에는 짧은 시간이라도 차례를 주고받는 횟수(빈도)를 늘려 주도록 한다. 이후 상호작용을 지속할 수 있는 시간이 길어지면 차례를 주고받는 횟수(빈도)뿐만 아니라 한 가지 놀이를 통해서 차례를 주고받는 시간을 늘려 준다.

😊 활용 예

낱말 수준	부모: 자 아빠랑 ○○이랑 같이 모자랑 양말 벗자. 뭐 먼저 벗을까? *(말하고 기다린다)* 아동: 모자. 부모: 모자, 모자 벗어. *(모자를 벗겨 주는 척한다)* 아동: *(벗다가 잘 안 되어 아빠에게 요청하며)* 안 돼. 모자. 부모: 안 돼. 모자. 모자 벗어. *(모방할 때까지 기다려 본다)* 아동: 모자 벗어.

	부모: 우와 알겠어. 아빠가 모자 벗겨 줄게. (언어가 확장되었을 때 더 칭찬하며 모자를 벗겨 준다) 부모: 이번에는 뭐 벗을까? 아동: (양말을 가리키며) 양말. 부모: 양말 벗어. (모방할 때까지 기다린다) 아동: 양말 벗어. 부모: 이제 아빠 벗을게. ○○아. 아빠 양말 벗겨 줘. 아동: 네. (양말을 한쪽 벗겨 준다) 부모: 이쪽도 벗겨 줘. 아동: 네. (남은 쪽 양말을 벗겨 준다)
초기 문장 수준	부모: 자 아빠랑 ○○이랑 같이 모자랑 양말 벗자. 뭐 먼저 벗을까? (말하고 기다린다) 아동: 모자 벗어. 부모: 모자 벗어. 모자 벗을래요. (모자를 벗겨 주는 척한다) 아동: (벗다가 잘 안 되자 아빠에게 요청하며) 안 돼. 모자. 부모: 안 돼. 모자. 아빠 모자 벗어. (모방할 때까지 기다려 본다) 아동: 아빠 모자 벗어. 부모: 우와 알겠어. 아빠가 모자 벗겨 줄게. (언어가 확장되었을 때 더 칭찬하며 모자를 벗겨 준다) 부모: 이번에는 뭐 벗을까? 아동: (양말을 가리키며) 양말 벗어. 부모: 양말 벗어. 토끼 양말 벗어. 혹은 양말 벗어. 토끼 양말 벗을 거야. (모방할 때까지 기다린다) 아동: 토끼 양말 벗을 거야. 부모: 이제 아빠 벗을게. ○○아. 양말 벗겨 줘. 아동: 네. (양말을 벗겨 준다) 부모: (남은 쪽 발을 가리키며) 이쪽 양말 벗겨 줘. 아동: 네. 이쪽이요. (남은 쪽 양말을 벗겨 준다) 부모: 아이 시원하다.

3) 고려사항

- 아동의 언어 및 의사소통 수준에 따라 들려주고 촉진하는 것이 달라질 수 있다.
- 언어 확장이 잘된다고 하더라도 아동의 관심사를 놓치지 않고 지속해서 따라 한다.
- 언어 확장이 잘되지 않더라도 언어 유도를 위해 너무 학습적 · 지시적으로 이끌지 않고, 놀이는 항상 즐겁게 유지하도록 한다.
- 아동이 입거나 벗는 것을 원하지 않는 상황에서는 억지로 진행하지 않는다.
- 급하게 외출을 해야 하는 시간보다는 여유 있는 귀가시간 혹은 외출 준비시간을 활용한다.
- 아동이 옷을 입고 벗는 활동이 즐거운 놀이가 될 수 있음을 느끼게 해 준다.

일상 활동 | **장난감 정리 시간** | 종합 / 언어이전기

1) 목표

(1) 부모 목표

- 관찰하기, 공동주의집중 및 공동활동 늘리기: 참여하며 놀기, 아동 주도 따르기
- 공동주의집중 및 공동활동 늘리기: 의사소통 촉진을 위한 놀이 확장
- 기다리기: 상호작용 시작 시간 기다리기, 얼굴 마주 보기
- 행동 및 구어 모방하기, 제스처/발성 및 언어 확장하기
- 기다리기: 상호작용 지시에 반응하기를 기다리기

(2) 아동 목표

- 장난감 정리 시간 상황에서 상호작용할 때 다양한 제스처와 발성, 언어를 이해하고 표현할 수 있다.

> ⚫ **목표 예**
> - 제스처: (손을 뻗으며 높은 곳에 올려 달라고 요구하기), (장난감을 엄마에게 주며 넣어 달라고 요구하기)
> - 발성 및 언어: 어~(넣어 달라고 또는 장난감을 달라고 요구하기), 너/넣어(넣어 달라고 요구하기), 음마(엄마를 부르며 장난감을 넣어 달라고 요구하기), 여어〈열어〉/열어, 똑/쏙~(장난감 통에 넣기), 통, 뚜꺼〈뚜껑〉, 빵빵 등

2) 언어 및 의사소통 촉진 방법

- 준비물: 아동이 놀았던 장난감, 장난감 통(박스) 등

〈놀이방법〉

① 아동이 놀았던 장난감과 장난감을 넣을 수 있는 통(박스)을 준비한다.

② 관찰하기, 공동주의집중 및 공동활동 늘리기: 참여하며 놀기, 아동 주도 따르기

　　a. 아동과 함께 장난감을 정리하며 아동이 어떤 장난감을 정리하는 데 관심을 가지는지 관찰한다.

　　　(예시) 부모: ○○아, 우와 이제 ○○(이)가 여기 있는 장난감 정리하자.

　　b. 만약 아동이 블록에 관심을 두고 만지고 있다면 아동의 관심을 따라간다.

　　　(예시) 부모: 우와, 블록이네. 블록 넣자. 혹은 (다른 블록을 들고 보여 주며) 아빠도 블록 정리해야지.

　　c. 아동이 부모가 준비한 것에 관심이 없으면 다른 준비물을 보여 주며 관심을 유도한다. 이때 질문을 하거나 지시를 하지 않고 상황만을 언급해 준다. 아동에게 질문하거나 지시를 하면 아동 주도가 부모 주도로 바뀌어 자발적인 의사소통이 될 수 없다. 그리고 가능한 아동의 행동에 민감하게 반응하면서 상호작용을 지속하도록 노력한다.

> ◉ 활용 예
> • 아동이 말랑말랑한 인형을 만지작거리면 재미있는 소리를 내며 함께 만져 본다.
> • 아동이 장난감 통을 만지거나 관심을 보이면 함께 뚜껑에 관심을 보이고 두드려 보기도 하고 안에 있는 장난감을 꺼내 보기도 한다.
> • 아동이 좋아하는 공에 관심을 보이면 공을 함께 눌러 보며 소리 내 준다.

③ 공동주의집중 및 공동활동 늘리기: 의사소통 촉진을 위한 놀이 확장

　　a. 아동이 블록을 만지기만 한다면 블록을 통에 넣는 것까지 확장하여 보여 준다.
　　이때 부모는 아동이 블록을 통에 넣는 것까지 집중할 수 있도록 억양을 다르게 하거나 재미있는 소리를 내며 관심을 유도한다. 그리고 지속적으로 아동이 부모의 행동에 관심을 두고 있는지를 확인한다.

　　b. 놀이가 매우 활기를 띠는 상황이 되면 아동은 더 재미있고 동기화될 수 있는 상호작용을 할 수 있기 때문에 얼굴 표정, 제스처, 목소리 톤과 같은 비구어적 의사소통을 과하게 하여 활기를

북돋아 준다.

c. 아동이 관심을 보인다면 반복적으로 보여 준다.

d. 만약 아동이 관심이 없다면 아동이 들고 있는 블록과 부모가 가진 블록을 부딪치거나 합치며 부모가 들고 있는 블록에 집중할 수 있도록 유도해 본다.

    (예시1) 부모: (블록을 보여 주며) 우와 블록이다~ 들어간다. 쏙쏙쏙.

    (예시2) 부모: (블록을 통에 넣으며) 쏙~ 혹은 (또 하나씩 넣으면서) 쏙~ 우와 들어간다.

e. 부모는 자극을 줄 때 아동이 잘 볼 수 있게 자세와 위치를 맞춰 둔다.

◎ 활용 예
- 아동이 좋아하는 인형을 만지작거리면 인형이 움직이는 것처럼 흔들며 통에 들어가는 흉내를 낸다.
- 아동이 장난감 통을 만지거나 관심을 보이면 통 안에 장난감을 꺼내 인사하고 장난감을 다시 넣어 뚜껑 닫기를 반복한다.
- 아동이 좋아하는 공에 관심을 보이면 소리와 함께 공을 눌러 보고 통에 던져 넣는다.

---

④ 기다리기: 상호작용 시작 시간 기다리기, 얼굴 마주 보기

a. 아동과 함께 장난감 정리를 하며 정리에 흥미를 갖게 한 후, 아동 스스로 열 수 없는 투명한 장난감 블록 통을 주고 아동의 반응을 기다린다.

    (예시) 부모: (장난감 통을 주며 말하고 나서 기다린다) 우와 여기 블록 있다. 우리 같이
            넣자.

b. 아동이 반응이 없다면 다시 한 번 장난감 통에 관심을 갖도록 시도해 본다. 예를 들어, 부모가 통을 똑똑똑 두드린 뒤 통을 열고 블록을 넣는 것을 보여 주거나 아동에게 블록을 쥐어 주고 나서 아동의 얼굴을 바라보며 반응을 기다린다. 부모가 아동의 반응을 잘 기다리는 경우, 아동이 부모의 얼굴을 마주 보고 의사소통 의도를 표현하는 것을 확인할 수 있다.

c. 부모가 반응을 기다렸는데 아동이 부모에게 요청하지 않고 자신이 원하는 것만 하려고 한다면 부모는 아동이 부모에게 요청할 수 있는 또 다른 상황을 만들어 준다.

d. 이때 중요한 것은 아동의 반응이 정확한 구어여도 좋고 그렇지 않아도 된다는 것이다. 혹은 제스처나 모음발성이어도 좋다. 부모는 어떤 의사소통 수단이든 아동의 상호작용 시작에 긍정적으로 반응해 준다.

> *(예시1)* 아동: *(통을 열어 달라고 건네준다)*
>
> 부모: 우와 알겠어. 엄마가 열어 줄게.
>
> *(예시2)* 아동: *(통을 열어 달라고 건네며)* 어~
>
> 부모: 우와 알겠어. 엄마가 열어 줄게.
>
> *(예시3)* 아동: *(통을 열어 달라고 건네며)* 음마~ 마마.
>
> 부모: 우와 알겠어. 엄마가 열어 줄게.

e. 기다리는 상황에서 부모가 무표정을 보이는 등 지시적/학습적인 상황이 되면 아동이 요청하지 않을 수 있다. 항상 부모가 가까이에 있어 언제든 도움을 줄 수 있다는 것을 아동이 인식하게 해 준다(예: 손을 가까이 두기). 그리고 기다리는 상황에서 다치거나 위험한 상황이 예상되면 상황을 만들지 않거나 미리 제지한다.

f. 반응이 잘 나오는 경우, 한 번의 시도에서 끝내는 것이 아니라 이를 반복적으로 해 보며 길게 상호작용하도록 한다.

◎ 활용 예
- 아동이 관심 보이는 인형을 가지고 있는 경우 높게 위치한 장난감 통에 아동을 올려 주어 인형을 넣도록 도와준다. 그리고 다른 인형을 주고 기다린다. 아동이 다시 인형을 넣자고 신호를 보낼 때까지 기다린다.
- 아동이 좋아하는 공을 통에 함께 넣다가 통 뚜껑을 닫고 반응을 기다린다. 아동이 통을 열어 달라는 신호를 보낼 때까지 기다린다.

---

⑤ 행동 및 구어 모방하기, 제스처/발성 및 언어 확장하기

a. 아동이 의사소통을 시작하기 위한 행동이나 소리를 냈다면 이를 모방한다. 대신 부모가 해석한 행동이 아니라 아동의 행동, 발성 그대로를 모방한다.

b. 모방을 할 때는 부모가 아동의 행동을 모방하고 있다는 것을 충분히 과장되게 표현해 준다.

c. 아동의 행동을 모방한 후에는 아동의 발성 및 언어 수준을 고려하여 확장을 해 준다. 만약 아동이 모음이 주로 나온다면 모음의 소리를 확장해 주거나 몇 개의 자음만을 이용하여 확장한다. 만약 아동이 자음 2개가 모두 1음절 상황에서 나온다면 1음절의 소리를 중첩적으로 반복하여 들려주어 음절을 확장해 주거나 다른 자음을 1음절 상황에서 알려 주어 음소 목록을 확장하여 들려준다.

> *(예시1)* 아동: *(통을 열어 달라고 건네준다)*
>
> 부모: *(건네주는 제스처 보여 주며)* 어~
>
> *(예시2)* 아동: *(통을 열어 달라고 건네며)* 어~
>
> 부모: 어~ 우와~
>
> *(예시3)* 아동: *(통을 열어 달라고 건네며)* 음마~ 마마.
>
> 부모: 음마~마마. 엄마 혹은 음마~마마. 열어.

d. 아동이 다른 곳에 집중할 때보다는 부모와 상호작용하는 상황에서 공동 집중할 때 언어 확장을 시도한다. 이때, 부모는 아동에게 눈과 입을 보여 주며 목표 언어를 들려준다. 그리고 목표 언어를 강조해서 천천히 들려준다. 아동이 부모의 얼굴을 보고 있지 않은 상황이면 부모는 언어자극이 적절하게 입력될 수 있도록 자세와 위치를 변경하여 시선을 맞춰 본다. 발성 및 언어 확장을 할 때 제스처와 같은 시각적인 단서를 함께 사용한다.

e. 반응이 잘 나오는 경우, 한 번의 시도에서 끝내는 것이 아니라 이를 반복적으로 해 보거나 다른 장난감들을 이용하여 보다 많은 횟수의 언어 확장이 이루어지도록 한다. 모방을 유도해도 좋다. 하지만 아동이 많이 거부하면 필수적으로 모방을 유도하지 않아도 좋다.

🙂 활용 예

- 아동이 정리하고 있는 장난감 공들을 하나씩 건네주고 아동이 공을 통에 넣을 때 칭찬해 준다. 반복해서 공을 건네주다가 아동에게 공을 건네주지 않고 기다린다. 기다린 후 아동이 공을 달라고 제스처로 표현하면 그 행동을 모방하고 소리를 내면 아동의 소리를 모방해 주고 확장한다(예: 어/오/빠/마마/음마-발성, 고/공, 줘 등)
- 아동이 관심 보이는 인형을 높이 있는 장난감 통에 넣고 칭찬해 준다. 그리고 같은 종류의 인형을 주고 아동의 반응을 기다린다. 기다린 후에 아동이 보여 주는 제스처 또는 소리를 모방해 주고 아동의 언어 및 의사소통 수준에 맞는 소리로 확장한다(예: 으차/영차, 너어/넣어, 또/똑/쏙, 통 등)

⑥ 기다리기: 상호작용 지시에 반응하기를 기다리기

　a. 다양한 장난감을 앞에 두고 엄마의 지시에 심부름을 하는지 기다린다. 이때 충분히 기다려도 반응이 없다면 다시 들려주고 기다린다.

　　(예시) 부모: 자, 우리 이제 다른 장난감 정리하자. 기차 가져 오세요(주세요).

　b. 아동이 반응이 없다면 너무 먼 거리에서 하지 않고 좀 더 가까운 거리에서 시도해 본다. 혹은 눈에 보이는 것부터 시작해 보거나 주변 자극물의 개수를 줄여 시도해 본다.

　　(예시1) 부모: (멀리 있는 기차가 아니라 눈에 보이는 책상에 있는 경우) 기차 가져 오세요.

　　(예시2) 부모: (공, 인형, 자동차, 기차 등 4~5개 이상의 자극물에서 반응이 없다면 자극물을 2~3개 이내로 줄여) 기차 주세요.

　c. 아동이 반응이 없다면 활동에 주의집중할 수 있도록 신체적 촉구(예: 손 잡기)를 하여 활동 중심으로 시선을 옮겨 온 후 다시 반응을 기다려 본다.

　　(예시1) 부모: (아동의 손을 기차에 올려 두며) 기차 가져 오세요.

　　(예시2) 부모: (아동의 손을 잡고 기차에 올려 두고 두 손을 모아 내밀며) 기차 주세요.

　d. 그래도 반응이 없다면, 포인팅을 하거나 직접 지시를 하거나 모델링을 통해 아동이 해야 할 것을 보여 준다.

　　(예시1) 부모: (기차를 포인팅하며) 기차 가져 오세요.

　　(예시2) 부모: (기차를 포인팅하고 나서 두 손을 모아 내밀며) 기차 주세요.

　e. 앞의 과정을 여러 차례 반복하며 알려 준다.

　f. 이 목표에서는 아동에게 지시를 할 때 아동 주도 따르기를 반드시 사용할 필요는 없다.

🎯 활용 예
- 안에 들어 있는 장난감이 잘 보이는 장난감 통을 들고 다니며 블록을 넣어 달라고 한다. 혹은 자동차와 블록이 섞인 곳에서 "자동차 줘." 혹은 "블록 줘."라고 하며 통을 내밀고 기다린다.
- 아동이 좋아하는 장난감들을 보여 주고 "공 넣자."라고 하며 특정 장난감을 달라고 한다. 그래도 안 되면 제스처 단서를 통해 유도한다.

3) 고려사항

- 아동의 언어 및 의사소통 수준에 따라 들려주고 촉진하는 것이 달라질 수 있다.
- 언어 확장이 잘된다고 하더라도 아동의 관심사를 놓치지 않고 지속해서 따라 한다.
- 언어 확장이 잘되지 않더라도 언어 유도를 위해 너무 학습적·지시적으로 이끌지 않고, 놀이는 항상 즐겁게 유지하도록 한다.
- 아동이 아픈 경우에는 억지로 시도하지 않는다.
- 아동이 정리해야 하는 장난감의 개념을 잘 알고 있는 경우에 시도한다.
- 시간이 충분한 여유로운 상황에서 상호작용을 시도한다.
- 높은 곳에 있는 물건을 활용할 경우 실수로 다치지 않도록 더욱 조심한다.

일상 활동	장난감 정리 시간	종합 / 언어기

1) 목표

(1) 부모 목표

- 관찰하기, 공동주의집중 및 공동활동 늘리기: 참여하며 놀기, 아동 주도 따르기
- 공동주의집중 및 공동활동 늘리기: 의사소통 촉진을 위한 놀이 확장
- 기다리기, 얼굴 마주 보기
- 모방하기, 언어 확장하기(1)
- 언어 확장하기(2), 차례 주고받으며 대화하기

(2) 아동 목표

- 장난감 정리 시간 상황에서 상호작용할 때 다양한 낱말과 문장 수준을 이해하고 표현할 수 있다.

◈ **목표 예**

- 낱말 수준: 장난감, 공, 블록, 인형, 자동차(그 외 탈것), 통, 여기, 꺼내, 열어, 넣어, 올려, 아니야, 정리해, 안녕 등
- 초기 문장 수준: 공 넣어(줘), 블록 넣어(줘), 인형 넣어(줘), 인형 정리해, 장난감 정리해, 통 열어, 여기 통에 넣어(줘), 통에서 꺼내, 엄마가 올려(줘), 자동차는 여기 아니야 등

2) 언어 및 의사소통 촉진 방법

- 준비물: 아동이 가지고 놀았던 장난감, 장난감 통(박스) 등

〈놀이방법〉

① 아동이 가지고 놀았던 장난감과 장난감을 넣을 수 있는 통(박스)을 준비한다.

② 관찰하기, 공동주의집중 및 공동활동 늘리기: 참여하며 놀기, 아동 주도 따르기

    a. 아동과 함께 장난감을 정리하며 아동이 어떤 장난감을 정리하는 데 관심을 가지는지 관찰한다.

    (예시) 부모: ○○아. 우와 이제 ○○(이)가 여기 있는 장난감 정리하자.

    b. 만약 아동이 블록에 관심을 두고 만지고 있다면 아동의 관심을 따라간다.

    (예시) 부모: 우와. ○○이는 블록 좋아하는구나. 블록 먼저 정리할까.

    c. 아동이 부모가 준비한 것에 관심이 없으면 다른 준비물을 보여 주며 관심을 유도한다. 이때 질문을 하거나 지시를 하지 않고 상황만을 언급해 준다. 아동에게 질문하거나 지시를 하면 아동 주도가 부모 주도로 바뀌어 자발적인 의사소통이 될 수 없다. 그리고 가능한 아동의 행동에 민감하게 반응하면서 상호작용을 지속하도록 노력한다.

    ◎ **활용 예**
- 아동이 인형을 선호할 경우 인형의 모양, 질감 등을 함께 탐색한다.
- 아동이 장난감 통을 만지거나 관심을 보이면 함께 뚜껑을 열어 보며 안에 있는 장난감을 확인해 본다.
- 아동이 좋아하는 공에 관심을 보이면 공을 함께 눌러 보며 소리 내 준다.

---

③ 공동주의집중 및 공동활동 늘리기: 의사소통 촉진을 위한 놀이 확장

    a. 아동이 블록을 만지작거리기만 한다면 관심을 보인 블록을 통에 넣는 것까지 확장하여 보여 준다.

    이때 부모는 블록이 통에 들어가는 것까지 아동이 집중할 수 있도록 억양을 다르게 하거나 재미있는 소리를 내며 관심을 유도한다. 그리고 지속적으로 아동이 부모의 행동에 관심을 두고 있는지를 확인한다.

    b. 놀이가 매우 활기를 띠는 상황이 되면 아동이 더욱 재미를 느끼고 동기화되어 적극적인 상호작용을 할 수 있기 때문에 얼굴 표정, 제스처, 목소리 톤과 같은 비구어적 의사소통을 과장되

게 표현하여 활기를 북돋아 준다.

c. 아동이 관심을 보인다면 반복적으로 보여 준다.

d. 만약 아동이 관심이 없다면 아동이 들고 있는 블록을 함께 통에 넣거나 블록을 합치며 부모의 행동에 집중할 수 있도록 유도한다.

    (예시1) 부모: (블록을 보여 주며) 블록이 들어간다. (블록을 통에 넣으며) 안녕~ (또 하나씩 넣으면서) 안녕~ 우와 들어갔다.

    (예시2) 부모: (아동과 함께 블록을 넣으며) 우와 블록 들어갔다. 성공!

e. 부모는 자극을 줄 때 아동이 잘 볼 수 있게 자세와 위치를 맞춰 둔다.

  🎨 **활용 예**
- 아동이 좋아하는 인형을 만지작거리면 함께 주변에 있는 인형들을 모두 찾아 모아 본다.
- 아동이 장난감 통을 만지거나 관심을 보이면 통을 열어 장난감을 넣으며 인사한다.
- 아동이 좋아하는 공에 관심을 보이면 공을 모두 모아 통에 던져 넣으며 정리한다. 아동의 관심을 더 끌 수 있도록 재미있는 소리를 동반한다.

---

④ **기다리기, 얼굴 마주 보기**

a. 아동에게 재미있게 블록을 정리하는 상황을 충분히 보여 준 후 아동이 넣어야 하는 곳을 알고 있지만 손이 닿지 않는 곳에 둔다. 혹은 블록 통의 뚜껑을 열지 못한다면 뚜껑을 닫은 상황에서 잠시 멈추고 아동의 반응을 기다린다.

    (예시) 부모: (통을 꺼내 달라고 하거나 뚜껑을 열어 달라고 할 때까지 기다린다)

b. 아동이 반응이 없다면 다시 한 번 블록 통에 관심을 갖도록 시도해 본다. 블록 통을 두드려 주고 아동의 얼굴을 마주 보며 반응을 기다린다. 부모가 아동의 반응을 잘 기다리는 경우, 아동이 부모의 얼굴을 마주 보고 의사소통 의도를 표현하는 것을 확인할 수 있다.

c. 부모가 반응을 기다렸는데 아동이 부모에게 요청하지 않고 자신이 원하는 것만 하려고 한다면 부모는 아동이 부모에게 요청할 수 있는 또 다른 상황을 만들어 준다.

d. 이때 중요한 것은 아동의 반응이 정확한 문장이거나 정확한 발음의 낱말이 아니어도 좋다는 것이다. 부모는 어떤 의사소통 수단이든 아동의 상호작용 시작에 긍정적으로 반응해 준다.

(예시1) 아동: *(통을 꺼내 달라고 하며)* 이거.

부모: 우와 알겠어. 엄마가 통 꺼내 줄게.

(예시2) 아동: *(블록 통 뚜껑을 열어 달라고 하며)* 열어/여어<열어>.

부모: 우와 알겠어. 엄마가 뚜껑 열어 줄게.

(예시3) 아동: *(인형 통을 달라고 하며)* 멍멍.

부모: 우와 알겠어. 아빠가 멍멍이 통 줄게.

e. 기다리는 상황에서 부모가 무표정을 보이는 등 지시적/학습적인 상황이 되면 아동이 요청하지 않을 수 있다. 항상 부모가 가까이에 있어 언제든 도움을 줄 수 있다는 것을 아동이 인식하게 해 준다(예: 손을 가까이 두기). 그리고 기다리는 상황에서 다치거나 위험한 상황이 예상되면 상황을 만들지 않거나 미리 제지한다.

f. 반응이 잘 나오는 경우, 한 번의 시도에서 끝내는 것이 아니라 이를 반복적으로 해 보며 길게 상호작용하도록 한다.

🌀 **활용 예**

- 아동이 장난감 통이 손에 닿지 않거나 뚜껑을 여는 것이 어려울 때 바로 도와주지 않고 아동의 얼굴을 보며 반응을 기다린다. 아동이 반응을 보이면 즉각적으로 반응해 준다.

낱말 수준	*(예시1)* 아동: *(통을 꺼내 달라고 하며)* 이거. 부모: 우와 알겠어. 통 꺼내 줄게. *(예시2)* 아동: *(뚜껑을 열어 달라고 하며)* 여어<열어>. 부모: 우와 알겠어. 뚜껑 열어 줄게.
초기 문장 수준	*(예시1)* 아동: *(통을 꺼내 달라고 하며)* 통 꺼애<꺼내>/꺼내. 부모: 우와 알겠어. 엄마가 통 꺼내 줄게. *(예시2)* 아동: *(뚜껑을 열어 달라고 하며)* 뚜꺼 여어<뚜껑 열어>. 부모: 우와 알겠어. 아빠가 뚜껑 열어 줄게.

⑤ 모방하기, 언어 확장하기(1)

a. 아동이 의사소통을 시작하기 위한 행동이나 소리를 냈다면 이를 모방한다. 대신 부모가 해석한 행동이 아니라 아동의 행동, 발성 그대로를 모방한다.

b. 모방을 할 때는 부모가 아동의 행동을 모방하고 있다는 것을 충분히 과장되게 표현해 준다.

c. 아동의 행동을 모방한 후에는 아동의 발성 및 언어 수준을 고려하여 확장을 해 준다. 만약 아동이 낱말 단계인데 음절 수준이 2음절이면 2음절 내에서 다양한 소리 목록을 넣어 들려준다. 만약 아동이 초기 문장 단계이면 무조건 긴 문장이 아니라 한 어절 정도를 추가하여 문장을 확장하여 들려준다.

> *(예시1)* 아동: *(통을 달라고 하며)* 이거.
>
>   부모: 통. 통 줘.
>
> *(예시2)* 아동: *(뚜껑을 열어 달라고 하며)* 열어/여어<열어>.
>
>   부모: 여어<열어>. 뚜껑 열어.
>
> *(예시3)* 아동: *(타요 버스를 달라고 하며)* 타요.
>
>   부모: 타요. 타요 버스.

d. 아동이 다른 곳에 집중할 때보다는 부모와 상호작용하는 상황에서 공동 집중할 때 언어 확장을 시도한다. 이때, 부모는 아동에게 눈과 입을 보여 주며 목표 언어를 들려준다. 그리고 목표 언어를 강조해서 천천히 들려준다. 아동이 부모의 얼굴을 보고 있지 않은 상황이면 부모는 언어자극이 적절하게 입력될 수 있도록 자세와 위치를 변경하여 시선을 맞춰 본다. 발성 및 언어 확장을 할 때 제스처와 같은 시각적인 단서를 함께 사용한다.

e. 반응이 잘 나오는 경우, 한 번의 시도에서 끝내는 것이 아니라 이를 반복적으로 해 보거나 다른 장난감들을 이용하여 보다 많은 횟수의 언어 확장이 이루어지도록 한다. 모방을 유도해도 좋다. 하지만 아동이 많이 거부하면 필수적으로 모방을 유도하지 않아도 좋다.

◎ 활용 예
• 아동이 장난감 통이 손에 닿지 않거나 뚜껑을 여는 것이 어려울 때 바로 도와주지 않고 아동의 얼굴을 보며 반응을 기다린다. 아동이 반응을 보이면 즉각적으로 모방해 주고 언어 확장을 해 준다.

낱말 수준	(예시1) 아동: (통을 꺼내 달라고 하며) 줘. 부모: 줘. 통 줘. (예시2) 아동: (뚜껑을 열어 달라고 하며) 뚜꺼<뚜껑>. 부모: 뚜꺼<뚜껑>, 뚜껑 열어.
초기 문장 수준	(예시1) 아동: (통을 꺼내 달라고 하며) 통 꺼애<꺼내>. 부모: 통 꺼내. 엄마 통 꺼내. (예시2) 아동: (뚜껑을 열어 달라고 하며) 뚜꺼 여어<뚜껑 열어>. 부모: 엄마가 뚜껑 열어.

⑥ 언어 확장하기(2), 차례 주고받으며 대화하기

a. 장난감 고르기와 통에 정리하기로 부모와 함께 차례를 주고받으며 대화를 해 본다. 한 번은 아동이 부모에게 요청을 하면 부모가 반응해 주고, 다음 차례는 부모가 아동에게 요청하면 아동이 반응해 준다.

b. 이때 아동이 반응이 나올 때까지 기다리기를 본 활동에서도 적용해 본다. 어느 정도 활기찬 활동이 되고 반복이 이루어졌다면 기다리기를 한 후 부모가 확장해 준 언어를 모방할 때까지 기다려 본다. 아이가 언어 확장을 보이면 더 격한 반응으로 아이를 칭찬해 주면서 활동을 더욱 활기차게 만든다. 아이가 언어 확장을 보이지 않는 경우에도 격려하면서 다시 반복해서 목표 언어를 들려준다.

(예시) 부모: 자 우리 엄마 한 번. ○○ 한 번씩 같이 장난감 정리하자. 누가 먼저 해 볼까?

아동: ○○.

부모: 자 그럼 ○○이가 먼저 불어 봐. ○○아 엄마 기차 줘.

아동: 자 여기요. (기차 장난감을 준다)

부모: (기차를 통에 넣으며) 더 많이 줘.

아동: 여기요. (더 많이 준다)

부모: 버스 줘.

아동: 여기 버스. (버스를 준다)

부모: 자 이번에는 엄마가 줄게. (말하고 기다린다)

아동: (기차를 가리키며) 기차.

부모: 기차, 칙칙폭폭 기차. (아동에게 기차를 준다)

아동: 더.

부모: 더. 더 많이. *(아동이 모방할 때까지 기다려 본다)*

아동: 더 많이.

부모: 우와 알겠어. 엄마가 기차 더 많이 줄게. 잘했어요. *(언어가 확장되었을 때 더 칭찬해 준다)*

c. 차례를 주고받으며 대화를 할 때 아동마다 차례를 주고받는 시간이 다를 수 있다. 아동이 흥미를 잃으면 오랜 시간을 지속할 수 없기 때문이다. 아동의 주의집중 시간에 따라 처음에는 짧은 시간이라도 차례를 주고받는 횟수(빈도)를 늘려 주도록 한다. 이후 상호작용을 지속할 수 있는 시간이 길어지면 차례를 주고받는 횟수(빈도)뿐만 아니라 한 가지 놀이를 통해서 차례를 주고받는 시간을 늘려 준다.

활용 예

낱말 수준	부모: 자, 아빠랑 ○○이랑 같이 공이랑 인형 정리하자. ○○이는 뭐 정리할래? *(말하고 기다린다)* 아동: 공. 부모: 공. 공 넣어. *(통을 열지 않고 준다)* 아동: *(여는데 잘 안 되어 아빠에게 요청하며)* 안 돼. 뚜껑. 부모: 안 돼. 뚜껑. 뚜껑 열어. *(아동이 모방할 때까지 기다려 본다)* 아동: 뚜껑 열어. 부모: 우와 알겠어. 아빠가 뚜껑 열어 줄게. *(언어가 확장되었을 때 더 칭찬해 준다)* 부모: *(엄마 인형, 아가 인형을 보여 주며)* 이번에는 뭐 정리할래? 아동: 아가. 부모: 아가. 아가 인형. 혹은 아가, 아가 인형 넣어. *(아동이 모방할 때까지 기다린다)* 아동: 아가 인형 넣어. 부모: 이제 아빠가 넣을래. ○○아, 아가 인형 갖다 줘. 아동: 네. *(인형을 갖다 준다)* 부모: *(엄마 인형과 아가 인형을 보여 주며)* 엄마 인형 갖다 줘. 아동: 네. 엄마 인형이요. *(엄마 인형을 갖다 준다)* 부모: 하나 더 갖다 줘. 아동: 네. *(하나 더 갖다 준다)*

초기 문장 수준	부모: 자 아빠랑 ○○이랑 같이 공이랑 인형 정리하자. ○○이는 뭐 먼저 넣을래? (말하고 기다린다) 아동: 공 넣어. 부모: 공 넣어. 공 넣을래요. (통을 열지 않고 준다) 아동: (여는데 잘 안 되어 아빠에게 요청하며) 안 돼. 뚜껑. 부모: 안 돼. 뚜껑. 아빠 뚜껑 열어. (아동이 모방할 때까지 기다려 본다) 아동: 아빠 뚜껑 열어. 부모: 우와 알겠어. 아빠가 뚜껑 열어 줄게. (언어가 확장되었을 때 더 칭찬해 준다) 부모: 이번에는 어떤 인형 넣을래? (엄마 인형, 아가 인형을 보여 준다) 아동: 엄마 넣어. 부모: 엄마 넣어. 엄마 인형 넣어. 혹은 엄마 넣어. 엄마 인형 넣을 거야. (아동이 모방할 때까지 기다린다) 아동: 엄마 인형 넣을 거야. 부모: 이제 아빠가 넣을게 ○○아. 뚜껑 열어 줘. 아동: 네. (뚜껑을 열어 준다) 부모: (노랑 공과 빨강 공을 보여 주며) 빨강 공 갖다 줘. 아동: 네. 빨강 공이요. (빨강 공을 갖다 준다) 부모: 더 갖다 줘. 아동: 네. 더 갖다 줄게요. (더 갖다 준다)

3) 고려사항

- 아동의 언어 및 의사소통 수준에 따라 들려주고 촉진하는 것이 달라질 수 있다.
- 언어 확장이 잘된다고 하더라도 아동의 관심사를 놓치지 않고 지속해서 따라 한다.
- 언어 확장이 잘되지 않더라도 언어 유도를 위해 너무 학습적·지시적으로 이끌지 않고, 놀이는 항상 즐겁게 유지하도록 한다.
- 시간이 충분한 여유로운 상황에서 상호작용을 시도한다.
- 높은 곳에 있는 물건을 활용할 경우 실수로 아동이 다치지 않도록 더욱 조심한다.
- 아동이 정리를 마치면 칭찬을 통해 아동의 행동을 강화해 준다.

| 일상
활동 | 바깥놀이(미끄럼틀, 그네 타기) | 종합 / 언어이전기 |

1) 목표

(1) 부모 목표

- 관찰하기, 공동주의집중 및 공동활동 늘리기: 참여하며 놀기, 아동 주도 따르기
- 공동주의집중 및 공동활동 늘리기: 의사소통 촉진을 위한 놀이 확장
- 기다리기: 상호작용 시작 시간 기다리기, 얼굴 마주 보기
- 행동 및 구어 모방하기, 제스처/발성 및 언어 확장하기
- 기다리기: 상호작용 지시에 반응하기를 기다리기

(2) 아동 목표

- 바깥놀이(미끄럼틀, 그네 타기) 상황에서 상호작용할 때 다양한 제스처, 발성, 언어를 이해하고 표현할 수 있다.

🌀 목표 예

- 제스처: (팔을 벌리며 안아서 태워 달라고 요구하기), (놀이기구를 손으로 치며 태워 달라고 요구하기), (엄마의 손을 끌고 가며 부모가 타라고 요구하기), (손으로 미는 시늉을 하며 밀어 달라고 요구하기), (손을 앞으로 뻗으며 밀어 달라고 요구하기)
- 발성 및 언어: 아~/어~/우(태워 달라고 요구하기), 애/음/음마/으따/따/아빠(부모가 타라고 요구하기), 이/으/이야/므으/엄마/가/해/슈〈슝〉(밀어 달라고 요구하기) 등

2) 언어 및 의사소통 촉진 방법

- 준비물: 실내에서 사용할 수 있는 작은 미끄럼틀 혹은 간이 그네. 실제 놀이터에 가거나 키즈 카페 등에 방문해도 좋음

〈놀이방법〉

① 아동이 좋아하는 작은 미끄럼틀이나 그네를 준비한다. 혹은 미끄럼틀이나 그네를 탈 수 있는 적당한 장소로 이동한다.

② 관찰하기, 공동주의집중 및 공동활동 늘리기: 참여하며 놀기, 아동 주도 따르기

　　a. 아동이 좋아하는 놀이 기구들을 보여 주며 아동이 무엇에 관심이 있고 좋아하는지를 관찰한다.

　　　(예시) 부모: ○○아. 우와 여기 재밌는 것이 많구나.

　　b. 만약 아동이 그네에 관심을 두고 밀어 본다면 아동의 관심을 따라간다.

　　　(예시) 부모: 우와. 슝~ 혹은 오. 타~

　　c. 아동이 부모가 준비한 것에 관심이 없으면 다른 놀이기구들을 보여 주며 관심을 유도한다. 이때 질문을 하거나 지시를 하지 않고 놀이 상황만을 언급해 준다. 아동에게 질문하거나 지시를 하면 아동 주도가 부모 주도로 바뀌어 자발적인 의사소통이 될 수 없다. 그리고 가능한 아동의 행동에 민감하게 반응하면서 상호작용을 지속하도록 노력한다.

　　◉ **활용 예**

　　• 아동이 원하는 그네를 치거나 만지면 부모도 함께 치거나 만진다.

　　• 아동이 미끄럼틀에 관심을 보이면 미끄럼틀에 물건을 굴려 보거나 두드려 보기도 하고 탐색해 본다.

　　• 아동이 시소에 관심을 갖는다면 부모가 시소를 손으로 눌러 보거나 만져 본다.

③ 공동주의집중 및 공동활동 늘리기: 의사소통 촉진을 위한 놀이 확장

　　a. 부모는 아동이 그네를 만지기만 한다면 그네를 밀면서 놀이를 확장하며 보여 준다.

　　이때 부모는 아동이 부모가 그네를 미는 것에 집중할 수 있도록 다소 과장된 억양으로 다양한 범위의 소리를 내며 관심을 유도한다. 그리고 지속적으로 아동이 부모의 행동에 관심을 두고 있는지를 확인한다.

　　b. 놀이가 매우 활기를 띠는 상황이 되면 아동은 더 재미있고 동기화될 수 있는 상호작용을 할 수 있기 때문에 얼굴 표정, 제스처, 목소리 톤과 같은 비구어적 의사소통을 과하게 하여 활기를

북돋아 준다.

c. 아동이 관심을 보인다면 반복적으로 보여 준다.

d. 만약 아동이 관심이 없다면 부모가 그네를 즐겁게 타는 모습을 보여 주거나 아동을 그네에
한 번 태워 준 후 아동이 그네에 관심을 갖고 집중할 수 있도록 유도해 본다.

　　(예시1) 부모: *(그네를 타며)* 우와 슝~ 재밌다.

　　(예시2) 부모: *(아동을 태워 주며)* 슝~ 그네 타. *(또 한 번 밀어 주면서)* 슝~ 우와 타.

e. 부모는 자극을 줄 때 아동이 잘 볼 수 있게 자세와 위치를 맞춰 둔다.

> 　◉ 활용 예
> • 아동이 그네를 만지기만 한다면 부모는 그네를 잡고 밀어 보거나 타 본다.
> • 아동이 미끄럼틀에 관심을 보이면 미끄럼틀에 태워 주거나 부모와 함께 타 본다.
> • 아동이 시소에 관심을 갖는다면 시소를 태워 주거나 시소를 움직이도록 한다.

④ 기다리기: 상호작용 시작 시간 기다리기, 얼굴 마주 보기

a. 아동 스스로 타기 어려운 그네 앞에 세워 두고 아동의 반응을 기다린다. 아동이 그네를 미는
것에 관심이 있다면 그네를 잠깐 손으로 잡고 내려놓지 않은 채 아동의 반응을 기다린다.

　　(예시) 부모: *(그네 앞에 세워 두고 기다리며)* 우와 재밌겠다. 타~

b. 아동이 반응이 없다면 다시 한 번 그네에 관심을 갖도록 시도해 본다. 예를 들어, 부모가 그
네를 신나게 미는 것을 보여 주거나 아동을 다시 그네에 잠깐 태워 준 후 내리게 한다. 부모가
아동의 얼굴을 바라보며 기다린다. 부모가 아동의 반응을 잘 기다리는 경우, 아동이 부모의 얼
굴을 마주 보고 의사소통 의도를 표현하는 것을 확인할 수 있다.

c. 부모가 반응을 기다렸는데 아동이 부모에게 요청하지 않고 자신이 원하는 것만 하려고 한다
면 부모는 아동이 부모에게 요청할 수 있는 또 다른 상황을 만들어 준다.

d. 이때 중요한 것은 아동의 반응이 정확한 구어여도 좋고 그렇지 않아도 된다는 것이다. 혹은
제스처나 모음발성이어도 좋다. 부모는 어떤 의사소통 수단이든 아동의 상호작용 시작에 긍정

적으로 반응해 준다.

> *(예시1)* 아동: *(그네를 태워 달라고 손바닥으로 친다)*
>
> 부모: 우와 알겠어. 엄마가 태워 줄게.
>
> *(예시2)* 아동: *(엄마의 손을 끌고 그네에 놓으며)* 우~
>
> 부모: 우와 알겠어. 엄마가 태워 줄게.
>
> *(예시3)* 아동: *(그네를 미는 시늉을 하며)* 으따~
>
> 부모: 우와 알겠어. 엄마가 태워 줄게.

e. 기다리는 상황에서 부모가 무표정을 보이는 등 지시적/학습적인 상황이 되면 아동이 요청하지 않을 수 있다. 항상 부모가 가까이에 있어 언제든 도움을 줄 수 있다는 것을 아동이 인식하게 해 준다(예: 손을 가까이 두기). 그리고 기다리는 상황에서 다치거나 위험한 상황이 예상되면 상황을 만들지 않거나 미리 제지한다.

f. 반응이 잘 나오는 경우, 한 번의 시도에서 끝내는 것이 아니라 이를 반복적으로 해 보며 길게 상호작용하도록 한다.

◎ 활용 예
- 아동이 원하는 놀이기구를 한 번 태워 준다. 그리고 혼자 타지 못하는 놀이기구 앞에 세워 두고 기다린다.
- 아동이 좋아하는 미끄럼틀, 그네 등 놀이기구 위에 앉혀 놓은 후 밀어 주지 않고 밀어 달라고 할 때까지 기다린다.

---

⑤ 행동 및 구어 모방하기, 제스처/발성 및 언어 확장하기

a. 아동이 의사소통을 시작하기 위한 행동이나 소리를 냈다면 이를 모방한다. 대신 부모가 해석한 행동이 아니라 아동의 행동, 발성 그대로를 모방한다.

b. 모방을 할 때는 부모가 아동의 행동을 모방하고 있다는 것을 충분히 과장되게 표현해 준다.

c. 아동의 행동을 모방한 후에는 아동의 발성 및 언어 수준을 고려하여 확장을 해 준다. 만약 아동이 모음이 주로 나온다면 모음의 소리를 확장해 주거나 몇 개의 자음만을 이용하여 확장한다.

만약 아동이 자음 2개가 모두 1음절 상황에서 나온다면 1음절의 소리를 중첩적으로 반복하여 들려주어 음절을 확장해 주거나 다른 자음을 1음절 상황에서 알려 주어 음소 목록을 확장하여 들려준다.

(예시1) 아동: (그네를 태워 달라고 손바닥으로 그네를 친다)

   부모: (함께 그네를 치며) 어~

(예시2) 아동: (엄마의 손을 끌고 그네에 놓으며) 우~

   부모: 우~, 슝.

(예시3) 아동: (그네를 미는 시늉을 하며) 으따~

   부모: 으따~ 타. 혹은 으따~ 음마<엄마>.

d. 아동이 다른 곳에 집중할 때보다는 부모와 상호작용하는 상황에서 공동 집중할 때 언어 확장을 시도한다. 이때, 부모는 아동에게 눈과 입을 보여 주며 목표 언어를 들려준다. 그리고 목표 언어를 강조해서 천천히 들려준다. 아동이 부모의 얼굴을 보고 있지 않은 상황이면 부모는 언어자극이 적절하게 입력될 수 있도록 자세와 위치를 변경하여 시선을 맞춰 본다. 발성 및 언어 확장을 할 때 제스처와 같은 시각적인 단서를 함께 사용한다.

e. 반응이 잘 나오는 경우, 한 번의 시도에서 끝내는 것이 아니라 이를 반복적으로 해 보거나 다른 놀이기구들을 이용하여 보다 많은 횟수의 언어 확장이 이루어지도록 한다. 모방을 유도해도 좋다. 하지만 아동이 많이 거부하면 필수적으로 모방을 유도하지 않아도 좋다.

◎ 활용 예

• 아동이 원하는 놀이기구를 한 번 태워 준다. 그리고 혼자 타지 못하는 놀이기구 앞에 세워 두고 기다린다. 기다린 후에 아동이 태워 달라는 제스처를 보이면 그 제스처를 모방하고 소리를 내면 아동의 소리를 모방한다. 그리고 아동의 언어 및 의사소통 수준에 맞는 소리로 확장한다(예: 우-발성, 타, 슈<슝> 등).

• 아동이 좋아하는 미끄럼틀, 그네 등 놀이기구 위에 앉혀 놓은 후 밀어 주지 않고 밀어 달라고 할 때까지 기다린다. 기다린 후 더 밀어 달라고 제스처로 표현하거나 돌리는 제스처를 보여 주면 그 행동을 모방하고 소리를 내면 아동의 소리를 모방해 주고 확장한다(예: 이야~-미끄럼틀 및 그네를 미는 발성, 해, 가, 엄마 등).

⑥ 기다리기: 상호작용 지시에 반응하기를 기다리기

　　a. 다양한 놀이기구 앞으로 가서 엄마의 지시에 반응을 하는지 기다린다. 이때 충분히 기다려도 반응이 없다면 다시 들려주고 기다린다.

　　　　(예시) 부모: 자 우리 이제 다른 것도 타 보자. 슝~ 시소 타자.

　　b. 아동이 반응이 없다면 너무 먼 거리에서 하지 않고 좀 더 가까운 거리에서 시도해 본다. 혹은 눈에 보이는 것부터 시작해 보거나 주변 자극물의 개수를 줄여 시도해 본다.

　　　　(예시1) 부모: (멀리 있는 시소가 아니라 가까이에 있는 경우) 슝~ 시소 타자.

　　　　(예시2) 부모: (시소, 뱅뱅이 등 4~5개 이상의 자극물에서 반응이 없다면 두 가지의 놀이기구를 사이에 두고) 시소 타.

　　c. 아동이 반응이 없다면 활동에 주의집중할 수 있도록 신체적 촉구(예: 손 잡기)를 하여 활동에 시선을 집중시킨 후 다시 반응을 기다려 본다.

　　　　(예시) 부모: (아동의 손을 잡고 시소 쪽으로 갖다 대며) 슝~ 시소 타자.

　　d. 그래도 반응이 없다면, 포인팅을 하거나 직접 지시를 하거나 모델링을 통해 아동이 해야 할 것을 보여 준다.

　　　　(예시1) 부모: (시소를 포인팅하며) 슝~ 시소 타자.

　　　　(예시2) 부모: (시소를 포인팅하고 나서 손으로 시소를 치며) 슝~ 시소 타자.

　　e. 앞의 과정을 여러 차례 반복하며 알려 준다.

　　f. 이 목표에서는 아동에게 지시를 할 때 아동 주도 따르기를 반드시 사용할 필요는 없다.

◉ 활용 예
- 아동이 좋아하는 놀이기구 몇 가지가 있는 곳으로 가서 아빠도 타고 싶다고 말한다. 혹은 "아빠 그네." 혹은 "그네 타."라고 하며 그네에 앉은 후 아동이 미는 시늉을 하도록 기다린다.
- 아동이 좋아하는 미끄럼틀에 앉아 아동의 반응을 기다린다. 아동이 반응이 없으면 미는 시늉 혹은 내려가려는 시늉을 하며 제스처 단서를 통해 유도한다.

3) 고려사항

• 아동의 언어 및 의사소통 수준에 따라 들려주고 촉진하는 것이 달라질 수 있다.

• 언어 확장이 잘된다고 하더라도 아동의 관심사를 놓치지 않고 지속해서 따라 한다.

• 언어 확장이 잘되지 않더라도 언어 유도를 위해 너무 학습적·지시적으로 이끌지 않고, 놀이
  는 항상 즐겁게 유지하도록 한다.

• 아동이 놀이를 좋아하지 않거나 무서워하는 경우에는 억지로 시도하지 않는다.

• 놀이기구를 너무 빨리 혹은 세게 조작하여 아동이 다치지 않도록 조심한다.

• 주변이 시끄럽지 않게 하고 대화 상대자가 너무 많지 않은 환경에서 시도한다.

| 일상
활동 | 바깥놀이(미끄럼틀, 그네 타기) | 종합 / 언어기 |

1) 목표

(1) 부모 목표

- 관찰하기, 공동주의집중 및 공동활동 늘리기: 참여하며 놀기, 아동 주도 따르기
- 공동주의집중 및 공동활동 늘리기: 의사소통 촉진을 위한 놀이 확장
- 기다리기, 얼굴 마주 보기
- 모방하기, 언어 확장하기(1)
- 언어 확장하기(2), 차례 주고받으며 대화하기

(2) 아동 목표

- 바깥놀이(미끄럼틀, 그네 타기) 상황에서 상호작용할 때 다양한 낱말, 문장을 이해하고 표현할
  수 있다.

> ◈ **목표 예**
> - 낱말 수준: 그네, 미끄럼〈미끄럼틀〉, 시소, 뱅뱅, 철봉, 타, 밀어, 돌려, 더, 세게, 살살, 빨리, 천천히,
>   또, 내려, 무서워, 올라가, 내려가, 앉아 등
> - 초기 문장 수준: 또 타, 더 타, 더 밀어, 더 돌려, 또 올라가, 또 내려가, 그네 타, 미끄럼 타, 시소 타,
>   뱅뱅 타, 그네 밀어, 뱅뱅 밀어, 뱅뱅 돌려, 더 세게 밀어, 그네 세게 밀어, 그네 살살 밀어, 뱅뱅 세게
>   돌려, 뱅뱅 살살 돌려, 뱅뱅 빨리 돌려, 뱅뱅 천천히 돌려, 그네 더 세게 밀어 등

2) 언어 및 의사소통 촉진 방법

> - 준비물: 실내에서 사용할 수 있는 작은 미끄럼틀 혹은 간이 그네. 실제 놀이터에 가거나 키즈 카페
>   등에 방문해도 좋음

〈놀이방법〉

① 아동이 좋아하는 작은 미끄럼틀이나 그네를 준비한다. 혹은 미끄럼틀이나 그네를 탈 수 있는 적당한 장소로 이동한다.

② 관찰하기, 공동주의집중 및 공동활동 늘리기: 참여하며 놀기, 아동 주도 따르기

   a. 아동이 좋아하는 놀이기구들을 보여 주며 아동이 무엇에 관심이 있고 좋아하는지를 관찰한다.

     (예시) 부모: ○○아. 우와 여기 재밌는 것이 많구나.

   b. 만약 아동이 그네에 관심을 두고 밀어 본다면 아동의 관심을 따라간다.

     (예시) 부모: 우와. 슝~ 혹은 오. 뱅뱅이 좋아하는구나.

   c. 아동이 부모가 준비한 것에 관심이 없으면 다른 놀이기구들을 보여 주며 관심을 유도한다. 이때 질문을 하거나 지시를 하지 않고 놀이 상황만을 언급해 준다. 아동에게 질문하거나 지시를 하면 아동 주도가 부모 주도로 바뀌어 자발적인 의사소통이 될 수 없다. 그리고 가능한 아동의 행동에 민감하게 반응하면서 상호작용을 지속하도록 노력한다.

활용 예
- 아동이 원하는 그네를 치거나 만지면 부모도 함께 치거나 만진다.
- 아동이 미끄럼틀에 관심을 보이면 미끄럼틀에 물건을 굴려 보거나 두드려 보기도 하고 탐색해 본다.
- 아동이 시소에 관심을 갖는다면 부모가 시소를 손으로 눌러 보거나 만져 본다.
- 아동이 좋아하는 놀이기구 쪽으로 간다. 아동이 뱅뱅이를 좋아하면 함께 쳐 보고 만지고 돌려 보며 탐색한다.

③ 공동주의집중 및 공동활동 늘리기: 의사소통 촉진을 위한 놀이 확장

   a. 부모는 아동이 뱅뱅이를 만지기만 한다면 뱅뱅이를 쳐 보고, 움직이게 하면서 놀이를 확장하여 보여 준다.

   이때 부모는 아동이 부모가 뱅뱅이를 움직이는 것에 집중할 수 있도록 다소 과장된 억양으로 다양한 범위의 소리를 내며 관심을 유도한다. 그리고 지속적으로 아동이 부모의 행동에 관심을 두고 있는지를 확인한다.

b. 놀이가 매우 활기를 띠는 상황이 되면 아동이 더욱 재미를 느끼고 동기화되어 적극적인 상호작용을 할 수 있기 때문에 얼굴 표정, 제스처, 목소리 톤과 같은 비구어적 의사소통을 과장되게 표현하여 활기를 북돋아 준다.

c. 아동이 관심을 보인다면 반복적으로 보여 준다.

d. 만약 아동이 관심이 없다면 부모가 뱅뱅이를 즐겁게 타는 모습을 보여 주거나 아동을 뱅뱅이에 한 번 태워 준 후 아동이 뱅뱅이에 관심을 갖고 집중할 수 있도록 유도해 본다.

(예시1) 부모: (뱅뱅이를 움직이며) 뱅뱅~ 밀어~ 재밌다.

(예시2) 부모: (아동을 태워 주며) 뱅뱅 돌려~

e. 부모는 자극을 줄 때 아동이 잘 볼 수 있게 자세와 위치를 맞춰 둔다.

활용 예

• 아동이 그네를 만지기만 한다면 부모는 그네를 잡고 밀어 보거나 타 본다.
• 아동이 미끄럼틀에 관심을 보이면 미끄럼틀에 태워 주거나 부모와 함께 타 본다.
• 아동이 시소에 관심을 갖는다면 시소를 태워 주거나 시소를 움직이도록 한다.
• 아동이 원하는 뱅뱅이를 잡고 밀어 보거나 타 본다.
• 아동이 뱅뱅이에 관심을 보이면 살짝 태워 주거나 부모와 함께 타 본다.

---

④ 기다리기, 얼굴 마주 보기

a. 아동에게 뱅뱅이가 재미있다는 것을 충분히 보여 준 후 손으로 뱅뱅이를 잡고 돌리지 않은 채 아동의 반응을 기다린다. 혹은 스스로 타거나 돌리기 어려운 뱅뱅이 앞에 세워 두고 아동의 반응을 기다린다. 아동이 반응을 보이면 즉각적으로 반응해 준다.

(예시) 부모: (뱅뱅이를 태워 달라고 하거나 밀어 달라고 할 때까지 기다린다)

b. 아동이 반응이 없다면 다시 한 번 뱅뱅이에 관심을 갖게 하기 위해 노력한다. 예를 들어, 부모가 뱅뱅이를 신나게 타는 것을 보여 주거나 아동과 뱅뱅이를 다시 밀어 본다. 부모가 아동의 얼굴을 바라보며 기다린다. 부모가 아동의 반응을 잘 기다리는 경우, 아동이 부모의 얼굴을 마주 보고 의사소통 의도를 표현하는 것을 확인할 수 있다.

c. 부모가 반응을 기다렸는데 아동이 부모에게 요청하지 않고 자신이 원하는 것만 하려고 한다면 부모는 아동이 부모에게 요청할 수 있는 또 다른 상황을 만들어 준다.

d. 이때 중요한 것은 아동의 반응이 정확한 문장이거나 정확한 발음의 낱말이 아니어도 좋다는 것이다. 부모는 어떤 의사소통 수단이든 아동의 상호작용 시작에 긍정적으로 반응해 준다.

> *(예시1)* 아동: *(뱅뱅이를 태워 달라고 손바닥으로 치며)* 타.
>
> 　　　　부모: 우와 알겠어. 엄마가 태워 줄게.
>
> *(예시2)* 아동: *(뱅뱅이를 밀려고 시도하며)* 미어<밀어>.
>
> 　　　　부모: 우와 알겠어. 뱅뱅이 밀어 줄게.
>
> *(예시3)* 아동: *(뱅뱅이에 타서 손잡이를 밀며)* 뱅뱅 도여<돌려>~
>
> 　　　　부모: 우와 알겠어. 엄마가 뱅뱅이 돌려 줄게.
>
> *(예시4)* 아동: *(뱅뱅이 손잡이를 밀며)* 더 미여<밀어>~
>
> 　　　　부모: 우와 알겠어, 아빠가 더 세게 밀어 줄게.

e. 기다리는 상황에서 부모가 무표정을 보이는 등 지시적/학습적인 상황이 되면 아동이 요청하지 않을 수 있다. 항상 부모가 가까이에 있어 언제든 도움을 줄 수 있다는 것을 아동이 인식하게 해 준다(예: 손을 가까이 두기). 그리고 기다리는 상황에서 다치거나 위험한 상황이 예상되면 상황을 만들지 않거나 미리 제지한다.

f. 반응이 잘 나오는 경우, 한 번의 시도에서 끝내는 것이 아니라 이를 반복적으로 해 보며 길게 상호작용하도록 한다.

🐵 **활용 예**

• 아동이 뱅뱅이를 밀거나 움직이지 못하거나 혼자 뱅뱅이를 타는 것이 어려울 때 바로 도와주지 않고 아동의 얼굴을 보며 반응을 기다린다. 아동이 반응을 보이면 즉각적으로 반응해 준다.

낱말 수준	*(예시1)* 아동: *(뱅뱅이에 태워 달라고 하며)* 타~ 　　　　부모: 우와 알겠어. 엄마가 뱅뱅이 태워 줄게. *(예시2)* 아동: *(밀어 달라고 하며)* 미어<밀어>. 　　　　부모: 우와 알겠어. 엄마가 뱅뱅이 밀어.

초기 문장 수준	*(예시1)* 아동: *(뺑뺑이에 태워 달라고 하며)* 뺑뺑 타. 부모: 우와, 알겠어. 엄마가 뺑뺑이 태워 줄게. *(예시2)* 아동: *(밀어 달라고 하며)* 뺑뺑 밀어. 부모: 우와 알겠어. 엄마가 뺑뺑이 밀어.

⑤ 모방하기, 언어 확장하기(1)

a. 아동이 의사소통을 시작하기 위한 행동이나 소리를 냈다면 이를 모방한다. 대신 부모가 해석한 행동이 아니라 아동의 행동, 발성 그대로를 모방한다.

b. 모방을 할 때는 부모가 아동의 행동을 모방하고 있다는 것을 충분히 과장되게 표현해 준다.

c. 아동의 행동을 모방한 후에는 아동의 발성 및 언어 수준을 고려하여 확장을 해 준다. 만약 아동이 낱말 단계인데 음절 수준이 2음절이면 2음절 내에서 다양한 소리 목록을 넣어 들려준다. 만약 아동이 초기 문장 단계이면 무조건 긴 문장이 아니라 한 어절 정도를 추가하여 문장을 확장하여 들려준다.

> *(예시1)* 아동: *(뺑뺑를 태워 달라고 손바닥으로 치며)* 타~
>
> 부모: 타, 뺑뺑이 타.
>
> *(예시2)* 아동: *(뺑뺑이를 밀려고 시도하며)* 미어<밀어>~
>
> 부모: 미어<밀어>, 아빠 밀어 줘.
>
> *(예시3)* 아동: *(뺑뺑이에 타서 손잡이를 밀며)* 뺑뺑 도여<돌려>~
>
> 부모: 뺑뺑 도여<돌려>, 엄마가 뺑뺑 도여<돌려>.
>
> *(예시4)* 아동: *(뺑뺑이 손잡이를 밀며)* 더 미어<밀어>.
>
> 부모: 더 미어<밀어>, 더 세게 밀어 줘.

d. 아동이 다른 곳에 집중할 때보다는 부모와 상호작용하는 상황에서 공동 집중할 때 언어 확장을 시도한다. 이때, 부모는 아동에게 눈과 입을 보여 주며 목표 언어를 들려준다. 그리고 목표 언어를 강조해서 천천히 들려준다. 아동이 부모의 얼굴을 보고 있지 않은 상황이면 부모는 언어자극이 적절하게 입력될 수 있도록 자세와 위치를 변경하여 시선을 맞춰 본다. 발성 및 언어 확장을 할 때 제스처와 같은 시각적인 단서를 함께 사용한다.

e. 반응이 잘 나오는 경우, 한 번의 시도에서 끝내는 것이 아니라 이를 반복적으로 해 보거나 다른 놀이기구들을 이용하여 보다 많은 횟수의 언어 확장이 이루어지도록 한다. 모방을 유도해도 좋다. 하지만 아동이 많이 거부하면 필수적으로 모방을 유도하지 않아도 좋다.

◉ 활용 예
• 아동이 뱅뱅이를 움직이다가 멈춰지거나 세게 미는 것이 어려울 때 바로 도와주지 않고 아동의 얼굴을 보며 반응을 기다린다. 아동이 반응을 보이면 즉각적으로 모방해 주고 언어 확장을 해 준다.

낱말 수준	(예시1) 아동: (뱅뱅이에 태워 달라고 하며)타~ 부모: 타. 뱅뱅이 타. (예시2) 아동: (뱅뱅이를 밀어 달라고 하며) 더~ 부모: 더. 더 세게 미어<밀어>.
초기 문장 수준	(예시1) 아동: (뱅뱅이에 태워 달라고 하며) 뱅뱅 타~ 부모: 뱅뱅 타~ 뱅뱅이에 올라가. (예시2) 아동: (밀어 달라고 하며) 뱅뱅 미여<밀어>. 부모: 뱅뱅 미여<밀어>. 뱅뱅이 더 밀어 줘.

⑥ 언어 확장하기(2), 차례 주고받으며 대화하기
a. 뱅뱅이 타기와 뱅뱅이 밀기 활동을 하는 상황에서 부모와 함께 차례를 주고받으며 대화를 해 본다. 한 번은 아동이 부모에게 요청을 하면 부모가 반응해 주고, 다음 차례는 부모가 아동에게 요청하면 아동이 반응해 준다.

b. 이때 아동이 반응이 나올 때까지 기다리기를 본 활동에서도 적용해 본다. 어느 정도 활기찬 활동이 되고 반복이 이루어졌다면 기다리기를 한 후 부모가 확장해 준 언어를 모방할 때까지 기다려 본다. 아동이 언어 확장을 보이면 더 격한 반응으로 아이를 칭찬해 주면서 활동을 더욱 활기차게 만든다. 아동이 언어 확장을 보이지 않는 경우에도 격려하면서 다시 반복해서 목표 언어를 들려준다.

(예시) 부모: 자 우리 엄마 한 번. ○○ 한 번 뱅뱅이 같이 타자. 누가 먼저 해 볼까?
아동: ○○.
부모: 자 그럼 ○○이가 먼저 타 봐. ○○아 뱅뱅이에 타자.

아동: 타. *(뱅뱅이에 올라가려고 한다)*

부모: *(아동을 뱅뱅이에 태워 주며)* 뱅뱅이 탔다.

아동: *(아동이 뱅뱅이를 밀며)* 뱅뱅~

부모: 뱅뱅이 세게 밀어.

아동: 뱅뱅 밀어. *(함께 민다)*

부모: 자 이번에는 아빠가 탈게. *(말하고 기다린다)*

아동: *(뱅뱅이를 가리키며)* 타.

부모: 타, 아빠 타. *(아빠가 뱅뱅이에 탄다)*

아동: 밀어.

부모: 밀어. 뱅뱅이 밀어. *(모방할 때까지 기다려 본다)*

아동: 뱅뱅이 밀어.

부모: 우와 알겠어. 아빠가 뱅뱅이 밀게. 재밌다. *(언어가 확장되었을 때 더 칭찬하며 밀어 준다)*

c. 차례를 주고받으며 대화를 할 때 아동마다 차례를 주고받는 시간이 다를 수 있다. 아동이 흥미를 잃으면 오랜 시간을 지속할 수 없기 때문이다. 아동의 주의집중 시간에 따라 처음에는 짧은 시간이라도 차례를 주고받는 횟수(빈도)를 늘려 주도록 한다. 이후 상호작용을 지속할 수 있는 시간이 길어지면 차례를 주고받는 횟수(빈도)뿐만 아니라 한 가지 놀이를 통해서 차례를 주고받는 시간을 늘려 준다.

◎ 활용 예

낱말 수준	부모: 자 아빠랑 ○○이랑 같이 놀이기구 타자. ○○이는 뭐 타고 싶어? *(말하고 기다린다)* 아동: 그네. 부모: 그네. 그네 밀어. *(밀어 주지 않고 기다린다)* 아동: *(움직이는데 잘 안 되자 아빠에게 요청하며)* 안 돼. 그네. 부모: 안 돼. 그네. 그네 밀어. *(모방할 때까지 기다려 본다)*

	아동: 그네 미여<밀어>. 부모: 우와 알겠어, 아빠가 그네 밀어 줄게. (언어가 확장되었을 때 더 칭찬하며 태워 준다) 부모: (미끄럼틀, 시소, 뱅뱅이 등을 보여 주며) 이번에는 어떤 거 탈래? 아동: 시소. 부모: 시소, 시소 올라가. 혹은 시소, 시소 슝 올라가. (모방할 때까지 기다린다) 아동: 시소 오야가<올라가>. 부모: 이제 아빠가 탈게. ○○아, 아빠 밀어 줘. 아동: 네. (뱅뱅이를 밀어 준다) 부모: (과장된 표정을 하며) 더 세게 밀어 줘. 아동: 네. 세게. (더 힘을 주어 밀어 준다) 부모: 더 세게. 재밌다. 아동: 세게. (더욱 힘을 주어 밀어 준다)
초기 문장 수준	부모: 자 아빠랑 ○○이랑 같이 재밌는 거 타자. ○○이는 뭐 타고 싶어? (말하고 기다린다) 아동: 여기 잡아. 부모: 여기 잡아. 여기 철봉 잡아. (올려 주지 않고 기다린다) 아동: (타려고 하는데 잘 안 되자 아빠에게 요청하며) 안 돼. 여기. 부모: 안 돼. 여기. 여기 철봉 잡아. (모방할 때까지 기다려 본다) 아동: 여기 철봉 잡아. 부모: 우와 알겠어, 아빠가 철봉에 올려 줄게. (언어가 확장되었을 때 더 칭찬하며 올려 준다) 부모: (다른 놀이기구들을 보여 주며) 이번에는 어떤 거 탈래? 아동: 여기 타. 부모: 여기 타, 시소 타 혹은 여기 타, 시소 올라가. (모방할 때까지 기다린다) 아동: 시소 타. 부모: 이제 아빠 탈게. ○○아, 아빠 태워 줘. 아동: 네. (아빠 등을 민다) 부모: (여러 가지 놀이기구 중에 하나를 고르며) 뱅뱅이 타자. 아동: 네. 뱅뱅이. (뱅뱅이 쪽으로 데려간다) 부모: 더 세게 밀어 줘. 아동: 세게 미여<세게 밀어>. (더 세게 밀어 준다)

3) 고려사항

- 아동의 언어 및 의사소통 수준에 따라 들려주고 촉진하는 것이 달라질 수 있다.
- 언어 확장이 잘된다고 하더라도 아동의 관심사를 놓치지 않고 지속해서 따라 한다.
- 언어 확장이 잘되지 않더라도 언어 유도를 위해 너무 학습적 · 지시적으로 이끌지 않고, 놀이는 항상 즐겁게 유지하도록 한다.
- 아동이 놀이를 좋아하지 않거나 무서워하는 경우에는 억지로 시도하지 않는다.
- 놀이기구를 너무 빨리 혹은 세게 조작하여 아동이 다치지 않도록 조심한다.
- 주변이 시끄럽지 않게 하고 대화 상대자가 너무 많지 않은 환경에서 시도한다.

| 일상
활동 | 매 트 위에서 구르기 | 종합 / 언어이전기 |

1) 목표

(1) 부모 목표

- 관찰하기, 공동주의집중 및 공동활동 늘리기: 참여하며 놀기, 아동 주도 따르기
- 공동주의집중 및 공동활동 늘리기: 의사소통 촉진을 위한 놀이 확장
- 기다리기: 상호작용 시작 시간 기다리기, 얼굴 마주 보기
- 행동 및 구어 모방하기, 제스처/발성 및 언어 확장하기
- 기다리기: 상호작용 지시에 반응하기를 기다리기

(2) 아동 목표

- 매트 위에서 구르기 활동을 통해 상호작용하는 상황에서 다양한 제스처, 발성, 언어를 이해하고 표현할 수 있다.

🌀 목표 예

- 제스처: (손 뒤집기), (손으로 매트 치기), (굴려 달라고 요구하기)
- 발성 및 언어: 우/오/아/어/애(굴려 달라고 요구하기), 쿵/붕/푸/푹/두/뚜/아고(굴려 달라고 요구하기), 펴~/또/해/더/누워(매트 펴 달라고 요구하기) 등

2) 언어 및 의사소통 촉진 방법

- 준비물: 매트 혹은 두꺼운 이불 등

〈놀이방법〉

① 아동이 신체놀이를 즐길 수 있는 매트 혹은 두꺼운 이불 등을 준비한다.

② 관찰하기, 공동주의집중 및 공동 활동 늘리기: 참여하며 놀기, 아동 주도 따르기

　　a. 아동이 좋아하는 매트를 보여 주며 아동이 어떻게 움직이며 노는지를 관찰한다.

　　　　(예시) 부모: "○○아. 우와 ○○이가 움직이네."

　　b. 만약 아동이 매트에 누워 있다면 아동의 관심을 따라간다.

　　　　(예시) 부모: "우와. ○○이가 누워 있네."

　　c. 아동이 부모가 준비한 것에 관심이 없으면 다른 준비물을 보여 주며 관심을 유도한다. 이때 질문을 하거나 지시를 하지 않고 상황만을 언급해 준다. 아동에게 질문하거나 지시를 하면 아동 주도가 부모 주도로 바뀌어 자발적인 의사소통이 될 수 없다. 그리고 가능한 아동의 행동에 민감하게 반응하면서 상호작용을 지속하도록 노력한다.

◎ 활용 예
• 아동이 즐기는 매트 위에 함께 올라가 소리를 내며 만져 본다.
• 아동이 이불을 만지거나 관심을 보이면 함께 이불을 당겨도 보고, 쳐 보기도 하고, 만져도 본다.

③ 공동주의집중 및 공동활동 늘리기: 의사소통 촉진을 위한 놀이 확장

　　a. 부모는 아동이 매트를 만지기만 한다면 매트 위에서 구르는 것을 보여 주며 놀이를 확장하며 보여 준다.

　　이때 부모는 아동이 부모가 구르는 것에 집중할 수 있도록 억양을 다르게 하거나 재미있는 소리를 내며 관심을 유도한다. 그리고 지속적으로 아동이 부모의 행동에 관심을 두고 있는지를 확인한다.

　　b. 놀이가 매우 활기를 띠는 상황이 되면 아동은 더 재미있고 동기화될 수 있는 상호작용할 수 있기 때문에 얼굴 표정, 제스처, 목소리 톤과 같은 비구어적 의사소통을 과하게 하여 활기를 북돋아 준다.

　　c. 아동이 관심을 보인다면 반복적으로 보여 준다.

d. 만약 아동이 관심이 없다면 다시 보여 주거나 부모가 아동을 매트 위에 앉히고 잠시 부모가 구르는 것을 보여 주고 집중할 수 있도록 유도해 본다.

　　(예시1) 부모: (구르는 것을 보여 주며) 우와 데굴데굴 굴러. 굴러 볼까.

　　(예시2) 부모: (구르는 것을 보여 주면서) 쿵~ (또 구르면서) 쿵~ 우와 재밌다.

e. 부모는 자극을 줄 때 아동이 잘 볼 수 있게 자세와 위치를 맞춰 둔다.

◎ 활용 예
- 아동이 원하는 매트를 만지작거리면 부모는 매트를 만진 후 함께 누워 본다.
- 아동이 이불을 당기거나 관심을 보이면 함께 이불을 당기고 이불 위에 눕거나 굴러 본다.

---

④ 기다리기: 상호작용 시작 시간 기다리기, 얼굴 마주 보기

a. 아동과 함께 매트에서 구르기 활동을 하며 구르기에 흥미를 갖게 한 후, 아동을 매트 위에서 옆으로 한 번 굴려 주고 아동의 반응을 기다린다.

　　(예시) 부모: (아동을 굴려 준 후) 우와 데굴데굴 재밌겠다. 우리 같이 굴러.

b. 아동이 반응이 없다면 다시 한 번 구르기에 관심을 갖도록 시도해 본다. 예를 들어, 부모는 아동의 얼굴을 바라보며 기다린다. 부모가 아동의 반응을 잘 기다리는 경우, 아동이 부모의 얼굴을 마주 보고 의사소통 의도를 표현하는 것을 확인할 수 있다.

c. 부모가 반응을 기다렸는데 아동이 부모에게 요청하지 않고 자신이 원하는 것만 하려고 한다면 부모는 아동이 부모에게 요청할 수 있는 또 다른 상황을 만들어 준다.

d. 이때 중요한 것은 아동의 반응이 정확한 구어여도 좋고 그렇지 않아도 된다는 것이다. 혹은 제스처나 모음발성이어도 좋다. 부모는 어떤 의사소통 수단이든 아동의 상호작용 시작에 긍정적으로 반응해 준다.

　　(예시1) 아동: (굴려 달라고 매트를 친다.)

　　　　부모: 우와 알겠어. 엄마가 굴려 줄게.

　　(예시2) 아동: (굴려 달라고 손바닥을 뒤집으며) 아~.

　　　　부모: 우와 알겠어. 엄마가 굴려 줄게.

(예시3) 아동: (이불 위에 누워서 굴려 달라고 하며) 음마~ 아따.

　　　　부모: 우와 알겠어. 엄마가 굴려 줄게.

e. 기다리는 상황에서 부모가 무표정을 보이는 등 지시적/학습적인 상황이 되면 아동이 요청하지 않을 수 있다. 항상 부모가 가까이에 있어 언제든 도움을 줄 수 있다는 것을 아동이 인식하게 해 준다(예: 손을 가까이 두기). 그리고 기다리는 상황에서 다치거나 위험한 상황이 예상되면 상황을 만들지 않거나 미리 제지한다.

f. 반응이 잘 나오는 경우, 한 번의 시도에서 끝내는 것이 아니라 이를 반복적으로 해 보며 길게 상호작용하도록 한다.

⊙ 활용 예
• 아동을 매트 위에서 굴려 준다. 그리고 잠시 멈추고 기다린다. 혹은 한 바퀴만 굴려 준 후 더 굴려 달라고 할 때까지 기다린다.
• 아동을 매트나 이불로 덮는다. 그리고 감싸 달라고 할 때까지 기다린다. 혹은 한 번만 감싸 준 후 더 감싸 달라고 할 때까지 기다린다.

⑤ 행동 및 구어 모방하기, 제스처/발성 및 언어 확장하기

a. 아동이 의사소통을 시작하기 위한 행동이나 소리를 냈다면 이를 모방한다. 대신 부모가 해석한 행동이 아니라 아동의 행동, 발성 그대로를 모방한다.

b. 모방을 할 때는 부모가 아동의 행동을 모방하고 있다는 것을 충분히 과장되게 표현해 준다.

c. 아동의 행동을 모방한 후에는 아동의 발성 및 언어 수준을 고려하여 확장을 해 준다. 만약 아동이 모음이 주로 나온다면 모음의 소리를 확장해 주거나 몇 개의 자음만을 이용하여 확장한다. 만약 아동이 자음 2개가 모두 1음절 상황에서 나온다면 1음절의 소리를 중첩적으로 반복하여 들려주어 음절을 확장해 주거나 다른 자음을 1음절 상황에서 알려 주어 음소 목록을 확장하여 들려준다.

(예시1) 아동: (굴려 달라고 매트를 친다.)

　　　　부모: (매트를 치며) 붕~.

(예시2) 아동: (굴려 달라고 손바닥을 뒤집으며) 아~.

부모: (손을 뒤집으며) 아~. 쿵.

(예시3) 아동: (이불 위에 누워서 굴려 달라고) 음마~ 아따.

부모: 음마 아따. 엄마. 혹은 음마 아따. 굴려.

d. 아동이 다른 곳에 집중할 때보다는 부모와 상호작용하는 상황에서 공동 집중할 때 언어 확장을 시도한다. 이때, 부모는 아동에게 눈과 입을 보여 주며 목표 언어를 들려준다. 그리고 목표 언어를 강조해서 천천히 들려준다. 아동이 부모의 얼굴을 보고 있지 않은 상황이면 부모는 언어자극이 적절하게 입력될 수 있도록 자세와 위치를 변경하여 시선을 맞춰 본다. 발성 및 언어 확장을 할 때 제스처와 같은 시각적인 단서를 함께 사용한다.

e. 반응이 잘 나오는 경우, 한 번의 시도에서 끝내는 것이 아니라 이를 반복적으로 해 보거나 다른 담요들을 이용하여 보다 많은 횟수의 언어 확장이 이루어지도록 한다. 모방을 유도해도 좋다. 하지만 아동이 많이 거부하면 필수적으로 모방을 유도하지 않아도 좋다.

◎ 활용 예
• 아동이 원하는 대로 매트에서 굴려 준다. 그리고 잠시 굴려 주지 않은 채 기다린다. 혹은 한 바퀴만 굴려 주고 더 굴려 달라고 할 때까지 기다린다. 기다린 후에 아동이 굴려 달라는 제스처를 보이면 그 제스처를 모방하고, 소리를 냈다면 아동의 소리를 모방해 준다. 그리고 아동의 언어 및 의사소통 수준에 맞는 소리로 확장한다(예: 붕, 데구〈데굴〉-발성, 굴려 등).
• 아동을 푹신한 이불로 감싸 주고 푼 다음에 아동의 반응을 기다린다. 혹은 이불로 한 바퀴만 감싸 준 후 더 감싸 달라고 할 때까지 기다린다. 기다린 후 더 감싸 달라고 제스처로 표현하거나 돌리는 제스처를 보여 주면 그 행동을 모방하고 소리를 내면 아동의 소리를 모방해 주고 확장한다(예: 푸/푹-감싸는 발성, 감아, 빙글 등).

⑥ 기다리기: 상호작용 지시에 반응하기를 기다리기
a. 매트를 앞에 두고 엄마의 지시에 따르는지 기다린다. 이때 충분히 기다려도 반응이 없다면 다시 들려주고 기다린다.

(예시) 부모: 자 우리 이제 다른 것으로도 해 보자. 이불 굴려요(굴려 주세요).

b. 아동이 반응이 없다면 너무 먼 거리에서 하지 않고 좀 더 가까운 거리에서 시도해 본다. 혹은 눈에 보이는 것부터 시작해 보거나 주변 자극물의 개수를 줄여 시도해 본다.

(예시1) 부모: *(장롱 속이 아니라 눈에 보이는 이불의 경우)* 이불 굴려요.

(예시2) 부모: *(방에 사물들이 많다면 아동 주변 자극물을 2~3개 이내로 줄여)* 이불 굴려요.

c. 아동이 반응이 없다면 활동에 주의집중할 수 있도록 신체적 촉구(예: 손 잡기)를 하여 활동에 시선을 집중시킨 후 다시 반응을 기다려 본다.

(예시) 부모: *(아동의 손을 잡고 아동의 이불 쪽으로 갖다 대며)* 이불. 이불 굴려요.

d. 그래도 반응이 없다면, 포인팅을 하거나 직접 지시를 하거나 모델링을 통해 아동이 해야 할 것을 보여 준다.

(예시1) 부모: *(이불을 포인팅하며)* 이불 굴려요.

(예시2) 부모: *(이불을 포인팅하고 나서 손으로 뒤집는 제스처를 한 후)* 이불 굴려요.

e. 앞의 과정을 여러 차례 반복하며 알려 준다.

f. 이 목표에서는 아동에게 지시를 할 때 아동 주도 따르기를 반드시 사용할 필요는 없다.

◎ 활용 예
• 아동이 좋아하는 매트 위로 가서 아빠도 굴려 달라고 한다. 혹은 엄마에게도 굴려 달라고 한다. 그래도 안 되면 제스처 단서를 통해 유도한다.

---

3) 고려사항

• 아동의 언어 및 의사소통 수준에 따라 들려주고 촉진하는 것이 달라질 수 있다.
• 언어 확장이 잘된다고 하더라도 아동의 관심사를 놓치지 않고 지속해서 따라 한다.
• 언어 확장이 잘되지 않더라도 언어 유도를 위해 너무 학습적·지시적으로 이끌지 않고, 놀이는 항상 즐겁게 유지하도록 한다.
• 아동이 놀이를 좋아하지 않거나 어지러운 경우에는 억지로 시도하지 않는다.
• 주변에 부딪힐 물건들이 있다면 미리 치워 둔 후 안전하게 놀이를 한다.

일상 활동	매트 위에서 구르기	종합 / 언어기

1) 목표

(1) 부모 목표

- 관찰하기, 공동주의집중 및 공동 활동 늘리기: 참여하며 놀기, 아동 주도 따르기
- 공동주의집중 및 공동 활동 늘리기: 의사소통 촉진을 위한 놀이 확장
- 기다리기, 얼굴 마주 보기
- 모방하기, 언어 확장하기(1)
- 언어 확장하기(2), 차례 주고받으며 대화하기

(2) 아동 목표

- 매트 위에서 구르기 상황에서 상호작용할 때 다양한 낱말, 문장을 이해하고 표현할 수 있다.

🌀 목표 예

- 낱말 수준: 펴, 더, 자, 데구〈데굴〉, 삥그〈빙글〉, 굴러, 누워, 이불, 매트, 돌려, 감아, 많이, 조금, 푹신해 등
- 초기 문장 수준: 데구〈데굴〉 굴러, 삥그〈빙글〉 감아, 이불 굴려, 매트 누워, 많이 돌려, 더 감아 줘, 이불 데구〈데굴〉 감아, 더 많이 삥그〈빙글〉, 엄마가 누워, 엄마랑 감아, 이불이 푹신해, 아빠가 펴 줘, 아빠랑 같이 누워 등

2) 언어 및 의사소통 촉진 방법

- 준비물: 매트 혹은 두꺼운 이불 등

〈놀이방법〉

① 아동이 신체놀이를 즐길 수 있는 매트 혹은 두꺼운 이불 등을 준비한다.

② 관찰하기, 공동주의집중 및 공동 활동 늘리기: 참여하며 놀기, 아동 주도 따르기

　　a. 아동이 좋아하는 이불을 보여 주며 아동이 어떻게 움직이며 노는지를 관찰한다.

　　　　(예시) 부모: ○○아. 우와 ○○이가 움직이네.

　　b. 만약 아동이 이불을 덮고 있다면 아동의 관심을 따라간다.

　　　　(예시) 부모: 우와. ○○이가 이불 덮고 있네.

　　c. 아동이 부모가 준비한 것에 관심이 없으면 다른 준비물을 보여 주며 관심을 유도한다. 이때 질문을 하거나 지시를 하지 않고 상황만을 언급해 준다. 아동에게 질문하거나 지시를 하면 아동 주도가 부모 주도로 바뀌어 자발적인 의사소통이 될 수 없다. 그리고 가능한 아동의 행동에 민감하게 반응하면서 상호작용을 지속하도록 노력한다.

　　◎ 활용 예
- 아동이 즐기는 매트 위에 함께 올라가 소리를 내면서 만져 본다.
- 아동이 이불을 만지거나 관심을 보이면 함께 이불을 당겨도 보고, 쳐 보기도 하고, 만져도 본다.

③ 공동주의집중 및 공동 활동 늘리기: 의사소통 촉진을 위한 놀이 확장

　　a. 부모는 아동이 이불을 만지기만 한다면 이불을 당겨도 보고 누워도 보고 구르는 것을 보여 준다.

　　이때 부모는 아동이 부모가 구르는 것에 집중할 수 있도록 억양을 다르게 하거나 재미있는 소리를 내며 관심을 유도한다. 그리고 지속적으로 아동이 부모의 행동에 관심을 두고 있는지를 확인한다.

　　b. 놀이가 매우 활기를 띠는 상황이 되면 아동이 더욱 재미를 느끼고 동기화되어 적극적인 상호작용을 할 수 있기 때문에 얼굴 표정, 제스처, 목소리 톤과 같은 비구어적 의사소통을 과장되게 표현하여 활기를 북돋아 준다.

　　c. 아동이 관심을 보인다면 반복적으로 보여 준다.

d. 만약 아동이 관심이 없다면 다시 보여 주거나 부모가 아동을 이불 위에 앉히고 잠시 부모가 구르는 것을 보고 집중할 수 있도록 유도해 본다.

 (예시1) 부모: *(구르는 것을 보여 주며)* 우와 데굴데굴 굴러. 굴러 볼까.

 (예시2) 부모: *(구르는 것을 보여 주며)* 쿵~ *(또 구르며)* 쿵~ 우와 재밌다.

e. 부모는 자극을 줄 때 아동이 잘 볼 수 있게 자세와 위치를 맞춰 둔다.

◉ 활용 예
• 아동이 원하는 이불을 만지작거리면 부모는 함께 만져 보고 이불에도 누워 본다.
• 아동이 이불을 당기거나 관심을 보이면 부모는 함께 이불을 당기고 이불 위에 눕거나 굴러 본다.

---

④ 기다리기, 얼굴 마주 보기

 a. 부모는 아동을 이불 위에서 옆으로 한 번 굴려 주고 아동의 반응을 기다린다.

 (예시) 부모: *(아동을 굴려 준 후)* 우와 데굴데굴 재밌겠다. 우리 같이 굴려.

 b. 아동이 반응이 없다면 다시 한 번 구르기에 관심을 갖도록 시도해 본다. 부모가 아동의 얼굴을 바라보며 기다린다. 부모가 아동의 반응을 잘 기다리는 경우, 아동이 부모의 얼굴을 마주 보고 의사소통 의도를 표현하는 것을 확인할 수 있다.

 c. 부모가 반응을 기다렸는데 아동이 부모에게 요청하지 않고 자신이 원하는 것만 하려고 한다면 부모는 아동이 부모에게 요청할 수 있는 또 다른 상황을 만들어 준다.

 d. 이때 중요한 것은 아동의 반응이 정확한 문장이거나 정확한 발음의 낱말이 아니어도 좋다는 것이다. 부모는 어떤 의사소통 수단이든 아동의 상호작용 시작에 긍정적으로 반응해 준다.

 (예시1) 아동: *(굴려 달라고 하며)* 이부<이불>.

  부모: 우와 알겠어. 엄마가 굴려 줄게.

 (예시2) 아동: *(매트 위에 누워서)* 떼구<데굴>~

  부모: 우와 알겠어. 엄마가 굴려 줄게.

 (예시3) 아동: *(이불 위에 누워서 굴려 달라고 하며)* 이부 삥그<이불 빙글>.

  부모: 우와 알겠어. 아빠가 굴려 줄게.

매트 위에서 구르기

(예시4) 아동: (이불 위에 누워서 감아 달라고 하며) 아빠 또.
부모: 우와 알겠어. 아빠가 감아 줄게.

e. 기다리는 상황에서 부모가 무표정을 보이는 등 지시적/학습적인 상황이 되면 아동이 요청하지 않을 수 있다. 항상 부모가 가까이에 있어 언제든 도움을 줄 수 있다는 것을 아동이 인식하게 해 준다(예: 손을 가까이 두기). 그리고 기다리는 상황에서 다치거나 위험한 상황이 예상되면 상황을 만들지 않거나 미리 제지한다.

f. 반응이 잘 나오는 경우, 한 번의 시도에서 끝내는 것이 아니라 이를 반복적으로 해 보며 길게 상호작용하도록 한다.

◎ 활용 예
• 아동을 매트나 이불로 덮는다. 그리고 감싸 달라고 할 때까지 기다린다. 혹은 한 번만 감싸 준 후 더 감싸 달라고 할 때까지 기다린다. 아동이 반응을 보이면 즉각적으로 반응해 준다.

낱말 수준	*(예시1) 아동: (굴려 달라고 하며) 삥그<빙글>~* *부모: 우와 알겠어. 엄마가 굴려 줄게.* *(예시2) 아동: (감싸 달라고 하며) 이부<이불>.* *부모: 우와 알겠어. 아빠가 이불 감아 줄게.*
초기 문장 수준	*(예시1) 아동: (매트에서 굴려 달라고 하며) 엄마 데구<데굴>~* *부모: 우와 알겠어. 엄마가 데굴 굴려 줄게.* *(예시2) 아동: (이불을 감아 달라고 하며) 아빠 이부<이불>.* *부모: 우와 알겠어. 아빠가 이불 감아 줄게.*

⑤ 모방하기, 언어 확장하기(1)
a. 아동이 의사소통을 시작하기 위한 행동이나 소리를 냈다면 이를 모방한다. 대신 부모가 해석한 행동이 아니라 아동의 행동, 발성 그대로를 모방한다.

b. 모방을 할 때는 부모가 아동의 행동을 모방하고 있다는 것을 충분히 과장되게 표현해 준다.

c. 아동의 행동을 모방한 후에는 아동의 발성 및 언어 수준을 고려하여 확장을 해 준다. 만약 아동이 낱말 단계인데 음절 수준이 2음절이면 2음절 내에서 다양한 소리 목록을 넣어 들려준다.

만약 아동이 초기 문장 단계이면 무조건 긴 문장이 아니라 한 어절 정도를 추가하여 문장을 확장하여 들려준다.

> *(예시1)* 아동: *(굴려 달라고 하며)* 이부<이불>.
>
> 부모: 이부<이불>, 이불 굴려~
>
> *(예시2)* 아동: *(매트 위에 누워서)* 떼구<데굴>~
>
> 부모: 떼구<데굴>, 데굴 해 줘.
>
> *(예시3)* 아동: *(이불 위에 누워서 굴려 달라고 하며)* 이부 삥그<이불 빙글>.
>
> 부모: 이부 삥그<이불 빙글>, 이불을 빙글 굴려.
>
> *(예시4)* 아동: *(이불 위에 누워서 갑아 달라고 하며)* 아빠 또.
>
> 부모: 아빠 또 감아.

d. 아동이 다른 곳에 집중할 때보다는 부모와 상호작용하는 상황에서 공동 집중할 때 언어 확장을 시도한다. 이때, 부모는 아동에게 눈과 입을 보여 주며 목표 언어를 들려준다. 그리고 목표 언어를 강조해서 천천히 들려준다. 아동이 부모의 얼굴을 보고 있지 않은 상황이면 부모는 언어자극이 적절하게 입력될 수 있도록 자세와 위치를 변경하여 시선을 맞춰 본다. 발성 및 언어 확장을 할 때 제스처와 같은 시각적인 단서를 함께 사용한다.

e. 반응이 잘 나오는 경우, 한 번의 시도에서 끝내는 것이 아니라 이를 반복적으로 해 보거나 다른 담요들을 이용하여 보다 많은 횟수의 언어 확장이 이루어지도록 한다. 모방을 유도해도 좋다. 하지만 아동이 많이 거부하면 필수적으로 모방을 유도하지 않아도 좋다.

활용 예

• 아동이 혼자 매트를 감으려고 하거나 이불이 잘 굴려지지 않을 때 바로 도와주지 않고 아동의 얼굴을 보며 반응을 기다린다. 아동이 반응을 보이면 즉각적으로 모방해 주고 아동의 언어를 확장해 준다.

낱말 수준	*(예시1)* 아동: *(굴려 달라고 하며)* 삥그<빙글>~ 부모: 삥그<빙글>, 빙글 굴려. *(예시2)* 아동: *(감싸 달라고 하며)* 이부<이불>. 부모: 우와 알겠어. 아빠가 이불 감아 줄게. *(예시3)* 아동: *(굴려 달라고 매트를 치며)* 매트.

	부모: (매트를 치며) 매트, 매트 굴러~
(예시4)	아동: (굴려 달라고 매트를 치며) 붕.
	부모: (매트를 치며) 붕, 이불 붕~
초기 문장 수준	(예시1) 아동: (매트에서 굴려 달라고 하며) 엄마 데구<데굴>~ 부모: 엄마 데구<데굴>~, 엄마가 데굴 굴려. (예시2) 아동: (이불을 감아 달라고 하며) 아빠 이부<이불>. 부모: 아빠 이부<이불>, 아빠가 이불 감아. (예시3) 아동: (굴려 달라고 손바닥을 뒤집으며) 엄마 쿵~ 부모: (손바닥을 뒤집으며) 엄마 쿵~, 엄마 쿵 돌려.

⑥ 언어 확장하기(2), 차례 주고받으며 대화하기

a. 이불 구르기와 이불 감기를 하는 상황에서 부모와 함께 차례를 주고받으며 대화를 해 본다. 한 번은 아동이 부모에게 먼저 요청을 하면 부모가 반응해 주고, 다음 차례는 부모가 아동에게 요청하면 아동이 반응해 준다.

b. 이때 아동이 반응이 나올 때까지 기다리기를 본 활동에서도 적용해 본다. 어느 정도 활기찬 활동이 되고 반복이 이루어졌다면 기다리기를 한 후 부모가 확장해 준 언어를 모방할 때까지 기다려 본다. 아동이 언어 확장을 보이면 더 격한 반응으로 아동을 칭찬해 주면서 활동을 더욱 활기차게 만든다. 아동이 언어 확장을 보이지 않는 경우에도 격려하면서 다시 반복해서 목표 언어를 들려준다.

(예시) 부모: 자, 우리 엄마 한 번, ○○ 한 번 해서 같이 구르자. 누가 먼저 굴려 볼까?

아동: ○○.

부모: 자 그럼 ○○이가 먼저 굴려 봐. ○○아 엄마 굴려 줘.

아동: (엄마를 밀며 굴려 주면서) 으차.

부모: (한 바퀴 구른 다음에) 또 굴려 줘.

아동: 네~ (더 많이 굴려 준다)

부모: 또 굴려 줘.

아동: (굴려 주며) 또 굴려.

부모: 자 이번에는 아빠가 돌려 줄게. (말하고 기다린다)

아동: (이불을 가리키며) 아빠.

부모: 아빠, 아빠 돌려. *(한 바퀴 돌려 준다)*

아동: 또.

부모: 또. 또 돌려. *(아동이 모방할 때까지 기다려 본다)*

아동: 또 도여<돌려>.

부모: 우와 알겠어. 아빠가 ○○이 또 돌려 줄게. 데구르르르르. *(언어가 확장되었을 때 더 칭찬하며 돌려 준다)*

c. 차례를 주고받으며 대화를 할 때 아동마다 차례를 주고받는 시간이 다를 수 있다. 아동이 흥미를 잃으면 오랜 시간을 지속할 수 없기 때문이다. 아동의 주의집중 시간에 따라 처음에는 짧은 시간이라도 차례를 주고받는 횟수(빈도)를 늘려 주도록 한다. 이후 상호작용을 지속할 수 있는 시간이 길어지면 차례를 주고받는 횟수(빈도)뿐만 아니라 한 가지 놀이를 통해서 차례를 주고받는 시간을 늘려 준다.

😊 활용 예

낱말 수준	부모: 자 아빠랑 ○○이랑 같이 이불 놀이하자. ○○이는 뭐 하고 싶어? *(말하고 기다린다)* 아동: 감아. 부모: 감아. 이불 감아. *(감지 않고 기다린다)* 아동: *(아빠에게 요청하며)* 감아. 부모: 감아. 이불 감아. *(모방할 때까지 기다려 본다)* 아동: 이불 감아. 부모: 우와 알겠어. 아빠가 이불 감아 줄게. *(언어가 확장되었을 때 더 칭찬하며 감아 준다)* 부모: 이번에는 뭐 할래? 아동: 굴러. 부모: 굴러. 이불 굴러 혹은 굴러. 이불 데굴 굴러. *(모방할 때까지 기다린다)* 아동: 이불 굴러. 부모: 이제 아빠가 구를게. 혹은 ○○아. 굴려 줘. 아동: 네. *(굴려 준다)* 부모: 이불 감아 줘. 아동: *(감아 주며)* 네 이불.

	부모: 더 갚아 줘. 재밌다. 아동: 네. *(더 많이 갚아 준다)*
초기 문장 수준	부모: 자, 아빠랑 ○○이랑 같이 이불 놀이하자. ○○이는 뭐 하고 싶어? *(말하고 기다린다)* 아동: 이불 데굴. 부모: 이불 데굴, 이불 데굴 밀어. *(밀지 않고 기다린다)* 아동: *(아빠에게 요청하며)* 이부 떼구<이불 데굴>. 부모: 이불 데굴 밀어. *(모방할 때까지 기다려 본다)* 아동: 이부 떼구 미여<이불 데굴 밀어>. 부모: 우와 알겠어, 아빠가 이불 데굴 밀어 줄게. *(언어가 확장되었을 때 더 칭찬하며 밀어 준다)* 부모: 이번에는 뭐 할래? 아동: 이불 빙글. 부모: 이불 빙글, 이불 빙글 굴러. 혹은 이불에서 굴러. *(모방할 때까지 기다린다)* 아동: 이부에서 구여<이불에서 굴려>. 부모: 이제 아빠 구를게. ○○아, 이불에서 굴려 줘. 아동: 네. *(굴려 준다)* 부모: 이불 또 갚아 줘. 아동: 네, 이불갚아. *(갚아 준다)* 부모: 더 갚아 줘. 재밌다. 아동: 네, 더 갚아. *(더 많이 갚아 준다)*

3) 고려사항

- 아동의 언어 및 의사소통 수준에 따라 들려주고 촉진하는 것이 달라질 수 있다.
- 언어 확장이 잘된다고 하더라도 아동의 관심사를 놓치지 않고 지속해서 따라 한다.
- 언어 확장이 잘되지 않더라도 언어 유도를 위해 너무 학습적·지시적으로 이끌지 않고, 놀이는 항상 즐겁게 유지하도록 한다.
- 아동이 놀이를 좋아하지 않거나 어지러운 경우에는 억지로 시도하지 않는다.
- 주변에 부딪힐 물건들이 있다면 미리 치워 둔 후 안전하게 놀이를 한다.

일상 활동	음악 듣고 춤추기	종합 / 언어이전기

1) 목표

(1) 부모 목표

- 관찰하기, 공동주의집중 및 공동 활동 늘리기: 참여하며 놀기, 아동 주도 따르기
- 공동주의집중 및 공동 활동 늘리기: 의사소통 촉진을 위한 놀이 확장
- 기다리기: 상호작용 시작 시간 기다리기, 얼굴 마주 보기
- 행동 및 구어 모방하기, 제스처/발성 및 언어 확장하기
- 기다리기: 상호작용 지시에 반응하기를 기다리기

(2) 아동 목표

- 음악 듣고 춤추기 상황에서 상호작용할 때 다양한 제스처, 발성, 언어를 이해하고 표현할 수 있다.

🏵 **목표 예**
- 제스처: (라디오, 휴대전화 등을 포인팅하며 음악 틀어 달라고 요구하기), (부모의 손을 끌며 춤추라고 요구하기), (춤을 보여 주며 춤추라고 요구하기), (손으로 귀를 막거나, 손을 위에서 아래로 내리며, 손을 흔들며, 엑스자를 만들며 음악소리를 줄이라고 요구하기)
- 발성 및 언어: 어~/애~/이어(음악을 틀도록 요구하기), 음/음마/으따/나나/바바/빠빠/켜/또/해(음악을 틀도록 요구하기), 두두/춰(춤추라고 요구하기), 악/커/꺼/이끄〈시끄〉/아니(소리를 줄이라고 요구하기) 등

2) 언어 및 의사소통 촉진 방법

- 준비물: 음악을 틀 수 있는 휴대전화, 컴퓨터(노트북), 태블릿PC 등의 전자기기

〈놀이방법〉

① 아동이 좋아하는 노래를 들을 수 있는 전자기기를 준비한다.

② 관찰하기, 공동주의집중 및 공동 활동 늘리기: 참여하며 놀기, 아동 주도 따르기

  a. 아동이 좋아하는 음악을 틀어 주며 아동이 어떻게 움직이고 좋아하는지 관찰한다.

  (예시) 부모: ○○아, 이렇게 움직이는구나.

  b. 만약 아동이 음악을 듣고 몸을 움직인다면 아동의 관심을 따라간다.

  (예시) 부모: 우와, 라라라~움직여. 혹은 오, 흔들흔들 춤추는구나~

  c. 아동이 부모가 준비한 것에 관심이 없으면 다른 준비물을 보여 주며 관심을 유도한다. 이때 질문을 하거나 지시를 하지 않고 상황만을 언급해 준다. 아동에게 질문하거나 지시를 하면 아동 주도가 부모 주도로 바뀌어 자발적인 의사소통이 될 수 없다. 그리고 가능한 아동의 행동에 민감하게 반응하면서 상호작용을 지속하도록 노력한다.

◎ **활용 예**

- 아동이 음악을 들으며 몸을 옆으로 움직인다면 부모도 함께 움직인다.
- 아동이 음악을 듣고 어떻게 움직이는지 관찰하고 부모도 함께 즐긴다.
- 아동이 음악을 듣고 동작들을 만든다면 부모도 함께 다양한 동작을 만들어 본다.

---

③ 공동주의집중 및 공동 활동 늘리기: 의사소통 촉진을 위한 놀이 확장

  a. 아동이 음악을 듣기만 한다면 음악을 들으면서 몸을 움직여 놀이를 확장하며 보여 준다. 그리고 반복적으로 보여 주며 관심을 유도한다.

  이때 부모는 아동이 부모가 움직이는 것에 집중할 수 있도록 다소 과장된 행동 및 억양으로 다양한 범위의 소리를 내며 관심을 유도한다. 그리고 지속적으로 아동이 부모의 행동에 관심을 두고 있는지를 확인한다.

  b. 놀이가 매우 활기를 띠는 상황이 되면 아동은 더 재미있고 동기화될 수 있는 상호작용을 할 수 있기 때문에 얼굴 표정, 제스처, 목소리 톤과 같은 비구어적 의사소통을 과하게 하여 활기를 북돋아 준다.

c. 아동이 관심을 보인다면 반복적으로 보여 준다.

d. 만약 아동이 관심이 없다면 다시 보여 주거나 음악을 변경해 보거나 부모가 동작을 더 크게 해서 움직이는 모습을 보여 주고, 아동이 움직이는 방법을 모른다면 아동의 손이나 몸을 잡고 움직여 준 후 아동이 음악에 관심을 갖고 집중할 수 있도록 유도해 본다.

(예시1) 부모: (몸동작을 크게 움직이며) 우와 둥가둥가~ 움직이니까 재밌다.

(예시2) 부모: (아동의 몸을 움직여 주며) 랄라라라~ 춤추자. 신난다. (또 한 번 춤추는 것을 보여 주며) 빰빰빰~ 우와 춤 즐겁다.

e. 부모는 자극을 줄 때 아동이 잘 볼 수 있게 자세와 위치를 맞춰 둔다.

😊 **활용 예**

• 아동이 몸을 옆으로 움직인다면 아동과 똑같이 함께 움직이되 더 크게 움직이면서 재밌는 소리들을 들려준다.

• 아동이 음악을 듣고 고개를 기울이면서 몸을 흔든다면 아동과 똑같이 흔들면서 함께 음악을 흥얼거린다.

④ 기다리기: 상호작용 시작 시간 기다리기, 얼굴 마주 보기

a. 아동이 즐겁게 춤을 추고 있을 때 잠시 음악을 끄고 아동의 반응을 기다린다.

(예시) 부모: (음악을 끈 후 놀란 척하며) 오 이상하다? 음악이 꺼졌네?

b. 아동이 반응이 없다면 다시 한 번 음악에 관심을 갖도록 시도해 본다. 이때 부모는 아동의 얼굴을 바라보며 기다린다. 부모가 아동의 반응을 잘 기다리는 경우, 아동이 부모의 얼굴을 마주 보고 의사소통 의도를 표현하는 것을 확인할 수 있다.

c. 부모가 반응을 기다렸는데 아동이 부모에게 요청하지 않고 자신이 원하는 것만 하려고 한다면 부모는 아동이 부모에게 요청할 수 있는 또 다른 상황을 만들어 준다.

d. 이때 중요한 것은 아동의 반응이 정확한 구어여도 좋고 그렇지 않아도 된다는 것이다. 혹은 제스처나 모음발성이어도 좋다. 부모는 어떤 의사소통 수단이든 아동의 상호작용 시작에 긍정적으로 반응해 준다.

(예시1) 아동: *(전자기기를 가리키며)* 으.

부모: 우와 알겠어. 엄마가 켜 줄게.

(예시2) 아동: *(엄마가 춤을 멈췄을 때 응시하며)* 으마~

부모: 우와 알겠어. 엄마가 춤출게.

(예시3) 아동: *(소리를 줄여 달라고 하며)* 으~

부모: 우와 알겠어. 엄마가 줄여 줄게.

e. 기다리는 상황에서 부모가 무표정을 보이는 등 지시적/학습적인 상황이 되면 아동이 요청하지 않을 수 있다. 항상 부모가 가까이에 있어 언제든 도움을 줄 수 있다는 것을 아동이 인식하게 해 준다(예: 손을 가까이 두기). 그리고 기다리는 상황에서 다치거나 위험한 상황이 예상되면 상황을 만들지 않거나 미리 제지한다.

f. 반응이 잘 나오는 경우, 한 번의 시도에서 끝내는 것이 아니라 이를 반복적으로 해 보며 길게 상호작용하도록 한다.

> 🙂 활용 예
> • 아동이 음악에 관심을 갖도록 한다. 그리고 아동이 재미있어 할 때 잠시 음악을 멈추고 기다린다.
> • 아동과 음악을 들으며 즐겁게 춤을 춘다. 그리고 잠시 정지된 동작을 취한 후 아동이 춤추라고 요구할 때까지 기다린다.
> • 아동과 즐겁게 음악을 들으며 놀다가 음악 소리를 다소 크게 들려준다. 그리고 아동이 줄여 달라고 요구할 때까지 기다린다.

⑤ 행동 및 구어 모방하기, 제스처/발성 및 언어 확장하기

a. 아동이 의사소통을 시작하기 위한 행동이나 소리를 냈다면 이를 모방한다. 대신 부모가 해석한 행동이 아니라 아동의 행동, 발성 그대로를 모방한다.

b. 모방을 할 때는 부모가 아동의 행동을 모방하고 있다는 것을 충분히 과장되게 표현해 준다.

c. 아동의 행동을 모방한 후에는 아동의 발성 및 언어 수준을 고려하여 확장을 해 준다. 만약 아동이 모음이 주로 나온다면 모음의 소리를 확장해 주거나 몇 개의 자음만을 이용하여 확장한다. 만약 아동이 자음 2개가 모두 1음절 상황에서 나온다면 1음절의 소리를 중첩적으로 반복하여

들려주어 음절을 확장해 주거나 다른 자음을 1음절 상황에서 알려 주어 음소 목록을 확장하여
들려준다.

> (예시1) 아동: (전자기기를 켜 달라고 가리키며) 으.
>
> 부모: (함께 가리키며) 으, 켜.
>
> (예시2) 아동: (엄마가 춤을 멈췄을 때 응시하며) 으마~
>
> 부모: 으마~ 춰.
>
> (예시3) 아동: (소리를 줄여 달라고 하며) 으~
>
> 부모: 으~ 시끄.

d. 아동이 다른 곳에 집중할 때보다는 부모와 상호작용하는 상황에서 공동 집중할 때 언어 확장을 시도한다. 이때, 부모는 아동에게 눈과 입을 보여 주며 목표 언어를 들려준다. 그리고 목표 언어를 강조해서 천천히 들려준다. 아동이 부모의 얼굴을 보고 있지 않은 상황이면 부모는 언어자극이 적절하게 입력될 수 있도록 자세와 위치를 변경하여 시선을 맞춰 본다. 발성 및 언어 확장을 할 때 제스처와 같은 시각적인 단서를 함께 사용한다.

e. 반응이 잘 나오는 경우, 한 번의 시도에서 끝내는 것이 아니라 이를 반복적으로 해 보거나 다른 음악을 이용하여 보다 많은 횟수의 언어 확장이 이루어지도록 한다. 모방을 유도해도 좋다. 하지만 아동이 많이 거부하면 필수적으로 모방을 유도하지 않아도 좋다.

🎵 활용 예

- 아동이 음악에 관심을 갖도록 한다. 그리고 아동이 재미있어 할 때 잠시 음악을 멈추고 기다린다. 기다린 후에 아동이 음악을 틀어 달라는 제스처를 보이면 그 제스처를 모방하고 소리를 냈다면 아동의 소리를 모방한다. 그리고 아동의 언어 및 의사소통 수준에 맞는 소리로 확장한다(예: 나나-발성, 켜, 또 등).
- 아동과 음악을 들으며 즐겁게 춤을 춘다. 그리고 잠시 정지된 동작을 취한 후 아동이 춤추라고 요구할 때까지 기다린다. 기다린 후 춤추라고 제스처로 표현하거나 엄마 손을 움직이면 그 행동을 모방하고 소리를 내면 아동의 소리를 모방해 주고 확장한다(예: 두두~-춤출 때 내던 발성, 해, 음마(엄마), 춰 등).
- 아동과 즐겁게 음악을 들으며 놀다가 음악 소리를 다소 크게 들려준다. 그리고 아동이 줄여 달라고 요구할 때까지 기다린다. 기다린 후 음악 소리를 줄이라고 제스처로 표현하거나 엄마 손을 움직이면 그 행동을 모방한다. 소리를 내면 아동의 소리를 모방해 주고 확장한다(예: 손을 위에서 아래로 내리는 제스처, 꺼, 아니 등).

⑥ 기다리기: 상호작용 지시에 반응하기를 기다리기

a. 아동에게 버튼을 누를 수 있도록 하고 엄마의 지시에 반응을 하는지 기다린다. 이때 충분히 기다려도 반응이 없다면 다시 들려주고 기다린다.

  (예시) 부모: 자, 우리 이제 ○○이가 켜 보자.

b. 아동이 반응이 없다면 너무 먼 거리에서 하지 않고 좀 더 가까운 거리에서 시도해 본다. 혹은 눈에 보이는 것부터 시작해 보거나 주변 자극물의 개수를 줄여 시도해 본다.

  (예시1) 부모: (전자기기가 멀리 있는 경우 아동을 가까이 데려간 후) 켜~ 노래 켜.

  (예시2) 부모: (4~5개 이상의 자극물에서 반응이 없다면 자극물을 2~3개 이내로 줄여) 노래 켜 줘.

c. 아동이 반응이 없다면 활동에 주의집중할 수 있도록 신체적 촉구(예: 손 잡기)를 하여 활동에 시선을 집중시킨 후 다시 반응을 기다려 본다.

  (예시) 부모: (아동의 손을 잡고 전자기기 쪽으로 갖다 대며) 켜~ 노래 켜.

d. 그래도 반응이 없다면, 포인팅을 하거나 직접 지시를 하거나 모델링을 통해 아동이 해야 할 것을 보여 준다.

  (예시1) 부모: (휴대전화를 포인팅하며) 랄랄라~ 노래 켜.

  (예시2) 부모: (태블릿 PC를 포인팅하고 나서 손으로 누르는 시늉을 하며) 음악 켜 줘.

e. 앞의 과정을 여러 차례 반복하며 알려 준다.

f. 이 목표에서는 아동에게 지시를 할 때 아동 주도 따르기를 반드시 사용할 필요는 없다.

🧑 **활용 예**

• 전자기기를 아동의 손에 닿을 수 있도록 하고 아빠도 음악을 듣고 싶다고 말한다. 혹은 춤추는 시늉을 하며 "노래 켜." "음악 켜 줘."라고 하며 누르는 시늉을 하고 기다린다.

• 다소 듣기 불편할 정도로 음악 소리를 키운 후 아동의 반응을 기다린다. 아동이 반응이 없으면 두 팔로 × 표시를 만드는 등의 제스처 단서를 통해 유도한다.

3) 고려사항

- 아동의 언어 및 의사소통 수준에 따라 들려주고 촉진하는 것이 달라질 수 있다.
- 언어 확장이 잘된다고 하더라도 아동의 관심사를 놓치지 않고 지속해서 따라 한다.
- 언어 확장이 잘되지 않더라도 언어 유도를 위해 너무 학습적·지시적으로 이끌지 않고, 놀이는 항상 즐겁게 유지하도록 한다.
- 아동이 놀이를 좋아하지 않거나 관심이 없는 경우에는 억지로 시도하지 않는다. 그러나 아동이 관심을 보이지 않는 경우 다른 음악으로 바꿔서 시도해 볼 수 있다.
- 음악이 나온다 하더라도 상호작용에 방해가 될 수 있는 TV 등의 영상은 보여 주지 않는다.
- 음악 소리 크기를 조절할 때 너무 큰 소리로 오래 들려주지 않도록 한다.

음악 듣고 춤추기

일상 활동 음악 듣고 춤추기   종합 / 언어기

1) 목표

(1) 부모 목표

- 관찰하기, 공동주의집중 및 공동 활동 늘리기: 참여하며 놀기, 아동 주도 따르기
- 공동주의집중 및 공동 활동 늘리기: 의사소통 촉진을 위한 놀이 확장
- 기다리기, 얼굴 마주 보기
- 모방하기, 언어 확장하기(1)
- 언어 확장하기(2), 차례 주고받으며 대화하기

(2) 아동 목표

- 음악 듣고 춤추기 상황에서 상호작용할 때 다양한 낱말, 문장을 이해하고 표현할 수 있다.

◉ 목표 예

- 낱말 수준: 춤, 춰, 쳐, 켜, 꺼, 노래, 음악, 크다, 작다, 멈춰, 돌려, 움직여, 흔들어, 신체 부위 어휘(손, 발, 머리 등), 찔러, 울어, 웃어, 끄덕여 등
- 초기 문장 수준: 춤 춰, 음악 켜, 노래 꺼, 음악 커, 머리 돌려, 손 움직여, 머리 끄덕여, 노래를 켜, 노래 소리 작아, 아빠가 춤 춰, 엄마가 노래 켜 등

2) 언어 및 의사소통 촉진 방법

- 준비물: 음악을 틀 수 있는 휴대전화, 컴퓨터(노트북), 태블릿PC 등의 전자기기

〈놀이방법〉

① 아동이 좋아하는 노래를 틀 수 있는 전자기기를 준비한다.

② 관찰하기, 공동주의집중 및 공동 활동 늘리기: 참여하며 놀기, 아동 주도 따르기

    a. 아동이 좋아하는 음악을 틀어 주며 아동이 어떻게 움직이고 어떤 음악을 좋아하는지를 관찰한다.

    (예시) 부모: ○○아, 이렇게 움직이는구나.

    b. 만약 아동이 음악을 듣고 몸을 움직인다면 아동의 관심을 따라간다.

    (예시) 부모: 우와, 라라라~ 움직여. 혹은 오, 흔들흔들 춤추는구나.

    c. 아동이 부모가 준비한 것에 관심이 없으면 음악을 들려주며 관심을 유도한다. 이때 질문을 하거나 지시를 하지 않고 상황만을 언급해 준다. 아동에게 질문하거나 지시를 하면 아동 주도가 부모 주도로 바뀌어 자발적인 의사소통이 될 수 없다. 그리고 가능한 아동의 행동에 민감하게 반응하면서 상호작용을 지속하도록 노력한다.

◎ 활용 예
- 아동이 음악을 들으며 몸을 옆으로 움직인다면 부모도 함께 움직인다.
- 부모는 아동이 음악을 듣고 어떻게 움직이는지 관찰하고 함께 따라 한다.
- 아동이 음악을 듣고 동작들을 만든다면 부모도 함께 다양한 동작을 만들어 본다.

③ 공동주의집중 및 공동 활동 늘리기: 의사소통 촉진을 위한 놀이 확장

    a. 부모는 아동이 음악을 듣고 몸을 흔들기만 한다면 다양한 신체 부위를 움직여 놀이를 확장하며 보여 준다.

    이때 부모는 아동이 부모가 움직이는 것에 집중할 수 있도록 다소 과장된 행동 및 억양으로 다양한 범위의 소리를 내며 관심을 유도한다. 그리고 지속적으로 아동이 부모의 행동에 관심을 두고 있는지를 확인한다.

    b. 놀이가 매우 활기를 띠는 상황이 되면 아동이 더욱 재미를 느끼고 동기화되어 적극적인 상호작용을 할 수 있기 때문에 얼굴 표정, 제스처, 목소리 톤과 같은 비구어적 의사소통을 과장되게 표현하여 활기를 북돋아 준다.

c. 아동이 관심을 보인다면 반복적으로 보여 준다.

d. 만약 아동이 관심이 없다면 음악을 변경해 보거나 부모가 동작을 더 크게 해서 과장되게 움직이는 모습을 보여 준다. 아동이 움직이는 방법을 모른다면 아동의 신체 부위를 잡고 함께 움직여 준 후 아동이 음악에 관심을 갖고 집중할 수 있도록 유도해 본다.

　(예시1) 부모: (몸동작을 크게 움직이며) 우와 둥가둥가~ 움직이니까 재밌다.

　(예시2) 부모: (아동의 몸을 움직여 주며) 랄라라라~ 춤추자. 신난다. (또 한 번 춤추는 것
　　　　　을 보여 주며) 빵빵빵~ 우와 노래 즐겁다. 춤추자.

e. 부모는 자극을 줄 때 아동이 잘 볼 수 있게 자세와 위치를 맞춰 둔다.

◎ 활용 예
• 아동이 몸을 움직인다면 부모는 함께 움직이되 더 크고 과장되게 움직이면서 재밌는 소리들을 들려준다.
• 아동이 음악을 듣고 고개를 기울이면서 몸을 흔든다면 부모도 함께 고개를 기울이고 흔들면서 음악을 흥얼거린다.

④ 기다리기, 얼굴 마주 보기
a. 아동이 즐겁게 춤을 추고 있을 때 잠시 음악을 끄고 아동의 반응을 기다린다.

　(예시) 부모: (음악을 끈 후 놀란 척하며) 오 이상하다? 음악이 꺼졌네?

b. 아동이 반응이 없다면 다시 한 번 음악에 관심을 갖도록 시도해 본다. 그리고 부모가 아동의 얼굴을 바라보며 기다린다. 부모가 아동의 반응을 잘 기다리는 경우, 아동이 부모의 얼굴을 마주 보고 의사소통 의도를 표현하는 것을 확인할 수 있다.

c. 부모가 반응을 기다렸는데 아동이 부모에게 요청하지 않고 자신이 원하는 것만 하려고 한다면 부모는 아동이 부모에게 요청할 수 있는 또 다른 상황을 만들어 준다.

d. 이때 중요한 것은 아동의 반응이 정확한 문장이거나 정확한 발음의 낱말이 아니어도 좋다는 것이다. 부모는 어떤 의사소통 수단이든 아동의 상호작용 시작에 긍정적으로 반응해 준다.

　(예시1) 아동: (전자기기를 가리키며) 또.

　　　부모: 우와 알겠어. 엄마가 켜 줄게.

　(예시2) 아동: (엄마가 춤을 멈췄을 때 춤을 춰달라고 하며) 엄마~

　　　부모: 우와 알겠어. 엄마가 춤출게.

　(예시3) 아동: (소리를 줄여 달라고 하며) 안 돼~

　　　부모: 우와 알겠어. 엄마가 줄여 줄게.

　(예시4) 아동: (박수를 치며) 엄마 춰~

　　　부모: 우와 알겠어. 엄마가 춤출게.

e. 기다리는 상황에서 부모가 무표정을 보이는 등 지시적/학습적인 상황이 되면 아동이 요청하지 않을 수 있다. 항상 부모가 가까이에 있어 언제든 도움을 줄 수 있다는 것을 아동이 인식하게 해 준다(예: 손을 가까이 두기). 그리고 기다리는 상황에서 다치거나 위험한 상황이 예상되면 상황을 만들지 않거나 미리 제지한다.

f. 반응이 잘 나오는 경우, 한 번의 시도에서 끝내는 것이 아니라 이를 반복적으로 해 보며 길게 상호작용하도록 한다.

🌀 활용 예

• 부모는 아동이 음악에 관심을 갖도록 한다. 그리고 아동이 재미있어 할 때 잠시 음악을 멈추고 기다린다. 아동과 음악을 들으며 즐겁게 춤을 춘다. 그리고 잠시 정지된 동작을 취한 후 아동이 춤추라고 요구할 때까지 기다린다.

• 부모는 아동과 즐겁게 음악을 들으며 놀다가 음악 소리를 다소 크게 들려준다. 그리고 아동이 줄여 달라고 요구할 때까지 기다린다.

• 부모는 아동과 음악을 들으며 놀다가 잠시 음악을 멈추고 아동이 다음에 나올 노래 부분을 완성시킬 때까지 기다린다.

낱말 수준	(예시1) 아동: (전자기기를 가리키며) 또. 　　　부모: 우와 알겠어. 엄마가 켜 줄게. (예시2) ('즐겁게 춤을 추다가 그대로~'에서 음악을 껐을 때) 　　　아동: 멈춰. 　　　부모: 맞아. 멈춰라!

초기 문장 수준	*(예시1) 아동: (엄마가 춤을 멈췄을 때 춤을 춰달라고 하며) 엄마~해.* *부모: 우와 알겠어. 엄마가 춤출게.* *(예시2) 아동: (소리를 줄여 달라고 하며) 이거 안 돼~* *부모: 우와 알겠어. 엄마가 줄여 줄게.*

⑤ **모방하기, 언어 확장하기(1)**

a. 아동이 의사소통을 시작하기 위한 행동이나 소리를 냈다면 이를 모방한다. 대신 부모가 해석한 행동이 아니라 아동의 행동, 발성 그대로를 모방한다.

b. 모방을 할 때는 부모가 아동의 행동을 모방하고 있다는 것을 충분히 과장되게 표현해 준다.

c. 아동의 행동을 모방한 후에는 아동의 발성 및 언어 수준을 고려하여 확장을 해 준다. 만약 아동이 낱말 단계인데 음절 수준이 2음절이면 2음절 내에서 다양한 소리 목록을 넣어 들려준다. 만약 아동이 초기 문장 단계이면 무조건 긴 문장이 아니라 한 어절 정도를 추가하여 문장을 확장하여 들려준다.

  (예시1) 아동: (전자기기를 가리키며) 또.

      부모: 또. 또 노래 켜.

  (예시2) 아동: (엄마가 춤을 멈췄을 때 춤을 춰 달라고 하며) 엄마~

      부모: 엄마~ 춤 춰.

  (예시3) 아동: (소리를 줄여 달라고 하며) 안 돼~

      부모: 안 돼~ 소리 커.

  (예시4) 아동: (박수를 치며) 엄마 춰~

      부모: 엄마가 춤 춰.

d. 아동이 다른 곳에 집중할 때보다는 부모와 상호작용하는 상황에서 공동 집중할 때 언어 확장을 시도한다. 이때, 부모는 아동에게 눈과 입을 보여 주며 목표 언어를 들려준다. 그리고 목표 언어를 강조해서 천천히 들려준다. 아동이 부모의 얼굴을 보고 있지 않은 상황이면 부모는 언어자극이 적절하게 입력될 수 있도록 자세와 위치를 변경하여 시선을 맞춰 본다. 발성 및 언어 확장을 할 때 제스처와 같은 시각적인 단서를 함께 사용한다.

e. 반응이 잘 나오는 경우, 한 번의 시도에서 끝내는 것이 아니라 이를 반복적으로 해 보거나 다른 활동들을 이용하여 보다 많은 횟수의 언어 확장이 이루어지도록 한다. 모방을 유도해도 좋다. 하지만 아동이 많이 거부하면 필수적으로 모방을 유도하지 않아도 좋다.

◉ 활용 예

- 부모는 아동이 음악에 관심을 갖도록 한다. 그리고 아동이 재미있어 할 때 잠시 음악을 멈추거나 정지된 동작을 취한 후 아동이 요구할 때까지 기다린다. 아동이 반응을 보이면 즉각적으로 모방해 주고 언어 확장을 해 준다.
- 부모는 아동과 즐겁게 음악을 들으며 놀다가 음악 소리를 다소 크거나 작게 들려준다. 그리고 아동이 줄이거나 크게 해 달라고 요구할 때까지 기다린다. 아동이 반응을 보이면 즉각적으로 모방해 주고 언어 확장을 해 준다.
- 부모는 아동과 음악을 들으며 놀다가 잠시 음악을 멈추고 아동이 다음에 나올 노래 부분을 완성할 때까지 기다린다. 아동이 반응을 보이면 즉각적으로 모방해 주고 언어 확장을 해 준다.

낱말 수준	(예시1) 아동: (전자기기를 가리키며) 켜. 부모: 켜. 음악 켜. (예시2) (노래를 들려주다가 '나비야~ 나비야~ 이리 날아'에서 멈추고 기다리며) 아동: 오너라. 부모: 오너라! 호랑나비~ (노래를 계속 이어서 부른다)
초기 문장 수준	(예시1) 아동: (몸 흔들며) 아빠 춰~ 부모: (몸 흔들며) 아빠 춰~, 아빠가 춤 춰. (예시2) 아동: (소리를 키워 달라고 하며) 엄마 노래~ 부모: 엄마 노래 크게~

---

⑥ 언어 확장하기(2), 차례 주고받으며 대화하기

a. 음악 틀기와 춤추기 활동을 하는 상황에서 부모와 함께 차례를 주고받으며 대화를 해 본다. 한 번은 아동이 부모에게 먼저 요청을 하면 부모가 반응해 주고, 다음 차례는 부모가 아동에게 요청을 하면 아동이 반응해 준다.

b. 이때 아동이 반응이 나올 때까지 기다리기를 본 활동에서도 적용해 본다. 어느 정도 활기찬 활동이 되고 반복이 이루어졌다면 기다리기를 한 후 부모가 확장해 준 언어를 모방할 때까지

기다려 본다. 아동이 언어 확장을 보이면 더 격한 반응으로 아이를 칭찬해 주면서 활동을 더욱 활기차게 만든다. 아동이 언어 확장을 보이지 않는 경우에도 격려하면서 다시 반복해서 목표 언어를 들려준다.

(예시) 부모: 자 우리 엄마 한 번, ○○ 한 번 춤추자. 누가 먼저 춤출까?

아동: ○○.

부모: 자 그럼 ○○이가 먼저 춤춰. ○○아 손을 흔들어.

아동: (손을 흔들며) 흔들.

부모: (같이 흔들다가 멈추고) 발 쿵쿵 차.

아동: (발로 바닥을 차며) 쿵쿵 차.

부모: (아동이 찬 후 바닥을 같이 차다가) 머리를 돌려.

아동: (머리를 돌리며) 머리 돌려.

부모: 자 이번에는 아빠가 춤출게. (말하고 기다린다)

아동: (몸을 움직이며) 춰.

부모: 춰. 아빠 춤 춰. (아빠가 춤을 춘다)

아동: 춤 춰.

부모: 춤 춰. 아빠 춤 춰. (모방할 때까지 기다려 본다)

아동: 아빠 춤 춰.

부모: 우와 알겠어. 아빠가 춤출게. 재밌다. (언어가 확장되었을 때 더 칭찬하며 춤 춰 준다)

c. 차례를 주고받으며 대화를 할 때 아동마다 차례를 주고받는 시간이 다를 수 있다. 아동이 흥미를 잃으면 오랜 시간을 지속할 수 없기 때문이다. 아동의 주의집중 시간에 따라 처음에는 짧은 시간이라도 차례를 주고받는 횟수(빈도)를 늘려 주도록 한다. 이후 상호작용을 지속할 수 있는 시간이 길어지면 차례를 주고받는 횟수(빈도)뿐만 아니라 한 가지 놀이를 통해서 차례를 주고받는 시간을 늘려 준다.

◎ 활용 예

낱말 수준	부모: 자 아빠랑 ○○이랑 같이 노래 부르자. ○○이는 무슨 노래 부르고 싶어? (말하고 기다린다) 아동: 자동차. 부모: 자동차 불러. (부르지 않고 기다린다) 아동: (아빠에게 요청하며) 해, 자동차. 부모: 해, 자동차. 자동차 불러. (모방할 때까지 기다려 본다) 아동: 자동차 불러. 부모: 우와 알겠어, 아빠가 자동차 노래 불러 줄게. (언어가 확장되었을 때 더 칭찬하며 불러 준다) 부모: 이번에는 어떤 노래 부를래? (노래를 선택할 수 있는 그림 자료들을 보여 준다) 아동: 삐뽀. 부모: 삐뽀, 삐뽀 노래. 혹은 삐뽀, 삐뽀 불러. (모방할 때까지 기다린다) 아동: 삐뽀 노래. 부모: 이제 아빠가 부를게. 혹은 ○○아, 노래 들어 줘. 아동: 네. (아무 노래나 튼다) 부모: (과장된 표정으로) 나비야 노래 들어 줘. 아동: 네 나비. (나비 노래를 튼다) 부모: (노래 부른 후) 거미 노래 들어 줘. 아동: 거미. (노래를 튼다)
초기 문장 수준	부모: 자 아빠랑 ○○이랑 같이 노래 부르자. ○○이는 뭐 부르고 싶어? (말하고 기다린다) 아동: 즐겁게 춤. 부모: 즐겁게. 즐겁게 춤을 추다가. (노래를 들어 주지 않고 기다린다) 아동: (빨리 틀어 달라고 아빠에게 요청하며) 즐겁게 춤을. 부모: 즐겁게 춤을 추다가~ (모방할 때까지 기다려 본다) 아동: 즐겁게 춤을 춰. 부모: 우와 알겠어, 아빠가 '즐겁게 춤을 추다가' 틀어 줄게. (언어가 확장되었을 때 더 칭찬하며 틀어 준다) 부모: 이번에는 어떤 거 들을래? 아동: 올챙이 노래. 부모: 올챙이 노래. 올챙이 한 마리. 혹은 올챙이 노래 틀어. (모방할 때까지 기다린다)

아동: 올챙이 한 마리.

부모: 이제 아빠가 틀게. 혹은 ○○아, 아빠한테 노래 들려줘.
아동: 네. (그림을 누르면 노래가 나오는 책을 본다)
부모: 강아지 노래 틀어 줘.
아동: 네, 강아지 틀어. (강아지 노래를 튼다)
부모: 다른 거 바꿔 줘.
아동: 다른 거. (노래를 바꾼다)

3) 고려사항

- 아동의 언어 및 의사소통 수준에 따라 들려주고 촉진하는 것이 달라질 수 있다.
- 언어 확장이 잘된다고 하더라도 아동의 관심사를 놓치지 않고 지속해서 따라 한다.
- 언어 확장이 잘되지 않더라도 언어 유도를 위해 너무 학습적·지시적으로 이끌지 않고, 놀이는 항상 즐겁게 유지하도록 한다.
- 아동이 놀이를 좋아하지 않거나 관심이 없는 경우에는 억지로 시도하지 않는다. 그러나 아동이 관심을 보이지 않는 경우 다른 음악으로 바꿔서 시도해 볼 수 있다.
- 음악이 나온다 하더라도 상호작용에 방해가 될 수 있는 TV 등의 영상은 보여 주지 않는다.
- 음악 소리 크기를 조절할 때 너무 큰 소리로 오래 들려주지 않도록 한다.

일상 활동	**잼 바르기 놀이**	종합 / 언어기

1) 목표

(1) 부모 목표

- 관찰하기, 공동주의집중 및 공동활동 늘리기: 참여하며 놀기, 아동 주도 따르기
- 공동주의집중 및 공동활동 늘리기: 의사소통 촉진을 위한 놀이 확장
- 기다리기, 얼굴 마주 보기
- 모방하기, 언어 확장하기(1)
- 언어 확장하기(2), 차례 주고받으며 대화하기

(2) 아동 목표

- 잼 바르기 놀이 상황에서 상호작용할 때 다양한 낱말, 문장 수준을 이해하고 표현할 수 있다.

☺ 목표 예

- 낱말 수준: 빵, 잼, 줘, 더, 칼, 큰, 접시, 뚜껑, 휴지, 많이, 조금, 돌려, 열어, 먹어, 잘라, 담아, 뜯어, 닦아, 달아, 맛있다 등
- 초기 문장 수준: 빵 줘, 잼 줘, 빵 먹어, 잼 발라, 잼 닦아, 뚜껑 열어, 빵 더 줘, 큰 거 줘, 빵 많이 먹어, 잼 많이 발라, 잼 조금 발라, 잼이 맛있다, 접시에 담아, 빵에 잼 발라, 칼로 빵 잘라, 빵에 잼 많이 발라, 아빠가 뚜껑 열어 등

---

2) 언어 및 의사소통 촉진 방법

- 준비물: 빵, 잼, 칼, 접시 등

〈놀이방법〉

① 아동과 먹을 간식 재료를 준비한다.

② 관찰하기, 공동주의집중 및 공동활동 늘리기: 참여하며 놀기, 아동 주도 따르기

　　a. 아동이 좋아하는 것들을 보여 주며 아동이 무엇에 관심이 있고 좋아하는지를 관찰한다.

　　(예시) 부모: ○○아. 우와 여기 ○○이가 좋아하는 빵이랑 잼이 있네.

　　b. 아동이 관심 있는 것을 만지거나 반응을 보이면 아동의 관심을 따라간다.

　　(예시) 부모: 우와. ○○이는 달콤한 잼을 좋아하지.

　　c. 아동이 부모가 준비한 것에 관심이 없으면 다른 준비물을 보여 주며 관심을 유도한다. 이때 질문을 하거나 지시를 하지 않고 놀이 상황만을 언급해 준다. 아동에게 질문하거나 지시를 하면 아동 주도가 부모 주도로 바뀌어 자발적인 의사소통이 될 수 없다. 그리고 가능한 아동의 행동에 민감하게 반응하면서 상호작용을 지속하도록 노력한다.

　🔘 활용 예
　• 아동과 함께 빵과 잼을 집어 먹으려고 하면 조금씩 맛보며 어떤 맛인지 탐색한다.
　• 아동과 칼과 접시를 보면 함께 만져 보며 물건의 기능을 파악해 본다.

③ 공동주의집중 및 공동활동 늘리기: 의사소통 촉진을 위한 놀이 확장

　　a. 아동이 좋아하는 잼의 뚜껑을 여는 것을 천천히 보여 준다. 그리고 반복적으로 보여 주며 관심을 유도한다.

　　이때 부모는 아동이 뚜껑을 여는 것에 집중할 수 있도록 재미있는 소리를 동반하여 관심을 유도한다. 그리고 지속적으로 아동이 부모의 행동에 관심을 두고 있는지를 확인한다.

　　b. 놀이가 매우 활기를 띠는 상황이 되면 아동이 더욱 재미를 느끼고 동기화되어 적극적인 상호작용을 할 수 있기 때문에 얼굴 표정, 제스처, 목소리 톤과 같은 비구어적 의사소통을 과장되게 표현하여 활기를 북돋아 준다.

　　c. 아동이 관심을 보인다면 반복적으로 보여 준다.

d. 만약 아동이 관심이 없다면 미리 준비해 놨던 잼을 다시 조금 맛보며 관심을 유지하도록 한다.

　　(예시1) 부모: *(잼 뚜껑을 열며)* 우와 영차 영차 영~차 돌려 돌려.

　　(예시2) 부모: *(잼을 떠서 아동의 눈앞에 보여 주거나 잼을 조금 찍어 맛보는 것을 보여 주며)* 우와 잼이다. 잼 엄청 달다. 엄청 맛있다.

e. 부모는 자극을 줄 때 아동이 잘 볼 수 있게 자세와 위치를 맞춰 둔다.

◎ 활용 예

• 아동이 빵에 관심을 보이면 빵 봉지를 구겨 보며 봉지에서 나는 소리에 관심을 기울이도록 한다.
• 아동이 빵을 꺼내고 싶어 할 경우 함께 빵을 꺼내 접시에 담아 보기도 하고 빵을 칼로 잘라 보기도 한다. 재미있는 표정과 표현들을 이용하여 아동의 관심을 끈다.

---

④ 기다리기, 얼굴 마주 보기

a. 아동이 잼을 열어 맛보는 모습을 확인하였다면 아동에게 잼을 제공하여 아동이 잼을 열어 보도록 한다. 아동이 잼 뚜껑을 열지 못하는 상황에서 잠시 멈추어 아동의 반응을 기다린다.

　　(예시) 부모: *(잼 뚜껑을 열어 달라고 할 때까지 기다린다.)*

b. 아동이 반응이 없다면 다시 한 번 잼에 관심을 갖도록 시도해 본다. 부모가 아동의 반응을 잘 기다리는 경우, 아동이 부모의 얼굴을 마주 보고 의사소통 의도를 표현하는 것을 확인할 수 있다.

c. 부모가 반응을 기다렸는데 아동이 부모에게 요청하지 않고 자신이 원하는 것만 하려고 한다면 부모는 아동이 부모에게 요청할 수 있는 또 다른 상황을 만들어 준다.

d. 이때 중요한 것은 아동의 반응이 정확한 문장이거나 정확한 발음의 낱말이 아니어도 좋다는 것이다. 부모는 어떤 의사소통 수단이든 아동의 상호작용 시작에 긍정적으로 반응해 준다.

　　(예시1) 아동: *(잼 뚜껑을 열어 달라고 하며)* 이거.

　　　　부모: 우와 알겠어. 아빠가 열어 줄게.

　　(예시2) 아동: *(잼 뚜껑을 열어 달라고 하며)* 잼.

　　　　부모: 우와 알겠어. 엄마가 잼 열어 줄게.

(예시3) 아동: (잼 뚜껑을 열어 달라고 하며) 열어/여어<열어>.

부모: 우와 알겠어. 엄마가 잼 뚜껑 열어 줄게.

e. 기다리는 상황에서 부모가 무표정을 보이는 등 지시적/학습적인 상황이 되면 아동이 요청하지 않을 수 있다. 항상 부모가 가까이에 있어 언제든 도움을 줄 수 있다는 것을 아동이 인식하게 해 준다(예: 손을 가까이 두기). 그리고 기다리는 상황에서 다치거나 위험한 상황이 예상되면 상황을 만들지 않거나 미리 제지한다.

f. 반응이 잘 나오는 경우, 한 번의 시도에서 끝내는 것이 아니라 이를 반복적으로 해 보며 길게 상호작용하도록 한다.

활용 예

• 아동이 잼을 혼자 바르기 어려워하거나 빵이 커서 자르고 싶어 할 때 바로 도와주지 않고 아동의 얼굴을 보며 반응을 기다린다. 아동이 반응을 보이면 즉각적으로 반응해 준다.

낱말 수준	*(예시1) 아동: (잼을 발라 달라고 하며) 잼~* *부모: 우와 알겠어. 엄마가 잼 발라 줄게.* *(예시2) 아동: (빵을 잘라 달라고 하며) 빵.* *부모: 우와 알겠어. 아빠가 빵 잘라 줄게.*
초기 문장 수준	*(예시1) 아동: (잼을 발라 달라고 하며) 잼 발라.* *부모: 우와 알겠어. 엄마가 잼 발라 줄게.* *(예시2) 아동: (빵을 잘라 달라고 하며) 빵 잘라.* *부모: 우와 알겠어. 아빠가 빵 잘라 줄게.*

---

⑤ 모방하기, 언어 확장하기(1)

a. 아동이 의사소통을 시작하기 위한 행동이나 소리를 냈다면 이를 모방한다. 대신 부모가 해석한 행동이 아니라 아동의 행동, 발성 그대로를 모방한다.

b. 모방을 할 때는 부모가 아동의 행동을 모방하고 있다는 것을 충분히 과장되게 표현해 준다.

c. 아동의 행동을 모방한 후에는 아동의 발성 및 언어 수준을 고려하여 확장을 해 준다. 만약 아동이 낱말 단계인데 음절 수준이 2음절이면 2음절 내에서 다양한 소리 목록을 넣어 들려준

다. 만약 아동이 초기 문장 단계이면 무조건 긴 문장이 아니라 한 어절 정도를 추가하여 문장을 확장하여 들려준다.

> *(예시1)* 아동: *(잼 뚜껑을 열어 달라고 하며)* 잼.
>
> 　　　　부모: 잼, 잼 열어.
>
> *(예시2)* 아동: *(잼 뚜껑을 열어 달라고 하며)* 여어<열어>/열어.
>
> 　　　　부모: 여어<열어>/열어, 뚜껑 열어.
>
> *(예시3)* 아동: *(잼을 떠 달라고 하며)* 잼.
>
> 　　　　부모: 잼, 잼 줘.

d. 아동이 다른 곳에 집중할 때보다는 부모와 상호작용하는 상황에서 공동 집중할 때 언어확장을 시도한다. 이때, 부모는 아동에게 눈과 입을 보여 주며 목표 언어를 들려준다. 그리고 목표 언어를 강조해서 천천히 들려준다. 아동이 부모의 얼굴을 보고 있지 않은 상황이면 부모는 언어자극이 적절하게 입력될 수 있도록 자세와 위치를 변경하여 시선을 맞춰 본다. 발성 및 언어확장을 할 때 제스처와 같은 시각적인 단서를 함께 사용한다.

e. 반응이 잘 나오는 경우, 한 번의 시도에서 끝내는 것이 아니라 이를 반복적으로 해 보거나 다른 재료들을 이용하여 보다 많은 횟수의 언어 확장이 이루어지도록 한다. 모방을 유도해도 좋다. 하지만 아동이 많이 거부하면 필수적으로 모방을 유도하지 않아도 좋다.

🎨 활용 예

• 아동이 잼을 혼자 바르기 어려워하거나 빵이 커서 자르고 싶어 할 때 바로 도와주지 않고 아동의 얼굴을 보며 반응을 기다린다. 아동이 반응을 보이면 즉각적으로 모방해 주고 언어적으로 확장해 준다.

낱말 수준	*(예시1)* 아동: *(잼을 발라 달라고 하며)* 잼~ 　　　　부모: 잼, 잼 발라. *(예시2)* 아동: *(빵을 잘라 달라고 하며)* 빵. 　　　　부모: 빵, 빵 잘라.
초기 문장 수준	*(예시1)* 아동: *(잼을 발라 달라고 하며)* 잼 발라. 　　　　부모: 잼 발라, 여기 잼 발라. *(예시2)* 아동: *(빵을 잘라 달라고 하며)* 빵 잘라. 　　　　부모: 엄마가 빵 잘라.

⑥ 언어 확장하기(2), 차례 주고받으며 대화하기

a. 빵에 잼을 발라 먹는 활동에서 부모와 함께 차례를 주고받으며 대화를 해 본다. 한 번은 아동이 부모에게 요청을 하면 부모가 반응해 주고, 다음 차례는 부모가 아동에게 요청하면 아동이 반응해 준다.

b. 이때 아동이 반응이 나올 때까지 기다리기를 본 활동에서도 적용해 본다. 어느 정도 활기찬 활동이 되고 반복이 이루어졌다면 기다리기를 한 후 부모가 확장해 준 언어를 모방할 때까지 기다려 본다. 아이가 언어 확장을 보이면 더 격한 반응으로 아이를 칭찬해 주면서 활동을 더욱 활기차게 만든다. 아이가 언어 확장을 보이지 않는 경우에도 격려하면서 다시 반복해서 목표 언어를 들려준다.

> (예시) 부모: 자 우리 엄마 한 번, ○○ 한 번 해서 같이 빵 먹자. 누가 먼저 해 볼까?
>
> 아동: ○○.
>
> 부모: 자 그럼 ○○이가 먼저 도와줘. ○○아 엄마 딸기 잼 줘.
>
> 아동: (딸기 잼을 주며) 자 여기요.
>
> 부모: 빵에 발라 줘.
>
> 아동: (잼을 떠 주며) 여기요.
>
> 부모: 더 많이 줘.
>
> 아동: (더 많이 떠 주며) 많이.
>
> 부모: 자 이번에는 엄마가 도와줄게. (말하고 기다린다)
>
> 아동: (딸기 잼 가리키며) 잼.
>
> 부모: 잼, 딸기 잼. (딸기 잼을 준다)
>
> 아동: 더.
>
> 부모: 더, 더 많이 줘. (아동이 모방할 때까지 기다려 본다)
>
> 아동: 더 많이 발라.
>
> 부모: 우와 알겠어. 엄마가 더 많이 발라 줄게. 맛있게 먹어. (언어가 확장되었을 때 칭찬해 준다)

c. 차례를 주고받으며 대화를 할 때 아동마다 차례를 주고받는 시간이 다를 수 있다. 아동이 흥미를 잃으면 오랜 시간을 지속할 수 없기 때문이다. 아동의 주의집중 시간에 따라 처음에는 짧

은 시간이라도 차례를 주고받는 횟수(빈도)를 늘려 주도록 한다. 이후 상호작용을 지속할 수 있는 시간이 길어지면 차례를 주고받는 횟수(빈도)뿐만 아니라 한 가지 놀이를 통해서 차례를 주고받는 시간을 늘려 준다.

활용 예

낱말 수준	부모: 자, 아빠랑 ○○이랑 같이 빵에 잼 발라서 먹자. ○○이는 어떤 잼 먹을래? (말하고 기다린다.) 아동: 딸기. 부모: 딸기. 딸기 먹어. (숟가락 없이 잼을 준다) 아동: (아빠에게 숟가락을 요청하며) 숟가락. 부모: 숟가락. 숟가락 줘. (아동이 모방할 때까지 기다려 본다) 아동: 숟가락 줘. 부모: 우와 알겠어. 아빠가 숟가락 갖다 줄게. (언어가 확장되었을 때 더 칭찬하며 원하는 것을 갖다 준다) 부모: 이제 뭐 하지? (빵을 가리킨다) 아동: 발라. 부모: 맞아. 여기 잼 발라. (아동이 모방할 때까지 기다린다) 아동: 여기 잼 발라. 부모: 이제 아빠 먹을래. ○○아, 빵 잘라 줘. 아동: 네. (빵을 부모가 함께 잘라 준다.) 부모: (큰 것과 작은 것을 보여 주며) 큰 거 줘. 아동: (큰 것을 주며) 네 큰 거. 부모: 잼 더 발라 줘. 아동: 네. (잼을 더 발라 준다)
초기 문장 수준	부모: 자, 아빠랑 ○○이랑 같이 빵에 잼 발라서 먹자. ○○이는 어떤 잼 먹을래? (말하고 기다린다) 아동: 딸기 먹어. 부모: 딸기 잼 먹어. 딸기 잼 먹을래요. (숟가락 없이 잼을 준다) 아동: (아빠에게 숟가락을 요청하며) 숟가락. 부모: 숟가락. 아빠 숟가락 줘. (아동이 모방할 때까지 기다려 본다) 아동: 아빠 숟가락 줘. 부모: 우와 알겠어. 아빠가 숟가락 갖다 줄게. (언어가 확장되었을 때 더 칭찬하며 갖다 준다) 부모: 이제 뭐 하지? (빵을 가리킨다) 아동: 잼 발라.

> 부모: 맞아, 잼 발라. 빵에 잼 발라. (아동이 모방할 때까지 기다린다)
> 아동: 빵에 잼 발라.
>
> 부모: 이제 아빠 먹을래. ○○아, 빵 잘라 줘.
> 아동: 네. (빵을 부모가 함께 잘라 준다.)
> 부모: (큰 것과 작은 것을 보여 주며) 나 큰 거 줘.
> 아동: (큰 것을 주며) 네 큰 거요.
> 부모: 잼 더 많이 발라 줘.
> 아동: 네 더 많이 발라요. (잼을 더 발라 준다)

3) 고려사항

- 아동의 언어 및 의사소통 수준에 따라 들려주고 촉진하는 것이 달라질 수 있다.
- 언어 확장이 잘된다고 하더라도 아동의 관심사를 놓치지 않고 지속해서 따라 한다.
- 언어 확장이 잘되지 않더라도 언어 유도를 위해 너무 학습적·지시적으로 이끌지 않고, 놀이는 항상 즐겁게 유지하도록 한다.
- 아동이 빵을 자를 때 칼을 사용할 경우 손을 벨 수 있으므로 부모가 함께 해 준다.
- 아동이 빵이나 잼을 흘리는 것에 대하여 지적하지 않고 격려해 주어 아동이 활동을 완성할 수 있도록 도와준다.

일상 활동	꽃 심 기	종합 / 언어기

1) 목표

(1) 부모 목표

- 관찰하기, 공동주의집중 및 공동활동 늘리기: 참여하며 놀기, 아동 주도 따르기
- 공동주의집중 및 공동활동 늘리기: 의사소통 촉진을 위한 놀이 확장
- 기다리기, 얼굴 마주 보기
- 모방하기, 언어 확장하기(1)
- 언어 확장하기(2), 차례 주고받으며 대화하기

(2) 아동 목표

- 꽃 심기 상황에서 상호작용할 때 다양한 낱말과 문장 수준을 이해하고 표현할 수 있다.

⚙ **목표 예**
- 낱말 수준: 꽃, 삽, 흙, 물, 화분, 주다, 푸다, 담다, 심다, 많이, 조금, 자라다, 예쁘다 등
- 초기 문장 수준: 꽃 심어, 흙 퍼(줘), 예쁘게 자라라, 흙 더 많이 줘, 물을 많이 줘, 물을 조금 줘, 화분에 꽃 심어, 삽으로 흙 퍼, 화분에 흙 담아 등

---

2) 언어 및 의사소통 촉진 방법

- 준비물: 꽃, 화분, 삽, 흙, 물조리개 등

〈놀이방법〉

① 아동과 함께 꽃 심기에 필요한 준비물(꽃, 화분, 삽, 흙, 물)을 준비한다.

② 관찰하기, 공동주의집중 및 공동활동 늘리기: 참여하며 놀기, 아동 주도 따르기

   a. 아동과 준비물을 살펴보며 아동이 무엇에 관심이 있고 좋아하는지를 관찰한다.

     (예시) 부모: ○○아. 우와 여기 꽃을 심을 때 쓰는 것들이 많구나. ○○이는 무엇을 좋아하

                 는지 보자.

  b. 아동이 관심 있는 것을 만지거나 반응을 보이면 아동의 관심을 따라간다.

     (예시) 부모: 우와. ○○이는 꽃을 좋아하는 구나. 예쁜 꽃이다.

  c. 아동이 부모가 준비한 것에 관심이 없으면 다른 준비물을 보여 주며 관심을 유도한다. 이때 질문을 하거나 지시를 하지 않고 상황만을 언급해 준다. 아동에게 질문하거나 지시를 하면 아동 주도가 부모 주도로 바뀌어 자발적인 의사소통이 될 수 없다. 그리고 가능한 아동의 행동에 민감하게 반응하면서 상호작용을 지속하도록 노력한다.

> ◎ 활용 예
> • 아동과 함께 꽃 심기에 필요한 다른 재료들도 만져 보며 탐색한다. 꽃 심기에 필요한 물건의 기능도 함께 살펴본다.

③ 공동주의집중 및 공동활동 늘리기: 의사소통 촉진을 위한 놀이 확장

  a. 아동이 꽃이나 도구를 만지고만 있다면 아동이 좋아하는 꽃을 심기 위해 화분에 삽으로 흙을 담는 과정을 천천히 보여 준다.

  이때 부모가 흙을 담는 과정에 아동이 흥미를 느낄 수 있도록 흙을 푸고 담을 때 다양한 소리를 내주며 관심을 유도한다. 그리고 지속적으로 아동이 부모의 행동에 관심을 두고 있는지를 확인한다.

  b. 놀이가 매우 활기를 띠는 상황이 되면 아동이 더욱 재미를 느끼고 동기화되어 적극적인 상호작용을 할 수 있기 때문에 얼굴 표정, 제스처, 목소리 톤과 같은 비구어적 의사소통을 과장되게 표현하여 활기를 북돋아 준다.

  c. 아동이 관심을 보인다면 반복적으로 보여 준다.

d. 만약 아동이 관심이 없다면 아동에게 삽을 쥐어 주고 흙을 조금 담아 보게 하며 관심을 갖게 한다.

   (예시1) 부모: (흙을 푸며) 우와 하낫 둘 하낫 둘 영~차 흙이야.

   (예시2) 부모: (아이가 삽을 잡고 흙을 떠 보도록 도와주며) 우와 흙을 떠요.

e. 부모는 자극을 줄 때 아동이 잘 볼 수 있게 자세와 위치를 맞춰 둔다.

◎ 활용 예
• 아동이 삽에 관심을 보이면 흙을 함께 퍼 보고 흙을 살살 뿌려 보기도 한다.
• 아동이 물조리개에 관심을 보이면 물조리개를 이용하여 물을 뿌리는 활동도 체험해 본다. 꽃에 물을 뿌려 주는 시늉도 해 본다.

④ 기다리기, 얼굴 마주 보기

a. 아동에게 흙을 퍼서 담는 과정을 경험하게 해 준 후 부모가 삽으로 흙을 담는 모습을 보여 준다. 삽을 들고 아동의 얼굴을 마주 보며 아동이 해 보고 싶다는 표현을 하도록 기다려 준다.

   (예시) 부모: (삽을 달라고 하거나 흙을 담게 해 달라고 할 때까지 기다린다)

b. 아동이 반응이 없다면 다시 한 번 재미있게 흙을 담는 과정을 보여 준다. 부모가 아동의 반응을 잘 기다리는 경우, 아동이 부모의 얼굴을 마주 보고 의사소통 의도를 표현하는 것을 확인할 수 있다.

c. 부모가 반응을 기다렸는데 아동이 부모에게 요청하지 않고 자신이 원하는 것만 하려고 한다면 부모는 아동이 부모에게 요청할 수 있는 또 다른 상황을 만들어 준다.

d. 이때 중요한 것은 아동의 반응이 정확한 문장이거나 정확한 발음의 낱말이 아니어도 좋다는 것이다. 부모는 어떤 의사소통 수단이든 아동의 상호작용 시작에 긍정적으로 반응해 준다.

   (예시1) 아동: (삽을 달라고 하며) 이거~

      부모: 우와 알겠어. 엄마가 삽 줄게.

   (예시2) 아동: (흙을 담겠다고 하며) 해. 혹은 담아.

      부모: 우와 알겠어. ○○이가 흙 담아 보자.

(예시3) 아동: (흙을 더 달라고 하며) 흠~

부모: 우와 알겠어. 아빠가 흙 더 줄게.

e. 기다리는 상황에서 부모가 무표정을 보이는 등 지시적/학습적인 상황이 되면 아동이 요청하지 않을 수 있다. 항상 부모가 가까이에 있어 언제든 도움을 줄 수 있다는 것을 아동이 인식하게 해 준다(예: 손을 가까이 두기). 그리고 기다리는 상황에서 다치거나 위험한 상황이 예상되면 상황을 만들지 않거나 미리 제지한다.

f. 반응이 잘 나오는 경우, 한 번의 시도에서 끝내는 것이 아니라 이를 반복적으로 해 보며 길게 상호작용하도록 한다.

◎ 활용 예

• 아동이 꽃을 심고 싶거나 꽃을 다 심은 후 물을 주고 싶어 할 때 바로 도와주지 않고 아동의 얼굴을 보며 반응을 기다린다. 아동이 반응을 보이면 즉각적으로 반응해 준다.

낱말 수준	*(예시1) 아동: (꽃을 심게 해 달라고 하며) 꽃~* *부모: 우와 알겠어. ○○이가 꽃 심어.* *(예시2) 아동: (물을 달라고 하며) 무<물>.* *부모: 우와 알겠어. ○○이가 물 줘.*
초기 문장 수준	*(예시1) 아동: (꽃을 심게 해 달라고 하며) 꽃 해.* *부모: 우와 알겠어. ○○이가 꽃 심자.* *(예시2) 아동: (물을 달라고 하며) 물 줘.* *부모: 우와 알겠어. ○○이가 꽃에 물 주자.*

⑤ 모방하기, 언어 확장하기(1)

a. 아동이 의사소통을 시작하기 위한 행동이나 소리를 냈다면 이를 모방한다. 대신 부모가 해석한 행동이 아니라 아동의 행동, 발성 그대로를 모방한다.

b. 모방을 할 때는 부모가 아동의 행동을 모방하고 있다는 것을 충분히 과장되게 표현해 준다.

c. 아동의 행동을 모방한 후에는 아동의 발성 및 언어 수준을 고려하여 확장을 해 준다. 만약 아동이 낱말 단계인데 음절 수준이 2음절이면 2음절 내에서 다양한 소리 목록을 넣어 들려준다.

만약 아동이 초기 문장 단계이면 무조건 긴 문장이 아니라 한 어절 정도를 추가하여 문장을 확장하여 들려준다.

> (예시1) 아동: (삽을 달라고 하며) 이거.
>
> 부모: 이거 줘. (혹은) 삽 줘.
>
> (예시2) 아동: (흙을 담겠다고 하며) 담아. 혹은 여기.
>
> 부모: 담아, 흙 담아. 혹은 여기, 여기 담아.
>
> (예시3) 아동: (흙을 더 달라고 하며) 흙.
>
> 부모: 흙, 흙 더 주세요.

d. 아동이 다른 곳에 집중할 때보다는 부모와 상호작용하는 상황에서 공동 집중할 때 언어 확장을 시도한다. 이때, 부모는 아동에게 눈과 입을 보여 주며 목표 언어를 들려준다. 그리고 목표 언어를 강조해서 천천히 들려준다. 아동이 부모의 얼굴을 보고 있지 않은 상황이면 부모는 언어자극이 적절하게 입력될 수 있도록 자세와 위치를 변경하여 시선을 맞춰 본다. 발성 및 언어 확장을 할 때 제스처와 같은 시각적인 단서를 함께 사용한다.

e. 반응이 잘 나오는 경우, 한 번의 시도에서 끝내는 것이 아니라 이를 반복적으로 해 보거나 다른 물건들을 이용하여 보다 많은 횟수의 언어 확장이 이루어지도록 한다. 모방을 유도해도 좋다. 하지만 아동이 많이 거부하면 필수적으로 모방을 유도하지 않아도 좋다.

😊 활용 예

• 아동이 꽃을 심고 싶거나 꽃을 다 심은 후 물을 주고 싶어 할 때 바로 도와주지 않고 아동의 얼굴을 보며 반응을 기다린다. 아동이 반응을 보이면 즉각적으로 모방해 주고 언어 확장을 해 준다.

낱말 수준	(예시1) 아동: (꽃을 심게 해 달라고 하며) 꽃~ 부모: 꽃, 꽃 심어. (예시2) 아동: (물을 달라고 하며) 무<물>. 부모: 무~ 물 줘.
초기 문장 수준	(예시1) 아동: (꽃을 심게 해 달라고 하며) 꽃 해. 부모: 꽃 해, ○○이가 꽃 심어. (예시2) 아동: (물을 달라고 하며) 물 줘. 부모: 물 줘, 꽃에 물 줘.

⑥ 언어 확장하기(2), 차례 주고받으며 대화하기

a. 꽃을 심는 활동으로 부모와 함께 차례를 주고받으며 대화를 해 본다. 한 번은 아동이 부모에게 요청을 하면 부모가 반응해 주고, 다음 차례는 부모가 아동에게 요청하면 아동이 반응해 준다.

b. 이때 아동이 반응이 나올 때까지 기다리기를 본 활동에서도 적용해 본다. 어느 정도 활기찬 활동이 되고 반복이 이루어졌다면 기다리기를 한 후 부모가 확장해 준 언어를 모방할 때까지 기다려 본다. 아이가 언어 확장을 보이면 더 격한 반응으로 아이를 칭찬해 주면서 활동을 더욱 활기차게 만든다. 아이가 확장을 보이지 않는 경우에도 격려하면서 다시 반복해서 목표언어를 들려준다.

> (예시) 부모: 자 우리 엄마 한 번. ○○ 한 번 해서 같이 꽃 심자. 누가 먼저 해 볼까?
>
> 아동: ○○.
>
> 부모: 자 그럼 ○○이가 먼저 도와줘. ○○아 엄마 흙 담아 줘.
>
> 아동: (흙을 담아 주며) 자 여기요.
>
> 부모: (한 번 담고 다음에) 더 많이 줘.
>
> 아동: (더 많이 주며) 여기요.
>
> 부모: 해바라기 꽃 줘.
>
> 아동: (꽃을 주며) 여기 꽃.
>
> 부모: 자 이번에는 엄마가 줄게. (말하고 기다린다)
>
> 아동: (흙을 가리키며) 흙.
>
> 부모: 흙. 흙 담아. (흙을 담아 준다)
>
> 아동: 더.
>
> 부모: 더. 더 담아. (모방할 때까지 기다려 본다)
>
> 아동: 더 담아.
>
> 부모: 우와 알겠어. 엄마가 흙 더 담아 줄게. 이제 꽃 심어 주자. (언어가 확장되었
>
>   을 때 더 칭찬해 준다)

c. 차례를 주고받으며 대화를 할 때 아동마다 차례를 주고받는 시간이 다를 수 있다. 아동이 흥미를 잃으면 오랜 시간을 지속할 수 없기 때문이다. 아동의 주의집중 시간에 따라 처음에는 짧

은 시간이라도 차례를 주고받는 횟수(빈도)를 늘려 주도록 한다. 이후 상호작용을 지속할 수 있는 시간이 길어지면 차례를 주고받는 횟수(빈도)뿐만 아니라 한 가지 놀이를 통해서 차례를 주고받는 시간을 늘려 준다.

활용 예

낱말 수준	부모: 자, 아빠랑 ○○이랑 같이 꽃 심자. ○○이는 어떤 꽃 심고 싶어? (말하고 기다린다) 아동: 이거. 부모: 이거, 이거 심어. (아동에게 흙이 담긴 봉투를 준다) 아동: (봉투가 잘 열리지 않아 아빠에게 요구하며) 　　　안 돼. 흙. 부모: 안 돼. 흙. 흙 꺼내. (모방할 때까지 기다려 본다) 아동: 흙 꺼내. 부모: 우와 알겠어, 아빠가 흙 꺼내 줄게. (언어가 확장되었을 때 더 칭찬해 준다) 부모: 이제 뭐 해야 하지? (꽃이랑 물조리개를 보여 준다) 아동: 꽃. 부모: 꽃 심어. (모방할 때까지 기다린다) 아동: 꽃 심어. 부모: 이제 아빠가 물 줄게. ○○아, 물 갖다 줘. 아동: 네. 부모: 물 꽃에 따라 줘. 아동: 네. 꽃에. (물을 따라 준다) 부모: 더 따라 줘 많이. 아동: 네. (더 많이 따라 준다)
초기 문장 수준	부모: 자, 아빠랑 ○○이랑 같이 꽃 심자. ○○이는 어떤 꽃 심고 싶어? (말하고 기다린다) 아동: 이거 심어. 부모: 이거 화분에 심어요. (아동에게 흙이 담긴 봉투를 준다) 아동: (봉투가 잘 열리지 않아 아빠에게 요구하며) 　　　안 돼. 흙. 부모: 안 돼. 흙. 아빠 흙 꺼내 줘. (모방할 때까지 기다려 본다) 아동: 아빠 흙 꺼내 줘. 부모: 우와 알겠어. 아빠가 흙 꺼내 줄게. (언어가 확장되었을 때 더 칭찬해 준다)

> 부모: 이제 뭐 해야 하지? (꽃이랑 물조리개를 보여 준다)
>
> 아동: 꽃 심어.
>
> 부모: 여기에 꽃 심어요. (모방할 때까지 기다린다)
>
> 아동: 여기에 꽃 심어요.
>
> 부모: 이제 아빠가 물 줄게. ○○아, 물 갖다 줘.
>
> 아동: 네. (물을 갖다 준다)
>
> 부모: 물 꽃에 따라 줘.
>
> 아동: 네. 꽃에. (물을 따라 준다)
>
> 부모: 더 많이 따라 줘.
>
> 아동: 네. 더 많이. (더 많이 따라 준다)

3) 고려사항

- 아동의 언어 및 의사소통 수준에 따라 들려주고 촉진하는 것이 달라질 수 있다.
- 언어 확장이 잘된다고 하더라도 아동의 관심사를 놓치지 않고 지속해서 따라 한다.
- 언어 확장이 잘되지 않더라도 언어 유도를 위해 너무 학습적·지시적으로 이끌지 않고, 놀이는 항상 즐겁게 유지하도록 한다.
- 아동이 혼자 하는 것을 두려워할 경우 억지로 시도하지 않고 부모가 도움을 주어 완성할 수 있도록 한다.
- 꽃을 심는 과정을 더 세분화할 경우 아동과의 상호작용이 더 다양하게 이루어질 수 있다.

놀이 활동

멜로디 장난감

종합 / 언어이전기

1) 목표

(1) 부모 목표

- 관찰하기, 공동주의집중 및 공동활동 늘리기: 참여하며 놀기, 아동 주도 따르기
- 공동주의집중 및 공동활동 늘리기: 의사소통 촉진을 위한 놀이 확장
- 기다리기: 상호작용 시작 시간 기다리기, 얼굴 마주 보기
- 행동 및 구어 모방하기, 제스처/발성 및 언어 확장하기
- 기다리기: 상호작용 지시에 반응하기를 기다리기

(2) 아동 목표

- 멜로디 장난감 놀이 상황에서 상호작용할 때 다양한 제스처, 발성, 언어를 이해하고 표현할 수 있다.

⊕ **목표 예**

- 제스처: (장난감을 건네며 멜로디를 틀어 달라고 요구하기), (엄마 손을 장난감으로 끌며 멜로디를 틀어 달라고 요구하기), (노래에 맞춰 몸 흔들기)
- 발성 및 언어: 어~(멜로디를 틀어 달라고 요구하기), 음마(멜로디를 틀어 달라고 요구하기), 줘(멜로디를 틀어 달라고 요구하기), 꾸/꾸꾸/꾹꾹(손으로 장난감 누르기), 두두/둥둥(북소리 따라 하기), 뿌뿌(나팔소리 따라 하기), 나나나, 따따따 등

2) 언어 및 의사소통 촉진 방법

- 준비물: 아동이 좋아하는 멜로디 장난감들

〈놀이방법〉

① 아동이 좋아하는 멜로디 장난감들을 준비한다.

② 관찰하기, 공동주의집중 및 공동활동 늘리기: 참여하며 놀기, 아동 주도 따르기

　　a. 아동이 좋아하는 것들을 보여 주며 아동이 무엇에 관심이 있고 좋아하는지 관찰한다.

　　　(예시) 부모: ○○아, 우와 여기 ○○이가 좋아하는 소리 나는 장난감들이 많구나.

　　b. 만약 아동이 북에 관심을 두고 만지고 있다면 아동의 관심을 따라간다.

　　　(예시) 부모: 우와, 북이다~ 재미있겠다. 혹은 (북을 손으로 두드려 주며) 와, 북에서 소리
　　　　　　가 나네. 둥둥둥.

　　c. 아동이 부모가 준비한 것에 관심이 없으면 다른 준비물을 보여 주며 관심을 유도한다. 이때 질문을 하거나 지시를 하지 않고 상황만을 언급해 준다. 아동에게 질문하거나 지시를 하면 아동 주도가 부모 주도로 바뀌어 자발적인 의사소통이 될 수 없다. 그리고 가능한 아동의 행동에 민감하게 반응하면서 상호작용을 지속하도록 노력한다.

◎ **활용 예**
- 아동이 관심을 보이는 장난감들을 함께 만져 보며 탐색한다.
- 아동이 누를 수 있는 장난감에 관심을 보이면 함께 눌러 주며 입으로 소리를 내준다(둥둥둥, 뿌뿌뿌, 따따따 등).
- 아동이 열고 닫는 장난감에 관심을 보이면 함께 뚜껑을 열어 보고 안에 무엇이 있는지 확인한다.

---

③ 공동주의집중 및 공동활동 늘리기: 의사소통 촉진을 위한 놀이 확장

　　a. 아동이 북을 만져 보기만 한다면 북을 손으로 두드려 보고, 막대로도 두드리는 것을 보여 주며 놀이를 확장하며 보여 준다. 그리고 반복적으로 보여 주며 관심을 유도한다.
　　이때 부모는 아동이 북을 두드리고 소리를 내는 것에 집중할 수 있도록 소리를 듣고 다양한 표정을 보여 주거나 장난감에서 나오는 소리를 따라 내주며 관심을 유도한다. 그리고 지속적으로 아동이 부모의 행동에 관심을 두고 있는지를 확인한다.

　　b. 놀이가 매우 활기를 띠는 상황이 되면 아동은 더 재미있고 동기화될 수 있는 상호작용을 할 수 있기 때문에 얼굴 표정, 제스처, 목소리 톤과 같은 비구어적 의사소통을 과하게 하여 활기를

북돋아 준다.

c. 아동이 관심을 보인다면 반복적으로 보여 준다.

d. 만약 아동이 관심이 없다면 아동이 들고 있는 물건으로도 북을 두드려 보며 북 소리에 집중할 수 있도록 유도한다.

    (예시) 부모: (북을 보여 주며) 우와 북이다. 두드려 보자. (북을 한 번 두드리며) 둥~ (또 여러 번 두드리며) 둥둥둥둥둥~ 우와 재미있다.

e. 부모는 자극을 줄 때 아동이 잘 볼 수 있게 자세와 위치를 맞춰 둔다.

◎ **활용 예**
- 아동이 소리 나는 장난감들을 만져 보며 탐색하면 버튼을 누르는 행동을 보여 준다.
- 아동이 무언가를 넣을 때 소리가 나면 소리에 반응해 주고 넣을 수 있는 물건을 더 제공해 준다.
- 아동이 버튼을 눌러 멜로디가 나오면 멜로디에 맞추어 신나게 몸을 흔들다가 멜로디를 멈추는 동작을 반복해 본다.

④ **기다리기: 상호작용 시작 시간 기다리기, 얼굴 마주 보기**

a. 아동 스스로 틀 수 없는 멜로디 장난감을 주고 아동의 반응을 기다린다.

    (예시) 부모: (장난감을 아동에게 주며 말하고 기다리며) 우와 이거 엄청 재미있겠다. 우리 노래 들어 보자.

b. 아동이 반응이 없다면 다시 한 번 장난감에 관심을 갖게 하기 위해 노력한다. 예를 들어, 노래를 틀어 조금 들려주고 멈춘 후 다시 얼굴을 마주 보며 아동의 반응을 기다린다. 부모가 아동의 반응을 잘 기다리는 경우, 아동이 부모의 얼굴을 마주 보고 의사소통 의도를 표현하는 것을 확인할 수 있다.

c. 부모가 반응을 기다렸는데 아동이 부모에게 요청하지 않고 자신이 원하는 것만 하려고 한다면 부모는 아동이 부모에게 요청할 수 있는 또 다른 상황을 만들어 준다.

d. 이때 중요한 것은 아동의 반응이 정확한 구어여도 좋고 그렇지 않아도 된다는 것이다. 혹은

멜로디 장난감

제스처나 모음발성이어도 좋다. 부모는 어떤 의사소통 수단이든 아동의 상호작용 시작에 긍정적으로 반응해 준다.

　　(예시1) 아동: *(노래를 틀어 달라고 건네준다)*

　　　　　　부모: 우와 알겠어. 엄마가 노래 틀어 줄게.

　　(예시2) 아동: *(노래를 틀어 달라고 건네며)* 어~

　　　　　　부모: 우와 알겠어. 엄마가 노래 틀어 줄게.

　　(예시3) 아동: *(노래를 틀어 달라고 건네며)* 음마~ 마마.

　　　　　　부모: 우와 알겠어. 엄마가 노래 틀어 줄게.

e. 기다리는 상황에서 부모가 무표정을 보이는 등 지시적/학습적인 상황이 되면 아동이 요청하지 않을 수 있다. 항상 부모가 가까이에 있어 언제든 도움을 줄 수 있다는 것을 아동이 인식하게 해 준다(예: 손을 가까이 두기). 그리고 기다리는 상황에서 다치거나 위험한 상황이 예상되면 상황을 만들지 않거나 미리 제지한다.

f. 반응이 잘 나오는 경우, 한 번의 시도에서 끝내는 것이 아니라 이를 반복적으로 해 보며 길게 상호작용하도록 한다.

> ⚙ **활용 예**
> • 아동이 관심을 보이는 장난감에서 나오는 멜로디를 들려준다. 그리고 멜로디를 틀지 않은 채 장난감을 주고 기다린다. 혹은 노래를 조금만 들려주고 다시 틀어 달라고 할 때까지 기다린다.
> • 아동이 스스로 멜로디를 틀 수 있는 장난감의 경우 아동이 멜로디를 틀면 신나게 노래를 부르다 장난감을 멈추고 아동의 반응을 기다린다. 아동이 다시 멜로디를 틀면 신나게 노래를 부르다 다시 멈추려는 행동과 표현을 보여 주며 아동의 반응을 기다린다.

⑤ 행동 및 구어 모방하기, 제스처/발성 및 언어 확장하기

　a. 아동이 의사소통을 시작하기 위한 행동이나 소리를 냈다면 이를 모방한다. 대신 부모가 해석한 행동이 아니라 아동의 행동, 발성 그대로를 모방한다.

　b. 모방을 할 때는 부모가 아동의 행동을 모방하고 있다는 것을 충분히 과장되게 표현해 준다.

　c. 아동의 행동을 모방한 후에는 아동의 발성 및 언어 수준을 고려하여 확장을 해 준다. 만약 아

동이 모음이 주로 나온다면 모음의 소리를 확장해 주거나 몇 개의 자음만을 이용하여 확장한다. 만약 아동이 자음 2개가 모두 1음절 상황에서 나온다면 1음절의 소리를 중첩적으로 반복하여 들려주어 음절을 확장해 주거나 다른 자음을 1음절 상황에서 알려 주어 음소 목록을 확장하여 들려준다.

> *(예시1) 아동: (멜로디를 틀어 달라고 건네준다.)*
>
> *부모: (건네주는 제스처 보여 주며) 어~*
>
> *(예시2) 아동: (멜로디를 틀어 달라고 건네며) 어~*
>
> *부모: 어~ 우와.*
>
> *(예시3) 아동: (멜로디를 틀어 달라고 건네며) 음마~ 마마.*
>
> *부모: 음마~ 마마. 엄마. 혹은 음마~마마 틀어.*

d. 아동이 다른 곳에 집중할 때보다는 부모와 상호작용하는 상황에서 공동 집중할 때 언어 확장을 시도한다. 이때, 부모는 아동에게 눈과 입을 보여 주며 목표 언어를 들려준다. 그리고 목표 언어를 강조해서 천천히 들려준다. 아동이 부모의 얼굴을 보고 있지 않은 상황이면 부모는 언어자극이 적절하게 입력될 수 있도록 자세와 위치를 변경하여 시선을 맞춰 본다. 발성 및 언어 확장을 할 때 제스처와 같은 시각적인 단서를 함께 사용한다.

e. 반응이 잘 나오는 경우, 한 번의 시도에서 끝내는 것이 아니라 이를 반복적으로 해 보거나 다른 장난감들을 이용하여 보다 많은 횟수의 언어 확장이 이루어지도록 한다. 모방을 유도해도 좋다. 하지만 아동이 많이 거부하면 필수적으로 모방을 유도하지 않아도 좋다.

⊚ 활용 예

- 아동이 관심을 보이는 장난감에서 나오는 멜로디를 들려준다. 그리고 멜로디를 틀지 않은 채 장난감을 주고 기다린다. 혹은 노래를 조금만 들려주고 다시 틀어 달라고 할 때까지 기다린다. 기다린 후에 아동이 틀어 달라는 제스처를 보이면 그 제스처를 모방해 주거나 소리를 모방해 준다. 그리고 아동의 언어 및 의사소통 수준에 맞는 소리로 확장해 준다(예: 어/음마/아빠빠, 꾸/꾸꾸/꾸꾹, 또, 해, 엄마 등).
- 아동이 스스로 멜로디를 틀 수 있는 장난감의 경우 아동이 멜로디를 틀면 신나게 노래를 부르다 장난감을 멈추고 아동의 반응을 기다린다. 아동이 다시 멜로디를 틀면 신나게 노래를 부르다 다시 멈추려는 행동과 표현을 보여 주며 아동의 반응을 기다린다. 기다린 후 더 달라고 제스처로 표현하거

나 돌리는 제스처를 보여 주면 그 행동을 모방하고 소리를 내면 아동의 소리를 모방해 주고 확장한다(예: 이/아이/아니, 음마/음빠, 해, 아때〈안 돼〉 등).

⑥ 기다리기: 상호작용 지시에 반응하기를 기다리기

　a. 장난감의 다양한 버튼을 두고 엄마의 지시에 따르는지 기다린다. 이때 충분히 기다려도 반응이 없다면 다시 들려주고 기다린다.

　　(예시) 부모: 자 우리 노래가 나오는지 꾹 눌러 보자. 이거 눌러 주세요.

　b. 아동이 반응이 없다면 너무 먼 거리에서 하지 않고 좀 더 가까운 거리에서 시도해 본다. 혹은 눈에 보이는 것부터 시작해 보거나 주변 자극물의 개수를 줄여 시도해 본다.

　　(예시1) 부모: (아동이 볼 수 있는 가까운 곳에 장난감을 놔두며) 멍멍이 눌러 주세요.

　　(예시2) 부모: (버튼이 4~5개 이상 다양하게 있는 장난감에 반응이 없다면 버튼이 2~3개
　　　　　　　 이내로 적은 장난감을 제시하며) 멍멍 눌러 주세요.

　c. 아동이 반응이 없다면 활동에 주의집중할 수 있도록 신체적 촉구(예: 손 잡기)를 하여 활동 중심으로 시선을 옮겨 온 후 다시 반응을 기다려 본다.

　　(예시) 부모: (아동 손을 멍멍이 버튼에 갖다 두며) 멍멍이 눌러 주세요.

　d. 그래도 반응이 없다면, 포인팅을 하거나 직접 지시를 하거나 모델링을 통해 아동이 해야 할 것을 보여 준다.

　　(예시1) 부모: (멍멍이 버튼을 포인팅하거나 멍멍 소리를 내주며) 멍멍이 눌러 주세요.

　　(예시2) 부모: (멍멍이 버튼을 포인팅하고 나서 꾹 누르는 제스처를 보여 주며) 멍멍이 눌
　　　　　　　 러 주세요.

　e. 앞의 과정을 여러 차례 반복하며 알려 준다.

　f. 이 목표에서는 아동에게 지시를 할 때 아동 주도 따르기를 반드시 사용할 필요는 없다.

⊛ 활용 예

- 특정 사물을 넣으면 소리가 나는 장난감의 경우(예: 돼지저금통 장난감) 아동에게 물건을 주며 넣어 달라고 한다. 혹은 물건을 아동이 보이는 곳에 놓고 유도한다.
- 아동이 멜로디를 틀었을 때 귀를 막는 제스처를 보여 주며 "멈춰주세요."라고 하며 멜로디를 멈추게 한다(아동이 작동할 수 있는 경우). 그래도 안 되면 버튼을 포인팅하거나 제스처 단서를 통해 유도한다.

3) 고려사항

- 아동의 언어 및 의사소통 수준에 따라 들려주고 촉진하는 것이 달라질 수 있다.
- 언어 확장이 잘된다고 하더라도 아동의 관심사를 놓치지 않고 지속해서 따라 한다.
- 언어 확장이 잘되지 않더라도 언어 유도를 위해 너무 학습적 · 지시적으로 이끌지 않고, 놀이는 항상 즐겁게 유지하도록 한다.
- 아동이 싫어하는 소리가 나는 장난감으로는 억지로 시도하지 않는다.
- 아동이 소리를 들으며 혼자 즐기기보다 부모와 상호작용하며 즐기도록 유도한다.
- 소리에 예민한 성향을 가진 아동의 경우 장난감 선택에 주의가 필요하다.

| 놀이
활동 | 멜로디 장난감 | 종합 / 언어기 |

1) 목표

(1) 부모 목표

- 관찰하기, 공동주의집중 및 공동활동 늘리기: 참여하며 놀기, 아동 주도 따르기
- 공동주의집중 및 공동활동 늘리기: 의사소통 촉진을 위한 놀이 확장
- 기다리기, 얼굴 마주 보기
- 모방하기, 언어 확장하기(1)
- 언어 확장하기(2), 차례 주고받으며 대화하기

(2) 아동 목표

- 멜로디 장난감 놀이 상황에서 상호작용할 때 다양한 낱말, 문장을 이해하고 표현할 수 있다.

> 🌀 **목표 예**
> - 낱말 수준: 끝, 더, 넣어, 안 돼, 노래, 꺼내, 틀어, 눌러, 멈춰, 많이, 먼저 등
> - 초기 문장 수준: 노래 끝, 노래 틀어, 노래 멈춰, 노래 안 돼, 이거 눌러, 이거 넣어, 이거 꺼내 (줘), 더 많이 넣어, 내가 먼저 눌러, 엄마가 먼저 틀어 등

2) 언어 및 의사소통 촉진 방법

> - 준비물: 아동이 좋아하는 소리가 나는 장난감들

〈놀이방법〉

① 아동이 좋아하는 소리 나는 장난감들을 준비한다.

② 관찰하기, 공동주의집중 및 공동활동 늘리기: 참여하며 놀기, 아동 주도 따르기

    a. 아동이 좋아하는 것들을 보여 주며 아동이 무엇에 관심이 있고 좋아하는지를 관찰한다.

    (예시) 부모: ○○아. 우와 여기 ○○이가 좋아하는 소리 나는 장난감들이 많구나.

    b. 만약 아동이 북에 관심을 두고 만지고 있다면 아동의 관심을 따라간다.

    (예시) 부모: 우와. ○○이는 북을 제일 좋아하지. (북을 손으로 두드려 주며) 와 북 같이
        쳐보자. 둥둥둥.

    c. 아동이 부모가 준비한 것에 관심이 없으면 다른 준비물을 보여 주며 관심을 유도한다. 이때 질문을 하거나 지시를 하지 않고 상황만을 언급해 준다. 아동에게 질문하거나 지시를 하면 아동 주도가 부모 주도로 바뀌어 자발적인 의사소통이 될 수 없다. 그리고 가능한 아동의 행동에 민감하게 반응하면서 상호작용을 지속하도록 노력한다.

⊚ 활용 예

- 아동이 관심을 보이는 멜로디 장난감들을 함께 만져 보며 탐색한다.
- 아동이 장난감의 버튼을 눌러 소리가 나면 소리를 아동과 함께 큰 소리로 따라 한다(둥둥둥, 뿌뿌뿌, 딴딴딴 등).
- 아동이 열고 닫는 장난감에 관심을 보이면 뚜껑을 열어 보고 안에 무엇이 있는지 함께 확인한다.

---

③ 공동주의집중 및 공동활동 늘리기: 의사소통 촉진을 위한 놀이 확장

    a. 아동이 관심을 보이는 장난감으로 버튼을 누르면 소리가 나는 것을 천천히 보여 준다. 그리고 반복적으로 보여 주며 관심을 유도한다.

    이때 부모는 아동이 장난감에서 나는 소리에 집중할 수 있도록 소리를 듣고 다양한 표정을 보여 주거나 장난감에서 나오는 소리를 따라 하며 관심을 유도한다. 그리고 지속적으로 아동이 부모의 행동에 관심을 두고 있는지를 확인한다.

    b. 놀이가 매우 활기를 띠는 상황이 되면 아동이 더욱 재미를 느끼고 동기화되어 적극적인 상호작용을 할 수 있기 때문에 얼굴 표정, 제스처, 목소리 톤과 같은 비구어적 의사소통을 과장되

게 표현하여 활기를 북돋아 준다.

c. 아동이 관심을 보인다면 반복적으로 보여 준다.

d. 만약 아동이 관심이 없다면 다시 소리를 조금 들려주다 멈추어 관심을 갖게 한다.

   (예시1) 부모: (장난감 버튼을 누르며) 우와 같이 눌러 보자. 꾸꾸꾸꾸꾹~

   (예시2) 부모: (아이의 손을 함께 잡고 버튼을 향해 옮겨 버튼 누르기를 유도하며) 자, 같
   이 누른다. 꾸꾸꾸꾹~ 노래 나와라.

e. 부모는 자극을 줄 때 아동이 잘 볼 수 있게 자세와 위치를 맞춰 둔다.

⊙ 활용 예
• 아동이 소리 나는 장난감들을 만져 보며 탐색하면 버튼을 누르는 행동을 보여 준다.
• 아동이 장난감의 버튼을 눌러 소리가 나면 더 큰 소리로 따라 해 준다(둥둥둥, 뿌뿌뿌, 딴딴딴 등).
• 아동이 무언가를 넣을 때 소리가 나면 소리에 반응해 주고 장난감을 흔들어 본다.
• 아동이 버튼을 눌러 멜로디가 나오면 멜로디에 맞추어 신나게 몸을 흔들다가 장난감을 꺼 소리를
  멈춘다.
  이때 관심을 더 끌 수 있도록 제스처와 재미있는 소리를 내며 놀이를 확장한다.

④ 기다리기, 얼굴 마주 보기
   a. 아동에게 장난감에서 나오는 재미있는 멜로디를 충분히 들려준 후 장난감을 아동이 볼 수
   있지만 아동의 손이 닿지 않는 곳에 둔다. 혹은 장난감의 버튼을 꺼 아동이 눌러도 소리가 나오
   지 않는 상황에서 잠시 멈추고 아동의 반응을 기다린다.

   (예시) 부모: (장난감을 달라고 하거나 멜로디를 틀어 달라고 할 때까지 기다린다)

   b. 아동이 반응이 없다면 다시 한 번 멜로디에 관심을 갖도록 시도해 본다. 부모가 아동의 반응
   을 잘 기다리는 경우, 아동이 부모의 얼굴을 마주 보고 의사소통 의도를 표현하는 것을 확인할
   수 있다.

   c. 부모가 반응을 기다렸는데 아동이 부모에게 요청하지 않고 자신이 원하는 것만 하려고 한다
   면 부모는 아동이 부모에게 요청할 수 있는 또 다른 상황을 만들어 준다.

d. 이때 중요한 것은 아동의 반응이 정확한 문장이거나 정확한 발음의 낱말이 아니어도 좋다는 것이다. 부모는 어떤 의사소통 수단이든 아동의 상호작용 시작에 긍정적으로 반응해 준다.

> *(예시1)* 아동: *(장난감을 달라고 하며)* 따따.
>
> 부모: 우와 알겠어. 엄마가 따따(장난감) 줄게.
>
> *(예시2)* 아동: *(장난감을 꺼내 달라고 하며)* 꺼애<꺼내>/꺼내.
>
> 부모: 우와 알겠어. 엄마가 장난감 꺼내 줄게.
>
> *(예시3)* 아동: *(멜로디를 틀어 달라고 하며)* 노애<노래>.
>
> 부모: 우와 알겠어. 아빠가 노래 틀어 줄게.

e. 기다리는 상황에서 부모가 무표정을 보이는 등 지시적/학습적인 상황이 되면 아동이 요청하지 않을 수 있다. 항상 부모가 가까이에 있어 언제든 도움을 줄 수 있다는 것을 아동이 인식하게 해 준다(예: 손을 가까이 두기). 그리고 기다리는 상황에서 다치거나 위험한 상황이 예상되면 상황을 만들지 않거나 미리 제지한다.

f. 반응이 잘 나오는 경우, 한 번의 시도에서 끝내는 것이 아니라 이를 반복적으로 해 보며 길게 상호작용하도록 한다.

⊚ 활용 예

• 아동이 멜로디를 켜지 못할 때 바로 도와주지 않고 아동의 얼굴을 보며 반응을 기다린다. 아동이 반응을 보이면 즉각적으로 반응해 준다.

낱말 수준	아동: *(노래를 틀어 달라고 하며)* 노애<노래>~ 부모: 우와 알겠어. 엄마가 노래 틀어 줄게.
초기 문장 수준	아동: *(노래를 틀어 달라고 하며)* 노애<노래> 켜. 혹은 노애<노래> 해 줘. 부모: 우와 알겠어. 엄마가 노래 틀어 줄게.

⑤ 모방하기, 언어 확장하기(1)

a. 아동이 의사소통을 시작하기 위한 행동이나 소리를 냈다면 이를 모방한다. 대신 부모가 해석한 행동이 아니라 아동의 행동, 발성 그대로를 모방한다.

b. 모방을 할 때는 부모가 아동의 행동을 모방하고 있다는 것을 충분히 과장되게 표현해 준다.

c. 아동의 행동을 모방한 후에는 아동의 발성 및 언어 수준을 고려하여 확장을 해 준다. 만약 아동이 낱말 단계인데 음절 수준이 2음절이면 2음절 내에서 다양한 소리 목록을 넣어 들려준다. 만약 아동이 초기 문장 단계이면 무조건 긴 문장이 아니라 한 어절 정도를 추가하여 문장을 확장하여 들려준다.

> *(예시1)* 아동: *(장난감을 꺼내 달라고 하며)* 장난감.
>
> 부모: 장난감, 장난감 줘.
>
> *(예시2)* 아동: *(노래를 틀어 달라고 하며)* 노래. 혹은 켜.
>
> 부모: 켜 줘, 노래 켜 줘.

d. 아동이 다른 곳에 집중할 때보다는 부모와 상호작용하는 상황에서 공동 집중할 때 언어 확장을 시도한다. 이때, 부모는 아동에게 눈과 입을 보여 주며 목표 언어를 들려준다. 그리고 목표 언어를 강조해서 천천히 들려준다. 아동이 부모의 얼굴을 보고 있지 않은 상황이면 부모는 언어자극이 적절하게 입력될 수 있도록 자세와 위치를 변경하여 시선을 맞춰 본다. 발성 및 언어 확장을 할 때 제스처와 같은 시각적인 단서를 함께 사용한다.

e. 반응이 잘 나오는 경우, 한 번의 시도에서 끝내는 것이 아니라 이를 반복적으로 해 보거나 다른 멜로디들을 이용하여 보다 많은 횟수의 언어 확장이 이루어지도록 한다. 모방을 유도해도 좋다. 하지만 아동이 많이 거부하면 필수적으로 모방을 유도하지 않아도 좋다.

◉ 활용 예

• 아동이 멜로디를 켜지 못할 때 바로 도와주지 않고 아동의 얼굴을 보며 반응을 기다린다. 아동이 반응을 보이면 즉각적으로 모방해 주고 언어 확장을 해 준다.

낱말 수준	아동: *(멜로디를 틀어 달라고 하며)* 노애<노래>~ 부모: 노래, 노래 틀어.
초기 문장 수준	아동: *(멜로디를 틀어 달라고 하며)* 노애 트어<노래 틀어>~ 부모: 노래 트어<틀어>, 엄마 노래 틀어.

⑥ 언어 확장하기(2), 차례 주고받으며 대화하기

　　a. 멜로디 장난감을 이용하여 부모와 함께 차례를 주고받으며 대화를 해 본다. 한 번은 아동이 부모에게 요청을 하면 부모가 반응해 주고, 다음 차례는 부모가 아동에게 요청하면 아동이 반응해 준다.

　　b. 이때 아동이 반응이 나올 때까지 기다리기를 본 활동에서도 적용해 본다. 어느 정도 활기찬 활동이 되고 반복이 이루어졌다면 기다리기를 한 후 부모가 확장해 준 언어를 모방할 때까지 기다려 본다. 아이가 언어 확장을 보이면 더 격한 반응으로 아이를 칭찬해 주면서 활동을 더욱 활기차게 만든다. 아이가 언어 확장을 보이지 않는 경우에도 격려하면서 다시 반복해서 목표 언어를 들려준다.

　　　　(예시) 부모: 자 우리 엄마 한 번, ○○ 한 번 해서 같이 노래 듣자. 누가 먼저 해 볼까?

　　　　　　　아동: ○○.

　　　　　　　부모: 자 그럼 ○○이가 먼저 해 봐. ○○아 엄마 노래 들어 줘.

　　　　　　　아동: 자 여기요. *(멜로디를 들어 준다)*

　　　　　　　부모: *(다 들은 다음에)* 또 틀어 줘.

　　　　　　　아동: 네. *(다른 것을 틀어 준다)*

　　　　　　　부모: 자 이번에는 엄마가 틀어 줄게. *(말하고 기다린다)*

　　　　　　　아동: 노래.

　　　　　　　부모: 노래. 노래 틀어요. *(노래를 틀어 준다)*

　　　　　　　아동: 또.

　　　　　　　부모: 또. 또 틀어. *(아동이 모방할 때까지 기다려 본다)*

　　　　　　　아동: 또 틀어.

　　　　　　　부모: 우와 알겠어. 한 번 더 듣자~ *(언어가 확장되었을 때 더 칭찬하며 틀어 준다)*

　　c. 차례를 주고받으며 대화를 할 때 아동마다 차례를 주고받는 시간이 다를 수 있다. 아동이 흥미를 잃으면 오랜 시간을 지속할 수 없기 때문이다. 아동의 주의집중 시간에 따라 처음에는 짧은 시간이라도 차례를 주고받는 횟수(빈도)를 늘려 주도록 한다. 이후 상호작용을 지속할 수 있는 시간이 길어지면 차례를 주고받는 횟수(빈도)뿐만 아니라 한 가지 놀이를 통해서 차례를 주고받는 시간을 늘려 준다.

멜로디 장난감

◎ 활용 예

낱말 수준	부모: 자 아빠랑 ○○이랑 같이 노래 틀자. 누가 틀까? (말하고 기다린다) 아동: ○○. 부모: 노래. 노래 틀어. (장난감이 닿지 않는 곳에 있다) 아동: (손이 닿지 않아 아빠에게 요구하며) 안 돼. 장난감. 부모: 안 돼. 장난감. 장난감 꺼내. (아동이 모방할 때까지 기다려 본다) 아동: 장난감 꺼내. 부모: 우와 알겠어. 아빠가 장난감 꺼내 줄게. (언어가 확장되었을 때 더 칭찬한다) 부모: 뭐 눌러야 노래 나오지? 아동: 이거. 부모: 이거. 이거 눌러. (아동이 모방할 때까지 기다린다) 아동: 이거 눌러. 부모: 이제 아빠 차례. ○○아, 장난감 갖다 줘. 아동: 네. (장난감을 갖다 준다) 부모: (여러 가지 버튼을 보여 주며) 뿡뿡이 노래 틀어 줘. 아동: 네. 뿡뿡이요. (뿡뿡이 노래를 틀어 준다) 부모: 또 눌러줘. 아동: 네. (한 번 더 누른다)
초기 문장 수준	부모: 자 아빠랑 ○○이랑 같이 노래 틀자. 누가 틀까? (말하고 기다린다) 아동: ○○가 해. 부모: ○○가 노래. 노래 틀어. (장난감이 닿지 않는 곳에 있다) 아동: (손이 닿지 않아 아빠에게 요구하며) 안 돼. 장난감. 부모: 안 돼. 장난감. 아빠 장난감 꺼내. (아동이 모방할 때까지 기다려 본다) 아동: 아빠 장난감 꺼내. 부모: 우와 알겠어. 아빠가 장난감 꺼내 줄게. (언어가 확장되었을 때 더 칭찬한다) 부모: 뭐 눌러야 노래 나오지? 아동: 이거 눌러. 부모: 이거 눌러. 이거 뽀로로 눌러요. (아동이 모방할 때까지 기다린다)

> 아동: 이거 뽀로로 눌러요.
>
> 부모: 이제 아빠 차례. ○○아, 장난감 갖다 줘.
> 아동: 네. *(장난감을 갖다 준다)*
> 부모: *(여러 가지 버튼을 보여 주며)* 뿡뿡이 노래 틀어 줘.
> 아동: 네. 뿡뿡이 노래요. *(뿡뿡이 노래를 틀어 준다)*
> 부모: 또 눌러 줘.
> 아동: 네 또 눌러요. *(한 번 더 누른다)*

3) 고려사항

- 아동의 언어 및 의사소통 수준에 따라 들려주고 촉진하는 것이 달라질 수 있다.
- 언어 확장이 잘된다고 하더라도 아동의 관심사를 놓치지 않고 지속해서 따라 한다.
- 언어 확장이 잘되지 않더라도 언어 유도를 위해 너무 학습적 · 지시적으로 이끌지 않고, 놀이 는 항상 즐겁게 유지하도록 한다.
- 아동이 싫어하는 소리가 나는 장난감으로는 억지로 시도하지 않는다.
- 아동이 소리를 들으며 혼자 즐기기보다 부모와 상호작용하며 즐기도록 유도한다.
- 소리에 예민한 성향을 가진 아동에게는 장난감 선택에 주의가 필요하다.

멜로디 장난감

놀이
활동

블록놀•1

종합 / 언어이전기

1) 목표

(1) 부모 목표

- 관찰하기, 공동주의집중 및 공동활동 늘리기: 참여하며 놀기, 아동 주도 따르기
- 공동주의집중 및 공동활동 늘리기: 의사소통 촉진을 위한 놀이 확장
- 기다리기: 상호작용 시작 시간 기다리기, 얼굴 마주 보기
- 행동 및 구어 모방하기, 제스처/발성 및 언어 확장하기
- 기다리기: 상호작용 지시에 반응하기를 기다리기

(2) 아동 목표

- 블록놀이 상황에서 상호작용할 때 다양한 제스처, 발성, 언어를 이해하고 표현할 수 있다.

🎯 목표 예

- 제스처: (손으로 누르는 시늉을 하거나 블록을 치며 끼워 달라고 요구하기), (손으로 빼는 시늉을 하거나 블록을 가리키며 블록을 빼 달라고 요구하기), (손을 내밀거나 뻗으며 블록을 달라고 요구하기)
- 발성 및 언어: 으~/윽~/우~/어~(끼워 달라고 요구하기), 따/딱/두/뚜(블록을 두들기기), 꾸/꾹/뿌/뿍(끼워 달라고 요구하기), 또/더/도〈줘〉(블록을 달라고 요구하기), 엄마/아빠/끼워(끼워 달라고 요구하기) 등

2) 언어 및 의사소통 촉진 방법

- 준비물: 블록놀이 세트

〈놀이방법〉

① 아동이 좋아하는 장난감 블록을 준비한다.

② 관찰하기, 공동주의집중 및 공동활동 늘리기: 참여하며 놀기, 아동 주도 따르기

　　a. 아동이 좋아하는 블록들을 보여 주며 아동이 무엇에 관심이 있고 좋아하는지를 관찰한다.

　　　(예시) 부모: ○○아. 우와 블록이 많구나.

　　b. 만약 아동이 블록에 관심을 두고 바닥에 쳐 본다면 아동의 관심을 따라간다.

　　　(예시) 부모: 우와. 블록을 치는구나~ 혹은 블록 딱딱딱 쳐. 재밌다~

　　c. 아동이 부모가 준비한 것에 관심이 없으면 다른 준비물을 보여 주며 관심을 유도한다. 이때 질문을 하거나 지시를 하지 않고 놀이 상황만을 언급해 준다. 아동에게 질문하거나 지시를 하면 아동 주도가 부모 주도로 바뀌어 자발적인 의사소통이 될 수 없다. 그리고 가능한 아동의 행동에 민감하게 반응하면서 상호작용을 지속하도록 노력한다.

◎ 활용 예

• 아동이 블록을 치거나 만지면 부모는 함께 치거나 만진다.

• 아동이 블록에 관심을 보이면 부모는 블록을 만져 보고 손가락을 끼우거나 바닥에 두드려 본다.

• 아동이 블록 세트에 들어 있는 사람들에게 관심을 갖는다면 부모는 아동과 같이 사람들이나 다른 물건들을 만져 본다.

---

③ 공동주의집중 및 공동활동 늘리기: 의사소통 촉진을 위한 놀이 확장

　　a. 아동이 블록을 만지기만 한다면 부모는 블록을 치거나 끼우면서 놀이를 확장하는 것을 천천히 보여 준다.

　　이때 부모는 아동이 부모가 블록을 끼우는 것에 집중할 수 있도록 다소 과장된 억양으로 다양한 범위의 소리를 내며 관심을 유도한다. 그리고 지속적으로 아동이 부모의 행동에 관심을 두고 있는지를 확인한다.

　　b. 놀이가 매우 활기를 띠는 상황이 되면 아동은 더 재미있고 동기화될 수 있는 상호작용을 할 수 있기 때문에 얼굴 표정, 제스처, 목소리 톤과 같은 비구어적 의사소통을 과하게 하여 활기를 북돋아 준다.

c. 아동이 관심을 보인다면 반복적으로 보여 준다.

d. 만약 아동이 관심이 없다면 부모가 블록을 재밌게 끼우는 모습을 보여 주거나 아동의 손을 잡고 함께 블록을 끼워 준 후 아동이 블록에 관심을 갖고 집중할 수 있도록 유도해 본다.

 (예시) 부모: (블록을 끼우며) 우와 꾸욱~ 끼워. 재밌다. (아동의 손을 잡고 블록을 끼우며) 꾸욱~ 블록을 끼워. (다시 한 번 함께 블록을 끼우며) 꾸욱~ 우와 블록 끼웠다.

e. 부모는 자극을 줄 때 아동이 잘 볼 수 있게 자세와 위치를 맞춰 둔다.

🍩 **활용 예**
- 부모는 아동이 원하는 블록을 고른 뒤 큰 블록에 함께 끼워 본다.
- 아동이 블록에 관심을 갖는다면 부모는 블록을 이용해서 끼우고 빼는 모습을 보여 준다.

④ **기다리기: 상호작용 시작 시간 기다리기, 얼굴 마주 보기**

a. 부모는 아동이 스스로 끼우기 어려운 블록을 주고 아동의 반응을 기다린다. 아동이 블록을 스스로 끼울 수 있다면 블록을 아동에게 바로 주지 않고 블록을 요구하도록 아동의 반응을 기다린다.

 (예시) 부모: (아동 혼자서는 끼우기 어려운 블록을 주며) 꾸욱~ 블록 끼워~

b. 아동이 반응이 없다면 다시 한 번 블록에 관심을 갖도록 시도한다. 예를 들어, 블록을 끼우는 것을 보여 주거나 일부러 안 끼워지는 척 하다가 블록을 끼운다. 그리고 부모가 아동의 얼굴을 바라보며 기다려 본다. 부모가 아동의 반응을 잘 기다리는 경우, 아동이 부모의 얼굴을 마주 보고 의사소통 의도를 표현하는 것을 확인할 수 있다.

c. 부모가 반응을 기다렸는데 아동이 부모에게 요청하지 않고 자신이 원하는 것만 하려고 한다면 부모는 아동이 부모에게 요청할 수 있는 또 다른 상황을 만들어 준다.

d. 이때 중요한 것은 아동의 반응이 정확한 구어여도 좋고 그렇지 않아도 된다는 것이다. 혹은 제스처나 모음발성이어도 좋다. 부모는 어떤 의사소통 수단이든 아동의 상호작용 시작에 긍정

적으로 반응해 준다.

　　(예시1) 아동: *(블록을 끼워 달라고 손바닥으로 친다)*

　　　　　 부모: 우와 알겠어. 엄마가 끼워 줄게.

　　(예시2) 아동: *(엄마의 손을 끌고 블록에 놓으며)* 우~

　　　　　 부모: 우와 알겠어. 엄마가 끼워 줄게.

　　(예시3) 아동: *(블록을 보며)* 으~

　　　　　 부모: 우와 알겠어. 엄마가 끼워 줄게.

e. 기다리는 상황에서 부모가 무표정을 보이는 등 지시적/학습적인 상황이 되면 아동이 요청하지 않을 수 있다. 항상 부모가 가까이에 있어 언제든 도움을 줄 수 있다는 것을 아동이 인식하게 해 준다(예: 손을 가까이 두기). 그리고 기다리는 상황에서 다치거나 위험한 상황이 예상되면 상황을 만들지 않거나 미리 제지한다.

f. 반응이 잘 나오는 경우, 한 번의 시도에서 끝내는 것이 아니라 이를 반복적으로 해 보며 길게 상호작용하도록 한다.

☺ 활용 예
• 부모는 아동이 원하는 블록을 다른 블록에 끼워 준다. 그리고 혼자 끼우기 어려운 블록을 아동에게 주고 기다린다.
• 아동이 스스로 블록에 인형을 끼울 수 있다면 부모는 아동에게 먼저 인형을 제공하지 않고 아동이 부모에게 인형을 달라고 요구할 수 있도록 기다린다.

---

⑤ 행동 및 구어 모방하기, 제스처/발성 및 언어 확장하기

a. 아동이 의사소통을 시작하기 위한 행동이나 소리를 냈다면 이를 모방한다. 대신 부모가 해석한 행동이 아니라 아동의 행동, 발성 그대로를 모방한다.

b. 모방을 할 때는 부모가 아동의 행동을 모방하고 있다는 것을 충분히 과장되게 표현해 준다.

c. 아동의 행동을 모방한 후에는 아동의 발성 및 언어 수준을 고려하여 확장을 해 준다. 만약 아동이 모음이 주로 나온다면 모음의 소리를 확장해 주거나 몇 개의 자음만을 이용하여 확장한다.

만약 아동이 자음 2개가 모두 1음절 상황에서 나온다면 1음절의 소리를 중첩적으로 반복하여 들려주어 음절을 확장해 주거나 다른 자음을 1음절 상황에서 알려 주어 음소 목록을 확장하여 들려준다.

> *(예시1) 아동: (블록을 끼워 달라고 손바닥으로 친다)*
>
> 부모: *(손바닥으로 블록을 치며)* 으. 윽.
>
> *(예시2) 아동: (엄마의 손을 끌고 블록에 놓으며) 우~*
>
> 부모: 우~ 꾸욱~
>
> *(예시3) 아동: (블록을 보며) 으~*
>
> 부모: 으~ 껴.

d. 아동이 다른 곳에 집중할 때보다는 부모와 상호작용하는 상황에서 공동 집중할 때 언어 확장을 시도한다. 이때, 부모는 아동에게 눈과 입을 보여 주며 목표 언어를 들려준다. 그리고 목표 언어를 강조해서 천천히 들려준다. 아동이 부모의 얼굴을 보고 있지 않은 상황이면 부모는 언어자극이 적절하게 입력될 수 있도록 자세와 위치를 변경하여 시선을 맞춰 본다. 발성 및 언어 확장을 할 때 제스처와 같은 시각적인 단서를 함께 사용한다.

e. 반응이 잘 나오는 경우, 한 번의 시도에서 끝내는 것이 아니라 이를 반복적으로 해 보거나 다른 블록들을 이용하여 보다 많은 횟수의 언어 확장이 이루어지도록 한다. 모방을 유도해도 좋다. 하지만 아동이 많이 거부하면 필수적으로 모방을 유도하지 않아도 좋다.

⊚ 활용 예
- 아동이 원하는 블록을 한 번 끼워 준다. 그리고 혼자 끼우기 어려운 블록을 주고 기다린다. 기다린 후에 아동이 끼워 달라는 제스처를 보이면 그 제스처를 모방하고 아동이 소리를 내면 아동의 소리를 모방한다. 그리고 아동의 언어 및 의사소통 수준에 맞는 소리로 확장한다(예: 우–발성, 꾹, 껴 등).
- 아동이 좋아하는 다른 블록들을 보여 주고 아동에게 주지 않은 채 달라고 할 때까지 기다린다. 기다린 후 더 달라고 제스처로 표현하면 그 행동을 모방하고 소리를 내면 아동의 소리를 모방해 주며 확장한다(예: 줘, 또, 더, 엄마 등).

---

⑥ 기다리기: 상호작용 지시에 반응하기를 기다리기

  a. 다양한 블록을 주고 부모의 지시에 반응을 하는지 기다린다. 이때 충분히 기다려도 반응이

없다면 다시 들려주고 기다린다.

　(예시) 부모: 자, 우리 이제 다른 것도 블록도 끼워 보자. 꾸욱~ 나무 끼워.

b. 아동이 반응이 없다면 너무 먼 거리에서 하지 않고 좀 더 가까운 거리에서 시도해 본다. 혹은 눈에 보이는 것부터 시작해 보거나 주변 자극물의 개수를 줄여 시도해 본다.

　(예시1) 부모: (멀리 있는 나무 블록이 아니라 가까이에 있는 경우) 꾸욱~ 나무 끼워.

　(예시2) 부모: (나무, 꽃, 사람 등 4~5개 이상의 자극물에서 반응이 없다면 자극물을 2~3
　　　　　개 이내로 줄여) 나무 끼워.

c. 아동이 반응이 없다면 활동에 주의집중할 수 있도록 신체적 촉구(예: 손 잡기)를 하여 활동에 시선을 집중시킨 후 다시 반응을 기다려 본다.

　(예시) 부모: (아동의 손을 잡아 블록이 있는 쪽에 갖다 대며) 나무 끼워.

d. 그래도 반응이 없다면, 포인팅을 하거나 직접 지시를 하거나 모델링을 통해 아동이 해야 할 것을 보여 준다.

　(예시1) 부모: (나무를 포인팅하며) 꾸욱~ 나무 끼워.

　(예시2) 부모: (나무를 포인팅하고 나서 손으로 누르는 시늉을 하며) 꾸욱~ 나무 끼워.

e. 앞의 과정을 여러 차례 반복하며 알려 준다.

f. 이 목표에서는 아동에게 지시를 할 때 아동 주도 따르기를 반드시 사용할 필요는 없다.

◎ 활용 예

• 아동이 좋아하는 블록을 주고 아빠도 블록을 끼우고 싶다고 말한다. 혹은 "아빠 꾸욱, 아빠 끼울래."라고 하며 아동이 블록을 주는지 기다린다.

• 아동이 좋아하는 블록을 들고 어떻게 해야 할지 모른다는 표정을 짓고 아동의 반응을 기다린다. 아동이 반응이 없으면 블록을 끼우는 시늉을 하며 제스처 단서를 통해 유도한다.

3) 고려사항

- 아동의 언어 및 의사소통 수준에 따라 들려주고 촉진하는 것이 달라질 수 있다.
- 언어 확장이 잘된다고 하더라도 아동의 관심사를 놓치지 않고 지속해서 따라 한다.
- 언어 확장이 잘되지 않더라도 언어 유도를 위해 너무 학습적·지시적으로 이끌지 않고, 놀이는 항상 즐겁게 유지하도록 한다.
- 주변에 다른 장난감을 치우고 아동이 블록에 집중할 수 있도록 한다.
- 아동이 블록을 밟아서 다치지 않도록 조심한다.
- 아동이 조작하기 어렵거나 너무 작은 블록은 피한다.

| 놀이
활동 | 블록놀이 | 종합 / 언어기 |

1) 목표

(1) 부모 목표

- 관찰하기, 공동주의집중 및 공동활동 늘리기: 참여하며 놀기, 아동 주도 따르기
- 공동주의집중 및 공동활동 늘리기: 의사소통 촉진을 위한 놀이 확장
- 기다리기, 얼굴 마주 보기
- 모방하기, 언어 확장하기(1)
- 언어 확장하기(2), 차례 주고받으며 대화하기

(2) 아동 목표

- 블록놀이 상황에서 상호작용할 때 다양한 낱말, 문장을 이해하고 표현할 수 있다.

목표 예

- 낱말 수준: 더, 줘, 꽃, 문, 차, 블록, 끼워, 쌓아, 네모, 나무, 누나(언니), 오빠(형), 빨강, 파랑, 노랑, 초록, 주황, 많아, 높다, 낮다, 하마, 악어, 호랑이, 코끼리, 고릴라, 캥거루, 아찌(아저씨) 등
- 초기 문장 수준: 꽃 줘, 파랑 줘, 블록 끼워, 블록 쌓아, 블록 많아, 나무 끼워, 낮게 만들어, 더 많이 줘, 노랑 블록 줘, 블록 높게 쌓아, 아빠가 끼워, 엄마가 쌓아 등

2) 언어 및 의사소통 촉진 방법

- 준비물: 블록놀이 세트

〈놀이방법〉

① 아동이 좋아하는 장난감 블록을 준비한다.

② 관찰하기, 공동주의집중 및 공동활동 늘리기: 참여하며 놀기, 아동 주도 따르기

   a. 아동이 좋아하는 블록들을 보여 주며 아동이 무엇에 관심이 있고 좋아하는지를 관찰한다.

     (예시) 부모: ○○아. 우와 블록이 많구나.

   b. 만약 아동이 블록에 관심을 두고 바닥에 블록을 쳐 본다면 아동의 관심을 따라간다.

     (예시) 부모: 우와. 블록을 치는구나~ 혹은 블록 딱딱딱 쳐. 재밌다~

   c. 아동이 부모가 준비한 것에 관심이 없으면 다른 준비물을 보여 주며 관심을 유도한다. 이때 질문을 하거나 지시를 하지 않고 놀이 상황만을 언급해 준다. 아동에게 질문하거나 지시를 하면 아동 주도가 부모 주도로 바뀌어 자발적인 의사소통이 될 수 없다. 그리고 가능한 아동의 행동에 민감하게 반응하면서 상호작용을 지속하도록 노력한다.

> ⚙ 활용 예
> • 아동이 블록에 관심을 보이면 부모는 블록을 만져보고 손가락을 끼우거나 바닥에 두드려 본다.
> • 아동이 블록 세트에 들어 있는 사람들에게 관심을 갖는다면 부모는 사람들이나 다른 물건들을 만져 본다.

③ 공동주의집중 및 공동활동 늘리기: 의사소통 촉진을 위한 놀이 확장

   a. 아동이 블록을 치기만 한다면 부모는 블록을 끼우고 빼면서 놀이를 확장하는 것을 보여 준다. 이때 부모는 아동이 부모가 블록을 끼우는 것에 집중할 수 있도록 다소 과장된 억양으로 다양한 범위의 소리를 내며 관심을 유도한다. 그리고 지속적으로 아동이 부모의 행동에 관심을 두고 있는지를 확인한다.

   b. 놀이가 매우 활기를 띠는 상황이 되면 아동이 더욱 재미를 느끼고 동기화되어 적극적인 상호작용을 할 수 있기 때문에 얼굴 표정, 제스처, 목소리 톤과 같은 비구어적 의사소통을 과장되게 표현하여 활기를 북돋아 준다.

   c. 아동이 관심을 보인다면 반복적으로 보여 준다.

   d. 만약 아동이 관심이 없다면 부모가 블록을 재미있게 끼우고 빼는 모습을 보여 주거나 아동의 손을 잡고 함께 블록을 끼우고 빼 본 후 아동이 블록에 관심을 갖고 집중할 수 있도록 유도

해 본다.

　(예시) 부모: (블록을 빼며) 우와 블록 쏙 빼~ 재밌다. (아동의 손을 잡고 빼며) 뽀옥~ 꽃
　　　　　　블록 빼. (다른 블록을 빼며) 꾸욱~ 우와 꽃 블록 뺐다.

e. 부모는 자극을 줄 때 아동이 잘 볼 수 있게 자세와 위치를 맞춰 둔다.

> 활용 예
> • 아동이 원하는 블록을 골라서 같이 큰 블록에 끼고 빼 본다.
> • 아동이 블록에 관심을 갖는다면 부모는 블록을 세우고 쳐 보며 움직이는 모습을 보여 준다.

④ 기다리기, 얼굴 마주 보기

a. 아동이 블록을 스스로 뺄 수 없다면 아동에게 이미 길게 끼워져 있는 블록을 주고 아동의 반응을 기다린다. 아동이 블록을 스스로 뺄 수 있다면 끼워진 블록을 아동에게 바로 주지 않고 부모가 들고 있도록 한다. 부모가 들고 있는 블록을 1개씩 빼기 위해 아동이 부모에게 요구할 수 있도록 아동의 반응을 기다린다.

　(예시) 부모: (끼워진 블록을 주며) 블록 뽀옥 빼~

b. 아동이 반응이 없다면 다시 한 번 블록에 관심을 갖도록 시도해 본다. 예를 들어, 블록을 빼는 것을 보여 주거나 일부러 안 빠지는 척 하다가 블록을 뺀다. 그리고 부모가 아동의 얼굴을 바라보며 기다려 본다. 부모가 아동의 반응을 잘 기다리는 경우, 아동이 부모의 얼굴을 마주 보고 의사소통 의도를 표현하는 것을 확인할 수 있다.

c. 부모가 반응을 기다렸는데 아동이 부모에게 요청하지 않고 자신이 원하는 것만 하려고 한다면 부모는 아동이 부모에게 요청할 수 있는 또 다른 상황을 만들어 준다.

d. 이때 중요한 것은 아동의 반응이 정확한 문장이거나 정확한 발음의 낱말이 아니어도 좋다는 것이다. 부모는 어떤 의사소통 수단이든 아동의 상호작용 시작에 긍정적으로 반응해 준다.

　(예시1) 아동: (블록을 빼 달라고 손바닥으로 치며) 이거.

　　　　　부모: 우와 알겠어. 엄마가 빼 줄게.

　(예시2) 아동: 엄마~

부모: 우와 알겠어. 엄마가 쌓아 줄게.

(예시3) 아동: *(블록을 보며)* 줘~

부모: 우와 알겠어. 엄마가 많이 줄게.

e. 기다리는 상황에서 부모가 무표정을 보이는 등 지시적/학습적인 상황이 되면 아동이 요청하지 않을 수 있다. 항상 부모가 가까이에 있어 언제든 도움을 줄 수 있다는 것을 아동이 인식하게 해 준다(예: 손을 가까이 두기). 그리고 기다리는 상황에서 다치거나 위험한 상황이 예상되면 상황을 만들지 않거나 미리 제지한다.

f. 반응이 잘 나오는 경우, 한 번의 시도에서 끝내는 것이 아니라 이를 반복적으로 해 보며 길게 상호작용하도록 한다.

◎ 활용 예

• 아동에게 이미 끼워져 있는 블록을 제공하여 아동이 놀이를 하기 위해서 블록을 빼야 하는 상황을 만든다. 아동이 스스로 블록을 뺄 수 있다면 아동에게 블록을 제공하지 않고 부모에게 블록을 달라고 요구할 수 있도록 기다린다.

낱말 수준	*(예시1)* 아동: *(블록을 빼는 시늉을 하며)* 빼. 부모: 우와 알겠어. 엄마가 빼 줄게. *(예시2)* 아동: 엄마~ 부모: 우와 알겠어. 엄마가 더 줄게.
초기 문장 수준	*(예시1)* 아동: *(블록을 달라고 하며)* 블록 쌓아. 부모: 우와 알겠어. 엄마가 쌓을게. *(예시2)* 아동: 하마 끼워. 부모: 우와 알겠어. 엄마가 끼워 줄게.

---

⑤ 모방하기, 언어 확장하기(1)

a. 아동이 의사소통을 시작하기 위한 행동이나 소리를 냈다면 이를 모방한다. 대신 부모가 해석한 행동이 아니라 아동의 행동, 발성 그대로를 모방한다.

b. 모방을 할 때는 부모가 아동의 행동을 모방하고 있다는 것을 충분히 과장되게 표현해 준다.

c. 아동의 행동을 모방한 후에는 아동의 발성 및 언어 수준을 고려하여 확장을 해 준다. 만약 아동이 낱말 단계인데 음절 수준이 2음절이면 2음절 내에서 다양한 소리 목록을 넣어 들려준다. 만약 아동이 초기 문장 단계이면 무조건 긴 문장이 아니라 한 어절 정도를 추가하여 문장을 확장하여 들려준다.

    (예시1) 아동: *(블록을 빼 달라고 손바닥으로 치며)* 이거.

        부모: 이거, 이거 블록 빼.

    (예시2) 아동: 엄마~

        부모: 엄마~ 엄마가 쌓아.

    (예시3) 아동: *(블록을 보며)* 줘~

        부모: 줘~ 많이 줘.

d. 아동이 다른 곳에 집중할 때보다는 부모와 상호작용하는 상황에서 공동 집중할 때 언어 확장을 시도한다. 이때, 부모는 아동에게 눈과 입을 보여 주며 목표 언어를 들려준다. 그리고 목표 언어를 강조해서 천천히 들려준다. 아동이 부모의 얼굴을 보고 있지 않은 상황이면 부모는 언어자극이 적절하게 입력될 수 있도록 자세와 위치를 변경하여 시선을 맞춰 본다. 발성 및 언어 확장을 할 때 제스처와 같은 시각적인 단서를 함께 사용한다.

e. 반응이 잘 나오는 경우, 한 번의 시도에서 끝내는 것이 아니라 이를 반복적으로 해 보거나 다른 블록들을 이용하여 보다 많은 횟수의 언어 확장이 이루어지도록 한다. 모방을 유도해도 좋다. 하지만 아동이 많이 거부하면 필수적으로 모방을 유도하지 않아도 좋다.

활용 예
- 아동이 블록이 없거나 블록 빼기를 원할 때 바로 블록을 주거나 도와주지 않고 아동의 얼굴을 보며 반응을 기다린다. 아동이 반응을 보이면 즉각적으로 모방해 주고 언어 확장을 해 준다.
- 아동이 동물 블록을 원한다면 바로 동물 블록을 주지 않고 아동의 얼굴을 보며 반응을 기다린다. 아동이 반응을 보이면 즉각적으로 모방해 주고 언어 확장을 해 준다.

낱말 수준	*(예시1)* 아동: *(블록을 빼는 시늉을 하며)* 빼. 　　부모: 빼, 블록 빼. *(예시2)* 아동: 엄마~ 　　부모: 엄마~ 엄마 쌓아.

초기 문장 수준	*(예시1)* 아동: *(블록을 달라고 하며)* 블록 쌓아. 　　부모: 블록 높게 쌓아. 혹은 빨강 블록 쌓아. *(예시2)* 아동: 하마 끼워. 　　부모: 하마 끼워. 하마 블록에 끼워.

⑥ 언어 확장하기(2), 차례 주고받으며 대화하기

a. 블록 끼우기와 블록 빼기 활동으로 부모와 함께 차례를 주고받으며 대화를 해 본다. 한 번은 아동이 부모에게 요청을 하면 부모가 반응해 주고, 다음 차례는 부모가 아동에게 요청하면 아동이 반응해 준다.

b. 이때 아동이 반응이 나올 때까지 기다리기를 본 활동에서도 적용해 본다. 어느 정도 활기찬 활동이 되고 반복이 이루어졌다면 기다리기를 한 후 부모가 확장해 준 언어를 모방할 때까지 기다려 본다. 아이가 언어 확장을 보이면 더 격한 반응으로 아이를 칭찬해 주면서 활동을 더욱 활기차게 만든다. 아이가 확장을 보이지 않는 경우에도 격려하면서 다시 반복해서 목표언어를 들려준다.

　　(예시) 부모: 자 우리 엄마 한 번. ○○ 한 번 블록 끼우자. 누가 먼저 해 볼까?

　　　　아동: ○○.

　　　　부모: 자 그럼 ○○이가 먼저 끼워 봐. ○○아 블록 끼워.

　　　　아동: 끼워. *(블록을 끼운다)*

　　　　부모: *(다른 블록을 들며)* 뭐 끼워?

　　　　아동: *(블록을 달라고 하며)* 블록.

　　　　부모: 언니 블록 끼워.

　　　　아동: 언니 블록. *(끼운다)*

　　　　부모: 자 이번에는 아빠가 쌓을게. *(말하고 기다린다)*

　　　　아동: 아빠. *(블록을 준다)*

　　　　부모: 아빠. 아빠가 쌓아. *(아빠가 블록을 쌓는다)*

　　　　아동: 쌓아.

부모: 쌓아. 아빠가 블록 쌓아. (아동이 모방할 때까지 기다려 본다)

아동: 아빠가 쌓아.

부모: 우와 알겠어. 아빠가 블록 쌓을게. 꾸욱~ 재밌다. (언어가 확장되었을 때 더
　　　칭찬하며 쌓아 준다)

c. 차례를 주고받으며 대화를 할 때 아동마다 차례를 주고받는 시간이 다를 수 있다. 아동이 흥미를 잃으면 오랜 시간을 지속할 수 없기 때문이다. 아동의 주의집중 시간에 따라 처음에는 짧은 시간이라도 차례를 주고받는 횟수(빈도)를 늘려 주도록 한다. 이후 상호작용을 지속할 수 있는 시간이 길어지면 차례를 주고받는 횟수(빈도)뿐만 아니라 한 가지 놀이를 통해서 차례를 주고받는 시간을 늘려 준다.

☺ 활용 예

낱말 수준	부모: 자 아빠랑 ○○이랑 같이 블록 빼자. ○○이는 뭐 빼고 싶어? 　　　(말하고 기다린다) 아동: 빼. 부모: 빼. 블록 빼. (빼지 않고 기다린다) 아동: (잘 안 빠져 아빠에게 빼 달라고 요구하는 상황) 안 돼. 빼. 부모: 안 돼. 빼. 블록 빼 줘. (모방할 때까지 기다려 본다) 아동: 블록 빼. 부모: 우와 알겠어. 아빠가 블록 빼 줄게. (언어가 확장되었을 때 더 　　　칭찬하며 빼 준다). 부모: (누나/언니. 형/오빠. 아저씨 등을 보여 주며) 이번에는 어떤 　　　거 뺄래? 아동: 이거. 부모: 이거. 아찌(아저씨) 빼. 혹은 이거. 아찌. (모방할 때까지 기다 　　　린다) 아동: 아찌. 부모: 이제 아빠가 뺄게. ○○아. 아빠 나무 빼 줘. 아동: 네. (나무를 빼 준다) 부모: (과장된 표정으로) 꽃도 빼. 아동: 네 꽃도. (꽃을 빼 준다)

	부모: *(끄덕이며) 꽃도 빼.*
	아동: *(다른 꽃도 빼며) 꽃도 빼.*
초기 문장 수준	부모: 자 아빠랑 ○○이랑 같이 블록놀이하자. ○○이는 뭐 하고 싶어? *(말하고 기다린다)*
	아동: 동물원.
	부모: 동물원. 동물원 만들어. *(블록을 주지 않고 기다린다)*
	아동: *(아빠에게 블록을 요청하는 상황)* 사자 끼워.
	부모: 사자 끼워. 사자 여기에 끼워~ *(아동이 모방할 때까지 기다려 본다)*
	아동: 사자 여기에 끼워.
	부모: 우와 알겠어, 아빠가 사자 블록 줄게. *(언어가 확장되었을 때 더 칭찬하며 준다)*
	부모: *(다른 동물 블록들을 보여 주며)* 이번에는 어떤 거 끼울래?
	아동: 호양이<호랑이> 끼워.
	부모: 호양이<호랑이>를 끼워. 혹은 호양이 블록에 끼워. *(모방할 때까지 기다린다)*
	아동: 호양이를 끼워.
	부모: 이제 아빠 끼울게. ○○아, 아빠 캥거루 줘.
	아동: 네. *(캥거루 블록을 준다)*
	부모: *(여러 가지 블록 중에)* 원숭이 블록 줘.
	아동: 네 블록. *(원숭이 블록을 준다)*
	부모: 또 악어 블록 줘.
	아동: 또 악어 블록. *(악어 블록을 또 준다)*

3) 고려사항

- 아동의 언어 및 의사소통 수준에 따라 들려주고 촉진하는 것이 달라질 수 있다.
- 언어 확장이 잘된다고 하더라도 아동의 관심사를 놓치지 않고 지속해서 따라 한다.
- 언어 확장이 잘되지 않더라도 언어 유도를 위해 너무 학습적 · 지시적으로 이끌지 않고, 놀이는 항상 즐겁게 유지하도록 한다.
- 주변에 다른 장난감을 치우고 아동이 블록에 집중할 수 있도록 한다.
- 아동이 블록을 밟아서 다치지 않도록 조심한다.
- 아동이 조작하기 어렵거나 너무 작은 블록은 피한다.

**놀이
활동** **기차놀이**   종합 / 언어이전기

1) 목표

(1) 부모 목표

- 관찰하기, 공동주의집중 및 공동활동 늘리기: 참여하며 놀기, 아동 주도 따르기
- 공동주의집중 및 공동활동 늘리기: 의사소통 촉진을 위한 놀이 확장
- 기다리기: 상호작용 시작 시간 기다리기, 얼굴 마주 보기
- 행동 및 구어 모방하기, 제스처/발성 및 언어 확장하기
- 기다리기: 상호작용 지시에 반응하기를 기다리기

(2) 아동 목표

- 기차놀이 상황에서 상호작용할 때 다양한 제스처, 발성, 언어를 이해하고 표현할 수 있다.

⊛ **목표 예**
- 제스처: (손을 내밀며 기찻길을 달라고 요구하기), (고개를 젓거나 손을 흔들며 싫다고 거부하기),
  (바닥을 치며 장난감을 놓으라고 요구하기), (고개를 끄덕이며 대답하기)
- 발성 및 언어: 오(달라고 요구하기), 우(끼우면서 표현하기), 따/딱/꾸/꾹/푸/푹(끼워 달라고 요구하
  기), 네/응(대답하기), 아니(거부하기), 칙칙, 폭폭, 땡/빵빵(기차를 움직이기) 등

---

2) 언어 및 의사소통 촉진 방법

- 준비물: 기차놀이 세트(자동차도 포함)

〈놀이방법〉

① 아동이 좋아하는 기차놀이 세트를 준비한다.

② 관찰하기, 공동주의집중 및 공동활동 늘리기: 참여하며 놀기, 아동 주도 따르기

    a. 아동이 좋아하는 기차놀이를 주며 아동이 어떻게 노는지를 관찰한다.

    (예시) 부모: ○○아. 우와 ○○이가 좋아하는 기차다.

    b. 만약 아동이 기차놀이에 관심이 있다면 아동의 관심을 따라간다.

    (예시) 부모: 우와. ○○이가 기차를 보네.

    c. 아동이 부모가 준비한 것에 관심이 없으면 다른 준비물을 보여 주며 관심을 유도한다. 이때 질문을 하거나 지시를 하지 않고 놀이 상황만을 언급해 준다. 아동에게 질문하거나 지시를 하면 아동 주도가 부모 주도로 바뀌어 자발적인 의사소통이 될 수 없다. 그리고 가능한 아동의 행동에 민감하게 반응하면서 상호작용을 지속하도록 노력한다.

◎ 활용 예
- 아동이 기차를 보며 만지고 움직이면 부모도 함께 만지고 조작해 본다.
- 아동이 기찻길을 만지거나 관심을 보이면 부모도 함께 기찻길을 만진다.

③ 공동주의집중 및 공동활동 늘리기: 의사소통 촉진을 위한 놀이 확장

    a. 아동이 기차를 만지기만 한다면 부모는 기차를 움직이며 놀이를 확장하는 것을 보여 준다. 이때 부모는 기차가 움직이는 것에 아동이 집중할 수 있도록 억양을 다르게 하거나 재미있는 소리를 내며 관심을 유도한다. 그리고 지속적으로 아동이 부모의 행동에 관심을 두고 있는지를 확인한다.

    b. 놀이가 매우 활기를 띠는 상황이 되면 아동은 더 재미있고 동기화될 수 있는 상호작용을 할 수 있기 때문에 얼굴 표정, 제스처, 목소리 톤과 같은 비구어적 의사소통을 과하게 하여 활기를 북돋아 준다.

    c. 아동이 관심을 보인다면 반복적으로 보여 준다.

d. 만약 아동이 관심이 없다면 부모가 아동에게 기차 장난감을 건네고 아동이 기차 장난감을 움직일 수 있도록 해 본 후 다시 부모가 기차를 움직이는 것에 아동이 집중할 수 있도록 유도해 본다.

> *(예시) 부모: (기차를 앞으로 움직이며) 우와 칙칙! 폭폭! 땡~ (계속 움직이며) 기차가 간다~*

e. 부모는 자극을 줄 때 아동이 잘 볼 수 있게 자세와 위치를 맞춰 둔다.

◎ 활용 예

- 아동이 기차를 만지면 부모는 기찻길 위에서 앞으로 가도록 움직여 본다.
- 아동이 기찻길에 관심을 가지면 부모도 함께 기찻길을 두드리고 끼워 본다.
- 아동이 기차놀이 세트 중 다른 장난감에 관심을 가지면 다른 장난감을 세워 본다.

---

④ 기다리기: 상호작용 시작 시간 기다리기, 얼굴 마주 보기

a. 기차가 앞으로 가도록 밀어 보인 뒤, 아동의 반응을 기다린다.

> *(예시) 부모: (기차를 밀며) 칙칙 폭폭 땡~ 재밌겠다. 빵빵!*

b. 아동이 반응이 없다면 다시 한 번 기차에 관심을 갖도록 시도해 본다. 이때 부모는 아동의 얼굴을 바라보며 기다린다. 부모가 아동의 반응을 잘 기다리는 경우, 아동이 부모의 얼굴을 마주 보고 의사소통 의도를 표현하는 것을 확인할 수 있다.

c. 부모가 반응을 기다렸는데 아동이 부모에게 요청하지 않고 자신이 원하는 것만 하려고 한다면 부모는 아동이 부모에게 요청할 수 있는 또 다른 상황을 만들어 준다.

d. 이때 중요한 것은 아동의 반응이 정확한 구어여도 좋고 그렇지 않아도 된다는 것이다. 혹은 제스처나 모음발성이어도 좋다. 부모는 어떤 의사소통 수단이든 아동의 상호작용 시작에 긍정적으로 반응해 준다.

> *(예시1) 아동: (기차를 달라고 쳐다본다)*
>
> > *부모: 알겠어. 엄마가 줄게.*
>
> *(예시2) 아동: (고개를 저으며) 아~*

부모: *우와 알겠어. 엄마가 다른 것 줄게.*

(예시3) 아동: *(기찻길을 포인팅하며) 으마~*

부모: *우와 알겠어. 엄마가 줄게.*

e. 기다리는 상황에서 부모가 무표정을 보이는 등 지시적/학습적인 상황이 되면 아동이 요청하지 않을 수 있다. 항상 부모가 가까이에 있어 언제든 도움을 줄 수 있다는 것을 아동이 인식하게 해 준다(예: 손을 가까이 두기). 그리고 기다리는 상황에서 다치거나 위험한 상황이 예상되면 상황을 만들지 않거나 미리 제지한다.

f. 반응이 잘 나오는 경우, 한 번의 시도에서 끝내는 것이 아니라 이를 반복적으로 해 보며 길게 상호작용하도록 한다.

활용 예

• 아동에게 기차를 움직이는 것을 보여 준다. 기차를 움직이다가 잠시 멈추고 기다린다.
• 아동에게 기찻길 끼우는 것을 보여 준다. 기찻길을 끼우다가 잠시 멈추고 기다린다. 그리고 기찻길을 달라고 할 때까지 기다린다. 혹은 기찻길을 끼울 수 있도록 1개씩 제시하다가 주지 않고 기다린다.

---

⑤ 행동 및 구어 모방하기, 제스처/발성 및 언어 확장하기

a. 아동이 의사소통을 시작하기 위한 행동이나 소리를 냈다면 이를 모방한다. 대신 부모가 해석한 행동이 아니라 아동의 행동, 발성 그대로를 모방한다.

b. 모방을 할 때는 부모가 아동의 행동을 모방하고 있다는 것을 충분히 과장되게 표현해 준다.

c. 아동의 행동을 모방한 후에는 아동의 발성 및 언어 수준을 고려하여 확장을 해 준다. 만약 아동이 모음이 주로 나온다면 모음의 소리를 확장해 주거나 몇 개의 자음만을 이용하여 확장한다. 만약 아동이 자음 2개가 모두 1음절 상황에서 나온다면 1음절의 소리를 중첩적으로 반복하여 들려주어 음절을 확장해 주거나 다른 자음을 1음절 상황에서 알려 주어 음소 목록을 확장하여 들려준다.

(예시1) 아동: *(기차를 치며) 치~ (기차를 달라고 쳐다본다)*

부모: (기차를 함께 치며) 치치.

　(예시2) (아동이 원하지 않는 장난감을 줬을 때)

　　아동: (고개를 저으며) 아~

　　부모: (고개를 저으며) 아~ 아니.

　(예시3) 아동: (기찻길을 포인팅하며) 으마~

　　부모: 엄마. 우와 알겠어. 엄마가 줄게.

d. 아동이 다른 곳에 집중할 때보다는 부모와 상호작용하는 상황에서 공동 집중할 때 언어 확장을 시도한다. 이때, 부모는 아동에게 눈과 입을 보여 주며 목표 언어를 들려준다. 그리고 목표 언어를 강조해서 천천히 들려준다. 아동이 부모의 얼굴을 보고 있지 않은 상황이면 부모는 언어자극이 적절하게 입력될 수 있도록 자세와 위치를 변경하여 시선을 맞춰 본다. 발성 및 언어 확장을 할 때 제스처와 같은 시각적인 단서를 함께 사용한다.

e. 반응이 잘 나오는 경우, 한 번의 시도에서 끝내는 것이 아니라 이를 반복적으로 해 보거나 다른 기차나 기찻길들을 이용하여 보다 많은 횟수의 언어 확장이 이루어지도록 한다. 모방을 유도해도 좋다. 하지만 아동이 많이 거부하면 필수적으로 모방을 유도하지 않아도 좋다.

⊚ 활용 예
- 아동이 원하는 대로 기차를 굴려 준다. 그리고 기차를 굴리다가 잠시 굴려 주지 않은 채 기다린다. 기다린 후에 아동이 굴리라는 제스처를 보이면 그 제스처를 모방하고 소리를 냈다면 아동의 소리를 모방한다. 그리고 아동의 언어 및 의사소통 수준에 맞는 소리로 확장한다(예: 칙칙 폭폭 땡, 빵빵-발성, 가 등).
- 아동이 원하는 기찻길을 끼워 주지 않고 아동의 반응을 기다린다. 혹은 몇 개를 끼워 준 후 잠시 끼워 주던 것을 멈춘다. 기다린 후 더 끼워 달라고 제스처로 표현하거나 달라는 제스처를 보이면 그 행동을 모방하고 소리를 내면 아동의 소리를 모방해 주고 확장한다(예: 꾸/꾹/푹-기찻길을 끼우는 발성, 껴 등).

⑥ 기다리기: 상호작용 지시에 반응하기를 기다리기
　a. 기차를 앞에 두고 엄마의 지시에 따르는지 기다린다. 이때 충분히 기다려도 반응이 없다면 다시 들려주고 기다린다.

(예시) 부모: 자 우리 이제 다른 것으로도 해 보자. 차 가*(가 주세요)*.

b. 아동이 반응이 없다면 너무 먼 거리에서 하지 않고 좀 더 가까운 거리에서 시도해 본다. 혹은 눈에 보이는 것부터 시작해 보거나 주변 자극물의 개수를 줄여 시도해 본다.

(예시1) 부모: (아동의 주변에 있는 차를 움직이며) 차 가.

(예시2) 부모: (아동의 주변 자극물을 2~3개 이내로 줄이며) 칙칙 폭폭 가~

c. 아동이 반응이 없다면 활동에 주의집중할 수 있도록 신체적 촉구(예: 손 잡기)를 하여 활동에 시선을 집중시킨 후 다시 반응을 기다려 본다.

(예시) 부모: (아동의 손을 잡아 기차가 있는 쪽에 갖다 대며) 칙칙 폭폭 가~

d. 그래도 반응이 없다면, 포인팅을 하거나 직접 지시를 하거나 모델링을 통해 아동이 해야 할 것을 보여 준다.

(예시1) 부모: (차를 포인팅하며) 차 가요.

(예시2) 부모: (기차를 포인팅하고 나서 손으로 미는 시늉을 하며) 칙칙 폭폭 가~

e. 앞의 과정을 여러 차례 반복하며 알려 준다.

f. 이 목표에서는 아동에게 지시를 할 때 아동 주도 따르기를 반드시 사용할 필요는 없다.

⊚ 활용 예
• 아동이 좋아하는 기차를 주며 출발해 달라고 한다. 혹은 자동차를 주며 굴려 달라고 한다. 그래도 안 되면 제스처 단서를 통해 유도한다.

3) 고려사항

• 아동의 언어 및 의사소통 수준에 따라 들려주고 촉진하는 것이 달라질 수 있다.
• 언어 확장이 잘된다고 하더라도 아동의 관심사를 놓치지 않고 지속해서 따라 한다.
• 언어 확장이 잘되지 않더라도 언어 유도를 위해 너무 학습적 · 지시적으로 이끌지 않고, 놀이는 항상 즐겁게 유지하도록 한다.
• 아동이 놀이를 좋아하지 않거나 관심 갖지 않는 경우에는 억지로 시도하지 않는다.
• 주변에 너무 많은 장난감이 손에 닿지 않도록 한다.

놀이
활동

기차놀이

종합 / 언어기

1) 목표

(1) 부모 목표

- 관찰하기, 공동주의집중 및 공동활동 늘리기: 참여하며 놀기, 아동 주도 따르기
- 공동주의집중 및 공동활동 늘리기: 의사소통 촉진을 위한 놀이 확장
- 기다리기, 얼굴 마주 보기
- 모방하기, 언어 확장하기(1)
- 언어 확장하기(2), 차례 주고받으며 대화하기

(2) 아동 목표

- 기차놀이 상황에서 상호작용할 때 다양한 낱말, 문장을 이해하고 표현할 수 있다.

> 😊 목표 예
> - 낱말 수준: 길, 가, 집, 표, 앞, 뒤, 껴, 빼, 기차, 출발, 도착, 앉아, 자리, 찾아, 나무, 지붕, 병원, 가게, 세워, 맞아, 싫어, 꽂아, 연결, 구불, 올려, 아니야, 일어나, 표지판 등
> - 초기 문장 수준: 집 도착, 기차 꽂아, 길 연결해, 기차 출발, 엄마 앉아, 동생 앉아, 병원 세워, 지붕 올려, 구불 길 줘, 가게에 가, 기차를 타, 나무는 싫어, 왼쪽으로 가, 뒤로 가, 엄마 자리에 앉아, 아빠 가 표 사 등

2) 언어 및 의사소통 촉진 방법

- 준비물: 기차놀이 세트

〈놀이방법〉

① 아동이 좋아하는 기차놀이 세트를 준비한다.

② 관찰하기, 공동주의집중 및 공동활동 늘리기: 참여하며 놀기, 아동 주도 따르기

　a. 아동이 좋아하는 기차놀이를 주며 아동이 어떻게 노는지를 관찰한다.

　　(예시) 부모: ○○아. 우와 ○○이가 좋아하는 기차다.

　b. 만약 아동이 기차놀이에 관심이 있다면 아동의 관심을 따라간다.

　　(예시) 부모: 우와. ○○이가 기차놀이를 좋아하는구나.

　c. 아동이 부모가 준비한 것에 관심이 없으면 다른 준비물을 보여 주며 관심을 유도한다. 이때 질문을 하거나 지시를 하지 않고 놀이 상황만을 언급해 준다. 아동에게 질문하거나 지시를 하면 아동 주도가 부모 주도로 바뀌어 자발적인 의사소통이 될 수 없다. 그리고 가능한 아동의 행동에 민감하게 반응하면서 상호작용을 지속하도록 노력한다.

　◎ 활용 예
　• 아동이 기차를 보며 만지고 움직이면 부모도 함께 만지고 조작해 본다.
　• 아동이 기찻길을 만지거나 관심을 보이면 함께 기찻길을 만진다.

③ 공동주의집중 및 공동활동 늘리기: 의사소통 촉진을 위한 놀이 확장

　a. 부모는 아동이 기차를 움직이기만 한다면 기차에 사람을 태우며 놀이를 확장하며 보여 준다. 이때 부모는 아동이 기차에 타는 것에 집중할 수 있도록 억양을 다르게 하거나 재미있는 소리를 내며 관심을 유도한다. 그리고 지속적으로 아동이 부모의 행동에 관심을 두고 있는지를 확인한다.

　b. 놀이가 매우 활기를 띠는 상황이 되면 아동이 더욱 재미를 느끼고 동기화되어 적극적인 상호작용을 할 수 있기 때문에 얼굴 표정, 제스처, 목소리 톤과 같은 비구어적 의사소통을 과장되게 표현하여 활기를 북돋아 준다.

　c. 아동이 관심을 보인다면 반복적으로 보여 준다.

d. 만약 아동이 관심이 없다면 부모가 아동에게 기차 장난감을 건네고 아동이 기차 장난감을 움직일 수 있도록 해 본 후 다시 부모가 기차를 움직이는 것에 집중할 수 있도록 유도해 본다.

    (예시) 부모: (기차를 앞으로 움직이며) 우와 칙칙! 폭폭! 땡~ (계속 움직이며) 기차가 간다~

e. 부모는 자극을 줄 때 아동이 잘 볼 수 있게 자세와 위치를 맞춰 둔다.

◎ 활용 예
- 아동이 기차를 만지면 기찻길 위에서 앞으로 가도록 움직여 본다.
- 아동이 기찻길에 관심을 가지면 함께 기찻길을 두드리고 끼워 본다.
- 아동이 기차놀이 세트 중 다른 장난감에 관심을 가지면 다른 장난감을 세워 본다.

---

④ 기다리기, 얼굴 마주 보기

a. 아동에게 기차가 굴러가는 것을 보여 준 후 아동의 반응을 기다린다.

    (예시) 부모: (기차를 움직이며) 빵빵. 기차가 가요.

b. 아동이 반응이 없다면 다시 한 번 기차에 관심을 갖게 하기 위해 노력한다. 예를 들어, 아동이 관심이 없다면 기차를 앞으로 갔다 뒤로 갔다 움직이며 재미있는 소리를 낸다. 부모가 아동의 얼굴을 바라보며 기다린다. 부모가 아동의 반응을 잘 기다리는 경우, 아동이 부모의 얼굴을 마주 보고 의사소통 의도를 표현하는 것을 확인할 수 있다.

c. 부모가 반응을 기다렸는데 아동이 부모에게 요청하지 않고 자신이 원하는 것만 하려고 한다면 부모는 아동이 부모에게 요청할 수 있는 또 다른 상황을 만들어 준다.

d. 이때 중요한 것은 아동의 반응이 정확한 문장이거나 정확한 발음의 낱말이 아니어도 좋다는 것이다. 부모는 어떤 의사소통 수단이든 아동의 상호작용 시작에 긍정적으로 반응해 준다.

    (예시1) 아동: (굴려 달라고 하며) 칙칙~

             부모: 우와 알겠어. 엄마가 굴려 줄게.

    (예시2) 아동: (기찻길을 달라고 하며) 줘~

             부모: 우와 알겠어. 엄마가 줄게.

    (예시3) 아동: (아니라고 고개를 저으며) 이거 아니~

> 부모: 우와 알겠어. 엄마가 다른 것 줄게.
>
> (예시4) 아동: (나무를 세우며) 나무 세워.
>
> 부모: 우와 알겠어. 엄마가 세워 줄게.

e. 기다리는 상황에서 부모가 무표정을 보이는 등 지시적/학습적인 상황이 되면 아동이 요청하지 않을 수 있다. 항상 부모가 가까이에 있어 언제든 도움을 줄 수 있다는 것을 아동이 인식하게 해 준다(예: 손을 가까이 두기). 그리고 기다리는 상황에서 다치거나 위험한 상황이 예상되면 상황을 만들지 않거나 미리 제지한다.

f. 반응이 잘 나오는 경우, 한 번의 시도에서 끝내는 것이 아니라 이를 반복적으로 해 보며 길게 상호작용하도록 한다.

🅐 **활용 예**

- 아동에게 기찻길을 하나씩 주다가 잠시 주지 않는다. 아동이 기찻길을 달라고 할 때까지 기다린다. 아동이 반응을 보이면 즉각적으로 반응해 준다.
- 아동이 기차나 기찻길을 원할 때 일부러 다른 장난감을 준다. 아동이 아니라는 것을 표현할 때까지 기다린다. 아동이 반응을 보이면 즉각적으로 반응해 준다.
- 아동이 기찻길 주변을 꾸미고 싶을 때 한꺼번에 꾸밀 것을 주지 않고 하나씩 제공한다. 아동이 주변(예: 집, 병원, 풀 등) 꾸밀 것을 요구할 때까지 기다린다. 아동이 반응을 보이면 즉각적으로 반응해 준다.

낱말 수준	(예시1) 아동: (기차를 달라고 하며) 기차~ 부모: 우와 알겠어. 엄마가 기차 줄게. (예시2) (기찻길을 연결하고 싶은데 엉뚱한 장난감을 받는다) 아동: 아니~ 부모: 이거 아니야~ 다른 것 줄게.
초기 문장 수준	(예시1) 아동: (기찻길을 달라고 하며) 엄마 줘~ 부모: 우와 알겠어. 엄마가 길 줄게. (예시2) (기차가 필요한 상황인데 다른 것을 받는다) 아동: 이거 아니. 부모: 어~ 알겠어. 아빠가 다른 것 줄게.

⑤ 모방하기, 언어 확장하기(1)

a. 아동이 의사소통을 시작하기 위한 행동이나 소리를 냈다면 이를 모방한다. 대신 부모가 해석한 행동이 아니라 아동의 행동, 발성 그대로를 모방한다.

b. 모방을 할 때는 부모가 아동의 행동을 모방하고 있다는 것을 충분히 과장되게 표현해 준다.

c. 아동의 행동을 모방한 후에는 아동의 발성 및 언어 수준을 고려하여 확장을 해 준다. 만약 아동이 낱말 단계인데 음절 수준이 2음절이면 2음절 내에서 다양한 소리 목록을 넣어 들려준다. 만약 아동이 초기 문장 단계이면 무조건 긴 문장이 아니라 한 어절 정도를 추가하여 문장을 확장하여 들려준다.

> *(예시1) 아동: (굴려 달라고 하며) 칙칙~*
>
> 　　　　*부모: 칙칙~ 칙칙 가.*
>
> *(예시2) 아동: (기찻길을 달라고 하며) 줘~*
>
> 　　　　*부모: 줘~ 길 줘.*
>
> *(예시3) 아동: (아니라고 고개 저으며) 이거 아니~*
>
> 　　　　*부모: 이거 아니~ 이거 아니고 길.*
>
> *(예시4) 아동: (나무를 세우며) 나무 세워.*
>
> 　　　　*부모: 나무 세워. 아빠가 나무 세워.*

d. 아동이 다른 곳에 집중할 때보다는 부모와 상호작용하는 상황에서 공동 집중할 때 언어 확장을 시도한다. 이때, 부모는 아동에게 눈과 입을 보여 주며 목표 언어를 들려준다. 그리고 목표 언어를 강조해서 천천히 들려준다. 아동이 부모의 얼굴을 보고 있지 않은 상황이면 부모는 언어자극이 적절하게 입력될 수 있도록 자세와 위치를 변경하여 시선을 맞춰 본다. 발성 및 언어 확장을 할 때 제스처와 같은 시각적인 단서를 함께 사용한다.

e. 반응이 잘 나오는 경우, 한 번의 시도에서 끝내는 것이 아니라 이를 반복적으로 해 보거나 다른 장난감들을 이용하여 보다 많은 횟수의 언어 확장이 이루어지도록 한다. 모방을 유도해도 좋다. 하지만 아동이 많이 거부하면 필수적으로 모방을 유도하지 않아도 좋다.

◉ 활용 예

- 아동이 기찻길을 스스로 끼우지 못하거나 뒤집어서 끼워 길 끼우기가 어려울 때 바로 도와주지 않고 아동의 얼굴을 보며 반응을 기다린다. 아동이 반응을 보이면 즉각적으로 모방해 주고 언어 확장해 준다.

- 아동이 기차나 기찻길을 원할 때 일부러 다른 장난감을 준다. 아동이 아니라는 것을 표현할 때까지 기다린다. 아동이 반응을 보이면 즉각적으로 모방해 주고 언어 확장해 준다.

- 아동이 기차 외에 다른 구성품(사람, 나무, 표지판 등)을 탐색하고 배치할 때 아동에게 구성품들을 바로 주지 않고 아동의 얼굴을 보며 요구할 때까지 기다린다. 아동이 반응을 보이면 즉각적으로 모방해 주고 언어 확장해 준다.

낱말 수준	*(예시1)* 아동: *(기찻길을 달라고 포인팅하며)* 줘~ 부모: *(포인팅하며)* 줘. 길 줘~ *(예시2) (엄마가 기차를 주냐고 물어봤을 때)* 아동: *(끄덕이며)* 기차. 부모: *(끄덕이며)* 기차. 기차 맞아~
초기 문장 수준	*(예시1)* 아동: *(엄마를 세우며)* 엄마 세워. 부모: 엄마 세워. 엄마를 세워. *(예시2) (기차가 출발해야 하는데 부모가 엉뚱한 것을 준다)* 아동: *(거부하며)* 기차 아니~ 부모: *(고개 저으며)* 기차 아니야~. 기차가 아니잖아.

⑥ 언어 확장하기(2), 차례 주고받으며 대화하기

a. 기찻길 만들기와 구성품 세우기 활동으로 부모와 함께 차례를 주고받으며 대화를 해 본다. 한 번은 아동이 부모에게 요청을 하면 부모가 반응해 주고, 다음 차례는 부모가 아동에게 요청하면 아동이 반응해 준다.

b. 이때 아동이 반응이 나올 때까지 기다리기를 본 활동에서도 적용해 본다. 어느 정도 활기찬 활동이 되고 반복이 이루어졌다면 기다리기를 한 후 아동이 부모가 확장해 준 언어를 모방할 때까지 기다려 본다. 아이가 언어 확장을 보이면 더 격한 반응으로 아이를 칭찬해 주면서 활동을 더욱 활기차게 만든다. 아이가 확장을 보이지 않는 경우에도 격려하면서 다시 반복해서 목표언어를 들려준다.

(예시) 부모: 자 우리 엄마 한 번, ○○ 한 번 해서 기차 출발하자. 누가 먼저 출발할까?

아동: ○○.

부모: 자 그럼 ○○이가 먼저 출발해 봐. ○○아 기차 출발해.

아동: 칙칙 폭폭 땡. (기차를 움직이게 한다)

부모: (다른 장난감으로 잠시 방해를 하며) 길이 막혔어요. 다시 출발해요.

아동: 네~ (다른 곳으로 기차를 출발한다)

부모: 기차가 출발~

아동: 기차 출발. (기차를 움직인다)

부모: 자 이번에는 아빠가 출발할게. (말하고 기다린다)

아동: (기차를 가리키며) 출발.

부모: 출발. 아빠 출발해. (조금 가다가 멈춘다)

아동: 아빠 출발.

부모: 아빠 출발. 아빠가 기차 출발해. (모방할 때까지 기다려 본다)

아동: 아빠가 기차 출발해.

부모: 우와 알겠어, 아빠가 기차 출발한다. 칙칙 폭폭 땡. (언어가 확장되었을 때 더 칭찬하며 기차를 움직인다)

c. 차례를 주고받으며 대화를 할 때 아동마다 차례를 주고받는 시간이 다를 수 있다. 아동이 흥미를 잃으면 오랜 시간을 지속할 수 없기 때문이다. 아동의 주의집중 시간에 따라 처음에는 짧은 시간이라도 차례를 주고받는 횟수(빈도)를 늘려 주도록 한다. 이후 상호작용을 지속할 수 있는 시간이 길어지면 차례를 주고받는 횟수(빈도)뿐만 아니라 한 가지 놀이를 통해서 차례를 주고받는 시간을 늘려 준다.

◎ 활용 예

낱말 수준	부모: 자 아빠랑 ○○이랑 같이 기차놀이하자. ○○이는 뭐 하고 싶어? (말하고 기다린다) 아동: 누나. 부모: 누나. 누나 세워. (세우지 않고 기다린다) 아동: (세우기를 요청하며) 세워. 부모: 세워. 누나 세워. (아동이 모방할 때까지 기다려 본다)

기차놀이

	아동: 누나 세워.
	부모: 우와 알겠어, 아빠가 누나 세워 줄게. (언어가 확장되었을 때 더 칭찬하며 세워 준다)
	부모: 이번에는 뭐 할래?
	아동: (풀을 포인팅하며) 세워.
	부모: 세워, 풀 세워. 혹은 세워, 초록풀 세워. (아동이 모방할 때까지 기다린다)
	아동: 풀 세워.
	부모: 이제 아빠가 세울게. ○○아, 집 줘.
	아동: 네. (집을 준다)
	부모: 집 세워.
	아동: 네 집 세워. (다른 집을 함께 세운다)
	부모: 집 더 줘. 재밌다.
	아동: 네. (더 많이 준다)
초기 문장 수준	부모: 자 아빠랑 ○○이랑 같이 기차 타자. ○○이는 누구 태우고 싶어? (말하고 기다린다)
	아동: 엄마 타.
	부모: 엄마 타, 엄마가 기차 타. (태우지 않고 기다린다)
	아동: (아빠에게 엄마 인형을 요구하며) 기차 타.
	부모: 기차 타, 엄마가 기차 타. (아동이 모방할 때까지 기다려 본다)
	아동: 엄마가 기차 타.
	부모: 우와 알겠어, 아빠가 엄마 태워 줄게. (언어가 확장되었을 때 더 칭찬하며 태워 준다)
	부모: 이번에는 뭐 할래?
	아동: 아빠 타.
	부모: 아빠 타, 아빠가 기차 타. 혹은 아빠 기차에 타. (아동이 모방할 때까지 기다린다)
	아동: 아빠 기차에 타.
	부모: 이제 아빠 태울게. ○○아, 누나가 기차 타.
	아동: 네. (누나 장난감을 준다)
	부모: 엄마도 기차 타.
	아동: 네, 엄마 타. (엄마 장난감을 준다)
	부모: 또 사람 줘. 재밌다.
	아동: 네, 사람 줘. (다른 장난감을 준다)

3) 고려사항

- 아동의 언어 및 의사소통 수준에 따라 들려주고 촉진하는 것이 달라질 수 있다.
- 언어 확장이 잘된다고 하더라도 아동의 관심사를 놓치지 않고 지속해서 따라 한다.
- 언어 확장이 잘되지 않더라도 언어 유도를 위해 너무 학습적·지시적으로 이끌지 않고, 놀이는 항상 즐겁게 유지하도록 한다.
- 아동이 놀이를 좋아하지 않거나 관심 갖지 않는 경우에는 억지로 시도하지 않는다.
- 주변에 너무 많은 장난감이 손에 닿지 않도록 한다.

놀이 활동	공놀이	종합 / 언어이전기

1) 목표

(1) 부모 목표

- 관찰하기, 공동주의집중 및 공동활동 늘리기: 참여하며 놀기, 아동 주도 따르기
- 공동주의집중 및 공동활동 늘리기: 의사소통 촉진을 위한 놀이 확장
- 기다리기: 상호작용 시작 시간 기다리기, 얼굴 마주 보기
- 행동 및 구어 모방하기, 제스처/발성 및 언어 확장하기
- 기다리기: 상호작용 지시에 반응하기를 기다리기

(2) 아동 목표

- 공놀이 상황에서 상호작용할 때 다양한 제스처, 발성, 언어를 이해하고 표현할 수 있다.

🔅 목표 예

- 제스처: (손으로 바닥치며 공 달라고 요구하기), (두 손 내밀며 공 달라고 요구하기), (던지는 시늉하며 공 튕기라고 요구하기), (지시에 반응하며 공 주기), (지시에 반응하며 공 던지기)
- 발성 및 언어: 오/아/우~/어~/애/이야(공 달라고 요구하기), 타타〈탕탕〉/따따(공을 튕기기), 빠〈빵〉(공을 던지기), 쭈〈쭉〉/푸〈푹〉(공을 누르기), 슈〈슝〉(공을 달라고 요구하기), 줘/차/엄마/아빠/또/해(공 달라고 요구하기) 등

2) 언어 및 의사소통 촉진 방법

- 준비물: 공

〈놀이방법〉

① 아동이 좋아하는 공 장난감을 준비한다.

② 관찰하기, 공동주의집중 및 공동활동 늘리기: 참여하며 놀기, 아동 주도 따르기

    a. 아동이 좋아하는 공을 보여 주며 아동이 무엇에 관심이 있고 좋아하는지를 관찰한다.

    (예시) 부모: ○○아. ○○이가 좋아하는 공이네.

    b. 만약 아동이 공에 관심을 두고 손으로 눌러본다면 아동의 관심을 따라간다.

    (예시) 부모: 우와, 공이 쏘옥 들어가네~ 혹은 ○○이가 공을 눌렀구나~

    c. 아동이 부모가 준비한 것에 관심이 없으면 다른 준비물을 보여 주며 관심을 유도한다. 이때 질문을 하거나 지시를 하지 않고 놀이 상황만을 언급해 준다. 아동에게 질문하거나 지시를 하면 아동 주도가 부모 주도로 바뀌어 자발적인 의사소통이 될 수 없다. 그리고 가능한 아동의 행동에 민감하게 반응하면서 상호작용을 지속하도록 노력한다.

◎ 활용 예

- 아동이 공을 만지거나 치면 부모는 함께 만져 본다.
- 아동이 공을 눌러 보고 던진다면 부모는 함께 공을 눌러 보고 던져 본다.
- 아동이 공을 굴린다면 부모는 다른 공도 굴리며 탐색할 수 있도록 한다.

③ 공동주의집중 및 공동활동 늘리기: 의사소통 촉진을 위한 놀이 확장

    a. 부모는 아동이 공을 만지기만 한다면 공을 던지거나 굴리면서 놀이를 확장하며 보여 준다. 이때 부모는 아동이 부모가 공을 던지거나 굴리는 것에 집중할 수 있도록 다소 과장된 억양으로 다양한 범위의 소리를 내며 관심을 유도한다. 그리고 지속적으로 아동이 부모의 행동에 관심을 두고 있는지를 확인한다.

    b. 놀이가 매우 활기를 띠는 상황이 되면 아동은 더 재미있고 동기화될 수 있는 상호작용을 할 수 있기 때문에 얼굴 표정, 제스처, 목소리 톤과 같은 비구어적 의사소통을 과하게 하여 활기를 북돋아 준다.

c. 아동이 관심을 보인다면 반복적으로 보여 준다.

d. 만약 아동이 관심이 없다면 부모가 공을 던지거나 굴리는 동작을 더욱 크게 보여 주거나 아동의 손을 잡고 함께 공을 던져 본 후 아동이 공에 관심을 갖고 집중할 수 있도록 유도해 본다.

　(예시1) 부모: (공을 던지며) 우와 땅땅땅 공 던져~ 재밌다.

　(예시2) 부모: (아동의 손을 잡고 공을 던지며) 우와~ ○○이 공 잘 던진다. (다시 한 번 함께 던지면서) 땅땅~ 우와 공 멀리 간다.

e. 부모는 자극을 줄 때 아동이 잘 볼 수 있게 자세와 위치를 맞춰 둔다.

⊛ 활용 예

- 아동이 원하는 공을 만지기만 한다면 부모가 함께 공을 눌러 본다.
- 아동이 공이 굴러가는 것에 관심을 갖는다면 부모는 공이 왔다 갔다 움직이는 모습을 보여 주거나 발로 차는 동작을 보여 준다.

---

④ **기다리기: 상호작용 시작 시간 기다리기, 얼굴 마주 보기**

a. 아동에게 공을 주고 아동의 반응을 기다린다. 아동이 혼자 공을 가지고 논다면 공을 아동에게 주되 아동이 움직이게 할 수 없도록 부모가 공을 손으로 잡은 채 아동의 반응을 기다린다.

　(예시) 부모: (공을 아동 앞에 고정시키며) ○○아, 빵~ 공 차~

b. 아동이 반응이 없다면 다시 한 번 공에 관심을 갖도록 시도해 본다. 예를 들어, 공을 던지거나 차면서 움직이는 것을 보여 준다. 부모가 아동의 얼굴을 바라보며 기다린다. 부모가 아동의 반응을 잘 기다리는 경우, 아동이 부모의 얼굴을 마주 보고 의사소통 의도를 표현하는 것을 확인할 수 있다.

c. 부모가 반응을 기다렸는데 아동이 부모에게 요청하지 않고 자신이 원하는 것만 하려고 한다면 부모는 아동이 부모에게 요청할 수 있는 또 다른 상황을 만들어 준다.

d. 이때 중요한 것은 아동의 반응이 정확한 구어여도 좋고 그렇지 않아도 된다는 것이다. 혹은 제스처나 모음발성이어도 좋다. 부모는 어떤 의사소통 수단이든 아동의 상호작용 시작에 긍정

적으로 반응해 준다.

> *(예시1) 아동: (공을 달라고 엄마를 친다)*
>
> 부모: 우와 알겠어. 엄마가 공 줄게.
>
> *(예시2) 아동: (엄마의 손을 공에서 치우며) 으~*
>
> 부모: 우와 알겠어. 엄마가 손 치울게.
>
> *(예시3) 아동: (공을 보며) 으~*
>
> 부모: 우와 알겠어. 엄마가 던져 줄게.

e. 기다리는 상황에서 부모가 무표정을 보이는 등 지시적/학습적인 상황이 되면 아동이 요청하지 않을 수 있다. 항상 부모가 가까이에 있어 언제든 도움을 줄 수 있다는 것을 아동이 인식하게 해 준다(예: 손을 가까이 두기). 그리고 기다리는 상황에서 다치거나 위험한 상황이 예상되면 상황을 만들지 않거나 미리 제지한다.

f. 반응이 잘 나오는 경우, 한 번의 시도에서 끝내는 것이 아니라 이를 반복적으로 해 보며 길게 상호작용하도록 한다.

ⓦ 활용 예

• 아동에게 공을 주지 않고 요구할 수 있도록 기다린다. 혹은 원하는 공을 주되 아동이 스스로 던지거나 튕길 수 없도록 부모가 잡고 있다. 그리고 아동이 부모에게 공을 요구할 수 있도록 기다린다.
• 여러 개의 공을 준비한다. 그리고 아동에게 공을 한꺼번에 주지 않고 아동이 공을 요구하도록 기다린다.

---

⑤ 행동 및 구어 모방하기, 제스처/발성 및 언어 확장하기

a. 아동이 의사소통을 시작하기 위한 행동이나 소리를 냈다면 이를 모방한다. 대신 부모가 해석한 행동이 아니라 아동의 행동, 발성 그대로를 모방한다.

b. 모방을 할 때는 부모가 아동의 행동을 모방하고 있다는 것을 충분히 과장되게 표현해 준다.

c. 아동의 행동을 모방한 후에는 아동의 발성 및 언어 수준을 고려하여 확장을 해 준다. 만약 아동이 모음이 주로 나온다면 모음의 소리를 확장해 주거나 몇 개의 자음만을 이용하여 확장한다.

만약 아동이 자음 2개가 모두 1음절 상황에서 나온다면 1음절의 소리를 중첩적으로 반복하여 들려주어 음절을 확장해 주거나 다른 자음을 1음절 상황에서 알려 주어 음소 목록을 확장하여 들려준다.

> *(예시1)* 아동: *(공을 달라고 엄마를 친다)*
>
> 부모: *(엄마를 치며)* 따따.
>
> *(예시2)* 아동: *(엄마의 손을 공에서 치우며)* 으~
>
> 부모: 으~ 빼.
>
> *(예시3)* 아동: *(공을 차라는 시늉하며)* 따~
>
> 부모: *(차는 시늉을 하며)* 따, 차.

d. 아동이 다른 곳에 집중할 때보다는 부모와 상호작용하는 상황에서 공동 집중할 때 언어 확장을 시도한다. 이때, 부모는 아동에게 눈과 입을 보여 주며 목표 언어를 들려준다. 그리고 목표 언어를 강조해서 천천히 들려준다. 아동이 부모의 얼굴을 보고 있지 않은 상황이면 부모는 언어자극이 적절하게 입력될 수 있도록 자세와 위치를 변경하여 시선을 맞춰 본다. 발성 및 언어 확장을 할 때 제스처와 같은 시각적인 단서를 함께 사용한다.

e. 반응이 잘 나오는 경우, 한 번의 시도에서 끝내는 것이 아니라 이를 반복적으로 해 보거나 다른 종류의 공을 이용하여 보다 많은 횟수의 언어 확장이 이루어지도록 한다. 모방을 유도해도 좋다. 하지만 아동이 많이 거부하면 필수적으로 모방을 유도하지 않아도 좋다.

🎮 활용 예

- 아동에게 공을 주지 않고 요구할 때까지 기다린다. 혹은 원하는 공을 주되 아동이 스스로 던지거나 튕길 수 없도록 부모가 잡고 있다. 그리고 아동이 부모에게 공을 요구할 수 있도록 기다린다. 기다린 후에 아동이 공을 달라는 제스처를 보이면 그 제스처를 모방하고 소리를 내면 아동의 소리를 모방한다. 그리고 아동의 언어 및 의사소통 수준에 맞는 소리로 확장한다(예: 두 손 내밀기, 우/애-발성, 따따, 줘, 엄마 등).
- 여러 개의 공을 준비한다. 그리고 아동에게 공을 한꺼번에 주지 않고 아동이 공을 요구하도록 기다린다. 기다린 후 더 달라고 제스처로 표현하면 그 행동을 모방하고 소리를 내면 아동의 소리를 모방해 주고 확장한다(예: 공, 또, 더 등).

⑥ 기다리기: 상호작용 지시에 반응하기를 기다리기

a. 다양한 공을 주고 부모의 지시에 반응을 하는지 기다린다. 이때 충분히 기다려도 반응이 없다면 다시 들려주고 기다린다.

  (예시) 부모: 자 우리 이제 다른 공도 던져 보자. 탕탕~ 공 던져.

b. 아동이 반응이 없다면 너무 먼 거리에서 하지 않고 좀 더 가까운 거리에서 시도해 본다. 혹은 눈에 보이는 것부터 시작해 보거나 주변 자극물 개수를 줄여 시도해 본다.

  (예시1) 부모: (공을 가까이에 두고) 탕탕~ ○○아, 공을 던져.

  (예시2) 부모: (4~5개 이상의 자극물에서 반응이 없다면 자극물을 2~3개 이내로 줄여)
  공 차.

c. 아동이 반응이 없다면 활동에 주의집중할 수 있도록 신체적 촉구(예: 손 잡기)를 하여 활동에 시선을 집중시킨 후 다시 반응을 기다려 본다.

  (예시) 부모: (아동의 손을 잡고 공쪽으로 갖다 두며) 공. 공 던져요.

d. 그래도 반응이 없다면, 포인팅을 하거나 직접 지시를 하거나 모델링을 통해 아동이 해야 할 것을 보여 준다.

  (예시1) 부모: (공을 포인팅하며) ○○아, 공을 던져.

  (예시2) 부모: (공을 포인팅하고 나서 발로 차는 시늉을 하며) 빵~ 공을 차.

e. 앞의 과정을 여러 차례 반복하며 알려 준다.

f. 이 목표에서는 아동에게 지시를 할 때 아동 주도 따르기를 반드시 사용할 필요는 없다.

😊 활용 예
- 아동이 좋아하는 공을 주고 아빠도 공을 던지고 싶다고 말한다. 혹은 "아빠 공 줘, 아빠 던질래."라고 하며 아동이 공을 주는지 기다린다.
- 아동이 좋아하는 공을 들고 어떻게 해야 할지 모른다는 표정을 짓고 아동의 반응을 기다린다. 아동이 반응이 없으면 공을 튕기는 시늉을 하며 제스처 단서를 통해 유도한다.

3) 고려사항

- 아동의 언어 및 의사소통 수준에 따라 들려주고 촉진하는 것이 달라질 수 있다.
- 언어 확장이 잘된다고 하더라도 아동의 관심사를 놓치지 않고 지속해서 따라 한다.
- 언어 확장이 잘되지 않더라도 언어 유도를 위해 너무 학습적 · 지시적으로 이끌지 않고, 놀이는 항상 즐겁게 유지하도록 한다.
- 아동이 공을 혼자 갖고 노는 경우 장난처럼 공을 뺏어 함께 놀도록 한다.
- 아동이 원하지 않거나 흥미가 없는 경우에는 억지로 진행하지 않는다.
- 주변에 장애물이 없거나 공을 던졌을 때 떨어질 것이 없는 곳에서 안전히 놀이를 하도록 한다.

놀이 활동

공놀이

1) 목표

(1) 부모 목표

- 관찰하기, 공동주의집중 및 공동활동 늘리기: 참여하며 놀기, 아동 주도 따르기
- 공동주의집중 및 공동활동 늘리기: 의사소통 촉진을 위한 놀이 확장
- 기다리기, 얼굴 마주 보기
- 모방하기, 언어 확장하기(1)
- 언어 확장하기(2), 차례 주고받으며 대화하기

(2) 아동 목표

- 공놀이 상황에서 상호작용할 때 다양한 낱말, 문장을 이해하고 표현할 수 있다.

> 🔅 **목표 예**
> - 낱말 수준: 공, 또, 차, 던져, 튕겨, 넣어, 굴려, 골인, 골대, 세게, 살살, 다시, 크다, 작다, 농구, 야구, 축구, 볼링 등
> - 초기 문장 수준: 공 차, 공 넣어, 엄마 튕겨, 아빠 던져, 공 멀리 차, 공 살살 차, 공 세게 던져, 공을 차, 아빠가 공 넣어, 엄마가 공 줘, 골대에 넣어, 공을 굴려, 공을 튕겨, 아빠가 다시 줘, 공이 커, 볼링 공 줘 등

2) 언어 및 의사소통 촉진 방법

- 준비물: 여러 가지 크기의 공, 골대 등

〈놀이방법〉

① 아동이 좋아하는 공 장난감을 준비한다.

② 관찰하기, 공동주의집중 및 공동활동 늘리기: 참여하며 놀기, 아동 주도 따르기

    a. 아동이 좋아하는 공을 보여 주며 아동이 무엇에 관심이 있고 좋아하는지를 관찰한다.

    (예시) 부모: ○○아. ○○이가 좋아하는 공이네.

    b. 만약 아동이 공에 관심을 두고 던지거나 차 본다면 아동의 관심을 따라간다.

    (예시) 부모: 우와. ○○이가 공을 멀리 던졌네~ 혹은 ○○이가 공을 차는구나~

    c. 아동이 부모가 준비한 것에 관심이 없으면 다른 준비물을 보여 주며 관심을 유도한다. 이때 질문을 하거나 지시를 하지 않고 놀이 상황만을 언급해 준다. 아동에게 질문하거나 지시를 하면 아동 주도가 부모 주도로 바뀌어 자발적인 의사소통이 될 수 없다. 그리고 가능한 아동의 행동에 민감하게 반응하면서 상호작용을 지속하도록 노력한다.

◎ **활용 예**
- 아동이 공을 굴린다면 다른 공도 굴리며 탐색할 수 있도록 한다.
- 아동이 공을 차면 부모는 같이 차면서 흥미를 갖게 한다.
- 아동이 공을 골대에 던지면 부모는 재미있게 쳐다보며 함께 즐긴다.

---

③ 공동주의집중 및 공동활동 늘리기: 의사소통 촉진을 위한 놀이 확장

    a. 부모는 아동이 공을 던지기만 한다면 공을 차거나 골대에 넣으면서 놀이를 확장하며 보여 준다.

    이때 부모는 아동이 부모가 공을 차거나 골대에 넣는 것에 집중할 수 있도록 다소 과장된 억양으로 다양한 범위의 소리를 내며 관심을 유도한다. 그리고 지속적으로 아동이 부모의 행동에 관심을 두고 있는지를 확인한다.

    b. 놀이가 매우 활기를 띠는 상황이 되면 아동이 더욱 재미를 느끼고 동기화되어 적극적인 상호작용을 할 수 있기 때문에 얼굴 표정, 제스처, 목소리 톤과 같은 비구어적 의사소통을 과장되게 표현하여 활기를 북돋아 준다.

c. 아동이 관심을 보인다면 반복적으로 보여 준다.

d. 만약 아동이 관심이 없다면 부모가 공을 차거나 골대에 넣는 동작을 더욱 크게 보여 주거나 아동의 손을 잡고 함께 공을 던져 본 후 아동이 공에 관심을 갖고 집중할 수 있도록 유도해 본다.

> *(예시1) 부모: (공을 넣으며) 우와 공 골대에 넣어~ 재밌다.*
>
> *(예시2) 부모: (아동의 손을 잡고 공을 넣으려고 하면서) 우와~ ○○이 공 잘 넣는다. (다시 한 번 함께 넣으면서) 쏘옥~ 우와 공 골대에 넣었다.*

e. 부모는 자극을 줄 때 아동이 잘 볼 수 있게 자세와 위치를 맞춰 둔다.

> ◉ 활용 예
> • 아동이 원하는 공을 던지기만 한다면 부모는 함께 공을 던진 후 다른 물건을 맞히거나 골대에 넣어 본다.
> • 아동이 공이 굴러가는 것에 관심을 갖는다면 부모는 공이 왔다 갔다 움직이는 모습을 보여 주거나 발로 차는 동작을 보여 준다.

④ 기다리기, 얼굴 마주 보기

a. 아동에게 공을 주고 아동의 반응을 기다린다. 아동이 혼자 공을 가지고 논다면 공을 아동에게 주되 아동이 움직이게 할 수 없도록 부모가 공을 손으로 잡은 채 아동의 반응을 기다린다. 아동이 반응을 보이면 즉각적으로 반응해 준다.

> *(예시) 부모: (공을 아동 앞에 고정시키고) ○○아, 빵~ 공 차~*

b. 아동이 반응이 없다면 다시 한 번 공에 관심을 갖도록 시도해 본다. 예를 들어, 공을 던지거나 차면서 움직이는 것을 보여 준다. 부모가 아동의 얼굴을 바라보며 기다린다. 부모가 아동의 반응을 잘 기다리는 경우, 아동이 부모의 얼굴을 마주 보고 의사소통 의도를 표현하는 것을 확인할 수 있다.

c. 부모가 반응을 기다렸는데 아동이 부모에게 요청하지 않고 자신이 원하는 것만 하려고 한다면 부모는 아동이 부모에게 요청할 수 있는 또 다른 상황을 만들어 준다.

d. 이때 중요한 것은 아동의 반응이 정확한 문장이거나 정확한 발음의 낱말이 아니어도 좋다는

것이다. 부모는 어떤 의사소통 수단이든 아동의 상호작용 시작에 긍정적으로 반응해 준다.

> *(예시1) 아동: (공을 달라고 엄마를 치며) 엄마.*
>
> *부모: 우와 알겠어. 엄마가 공 줄게.*
>
> *(예시2) 아동: (엄마의 손을 공에서 치우며) 손~*
>
> *부모: 우와 알겠어. 엄마가 손 치울게.*
>
> *(예시3) 아동: (공을 보며) 공 줘~*
>
> *부모: 우와 알겠어. 엄마가 던져 줄게.*

e. 기다리는 상황에서 부모가 무표정을 보이는 등 지시적/학습적인 상황이 되면 아동이 요청하지 않을 수 있다. 항상 부모가 가까이에 있어 언제든 도움을 줄 수 있다는 것을 아동이 인식하게 해 준다(예: 손을 가까이 두기). 그리고 기다리는 상황에서 다치거나 위험한 상황이 예상되면 상황을 만들지 않거나 미리 제지한다.

f. 반응이 잘 나오는 경우, 한 번의 시도에서 끝내는 것이 아니라 이를 반복적으로 해 보며 길게 상호작용하도록 한다.

🎡 활용 예

- 부모는 아동에게 공을 주지 않고 요구할 수 있도록 기다린다. 혹은 원하는 공을 주되 아동이 스스로 던지거나 튕길 수 없도록 부모가 잡고 있다. 그리고 아동이 부모에게 공을 요구할 수 있도록 기다린다. 아동이 반응을 보이면 즉각적으로 반응해 준다.
- 부모는 여러 개의 공을 준비한다. 그리고 아동에게 공을 한꺼번에 주지 않고 아동이 공을 요구하도록 기다린다. 아동이 반응을 보이면 즉각적으로 반응해 준다.

낱말 수준	*(예시1) 아동: (공을 달라고 손 내밀며) 아빠.* *부모: 우와 알겠어. 아빠가 공 줄게.* *(예시2) 아동: (공을 보며) 공~* *부모: 우와 알겠어. 엄마가 던져 줄게.*
초기 문장 수준	*(예시1) 아동: (엄마의 손을 공에서 치우며) 손~ 아니.* *부모: 우와 알겠어. 엄마가 손 치울게.* *(예시2) 아동: (공을 차라고 하며) 엄마~ 차.* *부모: 우와 알겠어. 엄마가 공 찰게.*

⑤ 모방하기, 언어 확장하기(1)

a. 아동이 의사소통을 시작하기 위한 행동이나 소리를 냈다면 이를 모방한다. 대신 부모가 해석한 행동이 아니라 아동의 행동, 발성 그대로를 모방한다.

b. 모방을 할 때는 부모가 아동의 행동을 모방하고 있다는 것을 충분히 과장되게 표현해 준다.

c. 아동의 행동을 모방한 후에는 아동의 발성 및 언어 수준을 고려하여 확장을 해 준다. 만약 아동이 낱말 단계인데 음절 수준이 2음절이면 2음절 내에서 다양한 소리 목록을 넣어 들려준다. 만약 아동이 초기 문장 단계이면 무조건 긴 문장이 아니라 한 어절 정도를 추가하여 문장을 확장하여 들려준다.

  (예시1) 아동: *(공을 달라고 엄마를 치며)* 엄마.

      부모: 엄마. 공 줘.

  (예시2) 아동: *(엄마의 손을 공에서 치우며)* 손~

      부모: 손~ 손 빼.

  (예시3) 아동: *(공을 보며)* 공 줘~

      부모: 공 줘~ 큰 공 줘.

d. 아동이 다른 곳에 집중할 때보다는 부모와 상호작용하는 상황에서 공동 집중할 때 언어 확장을 시도한다. 이때, 부모는 아동에게 눈과 입을 보여 주며 목표 언어를 들려준다. 그리고 목표 언어를 강조해서 천천히 들려준다. 아동이 부모의 얼굴을 보고 있지 않은 상황이면 부모는 언어자극이 적절하게 입력될 수 있도록 자세와 위치를 변경하여 시선을 맞춰 본다. 발성 및 언어 확장을 할 때 제스처와 같은 시각적인 단서를 함께 사용한다.

e. 반응이 잘 나오는 경우, 한 번의 시도에서 끝내는 것이 아니라 이를 반복적으로 해 보거나 다른 종류의 공을 이용하여 보다 많은 횟수의 언어 확장이 이루어지도록 한다. 모방을 유도해도 좋다. 하지만 아동이 많이 거부하면 필수적으로 모방을 유도하지 않아도 좋다.

🎨 활용 예

• 아동에게 공을 주지 않고 요구할 수 있도록 기다린다. 혹은 원하는 공을 주되 아동이 스스로 던지거나 튕길 수 없도록 부모가 잡고 있다. 그리고 아동이 부모에게 행동을 요구할 수 있도록 기다린다. 기다린 후에 아동이 반응을 보이면 즉각적으로 모방해 주고 언어를 확장해 준다.

• 여러 개의 공을 준비한다. 그리고 아동에게 공을 한꺼번에 주지 않고 아동이 공을 요구하도록 기다린다. 기다린 후 아동이 반응을 보이면 즉각적으로 모방해 주고 언어를 확장해 준다.

낱말 수준	(예시1) 아동: (공을 달라고 하며) 줘~ 　　　　부모: 줘, 공 줘. (예시2) 아동: (공을 던지라고 하며) 공~ 　　　　부모: 공, 공 던져.
초기 문장 수준	(예시1) 아동: (공을 차라고 하며) 공 차~ 　　　　부모: 공을 차. 혹은 공 세게/살살 차. (예시2) 아동: (공을 달라고 손을 내밀며) 공 줘. 　　　　부모: (손을 내밀며) 작은 공 줘.

⑥ 언어 확장하기(2), 차례 주고받으며 대화하기

a. 공 던지기와 공 넣기 활동에서 부모와 함께 차례를 주고받으며 대화를 해 본다. 한 번은 아동이 부모에게 요청을 하면 부모가 반응해 주고, 다음 차례는 부모가 아동에게 요청하면 아동이 반응해 준다.

b. 이때 아동이 반응이 나올 때까지 기다리기를 본 활동에서도 적용해 본다. 어느 정도 활기찬 활동이 되고 반복이 이루어졌다면 기다리기를 한 후 부모가 확장해 준 언어를 모방할 때까지 기다려 본다. 아동이 언어 확장을 보이면 더 격한 반응으로 아이를 칭찬해 주면서 활동을 더욱 활기차게 만든다. 아동이 언어 확장을 보이지 않는 경우에도 격려하면서 다시 반복해서 목표 언어를 들려준다.

　(예시) 부모: 자 우리 아빠 한 번, ○○ 한 번 공 던지자. 누가 먼저 해 볼까?
　　　　아동: ○○.
　　　　부모: 자 그럼 ○○이가 먼저 던져 봐. ○○아 공 던져.
　　　　아동: 응. (공을 던진다)
　　　　부모: (다른 공을 들며) 공 던져?

아동: (공을 달라고 하며) 공~

부모: 아빠 공 던져. (공을 준다)

아동: 응, 던져. (공을 던진다)

부모: 자 이번에는 아빠가 공을 던질게. (말하고 기다린다)

아동: 공 던져.

부모: 공 던져. 아빠가 공을 던져. (아이에게 공을 던져준다)

아동: 아빠 공 던져.

부모: 아빠 공 던져. 아빠가 공을 던져. (모방할 때까지 기다려 본다)

아동: 아빠 공을 던져.

부모: 우와 알겠어. 아빠가 공 던질게. 슈웅~ 재밌다. (언어가 확장되었을 때 더 칭
찬하며 던져 준다)

c. 차례를 주고받으며 대화를 할 때, 아동마다 차례를 주고받는 시간이 다를 수 있다. 아동이 흥미를 잃으면 오랜 시간을 지속할 수 없기 때문이다. 아동의 주의집중 시간에 따라 처음에는 짧은 시간이라도 차례를 주고받는 횟수(빈도)를 늘려 주도록 한다. 이후 상호작용을 지속할 수 있는 시간이 길어지면 차례를 주고받는 횟수(빈도)뿐만 아니라 한 가지 놀이를 통해서 차례를 주고받는 시간을 늘려 준다.

👤 활용 예

낱말 수준	부모: 자 아빠랑 ○○이랑 같이 공놀이 하자. ○○이는 뭐 하고 싶어? (말하고 기다린다) 아동: 공. 부모: 공, 공 차. (차지 않고 기다린다) 아동: (차라고 아빠에게 요청하며) 공 해. 부모: 공 해. 공 차 줘. (모방할 때까지 기다려 본다) 아동: 공 차. 부모: 우와 알겠어. 아빠가 공 차 줄게. (언어가 확장되었을 때 더 칭찬하며 차 준다) 부모: (여러 가지 공을 보여 주며) 이번에는 어떤 거 찰래?

	아동: 이거 공. 부모: 이거 공. 큰 공 차. 혹은 이거 공. 작은 공 차. (모방할 때까지 기다린다) 아동: 큰 공 차. 부모: 이제 아빠가 팅길게. ○○아. 아빠 공 세게 팅겨. 아동: 응. (같이 세게 팅긴다) 부모: (과장된 표정을 지으며) 아빠 공 살살 팅겨. 아동: 응 살살. (함께 살살 팅긴다) 부모: (끄덕이며) 아빠가 공 살살 팅겨. 아동: 아빠 살살.
초기 문장 수준	부모: 자 아빠랑 ○○이랑 같이 공놀이 하자. ○○이는 뭐 하고 싶어? (말하고 기다린다) 아동: 공 넣어. 부모: 공 넣어. 공 골대에 넣어. (공을 주지 않고 기다린다) 아동: (아빠에게 공을 요청하는 상황) 골대 넣어. 부모: 골대 넣어. 공 골대에 넣어~ (모방할 때까지 기다려 본다) 아동: 공 골대에 넣어. 부모: 우와 알겠어. 아빠가 공 줄게. 넣어 봐~ (언어가 확장되었을 때 더 칭찬하며 아동이 원하는 것을 제공한다) 부모: (공을 주우며) 이번에는 어떤 거 할래? 아동: 공 굴려. 부모: 공을 굴려. (혹은) 공 빨리 굴려. (모방할 때까지 기다린다) 아동: 공 빨리 굴려. 부모: 이제 아빠가 공 찰게. ○○아, 아빠 축구공 줘. 아동: 네. (축구공을 준다) 부모: (여러 가지 공 중에서 고르게 하며) 농구공 던져 줘. 아동: 네, 던져. (농구공을 던진다) 부모: 또 공 굴려 줘. 아동: 네. (공을 굴려 준다)

3) 고려사항

- 아동의 언어 및 의사소통 수준에 따라 들려주고 촉진하는 것이 달라질 수 있다.
- 언어 확장이 잘된다고 하더라도 아동의 관심사를 놓치지 않고 지속해서 따라 한다.
- 언어 확장이 잘되지 않더라도 언어 유도를 위해 너무 학습적 · 지시적으로 이끌지 않고, 놀이는 항상 즐겁게 유지하도록 한다.
- 아동이 공을 혼자 갖고 노는 경우 장난처럼 공을 뺏어 함께 놀도록 한다.
- 아동이 원하지 않거나 흥미가 없는 경우에는 억지로 진행하지 않는다.
- 주변에 장애물이 없거나 공을 던졌을 때 떨어질 것이 없는 곳에서 안전히 놀이를 하도록 한다.

| 놀이
활동 | 비눗방울 놀이 | 종합 / 언어이전기 |

1) 목표

(1) 부모 목표

- 관찰하기, 공동주의집중 및 공동 활동 늘리기: 참여하며 놀기, 아동 주도 따르기
- 공동주의집중 및 공동 활동 늘리기: 의사소통 촉진을 위한 놀이 확장
- 기다리기: 상호작용 시작 시간 기다리기, 얼굴 마주 보기
- 행동 및 구어 모방하기, 제스처/발성 및 언어 확장하기
- 기다리기: 상호작용 지시에 반응하기를 기다리기

(2) 아동 목표

- 비눗방울 놀이 상황에서 상호작용할 때 다양한 제스처, 발성, 언어를 이해하고 표현할 수 있다.

🌀 **목표 예**
- 제스처: (비눗방울을 가리키며 불어 달라고 요구하기), (손을 내밀며 크게 불어 달라고 요구하기)
- 발성 및 언어: 어~(불어 달라고 요구하기), 음마/마마~(불어 달라고 요구하기), 엄마(엄마를 부르며 불어 달라고 요구하기), 후~(불어 달라고 요구하기) 등

2) 언어 및 의사소통 촉진 방법

- 준비물: 비눗방울 등

〈놀이방법〉

① 아동이 좋아하는 비눗방울 등을 준비한다.

② 관찰하기, 공동주의집중 및 공동 활동 늘리기: 참여하며 놀기, 아동 주도 따르기

    a. 아동이 좋아하는 것들을 보여 주며 아동이 무엇에 관심이 있고 좋아하는지를 관찰한다.

    (예시) 부모: ○○아. 우와 비눗방울이네.

    b. 만약 아동이 비눗방울에 관심을 두고 만지고 있다면 아동의 관심을 따라간다.

    (예시1) 부모: 우와. 영차 영차 영~차 열었다.

    (예시2) 부모: (비눗방울을 아동이 볼 수 있는 상황에서 많이 불어 주며) 우와 비눗방울이다.

    c. 아동이 부모가 준비한 것에 관심이 없으면 다른 준비물을 보여 주며 관심을 유도한다. 이때 질문을 하거나 지시를 하지 않고 놀이 상황만을 언급해 준다. 아동에게 질문하거나 지시를 하면 아동 주도가 부모 주도로 바뀌어 자발적인 의사소통이 될 수 없다. 그리고 가능한 아동의 행동에 민감하게 반응하면서 상호작용을 지속하도록 노력한다.

    ⦿ 활용 예

    • 비눗방울을 불기보다는 거품에 관심 있다면 거품을 보여 준다.

    • 비눗방울 통에 있는 캐릭터를 마음에 들어 한다면 캐릭터에 집중해 보기도 한다.

③ 공동주의집중 및 공동 활동 늘리기: 의사소통 촉진을 위한 놀이 확장

    a. 아동이 비눗방울을 만지기만 한다면 비눗방울을 부는 것을 보여 주며 놀이를 확장하며 보여 준다. 그리고 반복적으로 보여 주며 관심을 유도한다.

    이때 부모는 아동이 부모가 비눗방울 불기에 집중할 수 있도록 억양을 다르게 하거나 재미있는 소리를 내며 관심을 유도한다. 그리고 지속적으로 아동이 부모의 행동에 관심을 두고 있는지를 확인한다.

    b. 놀이가 매우 활기를 띠는 상황이 되면 아동은 더 재미있고 동기화될 수 있는 상호작용을 할 수 있기 때문에 얼굴 표정, 제스처, 목소리 톤과 같은 비구어적 의사소통을 과하게 하여 활기를 북돋아 준다.

c. 아동이 관심을 보인다면 반복적으로 보여 준다.

d. 만약 아동이 관심이 없다면 다시 보여 주거나 아동이 부모가 들고 있는 비눗방울에 집중할 수 있도록 유도해 본다.

　(예시1) *부모: (비눗방울을 보여 주며) 우와 비눗방울이야. 후[비눗방울 부는 발성].*

　(예시2) *부모: (비눗방울을 불면서) 후[비눗방울 부는 발성]. (또 불면서) 후[비눗방울 부는 발성]. 우와 재밌다.*

e. 부모는 자극을 줄 때 아동이 잘 볼 수 있게 자세와 위치를 맞춰 둔다.

◎ 활용 예
- 아동이 비눗방울 거품에 관심을 보이면 거품을 손, 발에 묻혀 본다.
- 아동이 비눗방울 거품에만 관심을 보이면 뚜껑 열기, 뚜껑 닫기, 비눗방울 불기 등도 보여 준다.

④ 기다리기: 상호작용 시작 시간 기다리기, 얼굴 마주 보기

　a. 아동과 함께 비눗방울 활동을 하며 불기 놀이에 흥미를 갖게 한 후, 아동 스스로 불기 어려운 비눗방울을 통째로 주고 아동의 반응을 기다린다.

　(예시) 부모: (비눗방울을 통째로 주며 말하고 나서 기다리며) 우와 이거 불어보자.

b. 아동이 반응이 없다면 다시 한 번 비눗방울 불기에 관심을 갖도록 시도해 본다. 예를 들어, 부모는 아동에게 비눗방울을 크게 불어 주기도 하고 많이 불어 준 후 다시 반응을 기다린다. 부모가 아동의 반응을 잘 기다리는 경우, 아동이 부모의 얼굴을 마주 보고 의사소통 의도를 표현하는 것을 확인할 수 있다.

c. 부모가 반응을 기다렸는데 아동이 부모에게 요청하지 않고 자신이 원하는 것만 하려고 한다면 부모는 아동이 부모에게 요청할 수 있는 또 다른 상황을 만들어 준다.

d. 이때 중요한 것은 아동의 반응이 정확한 구어여도 좋고 그렇지 않아도 된다는 것이다. 혹은 제스처나 모음발성이어도 좋다. 부모는 어떤 의사소통 수단이든 아동의 상호작용 시작에 긍정적으로 반응해 준다.

(예시1) 아동: (비눗방울을 불어 달라고 건네준다)

부모: 우와 알겠어. 엄마가 불어 줄게.

(예시2) 아동: (비눗방울을 불어 달라고 건네며) 어~

부모: 우와 알겠어. 엄마가 불어 줄게.

(예시3) 아동: (비눗방울을 불어 달라고 건네며) 음마~ 마마.

부모: 우와 알겠어. 엄마가 불어 줄게.

e. 기다리는 상황에서 부모가 무표정을 보이는 등 지시적/학습적인 상황이 되면 아동이 요청하지 않을 수 있다. 항상 부모가 가까이에 있어 언제든 도움을 줄 수 있다는 것을 아동이 인식하게 해 준다(예: 손을 가까이 두기). 그리고 기다리는 상황에서 다치거나 위험한 상황이 예상되면 상황을 만들지 않거나 미리 제지한다.

f. 반응이 잘 나오는 경우, 한 번의 시도에서 끝내는 것이 아니라 이를 반복적으로 해 보며 길게 상호작용하도록 한다.

◎ 활용 예
• 아동이 원하는 크기로 불어 준다. 작게 불어 주고 나서 더 크게 불어 달라고 할 때까지 기다린다.
• 아동이 원하는 양만큼 불어 준다. 조금 불어 주고 나서 더 많이 불어 달라고 할 때까지 기다린다.

---

⑤ 행동 및 구어 모방하기, 제스처/발성 및 언어 확장하기

a. 아동이 의사소통을 시작하기 위한 행동이나 소리를 냈다면 이를 모방한다. 대신 부모가 해석한 행동이 아니라 아동의 행동, 발성 그대로를 모방한다.

b. 모방을 할 때는 부모가 아동의 행동을 모방하고 있다는 것을 충분히 과장되게 표현해 준다.

c. 아동의 행동을 모방한 후에는 아동의 발성 및 언어 수준을 고려하여 확장을 해 준다. 만약 아동이 모음이 주로 나온다면 모음의 소리를 확장해 주거나 몇 개의 자음만을 이용하여 확장한다. 만약 아동이 자음 2개가 모두 1음절 상황에서 나온다면 1음절의 소리를 중첩적으로 반복하여 들려주어 음절을 확장해 주거나 다른 자음을 1음절 상황에서 알려 주어 음소 목록을 확장하여 들려준다.

(예시1) 아동: *(비눗방울을 불어 달라고 건네준다)*

　　　　부모: *(건네주는 제스처를 보여 줌)* 어~

(예시2) 아동: *(비눗방울을 불어 달라고 건네며)* 어~

　　　　부모: 어, 우와.

(예시3) 아동: *(비눗방울을 불어 달라고 건네며)* 음마~ 마마.

　　　　부모: 음마~ 마마~ 혹은 엄마. 후.

d. 아동이 다른 곳에 집중할 때보다는 부모와 상호작용하는 상황에서 공동 집중할 때 언어 확장을 시도한다. 이때, 부모는 아동에게 눈과 입을 보여 주며 목표 언어를 들려준다. 그리고 목표 언어를 강조해서 천천히 들려준다. 아동이 부모의 얼굴을 보고 있지 않은 상황이면 부모는 언어자극이 적절하게 입력될 수 있도록 자세와 위치를 변경하여 시선을 맞춰 본다. 발성 및 언어 확장을 할 때 제스처와 같은 시각적인 단서를 함께 사용한다.

e. 반응이 잘 나오는 경우, 한 번의 시도에서 끝내는 것이 아니라 이를 반복적으로 해 보며 보다 많은 횟수의 언어 확장이 이루어지도록 한다. 모방을 유도해도 좋다. 하지만 아동이 많이 거부하면 필수적으로 모방을 유도하지 않아도 좋다.

◎ 활용 예

• 아동이 원하는 크기로 불어 준다. 작게 불어 주고 나서 더 크게 불어 달라고 할 때까지 기다린다. 기다린 후에 아동이 팔을 넓게 벌려 크게 불어 달라고 제스처를 보이면 그 제스처를 모방하거나 소리를 내면 아동이 행동이나 소리를 모방한다. 그리고 아동의 언어 수준 및 의사소통 수준에 맞는 소리로 확장한다(예: 커).

• 아동이 원하는 양만큼 불어 준다. 조금 불어 주고 나서 더 많이 불어 달라고 할 때까지 기다린다. 기다린 후에 아동이 팔을 넓게 벌려 많이 불어 달라고 제스처를 보이면 그 제스처를 모방하고 소리를 내면 아동이 행동이나 소리를 모방한다. 그리고 아동의 언어 수준 및 의사소통 수준에 맞는 소리로 확장한다(예: 많이).

---

⑥ 기다리기: 상호작용 지시에 반응하기를 기다리기

a. 다양한 상황에서 비눗방울을 많이 불어 준 후 엄마의 지시를 따르는지 기다린다. 이때 충분히 기다려도 반응이 없다면 다시 들려주고 기다린다.

(예시) 부모: 자 우리 이제 비눗방울을 잡아 보자. 비눗방울 잡아요.

b. 아동이 반응이 없다면 너무 먼 거리에서 하지 않고 좀 더 가까운 거리에서 시도해 본다. 혹은 눈에 보이는 것부터 시작해 보거나 주변 자극물의 개수를 줄여 시도해 본다.

(예시) 부모: *(멀리 있는 비눗방울이 아니라 눈에 보이는 경우)* 비눗방울 잡아요.

c. 아동이 반응이 없다면 활동에 주의집중할 수 있도록 신체적 촉구(예: 손 잡기)를 하여 활동에 시선을 집중시킨 후 다시 반응을 기다려 본다.

(예시) 부모: *(아동의 손을 잡고 비눗방울 쪽으로 갖다 대며)* 비눗방울, 비눗방울 잡아요.

d. 그래도 반응이 없다면, 포인팅을 하거나 직접 지시를 하거나 모델링을 통해 아동이 해야 할 것을 보여 준다.

(예시) 부모: *(비눗방울을 포인팅하며)* 비눗방울 잡아요.

e. 앞의 과정을 여러 차례 반복하며 알려 준다.

f. 이 목표에서는 아동에게 지시를 할 때 아동 주도 따르기를 반드시 사용할 필요는 없다.

@ 활용 예
• 아동이 비눗방울을 불 수 있다면 "크게/커"라고 지시를 듣고 크게 불 수 있도록 한다.
• 아동이 비눗방울을 불 수 있다면 "많이"라고 지시를 듣고 많이 불 수 있도록 한다.

3) 고려사항

• 아동의 언어 및 의사소통 수준에 따라 들려주고 촉진하는 것이 달라질 수 있다.
• 언어 확장이 잘된다고 하더라도 아동의 관심사를 놓치지 않고 지속해서 따라 한다.
• 언어 확장이 잘되지 않더라도 언어 유도를 위해 너무 학습적·지시적으로 이끌지 않고, 놀이는 항상 즐겁게 유지하도록 한다.
• 아동이 비눗방울을 불고는 싶은데 불기가 어렵다면 활동을 수정해 본다.

| 놀이
활동 | 비눗방울 놀이 | 종합 / 언어기 |

1) 목표

(1) 부모 목표

- 관찰하기, 공동주의집중 및 공동 활동 늘리기: 참여하며 놀기, 아동 주도 따르기
- 공동주의집중 및 공동 활동 늘리기: 의사소통 촉진을 위한 놀이 확장
- 기다리기, 얼굴 마주 보기
- 모방하기, 언어 확장하기(1)
- 언어 확장하기(2), 차례 주고받으며 대화하기

(2) 아동 목표

- 비눗방울 놀이 상황에서 상호작용할 때 다양한 낱말, 문장을 이해하고 표현할 수 있다.

목표 예

- 낱말 수준: 부, 후, 불어, 크게, 빨리 등
- 초기 문장 수준: 더 불어/후, 아빠 불어/후, 엄마 불어/후, 엄마 비누 미끈, 빨리 손, 빨리 손으로 미끈미끈 등

---

2) 언어 및 의사소통 촉진 방법

- 준비물: 비눗방울 등

〈놀이방법〉

① 아동이 좋아하는 비눗방울을 준비한다.

② 관찰하기, 공동주의집중 및 공동 활동 늘리기: 참여하며 놀기, 아동 주도 따르기

    a. 아동이 좋아하는 것들을 보여 주며 아동이 무엇에 관심이 있고 좋아하는지를 관찰한다.

      (예시) 부모: ○○아. 우와 여기 ○○이가 좋아하는 것들이 많구나.

    b. 만약 아동이 비눗방울에 관심을 두고 만지고 있거나 좋아하는 반응을 보이면 아동의 관심을 따라간다.

      (예시) 부모: 우와. 비눗방울이네. 재밌겠다.

    c. 아동이 부모가 준비한 것에 관심이 없으면 다른 준비물을 보여 주며 관심을 유도한다. 이때 질문을 하거나 지시를 하지 않고 놀이 상황만을 언급해 준다. 아동에게 질문하거나 지시를 하면 아동 주도가 부모 주도로 바뀌어 자발적인 의사소통이 될 수 없다. 그리고 가능한 아동의 행동에 민감하게 반응하면서 상호작용을 지속하도록 노력한다.

🎨 **활용 예**

- 바닥에 비닐을 깔고 아동과 비누거품 놀이를 준비한다. 아동이 비누거품을 좋아하면 함께 비누거품을 만지며 논다.

---

③ 공동주의집중 및 공동 활동 늘리기: 의사소통 촉진을 위한 놀이 확장

    a. 아동이 비눗방울 통이나 뚜껑을 만지기만 한다면 비눗방울 뚜껑을 여는 것을 천천히 보여 준다. 그리고 비눗방울을 많이 불어 주며 함께 즐긴다.

    이때 부모는 아동이 뚜껑을 여는 것에 집중할 수 있도록 억양을 다르게 하거나 재미있는 소리를 내며 관심을 유도한다. 그리고 지속적으로 아동이 부모의 행동에 관심을 두고 있는지를 확인한다.

    b. 놀이가 매우 활기를 띠는 상황이 되면 아동이 더욱 재미를 느끼고 동기화되어 적극적인 상호작용을 할 수 있기 때문에 얼굴 표정, 제스처, 목소리 톤과 같은 비구어적 의사소통을 과장되게 표현하여 활기를 북돋아 준다.

    c. 아동이 관심을 보인다면 반복적으로 보여 준다.

d. 만약 아동이 관심이 없다면 다시 보여 주거나 비눗방울을 아동 손에 묻히게 하거나 방울을 불어 보도록 하여 관심을 끈다.

　(예시1) 부모: (비눗방울 뚜껑을 열며) 우와 영차 영차 영~차 열었다.

　(예시2) 부모: (비눗방울을 아이가 볼 수 있는 상황에서 많이 불어 주며) 우와 비눗방울이다.

e. 부모는 자극을 줄 때 아동이 잘 볼 수 있게 자세와 위치를 맞춰 둔다.

◎ 활용 예

• 바닥에 비닐을 깔고 아동과 비누거품 놀이를 준비한다. 아동이 비누거품을 좋아하면 함께 비누거품을 만지며 논다. 그리고 손을 비비는 행동을 보여 준다. 그리고 '미끈미끈'이라고 하며 아이 손을 잡고 비누거품을 문지르는 행동을 한다. 이때 관심을 더 끌 수 있도록 제스처와 재미있는 소리를 내며 놀이를 확장한다.

④ **기다리기, 얼굴 마주 보기**

a. 아동에게 비눗방울이 재미있다는 것을 보여 준 후 아동이 비눗방울을 볼 수 있지만 손이 닿지 않는 곳에 두고 반응을 기다린다.
혹은 비눗방울을 신나게 불어 준 후 입을 댄 채로 잠시 멈추고 아동의 반응을 기다린다.

　(예시) 부모: (비눗방울을 꺼내 달라고 하거나 불어 달라고 할 때까지 기다린다)

b. 아동이 반응이 없다면 다시 한 번 비눗방울에 관심을 갖도록 시도해 본다. 부모가 아동의 반응을 잘 기다리는 경우, 아동이 부모의 얼굴을 마주 보고 의사소통 의도를 표현하는 것을 확인할 수 있다.

c. 부모가 반응을 기다렸는데 아동이 부모에게 요청하지 않고 자신이 원하는 것만 하려고 한다면 부모는 아동이 부모에게 요청할 수 있는 또 다른 상황을 만들어 준다.

d. 이때 중요한 것은 아동의 반응이 정확한 문장이거나 정확한 발음의 낱말이 아니어도 좋다는 것이다. 부모는 어떤 의사소통 수단이든 아동의 상호작용 시작에 긍정적으로 반응해 준다.

　(예시1) 아동: (비눗방울 불어 달라고 하며) 부<불어>~

　　　　부모: 우와 알겠어. 엄마가 불어 줄게.

(예시2) 아동: *(비눗방울 불어 달라고 하며)* 후<불어>. 후<불어>.

부모: 우와 알겠어. 엄마가 불어 줄게.

(예시3) 아동: *(비눗방울 불어 달라고 하며)* 불어.

부모: 우와 알겠어. 아빠가 불어 줄게.

e. 기다리는 상황에서 부모가 무표정을 보이는 등 지시적/학습적인 상황이 되면 아동이 요청하지 않을 수 있다. 항상 부모가 가까이에 있어 언제든 도움을 줄 수 있다는 것을 아동이 인식하게 해 준다(예: 손을 가까이 두기). 그리고 기다리는 상황에서 다치거나 위험한 상황이 예상되면 상황을 만들지 않거나 미리 제지한다.

f. 반응이 잘 나오는 경우, 한 번의 시도에서 끝내는 것이 아니라 이를 반복적으로 해 보며 길게 상호작용하도록 한다.

◎ 활용 예

• 아동과 함께 비누거품 활동을 하며 흥미를 이끈다. 앞에서 아동의 손을 잡고 바닥을 문지르며 비누거품 모양을 재밌게 쳐다본다. 그리고 아동의 손을 잡은 상태에서 반응을 기다린다. 아동이 반응을 보이면 즉각적으로 다시 원을 그리며 비누거품을 낸다. 혹은 좌우로 손을 왔다갔다 해 보기도 한다. 이때 원을 크게 그려보기도 하고 작게 그려보기도 한다. 혹은 좌우로 손을 빨리 움직이거나 천천히 움직인다.

낱말 수준	*(예시1)* 아동: *(비누거품을 더 불어 달라고 요구하며)* 후후~ 부모: 우와 알겠어. 엄마가 크게 해 줄게. 아동: *(크게 불어 달라고 하며)* 크게. 부모: 우와 알겠어. 엄마가 크게 불어 줄게. *(예시2)* 아동: *(빨리 불어 달라고 하며)* 빨리. 부모: 우와 알겠어. 엄마가 빨리 불어 줄게.
초기 문장 수준	*(예시1)* 아동: *(비누거품을 더 만들어 달라고 하며)* 엄마 비누. 부모: 우와 알겠어. 엄마가 비누거품 만들어 줄게. *(예시2)* 아동: *(비누거품을 빨리 만들어 달라고 하며)* 빨리 해. 부모: 우와 알겠어. 아빠가 비누거품 빨리 만들어 줄게.

⑤ 모방하기, 언어 확장하기(1)

a. 아동이 의사소통을 시작하기 위한 행동이나 소리를 냈다면 이를 모방한다. 대신 부모가 해석한 행동이 아니라 아동의 행동, 발성 그대로를 모방한다.

b. 모방을 할 때는 부모가 아동의 행동을 모방하고 있다는 것을 충분히 과장되게 표현해 준다.

c. 아동의 행동을 모방한 후에는 아동의 발성 및 언어 수준을 고려하여 확장을 해 준다. 만약 아동이 낱말 단계인데 음절 수준이 2음절이면 2음절 내에서 다양한 소리 목록을 넣어 들려준다. 만약 아동이 초기 문장 단계이면 무조건 긴 문장이 아니라 한 어절 정도를 추가하여 문장을 확장하여 들려준다.

    (예시1) 아동: *(비눗방울을 불어 달라고 하며)* 부<불어>.

            부모: 부~ 불어. 알았어. 불어 줄게.

    (예시2) 아동: *(비눗방울을 불어 달라고 하며)* 후~ 후~

            부모: 후~ 후~ 후 불어.

    (예시3) 아동: *(비눗방울을 불어 달라고 하며)* 불어.

            부모: 불어. 비눗방울 불어.

d. 아동이 다른 곳에 집중할 때보다는 부모와 상호작용하는 상황에서 공동 집중할 때 언어 확장을 시도한다. 이때, 부모는 아동에게 눈과 입을 보여 주며 목표 언어를 들려준다. 그리고 목표 언어를 강조해서 천천히 들려준다. 아동이 부모의 얼굴을 보고 있지 않은 상황이면 부모는 언어자극이 적절하게 입력될 수 있도록 자세와 위치를 변경하여 시선을 맞춰 본다. 발성 및 언어 확장을 할 때 제스처와 같은 시각적인 단서를 함께 사용한다.

e. 반응이 잘 나오는 경우, 한 번의 시도에서 끝내는 것이 아니라 이를 반복적으로 해 보며 보다 많은 횟수의 언어 확장이 이루어지도록 한다. 모방을 유도해도 좋다. 하지만 아동이 많이 거부하면 필수적으로 모방을 유도하지 않아도 좋다.

◎ 활용 예

• 아동과 함께 비누거품 활동을 하며 신체 놀이에 흥미를 준 후, 아동의 손을 잡고 타월을 든 채로 닦아 주지 않고 아동의 얼굴을 보며 반응을 기다린다. 아동이 반응을 보이면 아동의 소리를 모방해 주고 발성 및 언어 확장을 해 준다.

낱말 수준	*(예시1)* 아동: *(비누거품을 더 불어 달라고 요구하며)* 후우~ 　　　부모: 후우, 비누 후우. *(예시2)* 아동: *(크게 불어 달라고 하며)* 크게. 　　　부모: 크게. 크게 불어. *(예시3)* 아동: *(빨리 불어 달라고 하며)* 빨리. 　　　부모: 빨리. 엄마 빨리.
초기 문장 수준	*(예시1)* 아동: *(비누거품을 더 만들어 달라고 하며)* 엄마 비누~ 　　　부모: 엄마 비누. 엄마 비누 만들어. *(예시2)* 아동: *(비누거품을 빨리 만들어 달라고 하며)* 빨리 손~ 　　　부모: 빨리 손. 빨리 손으로 만들어.

⑥ 언어 확장하기(2), 차례 주고받으며 대화하기

a. 비눗방울 놀이를 하는 상황에서 부모와 함께 차례를 주고받으며 대화를 해 본다. 한 번은 아동이 부모에게 먼저 불어 달라고 요청을 하면 부모가 불어 주고, 다음 차례는 부모가 아동에게 불어 달라고 요청하면 아동이 불어 준다.

b. 이때 아동이 반응이 나올 때까지 기다리기를 본 활동에서도 적용해 본다. 어느 정도 활기찬 활동이 되고 반복이 이루어졌다면 기다리기를 한 후 부모가 확장해 준 언어를 모방할 때까지 기다려 본다. 아동이 언어 확장을 보이면 더 격한 반응으로 아동을 칭찬해 주면서 활동을 더욱 활기차게 만든다. 아동이 언어 확장을 보이지 않는 경우에도 격려하면서 다시 반복해서 목표 언어를 들려준다.

　(예시) 부모: 자 우리 아빠 한 번, ○○ 한 번 비눗방울을 불어 볼까? 누가 먼저 해 볼까?
　　　아동: *(아동이 먼저 한다고 한다)*
　　　부모: 자 그럼 ○○이가 먼저 불어 봐. ○○아 비눗방울을 많이 불어 줘.
　　　아동: *(많이 분다)*
　　　부모: 더 많이 불어 줘.

아동: (많이 분다)

부모: 크게 불어 줘.

아동: (크게 분다)

부모: 자 이번에는 아빠가 불게. (말하고 기다린다)

아동: 불어.

부모: 불어, 아빠 불어. (불어 준다)

아동: 불어.

부모: 불어, 아빠 불어. (모방할 때까지 기다려 본다)

아동: 아빠 불어.

부모: 우와 알겠어, 아빠가 많이 불어 줄게(언어가 확장되었을 때 더 칭찬하며 불어
     준다).

c. 차례를 주고받으며 대화를 할 때 아동마다 차례를 주고받는 시간이 다를 수 있다. 아동이 흥미를 잃으면 오랜 시간을 지속할 수 없기 때문이다. 아동의 주의집중 시간에 따라 처음에는 짧은 시간이라도 차례를 주고받는 횟수(빈도)를 늘려 주도록 한다. 이후 상호작용을 지속할 수 있는 시간이 길어지면 차례를 주고받는 횟수(빈도)뿐만 아니라 한 가지 놀이를 통해서 차례를 주고받는 시간을 늘려 준다.

◎ 활용 예

낱말 수준	부모: 자 우리 아빠랑 비누거품 놀이하자. 같이 해 보자. 아동: (아이가 먼저 한다고 한다) 부모: (손을 보여 주며) 자 그럼 ○○아 손. 아동: (손으로 비누거품 놀이를 한다) 부모: (발을 보여 주며) 이번에는 아빠 발. 아동: (발로 비누거품 놀이를 한다) 부모: 더. 아동: (손과 발을 이용하여 미끈미끈 비누거품 놀이를 한다) 부모: 자 이번에는 아빠가 해 볼게. 무엇으로 미끈미끈 할까?(말하고 　　　기다린다)

	아동: (손을 내밀며) 손. 부모: 손, 손 미끈. 아동: (발을 내밀며) 발. 부모: 발. 발 미끈. (모방할 때까지 기다려 본다) 아동: 발 그려. 부모: 우와 알겠어. 발 미끈. 발 미끈. (언어가 확장되었을 때 더 칭찬하며 문질러 준다)
초기 문장 수준	부모: 자 우리 아빠랑 비누거품 놀이하자. 같이 해 보자. 아동: (아이가 먼저 한다고 한다) 부모: (손을 보여 주며) 자 그럼 ○○아 손. 아동: (손으로 비누거품 놀이를 한다) 부모: (발을 보여 주며) 이번에는 아빠 발로 미끈. 아동: (발로 비누거품 놀이를 한다) 부모: 더 미끈미끈. 아동: (재미있게 비누거품을 더 문지른다) 부모: 자 이번에는 아빠가 문질러 볼게. 무엇으로 미끈미끈 할까? (말하고 기다린다) 아동: (손을 내밀며) 손 미끈. 부모: 손 미끈, 손으로 미끈. 아동: (발을 내밀며) 발. 부모: 발. 아빠 발로 미끈. (모방할 때까지 기다려 본다) 아동: 발로 미끈. 부모: 우와 알겠어, 발 미끈. 아빠 발로 미끈미끈(언어가 확장되었을 때 더 칭찬하며 문질러 준다)

3) 고려사항

- 아동의 언어 및 의사소통 수준에 따라 들려주고 촉진하는 것이 달라질 수 있다.
- 언어 확장이 잘된다고 하더라도 아동의 관심사를 놓치지 않고 지속해서 따라 한다.
- 언어 확장이 잘되지 않더라도 언어 유도를 위해 너무 학습적·지시적으로 이끌지 않고, 놀이는 항상 즐겁게 유지하도록 한다.
- 아동이 신체에 비눗방울 거품이 묻는 것을 싫어한다면 억지로 시도하지 않는다.

놀이 활동 **풍선놀이** 종합 / 언어이전기

1) 목표

(1) 부모 목표

- 관찰하기, 공동주의집중 및 공동 활동 늘리기: 참여하며 놀기, 아동 주도 따르기
- 공동주의집중 및 공동 활동 늘리기: 의사소통 촉진을 위한 놀이 확장
- 기다리기: 상호작용 시작 시간 기다리기, 얼굴 마주 보기
- 행동 및 구어 모방하기, 제스처/ 발성 및 언어 확장하기
- 기다리기: 상호작용 지시에 반응하기를 기다리기

(2) 아동 목표

- 풍선놀이 상황에서 상호작용할 때 다양한 제스처, 발성, 언어를 이해하고 표현할 수 있다.

> 🔥 **목표 예**
> - 제스처: (후후 불며 풍선을 불어 달라고 요구하기), (두 손을 모으며 풍선을 달라고 요구하기), (하늘 위로 손을 뻗으며 풍선을 날리라고 요구하기), (풍선을 엄마에게 건네며 불어 달라고 요구하기), (풍선을 엄마 손에 놓으며 풍선을 잡으라고 요구하기)
> - 발성 및 언어: 어~(풍선을 달라고 또는 불어 달라고 요구하기), 후~/부~(풍선을 불어 달라고 요구하기), 쭉~(풍선을 잡아당기기), 탕/팡~(풍선을 잡았다가 놓기), 히/쉬이(풍선의 바람을 빼기), 음마(풍선을 달라고 또는 불어 달라고 엄마 부르기), 꾸꾸/꾹꾹(풍선을 누르기), 통통통(풍선을 두드리기), 푸〈풍선〉 등

2) 언어 및 의사소통 촉진 방법

- 준비물: 풍선

〈놀이방법〉

① 아동과 함께 놀이할 여러 색 풍선을 준비한다.

② 관찰하기, 공동주의집중 및 공동 활동 늘리기: 참여하며 놀기, 아동 주도 따르기

    a. 아동의 눈앞에 여러 색과 모양의 풍선들을 보여 주며 아동이 풍선에 관심이 있고 좋아하는 지를 관찰한다.

    (예시) 부모: ○○아. 우와 여기 ○○이가 좋아하는 풍선들이 많구나.

    b. 만약 아동이 풍선에 관심을 두고 만지고 있다면 아동의 관심을 따라간다.

    (예시) 부모: 우와. 풍선이네. 미끌미끌해. 혹은 (풍선을 입에 물며) 후~ 불어 보자.

    c. 아동이 부모가 준비한 것에 관심이 없으면 다른 준비물을 보여 주며 관심을 유도한다. 이때 질문을 하거나 지시를 하지 않고 놀이 상황만을 언급해 준다. 아동에게 질문하거나 지시를 하면 아동 주도가 부모 주도로 바뀌어 자발적인 의사소통이 될 수 없다. 그리고 가능한 아동의 행동에 민감하게 반응하면서 상호작용을 지속하도록 노력한다.

⊚ 활용 예

- 아동이 풍선을 손으로 만지작거리면 소리를 내며 함께 만져 본다.
- 아동과 풍선을 가지고 쭉쭉 늘려 본다.
- 풍선을 크게 불어 주어 아동과 함께 풍선을 꾹꾹 눌러 본다.
- 아동이 풍선을 입에 대고 불려고 하면 다른 풍선으로 함께 불어 본다.

---

③ 공동주의집중 및 공동 활동 늘리기: 의사소통 촉진을 위한 놀이 확장

    a. 아동이 풍선을 가지고 만지기만 한다면 풍선을 입에 대고 부는 것까지 보여 주며 놀이를 확장해 준다.

    이때 부모는 아동이 풍선을 부는 것에 집중할 수 있도록 억양과 표정을 다양하게 하거나 재미있는 소리를 내며 관심을 유도한다. 그리고 지속적으로 아동이 부모의 행동에 관심을 두고 있는지를 확인한다.

    b. 놀이가 매우 활기를 띠는 상황이 되면 아동은 더 재미있고 동기화될 수 있는 상호작용을 할

수 있기 때문에 얼굴 표정, 제스처, 목소리 톤과 같은 비구어적 의사소통을 과하게 하여 활기를 북돋아 준다.

c. 아동이 관심을 보인다면 반복적으로 보여 준다.

d. 만약 아동이 관심이 없다면 다시 보여 주거나 아동이 들고 있는 풍선은 잠시 부모가 가지고 있고 부모가 더 크게 불어 주는 풍선을 강조하며 부모의 풍선에 같이 집중할 수 있도록 유도해 본다.

> *(예시) 부모: (풍선을 보여 주며) 우와 풍선이야. (풍선을 입에 물며) 후~ 불어야지. (풍선을 불 때 나는 소리를 다시 들려주며) 슝~ 슝~ 우와 커진다. (풍선을 두드리며) 통통통~ (풍선을 눌러 보며) 꾹꾹~ (풍선의 바람을 빼며) 슈욱~ 우와 작아진다.*

e. 부모는 자극을 줄 때 아동이 잘 볼 수 있게 자세와 위치를 맞춰 둔다.

⚙ **활용 예**
- 아동이 풍선을 잡고 늘여 본다면 아동의 풍선의 반대편을 쭉 잡아당겨 늘려 주고 소리 내며 놓아 준다.
- 아동이 큰 풍선을 꾹 누르면 바람을 빼 주어 풍선이 작아지는 것을 보여 준다.
- 크게 불어 준 풍선을 잡고 있다면 신체 여기저기를 통통 두드리며 소리를 들어 보거나 풍선의 바람을 빼며 풍선에서 나오는 바람을 함께 맞아 본다.
- 아동이 풍선을 입에 대고 불려고 하면 다른 풍선으로 더 크게 부는 것을 보여 준다.

---

④ **기다리기: 상호작용 시작 시간 기다리기, 얼굴 마주 보기**

a. 아동과 함께 풍선놀이 활동을 하며 풍선 놀이에 흥미를 갖게 한 후, 아동 스스로 불기 어려운 경우 아동에게 풍선을 불어 보자고 이야기해 주고 아동의 반응을 기다린다.

> *(예시) 부모: (아동이 가지고 있는 풍선을 가리키며 말하고 나서 기다리며) 우와 이거 풍선이다. 우리 같이 후후 불어 보자.*

b. 아동이 반응이 없다면 다시 한 번 풍선에 관심을 갖게 하기 위해 노력한다. 예를 들어, 부모는 아동의 눈앞에서 풍선을 흔들어 주거나 부모가 풍선을 조금 불어 주고 나서 얼굴을 마주 보

며 다시 반응을 기다린다. 부모가 아동의 반응을 잘 기다리는 경우, 아동이 부모의 얼굴을 마주 보고 의사소통 의도를 표현하는 것을 확인할 수 있다.

c. 부모가 반응을 기다렸는데 아동이 부모에게 요청하지 않고 자신이 원하는 것만 하려고 한다면 부모는 아동이 부모에게 요청할 수 있는 또 다른 상황을 만들어 준다.

d. 이때 중요한 것은 아동의 반응이 정확한 구어여도 좋고 그렇지 않아도 된다는 것이다. 혹은 제스처나 모음발성이어도 좋다. 부모는 어떤 의사소통 수단이든 아동의 상호작용 시작에 긍정적으로 반응해 준다.

   (예시1) 아동: *(풍선을 불어 달라고 건네 준다)*
          부모: *우와 알겠어. 엄마가 불어 줄게.*
   (예시2) 아동: *(풍선을 불어 달라고 건네며) 어~*
          부모: *우와 알겠어. 엄마가 불어 줄게.*
   (예시3) 아동: *(풍선을 불어 달라고 건네며) 음마~ 마마.*
          부모: *우와 알겠어. 엄마가 불어 줄게.*

e. 기다리는 상황에서 부모가 무표정을 보이는 등 지시적/학습적인 상황이 되면 아동이 요청하지 않을 수 있다. 항상 부모가 가까이에 있어 언제든 도움을 줄 수 있다는 것을 아동이 인식하게 해 준다(예: 손을 가까이 두기). 그리고 기다리는 상황에서 다치거나 위험한 상황이 예상되면 상황을 만들지 않거나 미리 제지한다.

f. 반응이 잘 나오는 경우, 한 번의 시도에서 끝내는 것이 아니라 이를 반복적으로 해 보며 길게 상호작용하도록 한다.

◎ 활용 예
• 아동이 보는 앞에서 풍선을 크게 불었다가 바람을 뺀다. 그리고 아동이 풍선을 원할 때 바로 풍선을 주지 않고 아동의 얼굴을 보며 반응을 기다린다.
• 아동이 풍선에 바람 넣기를 원할 때 풍선에 바람을 조금만 불어넣어 주고 기다린다.
• 아동이 풍선에 바람 넣기를 시도하다가 어려워할 때 바로 도와주지 않고 잠시 기다린다.

- 아동과 커진 풍선을 하나 둘 셋 구호에 맞추어 날린다. 다시 풍선을 크게 불어 주고 아동의 반응을 기다린다.
- 아동의 풍선을 쭉 늘려 주었다가 구호에 맞추어 놓는 활동을 반복한다. 아동의 풍선을 쭉 늘려 주었다가 놓기 전에 아동의 얼굴을 보며 반응을 기다린다.

⑤ 행동 및 구어 모방하기, 제스처/발성 및 언어 확장하기

a. 아동이 의사소통을 시작하기 위한 행동이나 소리를 냈다면 이를 모방한다. 대신 부모가 해석한 행동이 아니라 아동의 행동, 발성 그대로를 모방한다.

b. 모방을 할 때는 부모가 아동의 행동을 모방하고 있다는 것을 충분히 과장되게 표현해 준다.

c. 아동의 행동을 모방한 후에는 아동의 발성 및 언어 수준을 고려하여 확장을 해 준다. 만약 아동이 모음이 주로 나온다면 모음의 소리를 확장해 주거나 몇 개의 자음만을 이용하여 확장한다. 만약 아동이 자음 2개가 모두 1음절 상황에서 나온다면 1음절의 소리를 중첩적으로 반복하여 들려주어 음절을 확장해 주거나 다른 자음을 1음절 상황에서 알려 주어 음소 목록을 확장하여 들려준다.

　(예시1) 아동: (풍선을 불어 달라고 건네 준다)
　　　　　부모: (건네 주는 제스처를 보여 주며) 어~
　(예시2) 아동: (풍선을 불어 달라고 건네며) 어~
　　　　　부모: 어~ 후~
　(예시3) 아동: (풍선을 불어 달라고 건네며) 음마~ 마마.
　　　　　부모: 음마~ 마마. 혹은 엄마, 불어.

d. 아동이 다른 곳에 집중할 때보다는 부모와 상호작용하는 상황에서 공동 집중할 때 언어 확장을 시도한다. 이때, 부모는 아동에게 눈과 입을 보여 주며 목표 언어를 들려준다. 그리고 목표 언어를 강조해서 천천히 들려준다. 아동이 부모의 얼굴을 보고 있지 않은 상황이면 부모는 언어자극이 적절하게 입력될 수 있도록 자세와 위치를 변경하여 시선을 맞춰 본다. 발성 및 언어 확장을 할 때 제스처와 같은 시각적인 단서를 함께 사용한다.

e. 반응이 잘 나오는 경우, 한 번의 시도에서 끝내는 것이 아니라 이를 반복적으로 해 보거나 여러 색깔이나 다양한 모양의 풍선으로 보다 많은 횟수의 언어 확장이 이루어지도록 한다. 모방을 유도해도 좋다. 하지만 아동이 많이 거부하면 필수적으로 모방을 유도하지 않아도 좋다.

◎ 활용 예

• 아동이 보는 앞에서 풍선을 크게 불었다가 바람을 뺀다. 그리고 아동이 풍선을 원할 때 바로 풍선을 주지 않고 아동의 얼굴을 보며 반응을 기다린다. 아동이 풍선을 달라는 제스처를 보이면 제스처를 모방해 주고 소리를 내면 아동의 소리를 모방해 준다. 함께 아동의 언어 및 의사소통 수준에 맞는 소리로 확장한다(예: 손 모으기, 또는 어/으아/마/빠-발성, 푸〈풍선〉, 주〈줘〉 등).

• 아동이 풍선에 바람 넣기를 원할 때 풍선에 바람을 조금만 불어 주고 기다린다. 기다린 후에 아동이 표현하는 제스처나 소리를 모방해 주고 확장해 준다(예: 입 모으기-제스처, 어/후후/부부-발성, 어마〈엄마〉, 부/부어〈불어〉, 더 등).

• 아동이 풍선에 바람 넣기를 시도하다가 어려워할 때 바로 도와주지 않고 잠시 기다린다. 기다린 후에 아동이 표현하는 제스처 또는 소리를 모방해 주고 확장해 준다(예: 후후-발성, 부/부어〈불어〉, 푸〈풍선〉 등).

• 아동과 커진 풍선을 하나 둘 셋 구호에 맞추어 날린다. 다시 풍선을 크게 불어 주고 아동의 반응을 기다린다. 아동이 풍선을 날려 달라고 제스처로 표현하거나 돌리는 제스처를 보여 주면 그 행동을 모방하고 소리를 내면 아동의 소리를 모방해 주고 확장한다(예: 이/휘이-발성, 나아〈날아〉 등).

---

⑥ 기다리기: 상호작용 지시에 반응하기를 기다리기

a. 아동이 풍선을 앞에 두고 엄마의 지시에 따르는지 기다린다. 이때 충분히 기다려도 반응이 없다면 다시 들려주고 기다린다.

(예시) 부모: 자 우리 이제 다른 풍선도 불어 보자. 풍선 가져오세요/주세요.

b. 아동이 반응이 없다면 너무 먼 거리에서 하지 않고 좀 더 가까운 거리에서 시도해 본다. 혹은 눈에 보이는 것부터 시작해 보거나 주변 자극물의 개수를 줄여 시도해 본다.

(예시1) 부모: (풍선이 눈에 보이는 가까운 곳에 있는 경우) 풍선 가져오세요.

(예시2) 부모: (풍선과 4~5개 이상의 일상 사물들에서 반응이 없다면 자극물을 2~3개 이내로 줄여서) 풍선 주세요.

c. 아동이 반응이 없다면 활동에 주의집중할 수 있도록 신체적 촉구(예: 손 잡기)를 하여 활동에 시선을 집중시킨 후 다시 반응을 기다려 본다.

　(예시) 부모: (아동의 손을 잡고 풍선 쪽으로 갖다 대며) 풍선. 풍선 가져오세요.

d. 그래도 반응이 없다면, 포인팅을 하거나 직접 지시를 하거나 모델링을 통해 아동이 해야 할 것을 보여 준다.

　(예시1) 부모: (풍선을 포인팅하며) 여기 풍선 가져오세요.

　(예시2) 부모: (풍선 포인팅하고 나서 두 손을 모아 내밀며) 풍선 주세요.

e. 앞의 과정을 여러 차례 반복하며 알려 준다.

f. 이 목표에서는 아동에게 지시를 할 때 아동 주도 따르기를 반드시 사용할 필요는 없다.

🌀 **활용 예**
• 아동에게 "풍선 불어 주세요"라고 지시한 후 기다린다. 그래도 반응이 없으면 풍선을 가리키거나 풍선을 손에 쥐어 주어 반응을 유도한다.
• 아동에게 크게 불은 풍선을 쥐어 주고 "풍선 날려."라고 지시한 후 기다린다. 그래도 반응이 없으면 손을 하늘 위로 뻗어 날리는 제스처를 보여 주어 반응을 유도한다.

---

3) 고려사항

• 아동의 언어 및 의사소통 수준에 따라 들려주고 촉진하는 것이 달라질 수 있다.
• 언어 확장이 잘된다고 하더라도 아동의 관심사를 놓치지 않고 지속해서 따라 한다.
• 언어 확장이 잘되지 않더라도 언어 유도를 위해 너무 학습적·지시적으로 이끌지 않고, 놀이는 항상 즐겁게 유지하도록 한다.
• 아동이 풍선을 무서워하거나 관심이 전혀 없는 상황에서는 억지로 시도하지 않는다.
• 풍선을 찌르거나 터트리는 등 자극적인 상황을 과하게 설정하지 않는다.

놀이 활동	풍선놀이	종합 / 언어기

1) 목표

(1) 부모 목표

- 관찰하기, 공동주의집중 및 공동 활동 늘리기: 참여하며 놀기, 아동 주도 따르기
- 공동주의집중 및 공동 활동 늘리기: 의사소통 촉진을 위한 놀이 확장
- 기다리기, 얼굴 마주 보기
- 모방하기, 언어 확장하기(1)
- 언어 확장하기(2), 차례 주고받으며 대화하기

(2) 아동 목표

- 풍선놀이 상황에서 상호작용할 때 다양한 낱말, 문장을 이해하고 표현할 수 있다.

> ◉ **목표 예**
> - 낱말 수준: 줘, 풍선, 높이, 던져, 잡아, 넣어, 묶어 , 빨강(그 외 색깔), 동글동글, 날아, 그만 등
> - 초기 문장 수준: 풍선 불어, 그만 불어, 풍선 줘, 풍선 잡아, 풍선 던져, 풍선 날려, 높이 날아, 더 크게 불어, 풍선 높이 던져, 풍선이 날아, 컵에 풍선 넣어, 아빠가 풍선 던져 등

2) 언어 및 의사소통 촉진 방법

> - 준비물: 풍선, 컵

〈놀이방법〉

① 아동과 함께 놀이할 여러 색 풍선, 풍선을 넣을 컵을 준비한다.

② 관찰하기, 공동주의집중 및 공동 활동 늘리기: 참여하며 놀기, 아동 주도 따르기

a. 아동의 눈앞에 여러 색깔의 풍선들을 보여 주며 아동이 무엇에 관심이 있고 좋아하는지를 관찰한다.

(예시) 부모: ○○아. 우와 여기 ○○이가 좋아하는 풍선이 많구나.

b. 만약 아동이 풍선에 관심을 두고 만지고 있다면 아동의 관심을 따라간다.

(예시) 부모: 우와, 풍선이네. 풍선 불어 보자. 혹은 (풍선을 불어 주며) 우와 풍선이 커 진다.

c. 아동이 부모가 준비한 것에 관심이 없으면 다른 준비물을 보여 주며 관심을 유도한다. 이때 질문을 하거나 지시를 하지 않고 놀이 상황만을 언급해 준다. 아동에게 질문하거나 지시를 하면 아동 주도가 부모 주도로 바뀌어 자발적인 의사소통이 될 수 없다. 그리고 가능한 아동의 행동에 민감하게 반응하면서 상호작용을 지속하도록 노력한다.

🎨 **활용 예**

• 아동이 풍선에 관심을 보이며 불려고 하면 함께 불어 보며, 아동이 풍선의 바람을 빼는 데 관심을 보이면 함께 풍선을 눌러 풍선의 바람을 빼 보기도 한다.

• 크게 불어 준 풍선을 잡고 흔들 때 같이 풍선을 흔들어 본다. 아동이 풍선 던지기를 좋아하면 풍선을 묶어 주어 함께 풍선을 눌러 보고 던져 본다.

• 아동이 풍선을 손가락에 끼우면 다른 손가락에도 풍선을 끼워 이리저리 흔들어 본다.

---

③ 공동주의집중 및 공동 활동 늘리기: 의사소통 촉진을 위한 놀이 확장

a. 아동이 좋아하는 풍선을 이용하여 풍선을 부는 것을 천천히 보여 준다.

이때 부모는 아동이 풍선을 부는 것에 집중할 수 있도록 억양을 다르게 하거나 재미있는 소리를 내며 관심을 유도한다. 그리고 지속적으로 아동이 부모의 행동에 관심을 두고 있는지를 확인한다.

b. 놀이가 매우 활기를 띠는 상황이 되면 아동이 더욱 재미를 느끼고 동기화되어 적극적인 상호작용을 할 수 있기 때문에 얼굴 표정, 제스처, 목소리 톤과 같은 비구어적 의사소통을 과장되게 표현하여 활기를 북돋아 준다.

c. 아동이 관심을 보인다면 반복적으로 보여 준다.

d. 만약 아동이 관심이 없다면 다시 바람을 빼고 부는 것을 보여 주거나 풍선을 조금 불다가 멈추어 아동이 관심을 갖게 한다.

> *(예시1) 부모: (풍선을 불며) 후우~ 우와 후우~후우~ 후와 풍선이 커진다.*
>
> *(예시2) 부모: (풍선을 불다가 멈추며 혹은 풍선을 잡고 아동 앞에서 흔들며) 풍선이다. 안녕, 나는 동글 동글 풍선이야.*

e. 부모는 자극을 줄 때 아동이 잘 볼 수 있게 자세와 위치를 맞춰 둔다.

◉ **활용 예**

- 아동과 함께 풍선을 불거나 바람을 빼면 더 크게 풍선을 불어 주고 바람을 빼는 행동을 보여 준다. 크게 불어 준 풍선을 좋아할 경우 풍선을 잡고 이리저리 흔들며 풍선을 가지고 여러 가지 물체에 두드려 본다. 풍선을 묶어 높이 던졌다 잡거나 풍선을 서로 던지고 잡는 활동을 반복해 본다.
- 아동이 손가락에 풍선을 끼우면 손가락에 끼워진 풍선을 잡아당겨 빼고 다시 끼워 주기를 반복한다.
- 컵을 이용하여 풍선을 컵에 넣거나 빼 본다. 이때 관심을 더 끌 수 있도록 제스처와 재미있는 소리를 내며 놀이를 확장한다.

---

④ **기다리기, 얼굴 마주 보기**

a. 아동에게 풍선을 불고 바람을 빼며 풍선이 커졌다 작아지는 것을 충분히 보여 준 후 아동에게 혼자 불기 어려운 풍선을 주고 아동의 얼굴을 마주 보며 반응을 기다린다. 혹은 아동이 풍선을 묶어 달라고 원하는 상황에서 잠시 멈추고 아동의 반응을 기다린다.

> *(예시) 부모: (풍선을 불어 달라고 하거나 묶어 달라고 할 때까지 기다린다)*

b. 아동이 반응이 없다면 다시 한 번 풍선에 관심을 갖도록 시도해 본다. 부모가 아동의 반응을 잘 기다리는 경우, 아동이 부모의 얼굴을 마주 보고 의사소통 의도를 표현하는 것을 확인할 수

있다.

c. 부모가 반응을 기다렸는데 아동이 부모에게 요청하지 않고 자신이 원하는 것만 하려고 한다면 부모는 아동이 부모에게 요청할 수 있는 또 다른 상황을 만들어 준다.

d. 이때 중요한 것은 아동의 반응이 정확한 문장이거나 정확한 발음의 낱말이 아니어도 좋다는 것이다. 부모는 어떤 의사소통 수단이든 아동의 상호작용 시작에 긍정적으로 반응해 준다.

　(예시1) 아동: *(풍선을 불어 달라고 하며)* 푸던<풍선>.

　　부모: 우와 알겠어. 엄마가 풍선 불어 줄게.

　(예시2) 아동: *(풍선을 불어 달라고 하며)* 불어. 혹은 부어.

　　부모: 우와 알겠어. 엄마가 풍선 불어 줄게.

　(예시3) 아동: *(풍선을 묶어 달라고 하며)* 해 줘.

　　부모: 우와 알겠어. 아빠가 풍선 묶어 줄게.

e. 기다리는 상황에서 부모가 무표정을 보이는 등 지시적/학습적인 상황이 되면 아동이 요청하지 않을 수 있다. 항상 부모가 가까이에 있어 언제든 도움을 줄 수 있다는 것을 아동이 인식하게 해 준다(예: 손을 가까이 두기). 그리고 기다리는 상황에서 다치거나 위험한 상황이 예상되면 상황을 만들지 않거나 미리 제지한다.

f. 반응이 잘 나오는 경우, 한 번의 시도에서 끝내는 것이 아니라 이를 반복적으로 해 보며 길게 상호작용하도록 한다.

◎ 활용 예
• 아동이 크게 불어 준 풍선을 달라고 할 때 바로 아동에게 풍선을 주지 않고 더 부는 행동을 보여 주며 아동의 반응을 기다린다. 혹은 아동이 풍선을 날리고 싶어 할 때 바로 날려 주지 않고 아동의 반응을 기다린다. 아동이 반응을 보이면 즉각적으로 반응해 준다.

낱말 수준	*(예시1)* 아동: *(풍선을 달라고 하며)* 푸던<풍선>~ 부모: 우와 알겠어. 풍선 줄게. *(예시2)* 아동: *(풍선을 날려 달라는 제스처를 하며)* 푸던<풍선>~ 부모: 우와 알겠어. 풍선 날려 줄게~

초기 문장 수준	*(예시1)* 아동: (풍선을 달라고 하며) 푸던<풍선> 줘~ 부모: 우와 알겠어. 엄마가 풍선 줄게. *(예시2)* 아동: (풍선을 날려 달라고 하며) 푸던<풍선> 해 줘. 부모: 우와 알겠어. 아빠가 풍선 날려 줄게.

⑤ 모방하기, 언어 확장하기(1)

a. 아동이 의사소통을 시작하기 위한 행동이나 소리를 냈다면 이를 모방한다. 대신 부모가 해석한 행동이 아니라 아동의 행동, 발성 그대로를 모방한다.

b. 모방을 할 때는 부모가 아동의 행동을 모방하고 있다는 것을 충분히 과장되게 표현해 준다.

c. 아동의 행동을 모방한 후에는 아동의 발성 및 언어 수준을 고려하여 확장을 해 준다. 만약 아동이 낱말 단계인데 음절 수준이 2음절이면 2음절 내에서 다양한 소리 목록을 넣어 들려준다. 만약 아동이 초기 문장 단계이면 무조건 긴 문장이 아니라 한 어절 정도를 추가하여 문장을 확장하여 들려준다.

    (예시1) 아동: (풍선을 붙어 달라고 하며) 푸던<풍선>.

        부모: 풍선. 풍선 붙어.

    (예시2) 아동: (풍선을 붙어 달라고 하며) 붙어 혹은 부어.

        부모: 부어/붙어. 풍선 붙어.

    (예시3) 아동: (풍선을 크게 붙어 달라고 하며) 크게.

        부모: 크게. 크게 붙어.

d. 아동이 다른 곳에 집중할 때보다는 부모와 상호작용하는 상황에서 공동 집중할 때 언어 확장을 시도한다. 이때, 부모는 아동에게 눈과 입을 보여 주며 목표 언어를 들려준다. 그리고 목표 언어를 강조해서 천천히 들려준다. 아동이 부모의 얼굴을 보고 있지 않은 상황이면 부모는 언어자극이 적절하게 입력될 수 있도록 자세와 위치를 변경하여 시선을 맞춰 본다. 발성 및 언어 확장을 할 때 제스처와 같은 시각적인 단서를 함께 사용한다.

e. 반응이 잘 나오는 경우, 한 번의 시도에서 끝내는 것이 아니라 이를 반복적으로 해 보거나

여러 색깔이나 다양한 모양의 풍선으로 보다 많은 횟수의 언어 확장이 이루어지도록 한다. 모방을 유도해도 좋다.

⊚ 활용 예

• 아동이 풍선을 더 크게 불고 싶어 하거나 풍선을 혼자 묶기 어려울 때 바로 도와주지 않고 아동의 얼굴을 보며 반응을 기다린다. 아동이 반응을 보이면 즉각적으로 모방해 주고 언어 확장해 준다.

낱말 수준	*(예시1)* 아동: (풍선을 더 크게 불어 달라고 하며) 부어/불어. 부모: 더, 더 불어. *(예시2)* 아동: (풍선을 묶어 달라고 하며) 무어/묶어. 부모: 무어/묶어. 풍선 묶어.
초기 문장 수준	*(예시1)* 아동: (풍선을 더 크게 불어 달라고 하며) 풍선 부어/불어~ 부모: 풍선 불어. 풍선 크게 불어. *(예시2)* 아동: (풍선을 묶어 달라고 하며) 푸던 무어/푸던 무떠<풍선 묶어>. 부모: 엄마가 풍선 묶어 줘.

⑥ 언어 확장하기(2), 차례 주고받으며 대화하기

a. 풍선 불기 활동을 하는 상황에서 부모와 함께 차례를 주고받으며 대화를 해 본다. 한 번은 아동이 부모에게 먼저 요청을 하면 부모가 반응해 주고, 다음 차례는 부모가 아동에게 요청하면 아동이 반응해 준다.

b. 이때 아동이 반응이 나올 때까지 기다리기를 본 활동에서도 적용해 본다. 어느 정도 활기찬 활동이 되고 반복이 이루어졌다면 기다리기를 한 후 부모가 확장해 준 언어를 모방할 때까지 기다려 본다. 아동이 언어 확장을 보이면 더 격한 반응으로 아동을 칭찬해 주면서 활동을 더욱 활기차게 만든다. 아동이 언어 확장을 보이지 않는 경우에도 격려하면서 다시 반복해서 목표 언어를 들려준다.

　(예시) 부모: 자 우리 엄마 한 번, ○○ 한 번 해서 같이 풍선 날려 보자. 누가 먼저 해 볼까?

　　　　아동: ○○.

　　　　부모: 자 그럼 ○○이가 먼저 해 봐. ○○아 풍선 날려.

아동: 네. 하나 둘 셋. *(풍선을 날린다)*

부모: *(풍선을 잡은 다음에)* 엄마가 풍선 잡았다.

아동: 풍선 주세요.

부모: 여기 풍선이요.

아동: 풍선 불어 주세요.

부모: 네. 크게 불까요, 작게 불까요? *(말하고 기다린다)*

아동: 크게 *(크게 손짓한다)*.

부모: 크게. 풍선 크게 불어요. *(크게 불어 준다)*

아동: 더.

부모: 더. 더 크게 불어요. *(모방할 때까지 기다려 본다)*

아동: 더 크게 불어요.

부모: 우와 알겠어. 엄마가 더 크게 불어 줄게. 우와 여기 있어요. *(언어가 확장되었을 때 더 칭찬하며 반응해 준다)*

c. 차례를 주고받으며 대화를 할 때 아동마다 차례를 주고받는 시간이 다를 수 있다. 아동이 흥미를 잃으면 오랜 시간을 지속할 수 없기 때문이다. 아동의 주의집중 시간에 따라 처음에는 짧은 시간이라도 차례를 주고받는 횟수(빈도)를 늘려 주도록 한다. 이후 상호작용을 지속할 수 있는 시간이 길어지면 차례를 주고받는 횟수(빈도)뿐만 아니라 한 가지 놀이를 통해서 차례를 주고받는 시간을 늘려 준다.

⊛ 활용 예

낱말 수준	부모: 자 아빠랑 ○○이랑 같이 풍선 묶어서 던지기 하자. 누가 풍선 불까? *(말하고 기다린다)* 아동: ○○가. 부모: ○○가. ○○가 불어. *(풍선을 준다)* 아동: *(묶는데 잘 안 되어 아빠에게 요청하며)* 안 돼. 풍선. 부모: 안 돼. 풍선. 풍선 묶어. *(모방할 때까지 기다려 본다)* 아동: 풍선 묶어. 부모: 우와 알겠어. 아빠가 풍선 묶어 줄게. *(언어가 확장되었을 때 더 칭찬하며 불어 준다)*

	부모: 이제 던지기 하자. 누가 먼저 풍선 던질래? 아동: ○○. 부모: ○○가. ○○가 던져. (모방할 때까지 기다린다) 아동: ○○가 던져. 부모: 아빠는 잡을게. ○○아. 풍선 던져 줘. 아동: 네. (풍선을 던져 준다) 부모: 잡았다. 이번엔 더 높이~ 던져 줘. 아동: (더 높이 던지며) 높이. 부모: 잡았다!
초기 문장 수준	부모: 자 아빠랑 ○○이랑 같이 풍선 묶어서 던지기 하자. 누가 풍선 불까? (말하고 기다린다) 아동: ○○가 해. 부모: ○○가 풍선 불어. 풍선 불래요. (풍선을 아동에게 준다) 아동: (묶다가 잘 안 되어 아빠에게 요구하며) 안 돼. 풍선해 줘. 부모: 안 돼. 풍선. 아빠 풍선 묶어. (모방할 때까지 기다려 본다) 아동: 아빠 풍선 묶어. 부모: 우와 알겠어. 아빠가 풍선 묶어 줄게. (언어가 확장되었을 때 더 칭찬하며 불어 준다) 부모: 이제 던지기 하자. 누가 먼저 풍선 던질래? 아동: ○○가 던져. 부모: ○○가 던져. ○○가 풍선 던져. 혹은 ○○가 풍선 던질 거야. (모방할 때까지 기다린다) 아동: ○○가 풍선 던질 거야. 부모: 이제 아빠가 잡을게. ○○아. 풍선 던져 줘. 아동: 네. (풍선을 던져 준다) 부모: 잡았다. 이번엔 더 높이~ 던져 줘. 아동: 네. (더 높이 던지며) 더 높이요. 부모: 우와 잡았다. 아동: 잡았다.

3) 고려사항

- 아동의 언어 및 의사소통 수준에 따라 들려주고 촉진하는 것이 달라질 수 있다.
- 언어 확장이 잘된다고 하더라도 아동의 관심사를 놓치지 않고 지속해서 따라 한다.
- 언어 확장이 잘되지 않더라도 언어 유도를 위해 너무 학습적·지시적으로 이끌지 않고, 놀이는 항상 즐겁게 유지하도록 한다.
- 아동이 풍선을 무서워하거나 관심이 전혀 없는 상황에서는 억지로 시도하지 않는다.
- 풍선을 찌르거나 터트리는 등 과하게 자극적인 상황을 설정하지 않는다.
- 가벼운 풍선이 쉽게 이곳저곳으로 날아갈 수 있으므로 주변에 위험한 물건을 미리 잘 치워둔다.

놀이
활동

퍼즐놀이

종합 / 언어이전기

1) 목표

(1) 부모 목표

- 관찰하기, 공동주의집중 및 공동 활동 늘리기: 참여하며 놀기, 아동 주도 따르기
- 공동주의집중 및 공동 활동 늘리기: 의사소통 촉진을 위한 놀이 확장
- 기다리기: 상호작용 시작 시간 기다리기, 얼굴 마주 보기
- 행동 및 구어 모방하기, 제스처/발성 및 언어 확장하기
- 기다리기: 상호작용 지시에 반응하기를 기다리기

(2) 아동 목표

- 퍼즐놀이 상황에서 상호작용할 때 다양한 제스처, 발성, 언어를 이해하고 표현할 수 있다.

🌀 **목표 예**
- 제스처: (두 손을 모으며 퍼즐을 달라고 요구하기), (퍼즐을 주며 끼워 달라고 요구하기), (엄마의 손을 끌며 퍼즐을 끼우거나 빼 달라고 요구하기), (퍼즐이 들어갔을 때 박수치기), (손으로 가리키며 퍼즐을 선택하기)
- 발성 및 언어: 어~(끼워 달라고 혹은 퍼즐을 달라고 요구하기), 빼~(퍼즐을 빼 달라고 요구하기), 쏙/꾹~(퍼즐을 끼우기), 줘, 음마〈엄마〉(끼워 달라고 엄마 부르기), 여이/여기, 너어〈넣어〉, 띠어〈끼워〉, 이거, 돌려, 빙글빙글(퍼즐을 돌리기) 등

---

2) 언어 및 의사소통 촉진 방법

- 준비물: 아동이 좋아하는 퍼즐, 퍼즐이 담긴 상자

〈놀이방법〉

① 아동이 좋아하는 퍼즐을 준비한다.

② 관찰하기, 공동주의집중 및 공동 활동 늘리기: 참여하며 놀기, 아동 주도 따르기

    a. 아동이 끼울 수 있는 다양한 퍼즐을 보여 주며 아동이 무엇에 관심이 있고 좋아하는지를 관찰한다.

        (예시) 부모: ○○아, 우와 여기 ○○이가 끼울 것들이 많구나.

    b. 만약 아동이 특정 모양 퍼즐에 관심을 두고 만지고 있다면 아동의 관심을 따라간다.

        (예시1) 부모: 우와, 멍멍 모양이네. 안녕 멍멍.

        (예시2) 부모: (같은 모양의 퍼즐을 가지고 와서 보여 주며) 여기도 멍멍 있네.

    c. 아동이 부모가 준비한 것에 관심이 없으면 다른 준비물을 보여 주며 관심을 유도한다. 이때 질문을 하거나 지시를 하지 않고 놀이 상황만을 언급해 준다. 아동에게 질문하거나 지시를 하면 아동 주도가 부모 주도로 바뀌어 자발적인 의사소통이 될 수 없다. 그리고 가능한 아동의 행동에 민감하게 반응하면서 상호작용을 지속하도록 노력한다.

  ◎ 활용 예

  • 아동이 관심 있어 하는 퍼즐을 함께 만져 보고 두드려 보며 탐색한다.

  • 아동이 퍼즐 틀에 관심을 보이면 함께 퍼즐을 여러 가지 모양에 끼워 보며 탐색한다.

  • 아동이 퍼즐을 끼우는 데 우연히 성공할 경우 감탄사와 함께 반응해 준다.

③ 공동주의집중 및 공동 활동 늘리기: 의사소통 촉진을 위한 놀이 확장

    a. 아동이 퍼즐을 만지기만 한다면 퍼즐을 끼우는 것을 보여 주며 놀이를 확장하며 보여 준다. 이때 부모는 아동이 퍼즐을 끼우는 것에 집중할 수 있도록 억양을 다르게 하거나 재미있는 소리를 내며 관심을 유도한다. 그리고 지속적으로 아동이 부모의 행동에 관심을 두고 있는지를 확인한다.

    b. 놀이가 매우 활기를 띠는 상황이 되면 아동은 더 재미있고 동기화될 수 있는 상호작용을 할 수 있기 때문에 얼굴 표정, 제스처, 목소리 톤과 같은 비구어적 의사소통을 과하게 하여 활기를

북돋아 준다.

c. 아동이 관심을 보인다면 반복적으로 보여 준다.

d. 만약 아동이 관심이 없다면 다시 보여 주거나 아동이 들고 있는 퍼즐을 함께 끼워 들어가도록 해 주며 성취감을 느끼고 집중할 수 있도록 유도해 본다.

> *(예시) 부모: (퍼즐을 보여 주며) 나는 멍멍 모양 퍼즐이야. 꾹꾹꾹~ 한 번 끼워 볼까? (퍼즐을 같이 잡고 끼워 주며) 쑥~ (박수쳐주고 또 하나씩 끼워 주며) 쑥~ 우와 들어간다. 짝짝짝.*

e. 부모는 자극을 줄 때 아동이 잘 볼 수 있게 자세와 위치를 맞춰 둔다.

활용 예
- 아동이 관심 있어 하는 퍼즐과 같은 모양을 함께 만져 보고 두드려 보다가 아동의 옷 주머니에도 넣어보고 틀에 끼워 본다.
- 아동이 퍼즐 틀에 관심을 보이면 함께 구멍에 손가락도 넣어 보고 퍼즐들도 가져와 틀에 맞춰 본다.
- 아동이 퍼즐 끼우기를 성공할 경우 흔들어 보고 다시 빼 보기도 한다.

---

④ **기다리기: 상호작용 시작 시간 기다리기, 얼굴 마주 보기**

a. 아동과 함께 퍼즐놀이 활동을 하며 퍼즐 맞추기 놀이에 흥미를 갖게 한 후, 아동 스스로 넣기 어려운 퍼즐을 주고 아동의 반응을 기다린다.

> *(예시) 부모: (퍼즐을 아동에게 주며 말하고 나서 기다리며) 우와 이거 엄청 재미있겠다. 이거 같이 끼워 보자.*

b. 아동이 반응이 없다면 다시 한 번 퍼즐에 관심을 갖도록 시도해 본다. 예를 들어, 부모가 퍼즐을 끼우는 것을 보여 주거나 아동과 함께 퍼즐을 잡고 조금 끼워 주었다가 뺀 후 다시 얼굴을 마주 보며 아동의 반응을 기다린다. 부모가 아동의 반응을 잘 기다리는 경우, 아동이 부모의 얼굴을 마주 보고 의사소통 의도를 표현하는 것을 확인할 수 있다.

c. 부모가 반응을 기다렸는데 아동이 부모에게 요청하지 않고 자신이 원하는 것만 하려고 한다

면 부모는 아동이 부모에게 요청할 수 있는 또 다른 상황을 만들어 준다.

d. 이때 중요한 것은 아동의 반응이 정확한 구어여도 좋고 그렇지 않아도 된다는 것이다. 혹은 제스처나 모음발성이어도 좋다. 부모는 어떤 의사소통 수단이든 아동의 상호작용 시작에 긍정적으로 반응해 준다.

> (예시1) 아동: (퍼즐을 끼워 달라고 건네 준다)
>
> 부모: 우와 알겠어. 엄마가 끼워 줄게.
>
> (예시2) 아동: (퍼즐을 끼워 달라고 건네며) 어~
>
> 부모: 우와 알겠어. 엄마가 끼워 줄게.
>
> (예시3) 아동: (퍼즐을 끼워 달라고 건네며) 음마~ 꾸꾸.
>
> 부모: 우와 알겠어. 엄마가 끼워 줄게.

e. 기다리는 상황에서 부모가 무표정을 보이는 등 지시적/학습적인 상황이 되면 아동이 요청하지 않을 수 있다. 항상 부모가 가까이에 있어 언제든 도움을 줄 수 있다는 것을 아동이 인식하게 해 준다(예: 손을 가까이 두기). 그리고 기다리는 상황에서 다치거나 위험한 상황이 예상되면 상황을 만들지 않거나 미리 제지한다.

f. 반응이 잘 나오는 경우, 한 번의 시도에서 끝내는 것이 아니라 이를 반복적으로 해 보며 길게 상호작용하도록 한다.

◎ 활용 예
- 아동이 부모와 함께 퍼즐을 끼우다가 다음 퍼즐을 주기 전에 아동이 달라고 할 때까지 기다린다. 혹은 아동에게 두 가지 퍼즐을 보여 주고 아동이 선택하여 달라고 하는 반응을 보일 때까지 기다려 준다.
- 끼웠던 퍼즐을 아동이 보는 앞에서 흔들어 준 뒤 빼 주고 아동의 반응을 기다린다. 아동이 스스로 퍼즐을 뺄 수 없을 때 바로 도와주지 않고 기다린다.

---

⑤ 행동 및 구어 모방하기, 제스처/발성 및 언어 확장하기

a. 아동이 의사소통을 시작하기 위한 행동이나 소리를 냈다면 이를 모방한다. 대신 부모가 해석한 행동이 아니라 아동의 행동, 발성 그대로를 모방한다.

b. 모방을 할 때는 부모가 아동의 행동을 모방하고 있다는 것을 충분히 과장되게 표현해 준다.

c. 아동의 행동을 모방한 후에는 아동의 발성 및 언어 수준을 고려하여 확장을 해 준다. 만약 아동이 모음이 주로 나온다면 모음의 소리를 확장해 주거나 몇 개의 자음만을 이용하여 확장한다. 만약 아동이 자음 2개가 모두 1음절 상황에서 나온다면 1음절의 소리를 중첩적으로 반복하여 들려주어 음절을 확장해 주거나 다른 자음을 1음절 상황에서 알려 주어 음소 목록을 확장하여 들려준다.

(예시1) 아동: *(퍼즐을 끼워 달라고 건네준다)*

부모: *(건네주는 제스처 보여 주며)* 어~

(예시2) 아동: *(퍼즐을 끼워 달라고 건네며)* 어~

부모: 어. 우와.

(예시3) 아동: *(퍼즐을 끼워 달라고 건네며)* 음마~ 꾸.

부모: 음마~ 꾹. 혹은 끼워~

d. 아동이 다른 곳에 집중할 때보다는 부모와 상호작용하는 상황에서 공동 집중할 때 언어 확장을 시도한다. 이때, 부모는 아동에게 눈과 입을 보여 주며 목표 언어를 들려준다. 그리고 목표 언어를 강조해서 천천히 들려준다. 아동이 부모의 얼굴을 보고 있지 않은 상황이면 부모는 언어자극이 적절하게 입력될 수 있도록 자세와 위치를 변경하여 시선을 맞춰 본다. 발성 및 언어 확장을 할 때 제스처와 같은 시각적인 단서를 함께 사용한다.

e. 반응이 잘 나오는 경우, 한 번의 시도에서 끝내는 것이 아니라 이를 반복적으로 해 보거나 다양한 모양의 퍼즐들을 이용하여 보다 많은 횟수의 언어 확장이 이루어지도록 한다. 모방을 유도해도 좋다. 하지만 아동이 많이 거부하면 필수적으로 모방을 유도하지 않아도 좋다.

◎ 활용 예
• 아동이 부모와 함께 퍼즐을 끼우다가 다음 퍼즐을 주기 전에 아동이 달라고 할 때까지 기다린다. 아동이 달라고 하는 제스처를 보이면 그 제스처를 모방하거나 소리를 모방해 준다. 혹은 아동에게 두 가지 퍼즐을 보여 주고 아동이 선택하여 달라고 하는 반응을 보일 때까지 기다려 준다. 아동이 둘 중 하나를 가리키는 제스처 또는 소리를 나타내면 그 제스처와 소리를 모방해 주고 아동의 언어 및 의사소통 수준에 맞는 소리로 확장해 준다(예: 손 모으기-제스처, 어/마/빠/암-발성, 엄마, 아빠 이어/이거, 줘).

• 끼웠던 퍼즐을 아동이 보는 앞에서 빼 주고 아동의 반응을 기다린다. 아동이 스스로 퍼즐을 뺄 수 없을 때 바로 도와주지 않고 기다린다. 아동이 퍼즐을 빼 달라고 손을 끌거나 빼는 제스처를 보여 줄 경우 그 행동을 모방해 주거나 소리를 내면 아동의 소리를 모방해 주고 확장한다(예: 어/으아/이 차, 쭉-발성. 음마/엄마, 아빠, 빼 등).

⑥ 기다리기: 상호작용 지시에 반응하기를 기다리기

　a. 다양한 퍼즐을 앞에 두고 엄마의 지시를 따르는지 기다린다. 이때 충분히 기다려도 반응이 없다면 다시 들려주고 기다린다.

　　(예시) 부모: 자 우리 이제 다른 퍼즐도 넣자. 어흥~ 가져오세요/주세요.

　b. 아동이 반응이 없다면 너무 먼 거리에서 하지 않고 좀 더 가까운 거리에서 시도해 본다. 혹은 눈에 보이는 것부터 시작해 보거나 주변 자극물의 개수를 줄여 시도해 본다.

　　(예시1) 부모: (퍼즐이 가까운 곳에 있을 경우) 어흥~ 가져오세요.

　　(예시2) 부모: (퍼즐이 포함된 4~5개 이상의 일상 사물에서 반응이 없다면 자극물을 2~3개 이내로 줄여서) 어흥~ 주세요.

　c. 아동이 반응이 없다면 활동에 주의집중할 수 있도록 신체적 촉구(예: 손 잡기)를 하여 활동에 시선을 집중시킨 후 다시 반응을 기다려 본다.

　　(예시) 부모: (아동의 손을 잡고 퍼즐 쪽으로 갖다 대며) 어흥~ 어흥 가져오세요.

　d. 그래도 반응이 없다면, 포인팅을 하거나 직접 지시를 하거나 모델링을 통해 아동이 해야 할 것을 보여 준다.

　　(예시1) 부모: (퍼즐을 포인팅하며) 어흥~ 가져오세요.

　　(예시2) 부모: (퍼즐을 포인팅하고 나서 두 손을 모아 내밀며) 어흥~ 주세요.

　e. 앞의 과정을 여러 차례 반복하며 알려 준다.

　f. 이 목표에서는 아동에게 지시를 할 때 아동 주도 따르기를 반드시 사용할 필요는 없다.

🎧 활용 예
- 아동에게 퍼즐의 틀을 보여 주며 아동이 들고 있는 퍼즐을 끼워 달라고 한다. 끼워야 하는 곳을 찾기 어려운 경우 포인팅으로 끼워야 할 곳을 알려 주며 "여기 끼워." 혹은 "멍멍 끼워."라고 하고 아동의 반응을 기다린다.
- 아동이 퍼즐의 모양을 알고 있는 경우 다양한 모양의 퍼즐을 보여 주고 "멍멍 퍼즐 줘."라고 하며 원하는 퍼즐을 달라고 한다. 그래도 안 되면 포인팅이나 제스처 단서를 통해 유도한다.

3) 고려사항

- 아동의 언어 및 의사소통 수준에 따라 들려주고 촉진하는 것이 달라질 수 있다.
- 아동의 언어 및 놀이수준에 적절하도록 퍼즐의 수준을 잘 고려한다.
- 언어 확장이 잘된다고 하더라도 아동의 관심사를 놓치지 않고 지속해서 따라 한다.
- 언어 확장이 잘되지 않더라도 언어 유도를 위해 너무 학습적 · 지시적으로 이끌지 않고, 놀이는 항상 즐겁게 유지하도록 한다.
- 아동이 퍼즐을 선호하지 않는 상황에서는 억지로 진행하지 않는다.
- 아동이 퍼즐의 모양을 모두 알고 있는 경우에 상호작용 지시에 대한 반응을 확인한다.

| 놀이
활동 | 퍼즐놀이 | 종합 / 언어기 |

1) 목표

(1) 부모 목표

- 관찰하기, 공동주의집중 및 공동 활동 늘리기: 참여하며 놀기, 아동 주도 따르기
- 공동주의집중 및 공동 활동 늘리기: 의사소통 촉진을 위한 놀이 확장
- 기다리기, 얼굴 마주 보기
- 모방하기, 언어 확장하기(1)
- 언어 확장하기(2), 차례 주고받으며 대화하기

(2) 아동 목표

- 퍼즐놀이 상황에서 상호작용할 때 다양한 낱말, 문장을 이해하고 표현할 수 있다.

> 🌀 **목표 예**
> - 낱말 수준: 줘, 빼, 더, 이거, 여기, 끼워, 맞춰, 찾아, 없어, 있어, 맞아, 많이, 조금, 빨리, 먼저, 모양(동물, 과일), 아니야 등
> - 초기 문장 수준: 많이 줘, 이거 빼(줘), 사자 끼워, 내가 끼워, 여기 끼워, 여기 맞아, 여기 아니야, 빨리 끼워(줘), 멍멍이 없어, 이거 먼저 끼워, 여기에 끼워(줘), 엄마가 멍멍이 빼(줘), 아빠가 이거 찾아(줘) 등

2) 언어 및 의사소통 촉진 방법

- 준비물: 아동이 좋아하는 퍼즐

〈놀이방법〉

① 아동이 좋아하는 퍼즐을 준비한다.

② 관찰하기, 공동주의집중 및 공동 활동 늘리기: 참여하며 놀기, 아동 주도 따르기

　　a. 아동이 끼울 수 있는 다양한 퍼즐을 보여 주며 아동이 무엇에 관심이 있고 좋아하는지를 관찰한다.

　　　(예시) 부모: ○○아. 우와 여기 ○○이가 맞출 것들이 많구나.

　　b. 만약 아동이 특정 모양 퍼즐에 관심을 두고 만지고 있다면 아동의 관심을 따라간다.

　　　(예시) 부모: 우와. ○○이는 빵빵 차를 제일 좋아하는구나.

　　c. 아동이 부모가 준비한 것에 관심이 없으면 다른 준비물을 보여 주며 관심을 유도한다. 이때 질문을 하거나 지시를 하지 않고 놀이 상황만을 언급해 준다. 아동에게 질문하거나 지시를 하면 아동 주도가 부모 주도로 바뀌어 자발적인 의사소통이 될 수 없다. 그리고 가능한 아동의 행동에 민감하게 반응하면서 상호작용을 지속하도록 노력한다.

> ⊙ 활용 예
> • 아동의 관심에 따라 함께 퍼즐에 어떤 그림들이 그려져 있는지 탐색한다. 혹은 퍼즐이 어떤 모양인지 함께 살펴본다.
> • 아동이 퍼즐 틀에 관심을 보이면 함께 틀에 손가락도 넣어 보고 다른 퍼즐들도 더 가져와서 틀에 맞춰 본다.
> • 아동이 퍼즐 끼우기를 성공할 경우 흔들어 보고 다시 빼 보기도 한다.

③ 공동주의집중 및 공동 활동 늘리기: 의사소통 촉진을 위한 놀이 확장

　　a. 아동이 선호하는 그림의 퍼즐을 찾아 맞추는 것을 천천히 보여 준다.

　　이때 부모는 아동이 퍼즐을 맞추는 것에 집중할 수 있도록 억양을 다르게 하거나 재미있는 소리를 내며 관심을 유도한다. 그리고 지속적으로 아동이 부모의 행동에 관심을 두고 있는지를 확인한다.

　　b. 놀이가 매우 활기를 띠는 상황이 되면 아동이 더욱 재미를 느끼고 동기화되어 적극적인 상호작용을 할 수 있기 때문에 얼굴 표정, 제스처, 목소리 톤과 같은 비구어적 의사소통을 과장되

게 표현하여 활기를 북돋아 준다.

c. 아동이 관심을 보인다면 반복적으로 보여 준다.

d. 만약 아동이 관심이 없다면 아동이 좋아하는 퍼즐 속 그림을 다시 보여 주거나 퍼즐을 같이 잡고 끼워 보며 집중할 수 있도록 유도해 본다.

　　(예시1) 부모: (퍼즐을 틀에 맞추며) 우와 쭉쭉쭉쭉쭉~ 맞췄다.

　　(예시2) 부모: (아이가 보고 있는 퍼즐도 같이 잡고 틀에 옮기며) ○○이는 자동차다. 자동차 맞췄다.

e. 부모는 자극을 줄 때 아동이 잘 볼 수 있게 자세와 위치를 맞춰 둔다.

◎ 활용 예
- 아동이 퍼즐을 맞추는 데 관심이 있다면 퍼즐 판을 아동의 눈앞에서 이리저리 움직이다가 아동이 들고 있는 퍼즐에 맞추어 준다.
- 아동이 좋아하는 퍼즐을 틀에 맞추려고 하고 있다면 오히려 틀과 맞지 않은 곳에 끼워 넣으려 애쓰는 것을 보여 준다. 이때 관심을 더 끌 수 있도록 제스처와 재미있는 소리를 내며 놀이를 확장한다.

---

④ 기다리기, 얼굴 마주 보기

a. 아동에게 퍼즐 맞추기에 성공하는 모습을 충분히 보여 준 후 아동이 좋아하는 그림의 퍼즐을 꺼낼 수 없는 유리병 또는 비닐 팩에 넣어 둔다. 혹은 혼자서 맞출 수 없는 퍼즐을 주고 잠시 멈추어 아동의 반응을 기다린다.

　　(예시) 부모: (퍼즐을 달라고 하거나 맞춰 달라고 할 때까지 기다린다)

b. 아동이 반응이 없다면 다시 한 번 퍼즐에 관심을 갖도록 시도해 본다. 부모가 아동의 반응을 잘 기다리는 경우, 아동이 부모의 얼굴을 마주 보고 의사소통 의도를 표현하는 것을 확인할 수 있다.

c. 부모가 반응을 기다렸는데 아동이 부모에게 요청하지 않고 자신이 원하는 것만 하려고 한다면 부모는 아동이 부모에게 요청할 수 있는 또 다른 상황을 만들어 준다.

d. 이때 중요한 것은 아동의 반응이 정확한 문장이거나 정확한 발음의 낱말이 아니어도 좋다는 것이다. 부모는 어떤 의사소통 수단이든 아동의 상호작용 시작에 긍정적으로 반응해 준다.

　　(예시1) 아동: *(퍼즐을 달라고 하며)* 이거.

　　　　부모: 우와 알겠어. 엄마가 이거 줄게.

　　(예시2) 아동: *(퍼즐을 꺼내 달라고 하며)* 꺼애<꺼내>. *(혹은)* 빼.

　　　　부모: 우와 알겠어. 엄마가 퍼즐 꺼내 줄게.

　　(예시3) 아동: *(자동차 모양 퍼즐을 끼워 달라고 하며)* 빵빵.

　　　　부모: 우와 알겠어. 아빠가 자동차 끼워 줄게.

e. 기다리는 상황에서 부모가 무표정을 보이는 등 지시적/학습적인 상황이 되면 아동이 요청하지 않을 수 있다. 항상 부모가 가까이에 있어 언제든 도움을 줄 수 있다는 것을 아동이 인식하게 해 준다(예: 손을 가까이 두기). 그리고 기다리는 상황에서 다치거나 위험한 상황이 예상되면 상황을 만들지 않거나 미리 제지한다.

f. 반응이 잘 나오는 경우, 한 번의 시도에서 끝내는 것이 아니라 이를 반복적으로 해 보며 길게 상호작용하도록 한다.

---

⑥ **활용 예**

• 아동이 퍼즐을 맞추려고 하지만 부모가 들고 있는 퍼즐 판이 아동의 손에 닿지 않을 때 혹은 부모가 아동이 좋아하는 퍼즐을 아동이 맞추려는 곳과 다른 곳에 끼우려 애쓸 때 아동의 얼굴을 보며 반응을 기다린다. 아동이 반응을 보이면 즉각적으로 반응해 준다.

낱말 수준	*(예시1)* 아동: *(퍼즐 판을 맞춰 달라고 하며)* 줘~ 　　부모: 우와 알겠어. 엄마가 퍼즐 맞춰 줄게. *(예시2)* 아동: *(여기에 끼워 달라고 하며)* 이거. 또는 여기. 　　부모: 우와 알겠어. 아빠가 여기에 끼울게.
초기 문장 수준	*(예시1)* 아동: *(퍼즐 판을 맞춰 달라고 하며)* 빵빵 줘~ 　　부모: 우와 알겠어. 엄마가 퍼즐 맞춰 줄게. *(예시2)* 아동: *(여기에 퍼즐을 끼워 달라고 하며)* 여이 띠어<여기 끼워>. 　　부모: 우와 알겠어. 아빠가 여기에 퍼즐 끼워 줄게.

⑤ 모방하기, 언어 확장하기(1)

a. 아동이 의사소통을 시작하기 위한 행동이나 소리를 냈다면 이를 모방한다. 대신 부모가 해석한 행동이 아니라 아동의 행동, 발성 그대로를 모방한다.

b. 모방을 할 때는 부모가 아동의 행동을 모방하고 있다는 것을 충분히 과장되게 표현해 준다.

c. 아동의 행동을 모방한 후에는 아동의 발성 및 언어 수준을 고려하여 확장을 해 준다. 만약 아동이 낱말 단계인데 음절 수준이 2음절이면 2음절 내에서 다양한 소리 목록을 넣어 들려준다. 만약 아동이 초기 문장 단계이면 무조건 긴 문장이 아니라 한 어절 정도를 추가하여 문장을 확장하여 들려준다.

> (예시1) 아동: (퍼즐을 달라고 하며) 떠드<퍼즐>.
>
> 부모: 퍼즐, 퍼즐 줘.
>
> (예시2) 아동: (퍼즐을 끼워 달라고 하며) 꺼애/꺼내. 혹은 빼.
>
> 부모: 꺼내/빼, 퍼즐 꺼내.
>
> (예시3) 아동: (자동차 퍼즐을 달라고 하며) 차.
>
> 부모: 차, 자동차 줘.

d. 아동이 다른 곳에 집중할 때보다는 부모와 상호작용하는 상황에서 공동 집중할 때 언어 확장을 시도한다. 이때, 부모는 아동에게 눈과 입을 보여 주며 목표 언어를 들려준다. 그리고 목표 언어를 강조해서 천천히 들려준다. 아동이 부모의 얼굴을 보고 있지 않은 상황이면 부모는 언어자극이 적절하게 입력될 수 있도록 자세와 위치를 변경하여 시선을 맞춰 본다. 발성 및 언어 확장을 할 때 제스처와 같은 시각적인 단서를 함께 사용한다.

e. 반응이 잘 나오는 경우, 한 번의 시도에서 끝내는 것이 아니라 이를 반복적으로 해 보거나 다양한 모양의 퍼즐들을 이용하여 보다 많은 횟수의 언어 확장이 이루어지도록 한다. 모방을 유도해도 좋다. 하지만 아동이 많이 거부하면 필수적으로 모방을 유도하지 않아도 좋다.

😊 활용 예

- 아동이 퍼즐을 맞추려고 하지만 부모가 들고 있는 퍼즐 판이 아동의 손에 닿지 않을 때 혹은 부모가 아동이 좋아하는 퍼즐을 아동이 맞추려는 곳과 다른 곳에 끼우려 애쓸 때 아동의 얼굴을 보며 반응을 기다린다. 아동이 반응을 보이면 즉각적으로 반응해 주고 아동의 언어를 확장해 준다.

낱말 수준	*(예시1) 아동: (퍼즐 판에 맞춰 달라고 하며) 퍼드<퍼즐>~* *부모: 퍼즐, 퍼즐 끼워.* *(예시2) 아동: (여기에 퍼즐을 끼워 달라고 하며) 여이/여기.* *부모: 여기, 여기 끼워.*
초기 문장 수준	*(예시1) 아동: (퍼즐 판을 맞춰 달라고 하며) 멍멍 마터<맞춰>.* *부모: 멍멍 맞춰, 엄마 멍멍이 맞춰요.* *(예시2) 아동: (여기에 퍼즐을 끼워 달라고 하며) 여기 띠어/여기 끼워.* *부모: 퍼즐 여기에 끼워.*

⑥ 언어 확장하기(2), 차례 주고받으며 대화하기

a. 퍼즐놀이 활동을 하는 상황에서 부모와 함께 차례를 주고받으며 대화를 해 본다. 한 번은 아동이 부모에게 먼저 요청을 하면 부모가 반응해 주고, 다음 차례는 부모가 아동에게 요청하면 아동이 반응해 준다.

b. 이때 아동이 반응이 나올 때까지 기다리기를 본 활동에서도 적용해 본다. 어느 정도 활기찬 활동이 되고 반복이 이루어졌다면 기다리기를 한 후 부모가 확장해 준 언어를 모방할 때까지 기다려 본다. 아동이 언어 확장을 보이면 더 격한 반응으로 아동을 칭찬해 주면서 활동을 더욱 활기차게 만든다. 아동이 언어 확장을 보이지 않는 경우에도 격려하면서 다시 반복해서 목표 언어를 들려준다.

> *(예시) 부모: 자 우리 엄마 한 번, ○○ 한 번 해서 같이 퍼즐 맞추자. 누가 먼저 해 볼까?*
> *아동: ○○.*
> *부모: 자 그럼 ○○이가 먼저 도와줘. ○○아 엄마 뽀로로 퍼즐 줘.*
> *아동: 자 여기요. (뽀로로 퍼즐을 준다)*
> *부모: (다 맞춘 다음에) 뽀로로 퍼즐 더 많이 줘.*
> *아동: 여기요. (더 많이 준다)*

부모: 루띠 퍼즐 줘.

아동: 루띠 퍼즐. (퍼즐을 준다)

부모: 자 이번에는 엄마가 줄게. (말하고 기다린다)

아동: 크롱~ (크롱 퍼즐 가리킨다)

부모: 크롱. 크롱 퍼즐. (크롱 퍼즐을 준다)

아동: 더.

부모: 더. 더 많이. (모방할 때까지 기다려 본다)

아동: 더 많이.

부모: 우와 알겠어. 엄마가 퍼즐 더 줄게. 잘한다. (언어가 확장되었을 때 더 칭찬해 준다)

c. 차례를 주고받으며 대화를 할 때 아동마다 차례를 주고받는 시간이 다를 수 있다. 아동이 흥미를 잃으면 오랜 시간을 지속할 수 없기 때문이다. 아동의 주의집중 시간에 따라 처음에는 짧은 시간이라도 차례를 주고받는 횟수(빈도)를 늘려 주도록 한다. 이후 상호작용을 지속할 수 있는 시간이 길어지면 차례를 주고받는 횟수(빈도)뿐만 아니라 한 가지 놀이를 통해서 차례를 주고받는 시간을 늘려 준다.

⊛ 활용 예

낱말 수준	부모: 자 아빠랑 ○○이랑 같이 퍼즐 끼워 보자. 누가 먼저 퍼즐 끼울까? (말하고 기다린다) 아동: 나. 부모: ○○. ○○ 먼저. (퍼즐을 아동이 먼저 끼우도록 한다) 아동: (끼우다가 잘 안 되어 아빠에게 요청하는 상황) 안 돼. 퍼즐. 부모: 안 돼. 퍼즐. 퍼즐 끼워. (모방할 때까지 기다려 본다) 아동: 퍼즐 끼워. 부모: 우와 알겠어. 아빠가 퍼즐 끼워 줄게. (언어가 확장되었을 때 더 칭찬해 준다) 부모: 이번에는 내 차례. 어떤 퍼즐 맞출까? (두 가지 사물의 퍼즐을 보여 준다) 아동: 자동차.

	부모: 자동차 먼저. 혹은 자동차, 자동차 먼저 맞춰. (모방할 때까지 기다린다) 아동: 자동차 먼저 맞춰. 부모: 이제 아빠가 맞출게. ○○아, 자동차 퍼즐 줘. 아동: 네. (자동차 퍼즐을 준다) 부모: (잘못된 곳에 끼우며) 여기 끼워야지. (반응을 기다린다) 아동: 여기 아니야. 여기. (맞는 곳을 가리킨다) 부모: 여기야? 우와 그럼 ○○이가 도와줘. 아동: 네. (퍼즐을 끼워준다) 부모: 고마워.
초기 문장 수준	부모: 자 아빠랑 ○○이랑 같이 퍼즐 끼워 보자. 누가 먼저 퍼즐 끼울 까? (말하고 기다린다) 아동: 나 먼저. 부모: ○○ 먼저. ○○ 먼저 할래요. 아동: (끼우다가 잘 안 되어 아빠에게 요청하는 상황) 안 돼. 퍼즐. 부모: 안 돼. 퍼즐. 아빠 퍼즐 맞춰 줘. (모방할 때까지 기다려 본다) 아동: 아빠 퍼즐 맞춰 줘. 부모: 우와 알겠어. 아빠가 퍼즐 맞춰 줄게. (언어가 확장되었을 때 더 칭찬해 준다) 부모: 이번에는 내 차례. 어떤 퍼즐 맞출까? (두 가지 사물의 퍼즐을 보여 준다) 아동: 자동차 해. 부모: 자동차 맞춰. 자동차 퍼즐(모양) 맞춰요. (모방할 때까지 기다 린다) 아동: 자동차 퍼즐 맞춰요. 부모: 그럼 아빠가 맞출게. ○○아, 자동차 퍼즐 줘. 아동: 네. (자동차 퍼즐을 준다) 부모: (잘못된 곳에 끼우며) 여기 끼워야지. (반응을 기다린다) 아동: 여기 아니야. 여기 맞춰요. (맞는 곳을 가르쳐 준다) 부모: 여기야? 우와 그럼 ○○이가 도와줘. 아동: 네. (퍼즐을 끼워 준다) 부모: 고마워.

3) 고려사항

- 아동의 언어 및 의사소통 수준에 따라 들려주고 촉진하는 것이 달라질 수 있다.
- 언어 확장이 잘된다고 하더라도 아동의 관심사를 놓치지 않고 지속해서 따라 한다.
- 언어 확장이 잘되지 않더라도 언어 유도를 위해 너무 학습적 · 지시적으로 이끌지 않고, 놀이
  는 항상 즐겁게 유지하도록 한다.
- 아동이 좋아하는 캐릭터나 장난감이 그려진 퍼즐은 아동의 흥미를 이끄는 데 도움이 될 수
  있다.
- 아동의 수준에 따라 퍼즐의 난이도를 조절해 주어 아동이 퍼즐을 통해 포기보다는 성취감을
  느끼도록 한다.

놀이 활동	찰흙놀이	종합 / 언어이전기

1) 목표

(1) 부모 목표

- 관찰하기, 공동주의집중 및 공동활동 늘리기: 참여하며 놀기, 아동 주도 따르기
- 공동주의집중 및 공동활동 늘리기: 의사소통 촉진을 위한 놀이 확장
- 기다리기: 상호작용 시작 시간 기다리기, 얼굴 마주 보기
- 행동 및 구어 모방하기, 제스처/발성 및 언어 확장하기
- 기다리기: 상호작용 지시에 반응하기를 기다리기

(2) 아동 목표

- 찰흙놀이 상황에서 상호작용할 때 다양한 제스처, 발성, 언어를 이해하고 표현할 수 있다.

🌐 **목표 예**

- 제스처: (찰흙 통을 건네며 뚜껑을 열어 달라고 요구하기), (원하는 모양을 가리키며 모양 틀을 달라고 요구하기), (두 손을 내밀며 찰흙을 더 달라고 요구하기), (칼을 두드리며 자르고 싶다고 요구하기)
- 발성 및 언어: 어~(찰흙 뚜껑을 열어 달라고 요구하기), 빠빠/아빠(아빠를 부르며 열어 달라고 요구하기), 우우/꾸/꾸꾸/꿀꿀(돼지를 만들어 달라고 요구하기), 우우/뚜뚜/뚝뚝(더 자르고 싶다고 요구하기), 오(찰흙을 더 요구하는 발성), 배/앰(뱀), 아아/나아(나와), 음마/엄마(엄마를 부르며 눌러 달라고 요구하기), 또, 줘, 아/까(칼), 히힝('말' 모양 틀을 달라고 요구하기), 꾸~/꿍~(모양 틀을 눌러 달라고 요구하기), 똑똑(찰흙 뚜껑을 열어 달라고 요구하기), 쭈욱~(찰흙을 붙여 달라고 요구하기) 등

2) 언어 및 의사소통 촉진 방법

> • 준비물: 찰흙(뚜껑이 있는 통에 들어 있는 것), 밀대, 장난감 칼, 모양 틀(예: 찰흙에 오리, 말 등의 모양을 찍어서 만드는 틀 또는 찰흙을 넣어서 포도, 딸기 등의 모양을 만드는 틀) 등

〈놀이방법〉

① 찰흙, 밀대, 칼, 모양 틀을 준비한다.

② 관찰하기, 공동주의집중 및 공동활동 늘리기: 참여하며 놀기, 아동 주도 따르기

  a. 아동에게 찰흙놀이 장난감을 보여 주며 아동이 무엇에 관심이 있고 좋아하는지를 관찰한다.

    (예시) 부모: ○○아. 우와 여기 ○○이가 좋아하는 찰흙이 있네. 말랑말랑~ 찰흙이야.

  b. 만약 아동이 찰흙놀이 도구에 관심을 두고 만지고 있다면 아동의 관심을 따라간다.

    (예시) 부모: (말 모양 틀을 만지고 있으면) 우와, 히힝이네. 히잉히잉. 혹은 (칼을 쥐고 두드리고 있으면) 아. 칼로 잘라. 뚝뚝~ 잘라.

  c. 아동이 부모가 준비한 것에 관심이 없으면 다른 준비물을 보여 주며 관심을 유도한다. 이때 질문을 하거나 지시를 하지 않고 놀이 상황만을 언급해 준다. 아동에게 질문하거나 지시를 하면 아동 주도가 부모 주도로 바뀌어 자발적인 의사소통이 될 수 없다. 그리고 가능한 아동의 행동에 민감하게 반응하면서 상호작용을 지속하도록 노력한다.

> 🌀 활용 예
> • 아동이 찰흙 뚜껑을 만지거나 관심을 보이면 함께 뚜껑에 관심을 보이며 두드려 보기도 하고 만진다.
> • 아동이 밀대에 관심을 보이면(밀대에 손가락을 넣어 보거나 굴려 봄) 함께 해당 도구를 탐색해 본다.
> • 아동이 찰흙을 밀거나 누르기를 좋아하면 함께 찰흙을 밀거나 눌러 본다.

③ 공동주의집중 및 공동활동 늘리기: 의사소통 촉진을 위한 놀이 확장

  a. 아동이 찰흙 통을 만지기만 한다면 찰흙 뚜껑을 여는 것을 보여 주며 놀이를 확장하는 것을 보여 준다.

이때 부모는 아동이 뚜껑을 여는 것에 집중할 수 있도록 억양을 다르게 하거나 재미있는 소리 (예: 똑똑, 통통통)를 내며 관심을 유도한다. 그리고 지속적으로 아동이 부모의 행동에 관심을 두고 있는지를 확인한다.

b. 놀이가 매우 활기를 띠는 상황이 되면 아동은 더 재미있고 동기화될 수 있는 상호작용을 할 수 있기 때문에 얼굴 표정, 제스처, 목소리 톤과 같은 비구어적 의사소통을 과하게 하여 활기를 북돋아 준다.

c. 아동이 관심을 보인다면 반복적으로 보여 준다.

d. 만약 아동이 관심이 없다면 아동이 들고 있는 다른 사물(예: 칼이나 모양 틀)은 잠시 부모가 가지고 있고 오직 부모가 들고 있는 찰흙 통에 집중할 수 있도록 유도해 본다.

(예시1) 부모: (찰흙 통을 보여 주며) 우와 찰흙이 있네. 똑똑똑~ 한번 열어 볼까?

(예시2) 부모: (찰흙을 통에서 꺼낸 뒤 손으로 찰흙을 눌러 보이며) 짜잔~ 꾸욱꾸욱~ 찰흙 나왔다.

e. 부모는 자극을 줄 때 아동이 잘 볼 수 있게 자세와 위치를 맞춰 둔다.

🎯 활용 예
- 아동이 칼을 책상에 두드리면서 탐색을 한다면 칼에 관심을 보이고 함께 두드려 보다가 찰흙을 잘라 본다.
- 아동이 찰흙을 손으로 누르기를 좋아하면 관심을 보이고 함께 눌러 보다가 칼이나 볼펜 등으로 찰흙을 눌러본다. 또는 찰흙에 막대나 빨대 등을 꽂아 본다.
- 아동이 관심을 보이는 모양 틀이 있으면 함께 만져 보다가 찰흙에 모양 틀을 찍어 본다.

④ **기다리기: 상호작용 시작 시간 기다리기, 얼굴 마주 보기**

a. 아동 스스로 열기 어려운 찰흙 통을 통째로 주고 아동의 반응을 기다린다.

(예시) 부모: 우와 여기 뭐가 있지? 찰흙이 있네. 우리 같이 열어 보자. (찰흙 통을 주며 말하고 나서 기다린다)

b. 아동이 반응이 없다면 다시 한 번 찰흙에 관심을 갖도록 시도해 본다. 예를 들어, 부모가 먼

저 찰흙 통을 연 다음 찰흙을 조금 꺼내 보여 주거나 아동에게 통에 들어 있는 찰흙을 눌러 보게 한 뒤, 아동의 얼굴을 바라보며 다시 반응을 기다린다. 부모가 아동의 반응을 잘 기다리는 경우, 아동이 부모의 얼굴을 마주 보고 의사소통 의도를 표현하는 것을 확인할 수 있다.

c. 부모가 반응을 기다렸는데 아동이 부모에게 요청하지 않고 자신이 원하는 것만 하려고 한다면 부모는 아동이 부모에게 요청할 수 있는 또 다른 상황을 만들어 준다.

d. 이때 중요한 것은 아동의 반응이 정확한 구어여도 좋고 그렇지 않아도 된다는 것이다. 혹은 제스처나 모음 발성이어도 좋다. 부모는 어떤 의사소통 수단이든 아동의 상호작용 시작에 긍정적으로 반응해 준다.

> *(예시1)* 아동: *(찰흙 통을 열어 달라고 건넨다)*
>
> 부모: 우와 알겠어. 아빠가 열어 줄게.
>
> *(예시2)* 아동: *(찰흙 통을 열어 달라고 건네며)* 어~
>
> 부모: 우와 알겠어. 아빠가 열어 줄게.
>
> *(예시3)* 아동: *(찰흙 통을 열어 달라고 건네며)* 빠빠~아빠.
>
> 부모: 우와 알겠어. 아빠가 열어 줄게.
>
> *(예시4)* 아동: *(찰흙에 모양 틀을 눌러 달라고 건네며)* 꿍~음마.
>
> 부모: 우와 알겠어. 엄마가 눌러 줄게.

e. 기다리는 상황에서 부모가 무표정을 보이는 등 지시적/학습적인 상황이 되면 아동이 요청하지 않을 수 있다. 항상 부모가 가까이에 있어 언제든 도움을 줄 수 있다는 것을 아동이 인식하게 해 준다(예: 손을 가까이 두기). 그리고 기다리는 상황에서 다치거나 위험한 상황이 예상되면 상황을 만들지 않거나 미리 제지한다.

f. 반응이 잘 나오는 경우, 한 번의 시도에서 끝내는 것이 아니라 이를 반복적으로 해 보며 길게 상호작용하도록 한다.

◎ 활용 예
- 아동이 원하는 찰흙을 열어서 보여 준다. 그리고 다시 뚜껑을 닫은 뒤 찰흙 통을 주고 기다린다.
- 아동이 칼로 찰흙 자르기를 좋아한다면 찰흙을 조금만 주고 찰흙을 잘라 보게 한다. 그리고 다시 찰흙을 더 달라고 할 때까지 기다린다.

• 아동이 찰흙으로 뱀 만들기를 좋아하나 혼자 만들 수 없다면 먼저 찰흙을 길게 밀고 뱀을 만들어 보여 준다. 그리고 아동에게 새 찰흙 덩어리를 주고 아동의 반응을 기다린다. 아동이 뱀을 만들어 달라고 할 때까지 기다린다.

⑤ 행동 및 구어 모방하기, 제스처/발성 및 언어 확장하기

a. 아동이 의사소통을 시작하기 위한 행동이나 소리를 냈다면 이를 모방한다. 대신 부모가 해석한 행동이 아니라 아동의 행동, 발성 그대로를 모방한다.

b. 모방을 할 때는 부모가 아동의 행동을 모방하고 있다는 것을 충분히 과장되게 표현해 준다.

c. 아동의 행동을 모방한 후에는 아동의 발성 및 언어 수준을 고려하여 확장을 해 준다. 만약 아동이 모음이 주로 나온다면 모음의 소리를 확장해 주거나 몇 개의 자음만을 이용하여 확장한다. 만약 아동이 자음 2개가 모두 1음절 상황에서 나온다면 1음절의 소리를 중첩적으로 반복하여 들려주어 음절을 확장해 주거나 다른 자음을 1음절 상황에서 알려 주어 음소 목록을 확장하여 들려준다.

　　(예시1) 아동: (찰흙 통을 열어 달라고 건넨다)

　　　　　부모: (건네주는 제스처를 보여 주며). 어~

　　(예시2) 아동: (찰흙 통을 열어 달라고 건네며) 어~

　　　　　부모: 어~ 어어.

　　(예시3) 아동: (찰흙 통을 열어 달라고 건네며) 빠빠빠~아빠.

　　　　　부모: 빠빠빠~아빠. 아빠. 열어.

　　(예시4) 아동: (찰흙에 모양 틀을 눌러 달라고 건네며) 꿍~음마.

　　　　　부모: 꿍~ 음마. 눌러. 엄마.

d. 아동이 다른 곳에 집중할 때보다는 부모와 상호작용하는 상황에서 공동 집중할 때 언어확장을 시도한다. 이때, 부모는 아동에게 눈과 입을 보여 주며 목표 언어를 들려준다. 그리고 목표 언어를 강조해서 천천히 들려준다. 아동이 부모의 얼굴을 보고 있지 않은 상황이면 부모는 언어자극이 적절하게 입력될 수 있도록 자세와 위치를 변경하여 시선을 맞춰 본다. 발성 및 언어 확장을 할 때 제스처와 같은 시각적인 단서를 함께 사용한다.

e. 반응이 잘 나오는 경우, 한 번의 시도에서 끝내는 것이 아니라 이를 반복적으로 해 보거나 다른 도구나 모양 틀 등을 이용하여 보다 많은 횟수의 언어 확장이 이루어지도록 한다. 모방을 유도해도 좋다. 하지만 아동이 많이 거부하면 필수적으로 모방을 유도하지 않아도 좋다.

◎ 활용 예

• 아동이 좋아하는 찰흙 인형을 만들어 준다(예: 뱀, 돼지 등). 그리고 모양을 만들지 않은 찰흙 덩어리를 주고 기다린다. 혹은 찰흙으로 인형을 하나 만들어 주고 다시 더 만들어 달라고 할 때까지 기다린다. 기다린 후에 아동이 가리키는 제스처를 보이면 그 제스처를 모방하고 소리를 내면 아동의 소리를 모방한다. 그리고 아동의 언어 및 의사소통 수준에 맞는 소리로 확장한다(예: 우우/꾸/꾸꾸/꿀꿀–발성, 배/앰〈뱀〉, 아아/나아〈나와〉 등).

• 아동이 칼로 찰흙 자르기를 좋아한다면 찰흙을 조금만 주고 찰흙을 잘라 보게 한다. 그리고 다시 찰흙을 더 달라고 할 때까지 기다린다. 기다린 후 더 달라고 제스처로 표현하거나 칼을 두드리는 제스처를 보여 주면 그 행동을 모방하고, 소리를 내면 아동의 소리를 모방해 주고 확장한다(예: 오/또–발성, 우우/뚜뚜/뚝뚝–발성, 아/까〈칼〉 등).

---

⑥ 기다리기: 상호작용 지시에 반응하기를 기다리기

a. 다양한 모양 틀을 앞에 두고 엄마의 지시에 심부름을 하는지 기다린다. 이때 충분히 기다려도 반응이 없다면 다시 들려주고 기다린다.

(예시) 부모: 자 우리 이제 다른 친구들도 만들어 보자. 말/히힝 가져오세요/주세요.

b. 아동이 반응이 없다면 너무 먼 거리에서 하지 않고 좀 더 가까운 거리에서 시도해 본다. 혹은 눈에 보이는 것부터 시작해 보거나 주변 자극물의 개수를 줄여 시도해 본다.

(예시1) 부모: (통에 들어 있는 말 모양 틀이 아니라 눈에 보이는 책상에 있는 경우) 말/히힝 주세요.

(예시2) 부모: (오리, 토끼, 말, 돼지 등 4~5개 이상의 자극물에서 반응이 없다면 자극물을 2~3개 이내로 줄여서) 말/히힝 주세요.

c. 아동이 반응이 없다면 활동에 주의집중할 수 있도록 신체적 촉구(예: 손 잡기)를 하여 활동에 시선을 집중시킨 후 다시 반응을 기다려 본다.

(예시) 부모: (아동의 손을 잡고 말 모양 틀 쪽으로 갖다 두며) 말/히힝 주세요.

d. 그래도 반응이 없다면, 포인팅을 하거나 직접 지시를 하거나 모델링을 통해 아동이 해야 할 것을 보여 준다.

　　(예시1) 부모: (말을 포인팅하거나 손가락으로 말이 달리는 흉내를 내면서) 말/히힝 주
　　　　　　　세요.

　　(예시2) 부모: (말을 포인팅하고 나서 두 손을 모아 내밀며) 말/히힝 주세요.

e. 앞의 과정을 여러 차례 반복하며 알려 준다.

f. 이 목표에서는 아동에게 지시를 할 때 아동 주도 따르기를 반드시 사용할 필요는 없다.

◎ 활용 예
- 아동이 원하는 모양 틀을 준 뒤 "눌러."라고 하며 찰흙에 눌러 달라고 하고 기다린다. 그래도 안 되면 제스처 단서(손으로 찰흙을 가리키기)를 통해 유도한다.
- 아동이 좋아하는 찰흙놀이 도구들을 보여 주고 "칼 줘."라고 하며 칼을 달라고 한다. 그래도 안 되면 제스처 단서(손을 이용해 자르는 흉내 내기)를 통해 유도한다.
- 아동에게 찰흙 덩어리를 주고 "밀어."라고 하며 찰흙을 길게 밀어 달라고 하고 기다린다. 그래도 안 되면 제스처 단서(손으로 찰흙을 미는 흉내 내기)를 통해 유도한다.

3) 고려사항

- 아동의 언어 및 의사소통 수준에 따라 들려주고 촉진하는 것이 달라질 수 있다.
- 언어 확장이 잘된다고 하더라도 아동의 관심사를 놓치지 않고 지속해서 따라 한다.
- 언어 확장이 잘되지 않더라도 언어 유도를 위해 너무 학습적·지시적으로 이끌지 않고, 놀이는 항상 즐겁게 유지하도록 한다.
- 아동이 찰흙놀이를 좋아하지 않거나 원하지 않을 때 또는 아픈 경우에는 억지로 시도하지 않는다.
- 아동이 찰흙이나 찰흙 도구를 고유의 방법대로 사용하지 않고 놀이하더라도 아동 주도를 따라 보도록 한다.
- 아동이 소근육 사용에 미숙한 경우 필요에 따라 놀이 활동을 보조해 주며, 놀이의 결과물보다는 아동이 놀이를 통한 상호작용 그 자체를 즐거워할 수 있도록 유도한다.

놀이 활동	찰흙놀이	종합 / 언어기

1) 목표

(1) 부모 목표

- 관찰하기, 공동주의집중 및 공동활동 늘리기: 참여하며 놀기, 아동 주도 따르기
- 공동주의집중 및 공동활동 늘리기: 의사소통 촉진을 위한 놀이 확장
- 기다리기, 얼굴 마주 보기
- 모방하기, 언어 확장하기(1)
- 언어 확장하기(2), 차례 주고받으며 대화하기

(2) 아동 목표

- 찰흙놀이 상황에서 상호작용할 때 다양한 낱말, 문장을 이해하고 표현할 수 있다.

> ⊕ **목표 예**
> - 낱말 수준: 까(칼), 또, 더, 눈, 입, 빵, 뱀, 나비, 딸기, 포도, 아빠, 엄마, 아기, 뚜껑, 반지, 껴, 부쳐(붙여), 챠이(찰흙), 누야(눌러), 여어(열어), 밀어, 잘라, 밀어, 넣어, 나와, 없어, 만들어 등
> - 초기 문장 수준: 눈 나와, 입 나와, 빵 먹어, 반지 껴, 찰흙 붙여, 아빠 먹어, 엄마 먹어, 또 밀어/쭈욱, 뚜껑 열어, 찰흙 열어, 나비 눌러, 칼 잘라, 찰흙 또, 머리 붙여, 눈 만들어, 아기 뱀, 아빠 뱀, 또 만들어, 나비 없어, 포도 넣어, 딸기 넣어, 딸기 더, 포도 찰흙 넣어, 딸기 찰흙 넣어, 포도에 넣어, 딸기에 넣어 등

2) 언어 및 의사소통 촉진 방법

> - 준비물: 찰흙(뚜껑 있는 통에 들어 있는 것), 밀대, 칼, 가위, 모양 틀(예: 오리, 토끼, 말, 자동차 모양 등의 찍기 틀) 등

〈놀이방법〉

① 찰흙, 밀대, 칼, 모양 틀을 준비한다.

② 관찰하기, 공동주의집중 및 공동활동 늘리기: 참여하며 놀기, 아동 주도 따르기

  a. 아동에게 찰흙놀이 장난감을 보여 주며 아동이 무엇에 관심이 있고 좋아하는지를 관찰한다.

  (예시) 부모: ○○아. 우와 여기 ○○이가 좋아하는 찰흙이 있네. 뭐 만들어 볼까?

  b. 만약 아동이 관심 있는 다른 것을 만지거나 반응을 보이면 아동의 관심을 따라간다.

  (예시1) 부모: (아동이 칼로 찰흙을 자르면) 아, 자르고 싶어. 찰흙 잘라.

  (예시2) 부모: (아동이 오리 모양 틀을 고르면) 아. 오리가 좋아. 오리 만들어 보고 싶구나.

  c. 아동이 부모가 준비한 것에 관심이 없으면 다른 준비물을 보여 주며 관심을 유도한다. 이때 질문을 하거나 지시를 하지 않고 놀이 상황만을 언급해 준다. 아동에게 질문하거나 지시를 하면 아동 주도가 부모 주도로 바뀌어 자발적인 의사소통이 될 수 없다. 그리고 가능한 아동의 행동에 민감하게 반응하면서 상호작용을 지속하도록 노력한다.

🔊 활용 예
- 아동이 모양 틀에 관심을 보이면(말을 들고 달리는 흉내 냄, 자동차가 달리는 흉내 냄) 모양 틀이 움직이는 흉내를 내보며 아동과 같은 방법으로 놀이해 본다.
- 아동이 밀대나 칼과 같은 도구에 관심을 보이면(밀대로 찰흙을 밀거나 칼 또는 가위로 찰흙을 자름) 아동과 같은 방법으로 함께 놀이해 본다.
- 아동이 찰흙을 굴리거나 미는 등 무언가를 만들려고 한다면 찰흙을 굴리거나 밀면서 함께 놀이해 본다.

③ 공동주의집중 및 공동활동 늘리기: 의사소통 촉진을 위한 놀이 확장

  a. 아동이 찰흙을 밀기만 한다면 찰흙의 양끝을 붙여서 반지 모양을 만드는 것을 천천히 보여 준다.

  이때 부모는 아동이 찰흙을 붙이는 것에 집중할 수 있도록 억양을 다르게 하거나 재미있는 소리를 내며 관심을 유도한다. 그리고 지속적으로 아동이 부모의 행동에 관심을 두고 있는지를 확인한다.

b. 놀이가 매우 활기를 띠는 상황이 되면 아동이 더욱 재미를 느끼고 동기화되어 적극적인 상호작용을 할 수 있기 때문에 얼굴 표정, 제스처, 목소리 톤과 같은 비구어적 의사소통을 과장되게 표현하여 활기를 북돋아 준다.

c. 아동이 관심을 보인다면 반복적으로 보여 준다.

d. 만약 아동이 관심이 없다면 다시 보여 주거나 양끝을 붙인 찰흙을 아동 손가락에 끼워 주면서 관심을 끈다.

　　(예시1) 부모: (길게 민 찰흙의 양끝을 붙이며) 우와 꾸욱 꾸우욱~ 붙여.

　　(예시2) 부모: (길게 민 찰흙을 아이의 손가락에 끼우며) 반지다. 반지 껴.

e. 부모는 자극을 줄 때 아동이 잘 볼 수 있게 자세와 위치를 맞춰 둔다.

◎ 활용 예
• 아동이 길게 민 찰흙을 뱀처럼 움직여 보고 있다면 볼펜으로 찰흙에 자국을 내서 눈을 만들어 본다. 혹은 칼로 찰흙의 한쪽 끝을 잘라서 입을 만들어 보기도 한다. 이때 관심을 더 끌 수 있도록 제스처와 재미있는 소리를 내며 놀이를 확장한다.
• 아동이 찰흙을 둥글게 굴리고만 있다면 찰흙을 잘게 잘라 보기도 하고 통에 넣어 보기도 한다. 이때 관심을 더 끌 수 있도록 제스처와 재미있는 소리를 내며 놀이를 확장한다.
• 아동이 찰흙으로 빵이나 과일 등을 만들기만 한다면 아동이 만든 음식을 먹는 흉내를 내본다. 혹은 아동이 찰흙으로 만든 음식을 다른 인형들에게 먹여 줘 보기도 한다. 이때 관심을 더 끌 수 있도록 제스처와 재미있는 소리를 내며 놀이를 확장한다.

④ 기다리기, 얼굴 마주 보기
　a. 아동에게 찰흙으로 재미있게 놀이하는 것을 충분히 보여 준 후 아동이 찰흙(또는 모양 틀)을 볼 수는 있지만 손이 닿지 않는 곳에 둔다. 혹은 찰흙 뚜껑을 열지 못한다면 뚜껑을 닫은 상황에서 잠시 멈추고 아동의 반응을 기다린다.

　　(예시) 부모: 우와~ 말랑말랑한 찰흙이 있네. 우리 같이 반지 만들어 보자. (아동이 찰흙을 달라고 하거나 뚜껑을 열어 달라고 할 때까지 기다린다)

　b. 아동이 반응이 없다면 다시 한 번 찰흙(또는 모양 틀)에 관심을 갖도록 시도해 본다. 부모가

아동을 바라보면서 아동의 반응을 잘 기다리는 경우, 아동이 부모의 얼굴을 마주 보고 의사소통 의도를 표현하는 것을 확인할 수 있다.

c. 부모가 반응을 기다렸는데 아동이 부모에게 요청하지 않고 자신이 원하는 것만 하려고 한다면 부모는 아동이 부모에게 요청할 수 있는 또 다른 상황을 만들어 준다.

d. 이때 중요한 것은 아동의 반응이 정확한 문장이거나 정확한 발음의 낱말이 아니어도 좋다는 것이다. 부모는 어떤 의사소통 수단이든 아동의 상호작용 시작에 긍정적으로 반응해 준다.

> (예시1) 아동: (찰흙을 달라고 하며) 챠이<찰흙>.
>
>   부모: 우와 알겠어. 엄마가 찰흙 줄게.
>
> (예시2) 아동: (찰흙 뚜껑을 열어 달라고 하며) 열어 혹은 여어.
>
>   부모: 우와 알겠어. 엄마가 뚜껑 열어 줄게.
>
> (예시3) 아동: (찰흙을 붙여 달라고 하며) 부챠<붙여>.
>
>   부모: 우와 알겠어. 아빠가 찰흙 붙여 줄게.
>
> (예시4) 아동: (토끼 모양 틀을 달라고 하며) 토끼.
>
>   부모: 우와 알겠어. 아빠가 토끼 줄게.

e. 기다리는 상황에서 부모가 무표정을 보이는 등 지시적/학습적인 상황이 되면 아동이 요청하지 않을 수 있다. 항상 부모가 가까이에 있어 언제든 도움을 줄 수 있다는 것을 아동이 인식하게 해 준다(예: 손을 가까이 두기). 그리고 기다리는 상황에서 다치거나 위험한 상황이 예상되면 상황을 만들지 않거나 미리 제지한다.

f. 반응이 잘 나오는 경우, 한 번의 시도에서 끝내는 것이 아니라 이를 반복적으로 해 보며 길게 상호작용하도록 한다.

◎ 활용 예
• 아동이 찰흙놀이를 하다가 혼자서 찰흙을 자르는 것 또는 혼자서 찰흙에 모양 틀을 누르는 것이 어려울 때 바로 도와주지 않고 아동의 얼굴을 보며 반응을 기다린다. 아동이 반응을 보이면 즉각적으로 반응해 준다.

낱말 수준	(예시1) 아동: (나비 모양 틀을 들고 눌러 달라고 하며) 누어<눌러>. 부모: 우와 알겠어. 엄마가 나비 눌러 줄게. (예시2) 아동: (칼로 찰흙을 잘라 달라고 하며) 까<칼>. 부모: 우와 알겠어. 아빠가 칼 잘라 줄게.
초기 문장 수준	(예시1) 아동: (나비 모양 틀을 들고 눌러 달라고 하며) 나비 눌러. 부모: 우와 알겠어. 엄마가 나비 눌러 줄게. (예시2) 아동: (칼로 찰흙을 잘라 달라고 하며) 칼 잘라. 부모: 우와 알겠어. 아빠가 칼로 잘라 줄게.

* 아동이 찰흙으로 만든 인형에 머리를 붙이다가 찰흙이 더 필요할 때 바로 찰흙을 주지 않고 아동의 얼굴을 보며 반응을 기다린다. 아동이 반응을 보이면 즉각적으로 반응해 준다.

낱말 수준	(예시1) 아동: (찰흙 인형의 머리를 가리키면서 찰흙을 더 달라고 하며) 또. 부모: 아~ 또 줘. 엄마가 찰흙 또 줄게. (예시2) 아동: (머리를 붙여 달라고 하며) 머이<머리>. 부모: 우와 알겠어. 아빠가 머리 붙여 줄게.
초기 문장 수준	(예시1) 아동: (찰흙 인형의 머리를 가리키면서 찰흙을 더 달라고 하며) 챠이 또<찰흙 또>. 부모: 아~또 줘. 엄마가 찰흙 또 줄게. (예시2) 아동: (머리를 붙여 달라고 하며) 머이 붙여<머리 붙여>. 부모: 우와 알겠어. 아빠가 인형 머리 붙여 줄게.

⑤ 모방하기, 언어 확장하기(1)

a. 아동이 의사소통을 시작하기 위한 행동이나 소리를 냈다면 이를 모방한다. 대신 부모가 해석한 행동이 아니라 아동의 행동, 발성 그대로를 모방한다.

b. 모방을 할 때는 부모가 아동의 행동을 모방하고 있다는 것을 충분히 과장되게 표현해 준다.

c. 아동의 행동을 모방한 후에는 아동의 발성 및 언어 수준을 고려하여 확장을 해 준다. 만약 아동이 낱말 단계인데 음절 수준이 2음절이면 2음절 내에서 다양한 소리 목록을 넣어 들려준다. 만약 아동이 초기 문장 단계이면 무조건 긴 문장이 아니라 한 어절 정도를 추가하여 문장을 확장하여 들려준다.

(예시1) 아동: *(찰흙을 달라고 하며)* 챠이<찰흙>.

　　　부모: 찰흙, 찰흙 줘.

(예시2) 아동: *(찰흙 뚜껑을 열어 달라고 하며)* 열어/여어.

　　　부모: 열어/여어, 뚜껑 열어.

(예시3) 아동: *(토끼 모양 틀을 달라고 하며)* 토끼.

　　　부모: 토끼, 토끼 나와.

d. 아동이 다른 곳에 집중할 때보다는 부모와 상호작용하는 상황에서 공동 집중할 때 언어확장을 시도한다. 이때, 부모는 아동에게 눈과 입을 보여 주며 목표 언어를 들려준다. 그리고 목표 언어를 강조해서 천천히 들려준다. 아동이 부모의 얼굴을 보고 있지 않은 상황이면 부모는 언어자극이 적절하게 입력될 수 있도록 자세와 위치를 변경하여 시선을 맞춰 본다. 발성 및 언어확장을 할 때 제스처와 같은 시각적인 단서를 함께 사용한다.

e. 반응이 잘 나오는 경우, 한 번의 시도에서 끝내는 것이 아니라 이를 반복적으로 해 보거나 다른 모양 틀이나 도구들을 이용하여 보다 많은 횟수의 언어 확장이 이루어지도록 한다. 모방을 유도해도 좋다. 하지만 아동이 많이 거부하면 필수적으로 모방을 유도하지 않아도 좋다.

⊙ 활용 예

• 아동이 찰흙놀이를 하다가 혼자서 찰흙을 자르는 것 또는 혼자서 찰흙에 모양 틀을 누르는 것이 어려울 때 바로 도와주지 않고 아동의 얼굴을 보며 반응을 기다린다. 아동이 반응을 보이면 즉각적으로 모방해 주고 언어를 확장해 준다.

| 낱말 수준 | *(예시1)* 아동: *(나비 모양 틀을 들고 눌러 달라고 하며)* 누여<눌러>.
　　　부모: 눌러, 나비 눌러.
(예시2) 아동: *(칼로 찰흙을 잘라 달라고 하며)* 까<칼>.
　　　부모: 칼, 칼 잘라. |

찰흙놀이

초기 문장 수준	(예시1) 아동: (나비 모양 틀을 들고 눌러 달라고 하며) 나비 눌러. 부모: 나비 눌러, 엄마 나비 눌러. (예시2) 아동: (칼로 찰흙을 잘라 달라고 하며) 칼 잘라. 부모: 칼 잘라, 아빠가 칼 잘라.

• 아동이 찰흙으로 만든 인형에 머리를 붙이다가 찰흙이 더 필요할 때 바로 찰흙을 주지 않고 아동의 얼굴을 보며 반응을 기다린다. 아동이 반응을 보이면 즉각적으로 모방해 주고 언어 확장을 해 준다.

낱말 수준	(예시1) 아동: (찰흙 인형의 머리를 가리키면서 찰흙을 더 달라고 하며) 또. 부모: 또, 찰흙 또. (예시2) 아동: (머리를 붙여 달라고 하며) 머이<머리>. 부모: 머리, 머리 붙여.
초기 문장 수준	(예시1) 아동: (찰흙 인형의 머리를 가리키면서 찰흙을 더 달라고 하며) 챠이 또<찰흙 또>. 부모: 찰흙 또, 찰흙 또 줘. (예시2) 아동: (머리를 붙여 달라고 하며) 머이 붙여 <머리 붙여>. 부모: 머리 붙여, 아기 머리 붙여.

⑥ 언어 확장하기(2), 차례 주고받으며 대화하기

a. 찰흙으로 뱀을 만들고 모양 틀을 찍는 활동에서 부모와 함께 차례를 주고받으며 대화를 해 본다. 한 번은 아동이 부모에게 요청을 하면 부모가 반응해 주고, 다음 차례는 부모가 아동에게 요청하면 아동이 반응해 준다.

b. 이때 아동이 반응이 나올 때까지 기다리기를 본 활동에서도 적용해 본다. 어느 정도 활기찬 활동이 되고 반복이 이루어졌다면 기다리기를 한 후 부모가 확장해 준 언어를 모방할 때까지 기다려 본다. 아동이 언어 확장을 보이면 더 격한 반응으로 아이를 칭찬해 주면서 활동을 더욱 활기차게 만든다. 아동이 언어 확장을 보이지 않는 경우에도 격려하면서 다시 반복해서 목표 언어를 들려준다.

(예시) 부모: 자 우리 엄마 한 번, ○○ 한 번 해서 같이 뱀 만들자. 아빠 뱀이랑 아기 뱀 만들자. 누가 먼저 만들어 볼까?

아동: ○○.

부모: 자 그럼 ○○이가 먼저 밀어 봐. ○○아 아빠 뱀 만들어 줘.

아동: 자 여기요. (길게 민 찰흙을 준다)

부모: (찰흙을 받아서 뱀의 입을 만들어 준 다음에) 엄마는 입 만들어. ○○는 눈 만들어 줘.

아동: 눈 만들어. (뱀의 눈을 만든다)

부모: 아기 뱀 만들어 줘.

아동: 아기 뱀. (찰흙을 길게 밀어 아기 뱀을 만들어 준다)

부모: 자 이번에는 엄마가 만들어 줄게. (말하고 기다린다)

아동: (아빠 뱀을 가리키며) 뱀.

부모: 뱀, 아빠 뱀. (아빠 뱀을 만들어 준다)

아동: 또.

부모: 또. 또 만들어. (모방할 때까지 기다려 본다)

아동: 또 만들어.

부모: 우와 알겠어. 엄마가 뱀 또 만들어 줄게. 슈우우~ 아기 뱀이 나왔다. (언어가 확장되었을 때 더 칭찬하며 아동이 원하는 사물을 만들어 준다)

c. 차례를 주고받으며 대화를 할 때 아동마다 차례를 주고받는 시간이 다를 수 있다. 아동이 흥미를 잃으면 오랜 시간을 지속할 수 없기 때문이다. 아동의 주의집중 시간에 따라 처음에는 짧은 시간이라도 차례를 주고받는 횟수(빈도)를 늘려 주도록 한다. 이후 상호작용을 지속할 수 있는 시간이 길어지면 차례를 주고받는 횟수(빈도)뿐만 아니라 한 가지 놀이를 통해서 차례를 주고받는 시간을 늘려 준다.

◎ 활용 예

| 낱말 수준 | 부모: 자 아빠랑 ○○이랑 같이 나비랑, 말 만들자. ○○이는 뭐 만들고 싶어? (말하고 기다린다)
아동: 나비.
부모: 나비. 나비 만들어. (나비 모양 틀은 주지 않고 찰흙만 준다)
아동: (모양 틀을 누를 수가 없어서 아빠에게 요청하며) 없어. 나비.
부모: 없어. 나비. 나비 없어. (모방할 때까지 기다려 본다) |

	아동: 나비 없어.
	부모: 우와 알겠어. 아빠가 나비 줄게. (언어가 확장되었을 때 더 칭찬하며 아동이 원하는 모양 틀을 제공한다)
	부모: (포도와 딸기를 보여 주며) 이번에는 어떤 모양에 넣어 볼래?
	아동: 포도.
	부모: 포도, 포도 넣어. 혹은 포도, 찰흙 포도 넣어. (모방할 때까지 기다린다)
	아동: 포도 넣어.
	부모: 이제 ○○이가 만들어 줘. ○○아, 말 눌러줘.
	아동: 네. (말 모양 틀을 찰흙에 찍는다)
	부모: (포도 모양 틀과 딸기 모양 틀 중에) 딸기 넣어 줘.
	아동: 딸기 넣어. (딸기 모양틀에 찰흙을 넣는다)
	부모: (딸기를 먹는 흉내를 내며) 더 만들어 줘. 맛있다.
	아동: 딸기 더. (딸기를 더 많이 만들어 준다)
초기 문장 수준	부모: 자 아빠랑 ○○이랑 같이 나비랑 말 만들자. ○○이는 뭐 만들고 싶어? (말하고 기다린다)
	아동: 나비 만들어.
	부모: 나비 만들어, 나비 만들거야. (나비 모양 틀은 주지 않고 찰흙만 준다)
	아동: (모양 틀을 누를 수가 없어서 아빠에게 요청하며) 나비 없어.
	부모: 나비 없어. ○○이 나비 없어. (모방할 때까지 기다려 본다)
	아동: ○○이 나비 없어.
	부모: 우와 알겠어. 아빠가 나비 줄게. (언어가 확장되었을 때 더 칭찬하며 모양 틀을 제공한다)
	부모: (포도와 딸기를 보여 주며) 이번에는 어떤 모양에 넣어 볼래?
	아동: 포도 넣어.
	부모: 포도 넣어, 찰흙 포도 넣어. 혹은 포도 넣어, 찰흙 포도에 넣어. (모방할 때까지 기다린다)
	아동: 찰흙 포도에 넣어.
	부모: 이제 ○○이가 만들어 줘. ○○아, 말 눌러 줘.
	아동: 네. (말 모양 틀을 찰흙에 찍는다)
	부모: (포도 모양 틀과 딸기 모양 틀 중에 고르게 하며) 딸기에 넣어 줘.
	아동: 네. 딸기에 넣어요. (딸기 모양 틀에 찰흙을 넣는다)
	부모: (딸기를 먹는 흉내를 내며) 더 만들어 줘. 맛있다.
	아동: 네. 더 만들어 줄게요. (딸기를 더 많이 만들어 준다)

3) 고려사항

- 아동의 언어 및 의사소통 수준에 따라 들려주고 촉진하는 것이 달라질 수 있다.
- 언어 확장이 잘된다고 하더라도 아동의 관심사를 놓치지 않고 지속해서 따라 한다.
- 언어 확장이 잘되지 않더라도 언어 유도를 위해 너무 학습적·지시적으로 이끌지 않고, 놀이는 항상 즐겁게 유지하도록 한다.
- 아동이 찰흙놀이를 좋아하지 않거나 원하지 않을 때 또는 아픈 경우에는 억지로 시도하지 않는다.
- 아동이 소근육 사용에 미숙한 경우 필요에 따라 놀이 활동을 보조해 주며, 놀이의 결과물보다는 아동이 놀이를 통한 상호작용 그 자체를 즐거워할 수 있도록 유도한다.

놀이 활동	도장 찍기 놀이	종합 / 언어이전기

1) 목표

(1) 부모 목표

- 관찰하기, 공동주의집중 및 공동활동 늘리기: 참여하며 놀기, 아동 주도 따르기
- 공동주의집중 및 공동활동 늘리기: 의사소통 촉진을 위한 놀이 확장
- 기다리기: 상호작용 시작 시간 기다리기, 얼굴 마주 보기
- 행동 및 구어 모방하기, 제스처/발성 및 언어 확장하기
- 기다리기: 상호작용 지시에 반응하기를 기다리기

(2) 아동 목표

- 도장 찍기 놀이 상황에서 상호작용할 때 다양한 제스처, 발성, 언어를 이해하고 표현할 수 있다.

🌀 목표 예
- 제스처: (도장을 내밀며 손과 발등을 찍어 달라고 요구하기), (물감을 내밀며 열어 달라고 요구하기)
- 발성 및 언어: 아~/어~(손바닥이나 발바닥을 쳐 달라고 요구하기), 음마〈엄마〉(열어 달라거나 찍어 달라고 엄마 부르며 요구하기), 여~어〈열어〉(열어 달라고 요구하기), 타〈탁〉~, 두두〈둥둥〉~ 코〈콕〉~/콕, 꾸〈꾹〉~/꾹~, 타〈탕〉~/탕, 빼, 해(빼거나 해 달라고 요구하기), 나아〈나왔다〉(찍어 달라고 요구하기) 등

2) 언어 및 의사소통 촉진 방법

- 준비물: 물감이 들어있는 통, 도장용 놀잇감, 거울, 종이 등

〈놀이방법〉

① 물감이 들어 있는 통, 종이, 도장용 놀잇감(뚜껑, 블록, 플라스틱 컵), 거울 등을 준비한다.

② 관찰하기, 공동주의집중 및 공동활동 늘리기: 참여하며 놀기, 아동 주도 따르기

　　a. 아동과 함께 서로 얼굴을 마주 보며 앉아서 아동이 만지면 좋아할 만한 신체 부위들을 탐색하거나 부모의 신체 부위도 보여 주며 아동이 어느 부위에 관심이 있고 좋아하는지를 관찰한다.

　　　　(예시) 부모: (각 신체 부위를 한 번씩 만지면서) ○○아, 여기 예쁜 우리 ○○ 손과 발이 있네.

　　b. 만약 아동이 박수를 치는 것처럼 손바닥을 치거나 발을 구르는 것처럼 발을 구르는 일에 관심을 두고 있다면 아동의 관심을 따라간다.

　　　　(예시) 부모: (손바닥을 치고 있으면) 아~ 타〈탁〉. 혹은 (발을 구르고 있으면) 아~ 두두 〈둥둥〉.

　　c. 아동이 부모가 준비한 것에 관심이 없으면 다른 준비물을 보여 주며 관심을 유도한다. 이때 질문을 하거나 지시를 하지 않고 놀이 상황만을 언급해 준다. 아동에게 질문하거나 지시를 하면 아동 주도가 부모 주도로 바뀌어 자발적인 의사소통이 될 수 없다. 그리고 가능한 아동의 행동에 민감하게 반응하면서 상호작용을 지속하도록 노력한다.

◉ 활용 예
- 아동이 자신의 신체 부위에 흥미를 가지면 손바닥을 간질이거나 손을 흔들어 주거나 발을 두드려 보기도 하고 함께 발바닥도 만져 본다.
- 아동이 자신이나 부모의 신체 부위(예: 손, 손가락)를 만지거나 관심을 보이면 손뼉 맞장구를 하는 흉내를 내면서 아동의 관심을 따라간다.
- 아동이 얼굴(예: 코) 내밀기를 좋아하면 같이 얼굴(예: 코)을 내밀면서 아동을 따라한다.

---

③ 공동주의집중 및 공동활동 늘리기: 의사소통 촉진을 위한 놀이 확장

　　a. 아동이 신체 부위를 움직이지 않고 쳐다보기만 한다면 아동이 좋아할 소리를 내면서 몸을 이용(예: 손가락으로 코 찍기, 손바닥으로 바닥 찍기)하여 찍는 흉내 놀이를 확장하며 보여 준다. 이때 부모는 아동이 부모가 보여주는 몸의 움직임과 찍는 흉내 놀이에 집중할 수 있도록 억양

을 다르게 하거나 재미있는 소리를 내며 관심을 유도한다. 그리고 지속적으로 아동이 부모의 행동에 관심을 두고 있는지를 확인한다.

b. 놀이가 매우 활기를 띠는 상황이 되면 아동은 더 재미있고 동기화될 수 있는 상호작용을 할 수 있기 때문에 얼굴 표정, 제스처, 목소리 톤과 같은 비구어적 의사소통을 과하게 하여 활기를 북돋아 준다.

c. 아동이 관심을 보인다면 반복적으로 보여 준다.

d. 만약 아동이 관심이 없다면 부모가 물감 통을 열어서 손가락으로 재미있게 찍는 모습을 보여 주거나 아동의 얼굴이나 신체 부위에 갖다 대고 거울을 보여 주어 관심을 갖고 집중할 수 있도록 유도해 본다.
> *(예시) 부모: (손가락으로 코를 찍으면서) 아~ 코<콕>. 콕콕 해. 혹은 (손바닥으로 바닥을 찍으면서) 아~ 타<탕>. 탕탕 해. 우와 재밌다.*

e. 부모는 자극을 줄 때 아동이 잘 볼 수 있게 자세와 위치를 맞춰 둔다.

◎ 활용 예
- 아동이 찍는 흉내에 관심을 보이면 손가락이나 발가락, 도장 등으로 아동의 신체 여러 부위(예: 배, 팔, 다리 등)로 확장해서 찍는 흉내를 낸다.
- 아동이 손가락으로 찍는 흉내를 내거나 관심을 보이면 부모의 손등이나 발바닥을 자연스럽게 내밀면서 아동을 쳐다본다.
- 아동이 찍는 흉내에 관심을 보이면 친숙한 가족(예: 부모, 할머니, 할아버지, 동생, 형, 누나 등)의 얼굴이나 다른 신체 부위로 확장해서 함께 찍는 흉내를 내본다.

---

④ 기다리기: 상호작용 시작 시간 기다리기, 얼굴 마주 보기
a. 아동과 찍기 놀이를 하며 찍기 놀이에 흥미를 갖게 한 후, 아동 스스로 열기 어려운 물감이 들어 있는 통을 통째로 주고 아동의 반응을 기다린다.
> *(예시) 부모: (물감이 들어 있는 통을 통째로 주며 말하고 나서 기다린다) 우와 이거 엄청 재미있겠다. 우리 같이 열어 보자.*

b. 아동이 반응이 없다면 다시 한 번 찍는 흉내에 관심을 갖도록 시도해 본다. 예를 들어, 부모가 물감 통을 열고, 신나게 찍는 모습을 보여 주거나 아동의 손가락을 종이에 찍어서 보여 주고 아동의 반응을 다시 기다린다. 부모가 아동의 얼굴을 바라보며 기다린다. 부모가 아동의 반응을 잘 기다리는 경우, 아동이 부모의 얼굴을 마주 보고 의사소통 의도를 표현하는 것을 확인할 수 있다.

c. 부모가 반응을 기다렸는데 아동이 부모에게 요청하지 않고 자신이 원하는 것만 하려고 한다면 부모는 아동이 부모에게 요청할 수 있는 또 다른 상황을 만들어 준다.

d. 이때 중요한 것은 아동의 반응이 정확한 구어여도 좋고 그렇지 않아도 된다는 것이다. 혹은 제스처나 모음발성이어도 좋다. 부모는 어떤 의사소통 수단이든 아동의 상호작용 시작에 긍정적으로 반응해 준다.

    (예시1) 아동: *(열어 달라고 엄마에게 통을 준다)*

            부모: *우와 알겠어. 엄마가 휙~ 열어 줄게.*

    (예시2) 아동: *(손을 찍어 달라고 내밀며)* 어~

            부모: *우와 알겠어. 엄마가 꾹~ 찍어 줄게.*

    (예시3) 아동: *(손가락을 종이에 찍어 달라고 건네며)* 음마~마마<엄마>.

            부모: *우와 알겠어. 엄마가 종이에 팡~ 찍어 줄게.*

e. 기다리는 상황에서 부모가 무표정을 보이는 등 지시적/학습적인 상황이 되면 아동이 요청하지 않을 수 있다. 항상 부모가 가까이에 있어 언제든 도움을 줄 수 있다는 것을 아동이 인식하게 해 준다(예: 손을 가까이 두기). 그리고 기다리는 상황에서 다치거나 위험한 상황이 예상되면 상황을 만들지 않거나 미리 제지한다.

f. 반응이 잘 나오는 경우, 한 번의 시도에서 끝내는 것이 아니라 이를 반복적으로 해 보며 길게 상호작용하도록 한다.

◎ 활용 예
- 아동이 만일 도장용 놀잇감에 관심이 있다면 좋아하는 도장을 한 손 안에 쥐는 모습을 보여 주고 두 손을 움켜쥔 후, 아동 앞에 내밀고 반응을 기다린다.

• 아동이 좋아하는 도장을 종이에 찍어서 보여 준다. 그리고 그 도장을 아동에게 주고 종이를 들고 기다린다.

⑤ 행동 및 구어 모방하기, 제스처/발성 및 언어 확장하기

a. 아동이 의사소통을 시작하기 위한 행동이나 소리를 냈다면 이를 모방한다. 대신 부모가 해석한 행동이 아니라 아동의 행동, 발성 그대로를 모방한다.

b. 모방을 할 때는 부모가 아동의 행동을 모방하고 있다는 것을 충분히 과장되게 표현해 준다.

c. 아동의 행동을 모방한 후에는 아동의 발성 및 언어 수준을 고려하여 확장을 해 준다. 만약 아동이 모음이 주로 나온다면 모음의 소리를 확장해 주거나 몇 개의 자음만을 이용하여 확장한다. 만약 아동이 자음 2개가 모두 1음절 상황에서 나온다면 1음절의 소리를 중첩적으로 반복하여 들려주어 음절을 확장해 주거나 다른 자음을 1음절 상황에서 알려 주어 음소 목록을 확장하여 들려준다.

> (예시1) 아동: (열어 달라고 엄마에게 통을 준다)
>
>   부모: 어~
>
> (예시2) 아동: (손을 찍어 달라고 내밀며) 어~
>
>   부모: 어~ 혹은 코<콕>~
>
> (예시3) 아동: (손가락을 종이에 찍어 달라고 건네며) 음마~ 마마<엄마>
>
>   부모: 음마~ 마마<엄마>, 엄마 혹은 음마~ 마마<엄마>, 코<콕>~

d. 아동이 다른 곳에 집중할 때보다는 부모와 상호작용하는 상황에서 공동 집중할 때 언어 확장을 시도한다. 이때, 부모는 아동에게 눈과 입을 보여 주며 목표 언어를 들려준다. 그리고 목표 언어를 강조해서 천천히 들려준다. 아동이 부모의 얼굴을 보고 있지 않은 상황이면 부모는 언어자극이 적절하게 입력될 수 있도록 자세와 위치를 변경하여 시선을 맞춰 본다. 발성 및 언어 확장을 할 때 제스처와 같은 시각적인 단서를 함께 사용한다.

e. 반응이 잘 나오는 경우, 한 번의 시도에서 끝내는 것이 아니라 이를 반복적으로 해 보거나 다른 도장들을 이용하여 보다 많은 횟수의 언어 확장이 이루어지도록 한다. 모방을 유도해도 좋

다. 하지만 아동이 많이 거부하면 필수적으로 모방을 유도하지 않아도 좋다.

🎯 활용 예

• 아동이 만일 도장용 놀잇감에 관심이 있다면 좋아하는 도장을 한 손 안에 쥐는 모습을 보여 주고 두 손을 움켜쥔 후, 아동 앞에 내밀고 반응을 기다린다. 혹은 도장을 움켜쥔 손을 잠깐 펼쳐서 보여 주고 다시 움켜쥔 뒤, 아동이 손을 만지거나 펼쳐 달라고 할 때까지 기다린다. 기다린 후에 아동이 손에 있는 도장을 찾아서 찍는 제스처를 보이면 그 행동을 모방하고, 소리를 내면 아동의 소리를 모방한다. 그리고 아동의 언어 및 의사소통 수준에 맞는 소리로 확장한다(예: 어어~—손을 가리키며 펼치라는 발성, 빼 등)

• 아동이 좋아하는 도장을 종이에 찍어서 보여 준다. 그리고 그 도장을 아동에게 주고 종이를 들고 기다린다. 기다린 후 아동이 종이에 도장을 찍어 달라고 표현하거나 찍는 제스처를 보이면 그 행동을 모방하고, 소리를 내면 아동의 소리를 모방해 주고 확장한다(예: 꾸꾸—도장을 찍으라는 발성, 타타~〈탕탕〉, 나아~〈나왔다〉).

---

⑥ 기다리기: 상호작용 지시에 반응하기를 기다리기

a. 다양한 도장용 놀잇감(블럭, 뚜껑, 플라스틱 컵 등)을 책상 앞에 펼쳐 놓고 부모의 지시에 반응을 하는지 기다린다. 이때 충분히 기다려도 반응이 없다면 다시 들려주고 기다린다.

   (예시) 부모: 우와 여기 도장이 많이 있네. 엄마가 말하는 것을 찍어 보자.

b. 아동이 반응이 없다면 너무 많이 나열하지 말고 아동과 좀 더 가까운 거리에 있고 아동이 좋아할 만한 도장용 놀잇감으로 시도해 본다. 혹은 눈에 보이는 것부터 시작해 보거나 주변 자극물의 개수를 줄여 시도해 본다.

   (예시1) 부모: (멀리 있는 컵이 아니라 가까이에 블록을 두며) 블록을 찾아보세요.

   (예시2) 부모: (4~5개 이상의 도장 중에서 반응이 없다면 자극물을 2~3개 이내로 줄이며) 엄마 손에 도장 찍어 주세요.

c. 아동이 반응이 없다면 활동에 주의집중할 수 있도록 신체적 촉구(예: 손 잡기)를 하여 활동 중심으로 시선을 옮겨 온 후 다시 반응을 기다려 본다.

   (예시1) 부모: (아동의 손을 잡고 도장 쪽으로 갖다 두며) 뚜껑을 잡아요.

   (예시2) 부모: (아동의 손을 잡고 찍는 흉내를 내며) 아빠 발에 쾅쾅 찍어요.

d. 그래도 반응이 없다면, 포인팅을 하거나 제스처 모델링을 보여 주고 지시를 한다.

　(예시1) 부모: *(뚜껑을 포인팅하며)* 뚜껑을 잡아요.

　(예시2) 부모: *(뚜껑을 포인팅하고 나서 도장을 손등에 찍는 흉내를 내며)* 아빠 발에 쾅쾅

　　　　찍어요.

e. 앞의 과정을 여러 차례 반복하며 알려 준다.

f. 이 목표에서는 아동에게 지시를 할 때 아동 주도 따르기를 반드시 사용할 필요는 없다.

> ☺ 활용 예
> • 여러 가지 도장을 한 곳에 쏟아서 모으게 한다. 그리고 엄마에게 하나를 달라고 한다. 아동이 주면 종이에 그 도장을 찍게 한다. 그리고 다시 도장들을 한 곳에 모은 후 반대로 아동이 요구하도록 한다.
> • 아동이 좋아하는 도장과 관심이 없는 도장을 섞어 놓고 좋아하는 도장과 관심 없는 도장을 번갈아 가며 달라고 한 후 기다린다.
> • 아동이 좋아하는 도장 2개를 양손에 하나씩 보여 주고 "블록 도장이 어디 있지?"라고 하며 손을 움켜쥐고 펴도록 한다. 관심 없어 하면 제스처 단서를 통해 유도한다.

3) 고려사항

• 아동의 언어 및 의사소통 수준에 따라 들려주고 촉진하는 것이 달라질 수 있다.
• 언어 확장이 잘된다고 하더라도 아동의 관심사를 놓치지 않고 지속해서 따라 한다.
• 언어 확장이 잘되지 않더라도 언어 유도를 위해 너무 학습적·지시적으로 이끌지 않고, 놀이는 항상 즐겁게 유지하도록 한다.
• 아동이 놀이를 좋아하지 않거나 관심이 없는 경우에는 억지로 시도하지 않는다.
• 아동의 주의집중을 유도하기 위해 좋아하는 다른 장난감을 치운 후 마주 보면서 하도록 한다.
• 아동이 물감을 먹지 않도록 주의한다.

도장 찍기 놀이

종합 / 언어기

1) 목표

(1) 부모 목표

- 관찰하기, 공동주의집중 및 공동활동 늘리기: 참여하며 놀기, 아동 주도 따르기
- 공동주의집중 및 공동활동 늘리기: 의사소통 촉진을 위한 놀이 확장
- 기다리기, 얼굴 마주 보기
- 모방하기, 언어 확장하기(1)
- 언어 확장하기(2), 차례 주고받으며 대화하기

(2) 아동 목표

- 도장 찍기 놀이 상황에서 상호작용할 때 다양한 낱말, 문장 수준을 이해하고 표현할 수 있다.

> 🔵 목표 예
> - 낱말 수준: 꾸욱/꾹, 이어〈이거〉, 여어〈열어〉, 토끼, 나비, 악어, 포도, 하트, 도장, 딸기 등
> - 초기 문장 수준: 꾹 찍어/안 돼, 나비 꾹, 딸기 찍어, 또 꾹 찍어, 이거 하트/토끼, 악어 찍어요, 아빠 하트 해/줘, 아빠 나비 찍어 줘, 아빠가 악어 찍었다. 엄마가 이거 열어 등

2) 언어 및 의사소통 촉진 방법

> - 준비물: 여러 가지 도장, 통, 다양한 색의 물감 통, 종이 등

〈놀이방법〉

① 아동이 좋아하는 도장들을 준비한다.

② 관찰하기, 공동주의집중 및 공동활동 늘리기: 참여하며 놀기, 아동 주도 따르기

   a. 아동에게 여러 가지 모양의 도장을 보여 주며 아동이 무엇에 관심이 있고 좋아하는지를 관찰한다.

      (예시) 부모: ○○아, 우와 여기 ○○이가 좋아하는 도장이 많구나. 이건 ○○이가 좋아하는 토끼 도장이네.

   b. 만약 아동이 관심 있는 것을 만지거나 누르는 등의 반응을 보이면 아동의 관심을 따라간다.

      (예시1) 아동: (하트 도장을 만지며)

          부모: 우와, ○○이가 하트를 좋아하는구나.

      (예시2) 아동: (포도 도장을 누르며)

          부모: 아. 포도 꾹꾹 눌러.

   c. 아동이 부모가 준비한 것에 관심이 없으면 다른 준비물을 보여 주며 관심을 유도한다. 이때 질문을 하거나 지시를 하지 않고 놀이 상황만을 언급해 준다. 아동에게 질문하거나 지시를 하면 아동 주도가 부모 주도로 바뀌어 자발적인 의사소통이 될 수 없다. 그리고 가능한 아동의 행동에 민감하게 반응하면서 상호작용을 지속하도록 노력한다.

◎ 활용 예
- 아동이 물감이 들어 있는 통에 관심을 보이면 함께 뚜껑을 열어서 색깔을 알아보고 도장에 묻혀 본다.
- 아동이 종이를 들고서 만지작거리면 함께 손으로 종이를 만져 보거나 도장을 찍어 보며 탐색해 본다.

---

③ 공동주의집중 및 공동활동 늘리기: 의사소통 촉진을 위한 놀이 확장

   a. 부모는 아동이 좋아하는 도장을 골라서 물감에 묻히는 것을 천천히 보여 준다. 그리고 반복적으로 보여 주며 관심을 유도한다.

이때 부모는 아동이 부모가 물감 통을 열고 도장을 찍는 것에 집중할 수 있도록 억양을 다르게 하거나 재미있는 소리를 내며 관심을 유도한다. 그리고 지속적으로 아동이 부모의 행동에 관심을 두고 있는지를 확인한다.

b. 놀이가 매우 활기를 띠는 상황이 되면 아동이 더욱 재미를 느끼고 동기화되어 적극적인 상호작용을 할 수 있기 때문에 얼굴 표정, 제스처, 목소리 톤과 같은 비구어적 의사소통을 과장되게 표현하여 활기를 북돋아 준다.

c. 아동이 관심을 보인다면 반복적으로 보여 준다.

d. 만약 아동이 관심이 없다면 다시 보여 주거나 손가락으로 찍는 것을 보여 주거나 부모가 대신 도장을 열심히 찍으면서 관심을 갖고 집중할 수 있도록 유도해 본다.

 (예시1) 부모: (물감 통의 뚜껑을 열며) 우와~ 이거 뭐지? 열었다.

 (예시2) 부모: (좋아하는 도장을 쥐어 주고 아이가 찍어 보기를 유도하거나 부모가 도장을 대신 쾅쾅 찍으며) 토끼 찍어. 쾅쾅~ 우와 재밌다.

e. 부모는 자극을 줄 때 아동이 잘 볼 수 있게 자세와 위치를 맞춰 둔다.

🐾 **활용 예**

• 아동이 동물 모양 도장을 좋아하면 손등이나 발등에 그냥 찍어 보기도 하고 물감을 묻혀서 찍힌 도장 모양을 보여 주기도 한다. 이때 관심을 더 끌 수 있도록 제스처와 재미있는 소리를 내며 놀이를 확장한다.

• 아동이 도장에 관심이 없으면 손가락에 잉크를 묻혀서 아동의 얼굴이나 부모의 얼굴에 살짝 묻혀서 찍힌 모양을 보여 주기도 한다. 혹은 거울을 보면서 잉크가 어디에 묻었는지를 확인해 보기도 한다.

---

④ **기다리기, 얼굴 마주 보기**

a. 아동에게 도장 찍기 놀이가 재미있다는 것을 충분히 보여 준 후 아동이 좋아하는 도장을 볼 수는 있지만 열기는 어려운 통에 둔다. 혹은 통의 뚜껑을 열지 못한다면 뚜껑을 닫은 상황에서 잠시 멈추고 아동의 반응을 기다린다.

 (예시) 부모: 우와 이거 엄청 재밌겠다. 우리 같이 도장 찍어 보자. (도장을 달라거나 뚜껑을 열어 달라고 할 때까지 기다린다)

b. 아동이 반응이 없다면 다시 한 번 도장에 관심을 갖도록 도장 통을 흔들어서 아동이 볼 수 있도록 시도한다. 부모가 아동의 얼굴을 바라보며 기다린다. 부모가 아동의 반응을 잘 기다리는

경우, 아동이 부모의 얼굴을 마주 보고 의사소통 의도를 표현하는 것을 확인할 수 있다.

c. 부모가 반응을 기다렸는데 아동이 부모에게 요청하지 않고 자신이 원하는 것만 하려고 한다면 부모는 아동이 부모에게 요청할 수 있는 또 다른 상황을 만들어 준다.

d. 이때 중요한 것은 아동의 반응이 정확한 문장이거나 정확한 발음의 낱말이 아니어도 좋다는 것이다. 부모는 어떤 의사소통 수단이든 아동의 상호작용 시작에 즉각적으로 반응해 준다.

(예시1) 아동: *(도장을 보여 달라고 하며)* 이어<이거>.

부모: 우와 알겠어. 엄마가 도장 보여 줄게.

(예시2) 아동: *(도장 뚜껑을 열어 달라고 하며)* 여어<열어>.

부모: 우와 알겠어. 엄마가 뚜껑 열어 줄게.

(예시3) 아동: *(다른 도장을 달라고 가리키며)* 하트 줘.

부모: 우와 알겠어. 아빠가 하트 줄게.

e. 기다리는 상황에서 부모가 무표정을 보이는 등 지시적/학습적인 상황이 되면 아동이 요청하지 않을 수 있다. 항상 부모가 가까이에 있어 언제든 도움을 줄 수 있다는 것을 아동이 인식하게 해 준다(예: 손을 가까이 두기). 그리고 기다리는 상황에서 다치거나 위험한 상황이 예상되면 상황을 만들지 않거나 미리 제지한다.

f. 반응이 잘 나오는 경우, 한 번의 시도에서 끝내는 것이 아니라 이를 반복적으로 해 보며 길게 상호작용하도록 한다.

◎ 활용 예
• 아동이 혼자서 도장을 만지다가 찍는 방향을 다르게 해서 찍거나 물감에 잘 묻혀서 찍는 것이 어려울 때 바로 도와주지 않고 아동의 얼굴을 보며 반응을 기다린다. 아동이 반응을 보이면 즉각적으로 반응해 준다.

낱말 수준	*(예시1)* 아동: *(도장을 찍어 달라고 하며)* 꾸~욱. 부모: 우와 알겠어. 엄마가 도장 찍어 줄게. *(예시2)* 아동: *(도장 찍기가 안 된다고 하며)* 꾹~ 아니. 부모: 우와 알겠어. 엄마가 도장 다시 찍어 줄게.

초기 문장 수준	*(예시1)* 아동: *(도장을 찍어 달라고 하며)* 꾹 찍어. 부모: 우와 알겠어. 엄마가 도장 찍어 줄게. *(예시2)* 아동: *(도장 찍기가 안 된다고 하며)* 엄마, 꾹 안 돼. 부모: 우와 알겠어. 엄마가 도장 다시 찍어 줄게.

⑤ 모방하기, 언어 확장하기(1)

a. 아동이 의사소통을 시작하기 위한 행동이나 소리를 냈다면 이를 모방한다. 대신 부모가 해석한 행동이 아니라 아동의 행동, 발성 그대로를 모방한다.

b. 모방을 할 때는 부모가 아동의 행동을 모방하고 있다는 것을 충분히 과장되게 표현해 준다.

c. 아동의 행동을 모방한 후에는 아동의 발성 및 언어 수준을 고려하여 확장을 해 준다. 만약 아동이 낱말 단계인데 음절 수준이 2음절이면 2음절 내에서 다양한 소리 목록을 넣어 들려준다. 만약 아동이 초기 문장 단계이면 무조건 긴 문장이 아니라 한 어절 정도를 추가하여 문장을 확장하여 들려준다.

　(예시1) 아동: *(도장을 보여 달라고 하며)* 이어<이거>.

　　부모: 이어<이거>, 이거.

　(예시2) 아동: *(도장 뚜껑을 열어 달라고 하며)* 여어<열어>.

　　부모: 여어<열어>, 열어 줘.

　(예시3) 아동: *(다른 도장을 달라고 하며)* 하트 줘.

　　부모: 하트 줘, 아빠 하트 줘요.

d. 아동이 다른 곳에 집중할 때보다는 부모와 상호작용하는 상황에서 공동 집중할 때 언어확장을 시도한다. 이때, 부모는 아동에게 눈과 입을 보여 주며 목표 언어를 들려준다. 그리고 목표 언어를 강조해서 천천히 들려준다. 아동이 부모의 얼굴을 보고 있지 않은 상황이면 부모는 언어자극이 적절하게 입력될 수 있도록 자세와 위치를 변경하여 시선을 맞춰 본다. 발성 및 언어 확장을 할 때 제스처와 같은 시각적인 단서를 함께 사용한다.

e. 반응이 잘 나오는 경우, 한 번의 시도에서 끝내는 것이 아니라 이를 반복적으로 해 보거나 다른 도장들을 이용하여 보다 많은 횟수의 언어 확장이 이루어지도록 한다. 모방을 유도해도 좋

다. 하지만 아동이 많이 거부하면 필수적으로 모방을 유도하지 않아도 좋다.

🎯 활용 예

• 아동이 혼자서 도장을 만지다가 찍는 방향을 다르게 해서 찍거나 물감에 잘 묻혀서 찍는 것이 어려울 때 바로 도와주지 않고 아동의 얼굴을 보며 반응을 기다린다. 아동이 반응을 보이면 즉각적으로 모방해 주고 언어 확장을 해 준다.

낱말 수준	(예시1) 아동: (도장을 찍어 달라고 하며) 꾸~욱 부모: 꾸~욱. 이거 꾹 (예시2) 아동: (도장 찍기가 안 된다고 하며) 꾹~. 아니. 부모: 꾹. 꾹 아니야.
초기 문장 수준	(예시1) 아동: (도장을 찍어 달라고 하며) 꾹 찍어. 부모: 꾹 찍어. 엄마 꾹 찍어. (예시2) 아동: (도장 찍기가 안 된다고 하며) 엄마, 꾹 안 돼. 부모: 엄마 꾹 안 돼. 이거 꾹 안 돼.

⑥ 언어 확장하기(2), 차례 주고받으며 대화하기

a. 도장 찍기 활동에서 부모와 함께 차례를 주고받으며 대화를 해 본다. 한 번은 아동이 부모에게 요청을 하면 부모가 반응해 주고, 다음 차례는 부모가 아동에게 요청하면 아동이 반응해 준다.

b. 이때 아동의 반응이 나올 때까지 기다리기를 본 활동에서도 적용해 본다. 어느 정도 활기찬 활동이 되고 반복이 이루어졌다면 기다리기를 한 후 부모가 확장해 준 언어를 모방할 때까지 기다려 본다. 아이가 언어 확장을 보이면 더 격한 반응으로 아이를 칭찬해 주면서 활동을 더욱 활기차게 만든다. 아이가 언어 확장을 보이지 않는 경우에도 격려하면서 다시 반복해서 목표언어를 들려준다.

(예시) 부모: 자 우리 엄마 한 번, ○○ 한 번 해서 같이 도장을 찍어 보자. 누가 먼저 해 볼까?

아동: ○○.

부모: 자 그럼 ○○이가 먼저 찍어 봐. ○○아 엄마 나비 모양 찍어 줘. 꾹.

아동: 나비 꾹. (나비 도장을 찍는다)

부모: (종이에 찍은 것을 확인 후 다른 모양을 가리키고) 이번에는 딸기 찍어 줘.

아동: (딸기 도장을 찍으며) 딸기 찍어.

부모: (같은 도장을 또 주며) 또 꾹 찍어 줘.

아동: (도장을 한 번 더 찍으며) 또 꾹 찍어.

부모: 자 이번에는 엄마가 찍을게. (말하고 기다린다)

아동: (하트 도장을 가리키며) 이거, 하트.

부모: 이거, 이거 하트. (하트 도장을 찍는다)

아동: 하트 꾹.

부모: 하트 꾹. 하트 꾹 찍어. (아동이 모방할 때까지 기다려 본다)

아동: 하트 꾹, 하트 찍어.

부모: 우와 알겠어. 엄마가 하트 꾹꾹 찍을게. 다 됐다. (언어가 확장되었을 때 더 칭찬해 준다)

c. 차례를 주고받으며 대화를 할 때 아동마다 차례를 주고받는 시간이 다를 수 있다. 아동이 흥미를 잃으면 오랜 시간을 지속할 수 없기 때문이다. 아동의 주의집중 시간에 따라 처음에는 짧은 시간이라도 차례를 주고받는 횟수(빈도)를 늘려 주도록 한다. 이후 상호작용을 지속할 수 있는 시간이 길어지면 차례를 주고받는 횟수(빈도)뿐만 아니라 한 가지 놀이를 통해서 차례를 주고받는 시간을 늘려 준다.

◎ 활용 예

낱말 수준	부모: 자 아빠랑 ○○이랑 같이 도장 찍어 보자. ○○이는 어떤 도장 찍고 싶어? (말하고 기다린다)
	아동: 하트.
	부모: 응, 하트. (하트 도장을 들고 가만히 기다려 본다)
	아동: (도장을 달라고 아빠에게 요구하며) 줘. 하트.
	부모: 하트. 줘. 하트 줘요. (아동이 모방할 때까지 기다린다)
	아동: 하트 줘.
	부모: 우와 알겠어. 아빠가 하트 도장 줄게. (언어가 확장되었을 때 더 칭찬하며 건네준다)
	부모: (별 도장, 토끼 도장을 보여 주며) 이번에는 어떤 도장을 찍을래?

	아동: 이거. 부모: 이거, 토끼. *(아동이 모방할 때까지 기다린다)* 아동: 이거, 토끼. 부모: 이제 아빠가 찍어 볼게. ○○아, 나비 도장 줘. 아동: 나비. *(도장을 준다)* 부모: *(갑자기 다른 도장을 가리키며)* 이거 아냐, 악어 도장 줘. 아동: 아니, 나비. *(나비 도장을 준다)* 부모: 아니, 아빠는 악어. 아동: 아빠, 악어. *(악어 도장을 준다)*
초기 문장 수준	부모: 자 아빠랑 ○○이랑 같이 도장 찍어 보자. ○○이는 어떤 도장 　　　찍고 싶어? *(말하고 기다린다)* 아동: 아빠, 하트 해. 부모: 응, 하트. *(하트 도장을 들고 가만히 기다려 본다)* 아동: *(도장을 달라고 아빠에게 요청하며)* 아빠 하트 줘. 부모: 하트 줘. 하트 줘요. *(아동이 모방할 때까지 기다려 본다)* 아동: 하트 줘요. 부모: 우와 알겠어, 아빠가 하트 도장 줄게. *(언어가 확장되었을 때 더 　　　칭찬하며 건네준다)* 부모: *(별 도장, 토끼 도장을 보여 주며)* 이번에는 어떤 도장을 찍을래? 아동: 이거. 부모: 이거, 토끼 줘. *(아동이 모방할 때까지 기다린다)* 아동: 이거, 토끼 줘. 부모: 이제 아빠가 찍어 볼게. ○○아, 나비 도장 줘. 아동: 나비 도장. *(도장을 준다)* 부모: *(갑자기 다른 도장을 가리키며)* 이거 아냐, 악어 도장 줘. 아동: 아니, 나비 도장이야. *(나비 도장을 준다)* 부모: 아니, 아빠는 악어 도장 찍을 거야. 아동: 아니, 아빠 나비 찍어. *(나비 도장을 준다)* 부모: *(나비 도장을 찍으면서)* 아빠는 악어 도장 찍고 싶은데. 아동: 아빠, 악어 찍어요. *(악어 도장을 준다)* 부모: 우와~ 아빠가 악어도 찍었다. 아동: 아빠가 악어 찍었다.

3) 고려사항

- 아동의 언어 및 의사소통 수준에 따라 들려주고 촉진하는 것이 달라질 수 있다.
- 언어 확장이 잘된다고 하더라도 아동의 관심사를 놓치지 않고 지속해서 따라 한다.
- 언어 확장이 잘되지 않더라도 언어 유도를 위해 너무 학습적·지시적으로 이끌지 않고, 놀이 는 항상 즐겁게 유지하도록 한다.
- 아동이 놀이를 좋아하지 않거나 관심이 없는 경우에는 억지로 시도하지 않는다.
- 아동이 도장에 흥미를 갖지 않는 경우 아동이 선호하는 작은 물건 등을 사용하여 찍는 활동을 확장해 보도록 한다.
- 여러 가지 종이(색종이, 도화지, 셀로판지)에 도장을 찍어 봄으로써 주의집중이 계속 유지되는 활동이 되도록 한다.

그리기 놀이

종합 / 언어이전기

1) 목표

(1) 부모 목표

- 관찰하기, 공동주의집중 및 공동활동 늘리기: 참여하며 놀기, 아동 주도 따르기
- 공동주의집중 및 공동활동 늘리기: 의사소통 촉진을 위한 놀이 확장
- 기다리기: 상호작용 시작 시간 기다리기, 얼굴 마주 보기
- 행동 및 구어 모방하기, 제스처/발성 및 언어 확장하기
- 기다리기: 상호작용 지시에 반응하기를 기다리기

(2) 아동 목표

- 그리기 놀이 상황에서 상호작용할 때 다양한 제스처, 발성, 언어를 이해하고 표현할 수 있다.

> 🌀 **목표 예**
> - 제스처: (한 손/두 손 내밀며 사물을 달라고 요구하기), (포인팅하며 사물을 달라고 요구하기), (손 끌며 그려 달라고 요구하기), (그릴 것을 건네며 그려 달라고 요구하기)
> - 발성 및 언어: 으∼/우∼/오∼/어∼(끼워 달라고 요구하기), 찌〈찍〉/쭈〈쭉〉/두/뚜/푸/뿌/그여〈그려〉(그려 달라고 요구하기), 점/더(점을 그리라고 하기), 도/죠〈줘〉, 빼(색연필을 빼 달라고 요구하기 등).

2) 언어 및 의사소통 촉진 방법

- 준비물: 연필, 크레파스, 색연필 등 그릴 수 있는 것들

〈놀이방법〉

① 아동이 좋아하는 그릴 것들을 준비한다.

② 관찰하기, 공동주의집중 및 공동활동 늘리기: 참여하며 놀기, 아동 주도 따르기

　　a. 아동이 좋아하는 그릴 것들을 보여 주며 아동이 무엇에 관심이 있고 좋아하는지를 관찰한다.

　　　(예시) 부모: ○○아, 우와 여기 그릴 것이 많구나.

　　b. 만약 아동이 색연필에 관심을 두고 만지고 쳐다본다면 아동의 관심을 따라간다.

　　　(예시) 부모: 우와, 색연필 예쁘다~ 혹은 색연필 딱딱 쳐. 재밌다~

　　c. 아동이 부모가 준비한 것에 관심이 없으면 다른 준비물을 보여 주며 관심을 유도한다. 이때
　　질문을 하거나 지시를 하지 않고 놀이 상황만을 언급해 준다. 아동에게 질문하거나 지시를 하
　　면 아동 주도가 부모 주도로 바뀌어 자발적인 의사소통이 될 수 없다. 그리고 가능한 아동의 행
　　동에 민감하게 반응하면서 상호작용을 지속하도록 노력한다.

> ◎ 활용 예
> • 아동이 색연필을 만지면 함께 치거나 만진다.
> • 아동이 크레파스에 관심을 보이면 만져 보고 손에 묻혀도 보고 종이에도 그어 본다.
> • 아동이 연필 만지기에 관심을 갖는다면 연필을 눌러 보고 만져 본다.

③ 공동주의집중 및 공동활동 늘리기: 의사소통 촉진을 위한 놀이 확장

　　a. 부모는 아동이 크레파스를 만지기만 한다면 크레파스를 누르거나 종이에 그으며 놀이를 확
　　장하며 보여 준다.

　　이때 부모는 아동이 부모가 그리는 것에 집중할 수 있도록 다소 과장된 억양으로 다양한 범위
　　의 소리를 내며 관심을 유도한다. 그리고 지속적으로 아동이 부모의 행동에 관심을 두고 있는
　　지를 확인한다.

　　b. 놀이가 매우 활기를 띠는 상황이 되면 아동은 더 재미있고 동기화될 수 있는 상호작용을 할
　　수 있기 때문에 얼굴 표정, 제스처, 목소리 톤과 같은 비구어적 의사소통을 과하게 하여 활기를
　　북돋아 준다.

c. 아동이 관심을 보인다면 반복적으로 보여 준다.

d. 만약 아동이 관심이 없다면 부모가 그리는 것을 재밌게 보여 주거나 여러 가지 색으로 그려 보거나 아동의 손을 잡고 함께 크레파스를 이용하여 종이에 그어 본 후 아동이 크레파스에 관심을 갖고 집중할 수 있도록 유도해 본다.

   (예시1) 부모: (크레파스를 종이에 그으며) 우와 쭈욱! 그린다~ 재밌다.

   (예시2) 부모: (다른 색 크레파스로 그으며) 쭈욱~ 우와 이것도 예쁘다. (아동 손을 잡고 그으며) 쭈우우욱~ 그림 그렸다.

e. 부모는 자극을 줄 때 아동이 잘 볼 수 있게 자세와 위치를 맞춰 둔다.

> ⊚ 활용 예
> • 아동이 원하는 것을 골라 종이에 그린 것을 표현할 수 있도록 해 준다.
> • 아동이 색연필에 관심을 갖는다면 과장된 표정과 소리로 색연필 심을 넣고 빼는 것, 탕탕 치는 것, 그리는 것 등으로 놀이를 확장을 해 준다.

④ **기다리기: 상호작용 시작 시간 기다리기, 얼굴 마주 보기**

a. 부모는 아동이 스스로 심을 빼기 어려운 색연필을 주고 아동의 반응을 기다린다. 아동이 색연필 심을 뺄 수 있다면 부모는 색연필을 아동에게 바로 주지 않고 부모가 색연필을 들고 있으면서 아동이 요구할 수 있도록 아동의 반응을 기다린다.

   (예시) 부모: (색연필을 주며) 쭈우욱~ ○○아. 이거 재밌겠다. 색연필 빼자~

b. 아동이 반응이 없다면 다시 한 번 색연필에 관심을 갖도록 시도해 본다. 부모가 아동의 반응을 잘 기다리는 경우, 아동이 부모의 얼굴을 마주 보고 의사소통 의도를 표현하는 것을 확인할 수 있다.

c. 부모가 반응을 기다렸는데 아동이 부모에게 요청하지 않고 자신이 원하는 것만 하려고 한다면 부모는 아동이 부모에게 요청할 수 있는 또 다른 상황을 만들어 준다.

d. 이때 중요한 것은 아동의 반응이 정확한 구어여도 좋고 그렇지 않아도 된다는 것이다. 혹은

제스처나 모음발성이어도 좋다. 부모는 어떤 의사소통 수단이든 아동의 상호작용 시작에 긍정적으로 반응해 준다.

    (예시1) 아동: *(색연필을 엄마에게 건네며)* 으아~

             부모: 우와 알겠어. 엄마가 줄게.

    (예시2) 아동: *(크레파스를 보고 손을 내밀며)* 아바~

             부모: 우와 알겠어. 아빠가 줄게.

    (예시3) 아동: *(연필을 포인팅하며)* 우~

             부모: 우와 알겠어. 엄마가 줄게.

    (예시4) *(부모가 그림을 그리다가 잠깐 멈추었을 때)*

             아동: *(그림을 계속 그려 달라고 하며)* 으~

             부모: 우와 알겠어. 엄마가 그려 줄게.

e. 기다리는 상황에서 부모가 무표정을 보이는 등 지시적/학습적인 상황이 되면 아동이 요청하지 않을 수 있다. 항상 부모가 가까이에 있어 언제든 도움을 줄 수 있다는 것을 아동이 인식하게 해 준다(예: 손을 가까이 두기). 그리고 기다리는 상황에서 다치거나 위험한 상황이 예상되면 상황을 만들지 않거나 미리 제지한다.

f. 반응이 잘 나오는 경우, 한 번의 시도에서 끝내는 것이 아니라 이를 반복적으로 해 보며 길게 상호작용하도록 한다.

🧑‍🦰 **활용 예**
- 부모는 아동이 원하는 색연필로 간단한 그림을 그려 준다. 그리고 아동에게 색연필을 돌려 심이 나오지 않은 색연필을 주고 기다린다. 아동이 혼자 돌려서 색연필 심을 뺄 수 있다면 색연필을 주지 않고 부모에게 색연필을 달라고 요구할 수 있도록 기다린다.
- 부모는 아동이 원하는 그림을 그려 주다가 잠시 멈춘다. 그리고 아동이 부모에게 그림 그리기를 계속하라고 요구할 수 있도록 기다린다.

---

⑤ 행동 및 구어 모방하기, 제스처/발성 및 언어 확장하기

   a. 아동이 의사소통을 시작하기 위한 행동이나 소리를 냈다면 이를 모방한다. 대신 부모가 해

석한 행동이 아니라 아동의 행동, 발성 그대로를 모방한다.

b. 모방을 할 때는 부모가 아동의 행동을 모방하고 있다는 것을 충분히 과장되게 표현해 준다.

c. 아동의 행동을 모방한 후에는 아동의 발성 및 언어 수준을 고려하여 확장을 해 준다. 만약 아동이 모음이 주로 나온다면 모음의 소리를 확장해 주거나 몇 개의 자음만을 이용하여 확장한다. 만약 아동이 자음 2개가 모두 1음절 상황에서 나온다면 1음절의 소리를 중첩적으로 반복하여 들려주어 음절을 확장해 주거나 다른 자음을 1음절 상황에서 알려 주어 음소 목록을 확장하여 들려준다.

> (예시1) 아동: (색연필을 건네며) 으아~
>
> 부모: 으아. 빼.
>
> (예시2) 아동: (크레파스를 보고 손을 내밀며) 아바~
>
> 부모: (손을 내밀며) 아바. 더.
>
> (예시3) 아동: (연필을 포인팅하며) 우~
>
> 부모: (같이 포인팅하며) 우. 줘.
>
> (예시4) (부모가 그림을 그리다가 잠깐 멈추었을 때)
>
> 아동: (그림을 계속 그려 달라고 하며) 으~
>
> 부모: 으~ 쭈~욱.

d. 아동이 다른 곳에 집중할 때보다는 부모와 상호작용하는 상황에서 공동 집중할 때 언어 확장을 시도한다. 이때, 부모는 아동에게 눈과 입을 보여 주며 목표 언어를 들려준다. 그리고 목표 언어를 강조해서 천천히 들려준다. 아동이 부모의 얼굴을 보고 있지 않은 상황이면 부모는 언어자극이 적절하게 입력될 수 있도록 자세와 위치를 변경하여 시선을 맞춰 본다. 발성 및 언어 확장을 할 때 제스처와 같은 시각적인 단서를 함께 사용한다.

e. 반응이 잘 나오는 경우, 한 번의 시도에서 끝내는 것이 아니라 이를 반복적으로 해 보거나 다른 그릴 것들 혹은 다른 색을 이용하여 보다 많은 횟수의 언어 확장이 이루어지도록 한다. 모방을 유도해도 좋다. 하지만 아동이 많이 거부하면 필수적으로 모방을 유도하지 않아도 좋다.

⑧ 활용 예

- 아동이 원하는 색연필로 간단한 그림을 그려 준다. 그리고 혼자 그릴 수 없는 색연필을 주고 기다린다. 아동이 혼자 그릴 수 있다면 색연필을 주지 않고 부모에게 색연필을 달라고 요구할 수 있도록 기다린다. 기다린 후에 아동이 사물을 달라고 하거나 색연필을 빼 달라는 제스처를 보이면 그 제스처를 모방하고 소리를 내면 아동의 소리를 모방한다. 그리고 아동의 언어 및 의사소통 수준에 맞는 소리로 확장한다(예: 쭉, 푹—발성, 빼 등)
- 아동이 원하는 그림을 그려 주다가 잠시 멈춘다. 그리고 아동이 부모에게 그림 그리기를 계속하라고 요구할 수 있도록 기다린다. 기다린 후 더 그려 달라고 제스처로 표현하면 그 행동을 모방하고 소리를 내면 아동의 소리를 모방해 주고 확장한다(예: 쭉~, 쓱—발성, 더, 점 등)

⑥ 기다리기: 상호작용 지시에 반응하기를 기다리기

a. 그릴 수 있는 도구를 다양하게 주고 부모의 지시에 반응을 하는지 기다린다. 이때 충분히 기다려도 반응이 없다면 다시 들려주고 기다린다.

　(예시) 부모: 자 ○○아. 우리 이제 또 그려 보자. 쭈욱~ 그림을 그려.

b. 아동이 반응이 없다면 너무 먼 거리에서 하지 않고 좀 더 가까운 거리에서 시도해 본다. 혹은 눈에 보이는 것부터 시작해 보거나 주변 자극물 개수를 줄여 시도해 본다.

　(예시1) 부모: (멀리 있는 연필이 아니라 가까이에 있는 경우) 쓱~ 연필로 그려.

　(예시2) 부모: (4~5개 이상의 그릴 것에서 반응이 없다면 자극물을 2~3개 이내로 줄여)
　　　　　　　크레파스로 그려.

c. 아동이 반응이 없다면 활동에 주의집중할 수 있도록 신체적 촉구(예: 손 잡기)를 하여 활동에 시선을 집중시킨 후 다시 반응을 기다려 본다.

　(예시) 부모: (아동의 손을 잡고 연필 쪽으로 갖다 대며) 연필, 연필로 그려.

d. 그래도 반응이 없다면, 포인팅을 하거나 직접 지시를 하거나 모델링을 통해 아동이 해야 할 것을 보여 준다.

　(예시1) 부모: (연필을 포인팅하며) 쓱~ 연필로 그려.

　(예시2) 부모: (크레파스를 포인팅하고 나서 그리는 시늉을 하며) 쭈욱~ 크레파스로 그려.

e. 앞의 과정을 여러 차례 반복하며 알려 준다.

f. 이 목표에서는 아동에게 지시를 할 때 아동 주도 따르기를 반드시 사용할 필요는 없다.

◎ 활용 예

• 아동이 좋아하는 그릴 것들을 주고 아빠도 그림을 그리고 싶다고 말한다. 혹은 "아빠 쭈욱, 아빠 연필로 그려"라고 하며 아동이 연필을 주는지 기다린다.
• 아동이 좋아하는 크레파스를 들고 어떻게 해야 할지 모른다는 표정을 짓고 아동의 반응을 기다린다. 아동이 반응이 없으면 그리는 시늉을 하며 제스처 단서를 통해 유도한다.

---

3) 고려사항

• 아동의 언어 및 의사소통 수준에 따라 들려주고 촉진하는 것이 달라질 수 있다.
• 언어 확장이 잘된다고 하더라도 아동의 관심사를 놓치지 않고 지속해서 따라 한다.
• 언어 확장이 잘되지 않더라도 언어 유도를 위해 너무 학습적·지시적으로 이끌지 않고, 놀이는 항상 즐겁게 유지하도록 한다.
• 아동이 연필을 사용할 땐 너무 뾰족하지 않도록 한다.
• 아동이 그림 그리기에 관심이 없을 땐 아동의 행동을 바로 방해하지 않고, 아동이 충분히 그릴 것들을 탐색할 수 있도록 해 준다.
• 놀이 시 아동이 혼자 그리고 있지는 않은지, 부모가 아동의 반응이 아니라 혼자 그리는 것에 집중하고 있지는 않은지 확인한다.
• 그리기 시 아동이 그리기 어려운 것보다는 간단한 사물로 활동을 하도록 한다.

| 놀이
활동 | 그리기 놀이 | 종합 / 언어기 |

1) 목표

(1) 부모 목표

- 관찰하기, 공동주의집중 및 공동활동 늘리기: 참여하며 놀기, 아동 주도 따르기
- 공동주의집중 및 공동활동 늘리기: 의사소통 촉진을 위한 놀이 확장
- 기다리기, 얼굴 마주 보기
- 모방하기, 언어 확장하기(1)
- 언어 확장하기(2), 차례 주고받으며 대화하기

(2) 아동 목표

- 그리기 놀이 상황에서 상호작용할 때 다양한 낱말, 문장을 이해하고 표현할 수 있다.

🌀 **목표 예**

- 낱말 수준: 그림, 그려, 색칠해, 색연필, 연필, 크레파스, 붓, 물감, 담가, 물통, 짜, 묻혀, 비, 눈, 내려, 와, 해, 새, 동그라미, 네모, 세모, 진하게, 연하게, 넣어, 빼, 털어, 색깔(파랑, 노랑, 초록, 보라…), 위, 아래, 옆 등
- 초기 문장 수준: 그림 그려, 그림 색칠해, 연필로 그려, 붓 담가, 물통에 넣어, 물감 짜, 비 내려, 눈 와, 해 떠, 새 날아, 네모 그려, 세모 그려, 해가 떠, 엄마랑 색칠해, 아빠랑 그려, 진하게 색칠해, 연하게 색칠해, 붓을 넣고 빼, 물감 짜서 색칠해 등

---

2) 언어 및 의사소통 촉진 방법

- 준비물: 붓, 물감, 크레파스, 색연필 등 그리고 색칠할 수 있는 것들

〈놀이방법〉

① 아동이 좋아하는 색칠용품을 준비한다.

② 관찰하기, 공동주의집중 및 공동활동 늘리기: 참여하며 놀기, 아동 주도 따르기

    a. 아동이 좋아하는 색칠용품을 보여 주며 아동이 무엇에 관심이 있고 좋아하는지를 관찰한다.

      (예시) 부모: ○○아, 우와 그릴 것이 많구나.

    b. 만약 아동이 색연필에 관심을 두고 만지고 쳐다본다면 아동의 관심을 따라간다.

      (예시) 부모: 우와, 색연필이 예쁘다~ 혹은 색연필 빙글 돌려. 재밌다~

    c. 아동이 부모가 준비한 것에 관심이 없으면 다른 준비물을 보여 주며 관심을 유도한다. 이때 질문을 하거나 지시를 하지 않고 놀이 상황만을 언급해 준다. 아동에게 질문하거나 지시를 하면 아동 주도가 부모 주도로 바뀌어 자발적인 의사소통이 될 수 없다. 그리고 가능한 아동의 행동에 민감하게 반응하면서 상호작용을 지속하도록 노력한다.

  ◉ 활용 예
- 아동이 색연필을 돌리고 논다면 다른 색연필로 함께 돌린다.
- 아동이 크레파스에 관심을 보이면 만져 보고 손에 묻혀도 보고 종이에도 그어 본다.
- 아동이 붓에 관심을 갖는다면 붓을 물통에 넣은 후 촉감을 즐기며 논다.

③ 공동주의집중 및 공동활동 늘리기: 의사소통 촉진을 위한 놀이 확장

    a. 부모는 아동이 크레파스로 선만 긋는다면 크레파스로 여러 가지를 그리며 놀이를 확장하며 보여 준다.

    이때 부모는 아동이 부모가 그리는 것에 집중할 수 있도록 다소 과장된 억양으로 다양한 범위의 소리를 내며 관심을 유도한다. 그리고 지속적으로 아동이 부모의 행동에 관심을 두고 있는지를 확인한다.

    b. 놀이가 매우 활기를 띠는 상황이 되면 아동이 더욱 재미를 느끼고 동기화되어 적극적인 상호작용을 할 수 있기 때문에 얼굴 표정, 제스처, 목소리 톤과 같은 비구어적 의사소통을 과장되게 표현하여 활기를 북돋아 준다.

c. 아동이 관심을 보인다면 반복적으로 보여 준다.

d. 만약 아동이 관심이 없다면 부모가 그리는 것을 재밌게 보여 주거나 여러 가지 색으로 그려 보거나 아동의 손을 잡고 함께 크레파스를 이용하여 종이에 여러 가지를 그려 보며 아동이 크 레파스에 관심을 갖고 집중할 수 있도록 유도해 본다.

　　(예시1) 부모: (크레파스로 일자를 그리며) 뚝뚝 비 와. 비가 내려~ 재밌다.

　　(예시2) 부모: (다른 색으로 그리며) 뚜욱~ 우와 이것도 예쁘다~ (아동 손을 잡고 동그라
　　　　　　 미를 그리며) 펑펑~ 눈이 와. 눈 내려.

e. 부모는 자극을 줄 때 아동이 잘 볼 수 있게 자세와 위치를 맞춰 둔다.

⊚ 활용 예
- 아동이 원하는 그릴 것을 골라 종이에 그리며 함께 즐겁게 논다. 다른 색깔들도 제시하여 아동이 관심을 지속할 수 있도록 한다.
- 아동이 그릴 것으로 선을 긋거나 낙서하는 데 관심을 갖는다면 같이 낙서하다가 여러 가지 간단한 도형 및 사물을 그리는 행동 등으로 놀이를 확장해 준다.

---

④ **기다리기, 얼굴 마주 보기**

a. 부모는 아동이 스스로 심을 빼기 어려운 색연필을 주고 아동의 반응을 기다린다. 아동이 색 연필 심을 뺄 수 있다면 색연필을 아동에게 바로 주지 않고 부모가 색연필을 들고 있으면서 아 동이 요구할 수 있도록 아동의 반응을 기다린다.

　　(예시) 부모: (색연필을 주며) 쭈우욱~ ○○아. 이거 재밌겠다. 색연필 빼자~

b. 아동이 반응이 없다면 다시 한 번 색연필에 관심을 갖도록 시도해 본다. 부모가 아동의 반응 을 잘 기다리는 경우, 아동이 부모의 얼굴을 마주 보고 의사소통 의도를 표현하는 것을 확인할 수 있다.

c. 부모가 반응을 기다렸는데 아동이 부모에게 요청하지 않고 자신이 원하는 것만 하려고 한다 면 부모는 아동이 부모에게 요청할 수 있는 또 다른 상황을 만들어 준다.

d. 이때 중요한 것은 아동의 반응이 정확한 문장이거나 정확한 발음의 낱말이 아니어도 좋다는 것이다. 부모는 어떤 의사소통 수단이든 아동의 상호작용 시작에 긍정적으로 반응해 준다.

> *(예시1)* 아동: *(색연필을 건네며)* 여기.
>
> 부모: 우와 알겠어. 엄마가 색연필 빼 줄게.
>
> *(예시2)* 아동: *(크레파스를 보고 손을 내밀며)* 줘~
>
> 부모: 우와 알겠어. 엄마가 크레파스 줄게.
>
> *(예시3)* 아동: *(붓을 물에 담그라고 하며)* 물~
>
> 부모: 우와 알겠어. 엄마가 물에 담가 줄게.

e. 기다리는 상황에서 부모가 무표정을 보이는 등 지시적/학습적인 상황이 되면 아동이 요청하지 않을 수 있다. 항상 부모가 가까이에 있어 언제든 도움을 줄 수 있다는 것을 아동이 인식하게 해 준다(예: 손을 가까이 두기). 그리고 기다리는 상황에서 다치거나 위험한 상황이 예상되면 상황을 만들지 않거나 미리 제지한다.

f. 반응이 잘 나오는 경우, 한 번의 시도에서 끝내는 것이 아니라 이를 반복적으로 해 보며 길게 상호작용하도록 한다.

⚙ 활용 예

- 아동이 원하는 색연필로 간단한 그림을 그려 준다. 그리고 혼자 꺼낼 수 없는 색연필을 주고 기다린다. 아동이 혼자 그릴 수 있다면 색연필을 주지 않고 부모에게 색연필을 달라고 요구할 수 있도록 기다린다.
- 아동이 원하는 그림을 그려 주다가 잠시 멈춘다. 그리고 아동이 부모에게 그림 그리기를 계속하라고 요구할 수 있도록 기다린다.
- 붓을 부모가 가지고 있고 색을 묻히지 않고 기다린다. 아동이 색을 묻히라고 요구할 수 있도록 기다린다.

낱말 수준	*(예시1)* 아동: *(붓을 달라고 하며)* 줘. 부모: 우와 알겠어. 엄마가 붓 줄게. *(예시2)* 아동: *(그림을 계속 그리라고 하며)* 해~ 부모: 우와 알겠어. 엄마가 그려 줄게.

초기 문장 수준	*(예시1) 아동: (물감을 묻히라고 하며) 이거 찍어.* *부모: 우와 알겠어. 엄마가 물감 묻힐게.* *(예시2) 아동: (색칠하라고 하며) 엄마 색칠해.* *부모: 우와 알겠어. 엄마가 색칠해 줄게.*

⑤ 모방하기, 언어 확장하기(1)

a. 아동이 의사소통을 시작하기 위한 행동이나 소리를 냈다면 이를 모방한다. 대신 부모가 해석한 행동이 아니라 아동의 행동, 발성 그대로를 모방한다.

b. 모방을 할 때는 부모가 아동의 행동을 모방하고 있다는 것을 충분히 과장되게 표현해 준다.

c. 아동의 행동을 모방한 후에는 아동의 발성 및 언어 수준을 고려하여 확장을 해 준다. 만약 아동이 낱말 단계인데 음절 수준이 2음절이면 2음절 내에서 다양한 소리 목록을 넣어 들려준다. 만약 아동이 초기 문장 단계이면 무조건 긴 문장이 아니라 한 어절 정도를 추가하여 문장을 확장하여 들려준다.

    (예시1) 아동: (색연필을 건네며) 여기.

        부모: 여기. 여기 색연필.

    (예시2) 아동: (크레파스를 보고 손을 내밀며) 줘~

        부모: (손을 내밀며) 줘. 크레파스 줘.

    (예시3) 아동: (붓을 물에 담그라고 하며) 물~ 담가~

        부모: 물 담가. 물에 붓 담가.

d. 아동이 다른 곳에 집중할 때보다는 부모와 상호작용하는 상황에서 공동 집중할 때 언어 확장을 시도한다. 이때, 부모는 아동에게 눈과 입을 보여 주며 목표 언어를 들려준다. 그리고 목표 언어를 강조해서 천천히 들려준다. 아동이 부모의 얼굴을 보고 있지 않은 상황이면 부모는 언어자극이 적절하게 입력될 수 있도록 자세와 위치를 변경하여 시선을 맞춰 본다. 발성 및 언어 확장을 할 때 제스처와 같은 시각적인 단서를 함께 사용한다.

e. 반응이 잘 나오는 경우, 한 번의 시도에서 끝내는 것이 아니라 이를 반복적으로 해 보거나 다

른 색칠용품을 이용하여 보다 많은 횟수의 언어 확장이 이루어지도록 한다. 모방을 유도해도 좋다. 하지만 아동이 많이 거부하면 필수적으로 모방을 유도하지 않아도 좋다.

◎ 활용 예
• 아동이 원하는 색연필로 간단한 그림을 그려 준다. 그리고 혼자 꺼낼 수 없는 색연필을 주고 기다린다. 아동이 혼자 그릴 수 있다면 색연필을 주지 않고 부모에게 색연필을 달라고 요구할 수 있도록 기다린다. 아동이 반응을 보이면 즉각적으로 모방해 주고 언어 확장을 해 준다.
• 아동이 원하는 그림을 그려 주다가 잠시 멈춘다. 그리고 아동이 부모에게 그림 그리기를 계속하라고 요구할 수 있도록 기다린다. 아동이 반응을 보이면 즉각적으로 모방해 주고 언어 확장을 해 준다.
• 붓을 부모가 가지고 있고 색을 묻히지 않고 기다린다. 아동이 색을 묻히라고 요구할 수 있도록 기다린다. 아동이 반응을 보이면 즉각적으로 모방해 주고 언어 확장을 해 준다.

낱말 수준	(예시1) 아동: (붓을 달라고 하며) 줘. 부모: 줘, 붓 줘. (예시2) 아동: (그림을 계속 그리라고 하며) 해~ 부모: 해, 그림 해. (예시3) 아동: (색연필을 건네며) 써. 부모: 써, 색연필 써. (예시4) 아동: (그림을 그려 달라고 하며) 그여<그려>~ 부모: 그여<그려>, 동글 그려.
초기 문장 수준	(예시1) 아동: (물감을 묻히라고 하며) 이거 찍어. 부모: 이거 찍어, 물감을 찍어. (예시2) 아동: (색칠하라고 하며) 엄마 색칠해. 부모: 엄마 색칠해, 엄마가 네모 색칠해. (예시3) 아동: (붓에 물감을 묻히라고 하며) 붓 찍어~ 부모: 붓 찍어, 붓에 묻혀. (예시4) 아동: (색칠하게 붓을 달라고 하며) 나무 색칠해. 부모: 나무를 진하게 색칠해. 혹은 붓으로 나무 색칠해.

⑥ 언어 확장하기(2), 차례 주고받으며 대화하기
  a. 그리기와 붓으로 색칠하는 활동에서 부모와 함께 차례를 주고받으며 대화를 해 본다. 한 번은 아동이 부모에게 요청을 하면 부모가 반응해 주고, 다음 차례는 부모가 아동에게 요청하면 아동이 반응해 준다.

b. 이때 아동이 반응이 나올 때까지 기다리기를 본 활동에서도 적용해 본다. 어느 정도 활기찬 활동이 되고 반복이 이루어졌다면 기다리기를 한 후 부모가 확장해 준 언어를 모방할 때까지 기다려 본다. 아동이 언어 확장을 보이면 더 격한 반응으로 아이를 칭찬해 주면서 활동을 더욱 활기차게 만든다. 아동이 언어 확장을 보이지 않는 경우에도 격려하면서 다시 반복해서 목표 언어를 들려준다.

(예시) 부모: 자 우리 엄마 한 번, ○○ 한 번 그럼 그러자. 누가 먼저 그릴까?

아동: ○○.

부모: 자 그럼 ○○이가 먼저 그려 봐. ○○아 세모 그려.

아동: 응. 테모<세모>. *(세모를 그린다)*

부모: *(아동이 그린 것을 보며)* 테모<세모>. 세모 그려. *(혹은)* 비도 그려.

아동: *(끄덕이며)* 응. 비.

부모: 위에 비도 그려.

아동: 위에 비. *(비를 그린다)*

부모: 자 이번에는 아빠가 그릴게. *(말하고 기다린다)*

아동: 눈. *(색연필을 준다)*

부모: 색연필로 눈 그려. *(눈을 그린다)*

아동: 그려.

부모: 눈 그려. 혹은 색연필로 눈 그려. *(모방할 때까지 기다려 본다)*

아동: 색연필로 그려.

부모: 우와 알겠어. 아빠가 색연필로 그릴게~ 재밌다. *(언어가 확장되었을 때 더 칭찬하며 그려 준다)*

c. 차례를 주고받으며 대화를 할 때 아동마다 차례를 주고받는 시간이 다를 수 있다. 아동이 흥미를 잃으면 오랜 시간을 지속할 수 없기 때문이다. 아동의 주의집중 시간에 따라 처음에는 짧은 시간이라도 차례를 주고받는 횟수(빈도)를 늘려 주도록 한다. 이후 상호작용을 지속할 수 있는 시간이 길어지면 차례를 주고받는 횟수(빈도)뿐만 아니라 한 가지 놀이를 통해서 차례를 주고받는 시간을 늘려 준다.

🎨 활용 예

낱말 수준	부모: 자 아빠랑 ○○이랑 같이 붓으로 놀이하자. ○○이는 뭐 하고 싶어? (말하고 기다린다) 아동: 색칠. 부모: 색칠, 붓으로 색칠해. (색칠하지 않고 기다린다) 아동: (붓을 달라고 아빠에게 요청하며) 붓 줘. 부모: 붓 줘. 붓으로 색칠해. (모방할 때까지 기다려 본다) 아동: 붓 색칠해. 부모: 우와 알겠어, 아빠가 붓 줄게. (언어가 확장되었을 때 더 칭찬하며 아동이 원하는 것을 준다) 부모: 이번에는 어떤 색 할래? 아동: 이거. 부모: 이거, 파랑색 혹은 파랑. 파랑색 색칠해. (모방할 때까지 기다린다) 아동: 파당색<파랑색>. 부모: 이제 아빠가 색칠할게. ○○아, 노랑색 묻혀 줘. 아동: 네. (노랑색을 묻혀 준다) 부모: (과장된 표정을 지으며) 우와~ 예쁘다, 빨강도. 아동: 네. 빨강. (빨강색도 묻혀 준다) 부모: (끄덕이며) 빨강, 빨강 멋져. 아동: 빨강 멋져.
초기 문장 수준	부모: 자 아빠랑 ○○이랑 같이 붓 놀이 하자. ○○이는 뭐 하고 싶어? (말하고 기다린다) 아동: 물 찍어. 부모: 물 찍어. 물에 붓 찍어. (붓을 주지 않고 기다린다) 아동: (빨리 아빠에게 요청하며) 물에 찍어. 부모: 물에 붓 찍어~ (모방할 때까지 기다려 본다) 아동: 물에 붓 찍어. 부모: 우와 알겠어, 아빠가 물에 붓 찍어 줄게. (언어가 확장되었을 때 더 칭찬하며 해 준다) 부모: 이번에는 뭐할까? 아동: 탁탁. 부모: 탁탁, 탁탁 털어 혹은 탁탁, 물 털어. (모방할 때까지 기다린다) 아동: 탁탁 털어.

> 부모: 이제 아빠 붓 놀이 해볼게. ○○아, 붓 줘.
> 아동: 네. *(붓를 준다)*
> 부모: *(여러가지 색깔을 보여 주며)* 무슨 색 색칠해?
> 아동: 주황색 색칠해. *(주황색 물감을 준다)*
> 부모: *(색칠한 뒤에)* 또 무슨 색으로 색칠해?
> 아동: 또 분홍색 색칠해. *(분홍 물감을 준다)*

3) 고려사항

- 아동의 언어 및 의사소통 수준에 따라 들려주고 촉진하는 것이 달라질 수 있다.
- 언어 확장이 잘된다고 하더라도 아동의 관심사를 놓치지 않고 지속해서 따라 한다.
- 언어 확장이 잘되지 않더라도 언어 유도를 위해 너무 학습적·지시적으로 이끌지 않고, 놀이는 항상 즐겁게 유지하도록 한다.
- 아동이 연필을 사용할 땐 너무 뾰족하지 않도록 한다.
- 아동이 그림 그리기에 관심이 없을 땐 아동의 행동을 바로 방해하지 않고, 아동이 충분히 색칠용품들을 탐색할 수 있도록 해 준다.
- 놀이 시 아동이 혼자 그리고 있지는 않은지, 부모가 아동의 반응이 아니라 혼자 그리는 것에 집중하고 있지는 않은지 확인한다.
- 그리기 시 아동이 그리기 어려운 것보다는 간단한 사물로 활동을 하도록 한다.

놀이 활동	음식 차리기 놀이	종합 / 언어기

1) 목표

(1) 부모 목표

- 관찰하기, 공동주의집중 및 공동활동 늘리기: 참여하며 놀기, 아동 주도 따르기
- 공동주의집중 및 공동활동 늘리기: 의사소통 촉진을 위한 놀이 확장
- 기다리기, 얼굴 마주 보기
- 모방하기, 언어 확장하기(1)
- 언어 확장하기(2), 차례 주고받으며 대화하기

(2) 아동 목표

- 음식 차리기 놀이 상황에서 상호작용할 때 다양한 낱말, 문장 수준을 이해하고 표현할 수 있다.

> **목표 예**
> - 낱말 수준: 물, 컵, 더, 줘, 음식, 접시, 반찬, 포크, 과일, 야채, 여기, 저기, 먹어, 닦아, 담아, 놓아, 치워, 없어, 많이, 조금, 숟가락, 떨어져 등
> - 초기 문장 수준: 더 줘, 음식 줘, 많이 줘, 과일 담아, 야채 담아, 포크 놓아, 포크 치워, 많이 담아, 숟가락 치워, 숟가락 놓아, 과일 떨어져, 여기 숟가락 놓아, 나 숟가락 없어, 포크로 먹어, 칼로 잘라, 컵에 물 줘 등

2) 언어 및 의사소통 촉진 방법

- 준비물: 음식(과일, 야채), 접시, 반찬, 숟가락, 포크, 물, 컵 등

〈놀이방법〉

① 아동이 좋아하는 음식과 음식을 담을 접시, 도구들을 준비한다.

② 관찰하기, 공동주의집중 및 공동활동 늘리기: 참여하며 놀기, 아동 주도 따르기

　　a. 아동이 좋아하는 것들을 보여 주며 아동이 무엇에 관심이 있고 좋아하는지를 관찰한다.

　　　(예시) 부모: ○○아, 우와 우리 음식 준비하자. 여기 ○○이가 좋아하는 음식들이 많이 있네.

　　b. 아동이 관심 있는 것을 만지거나 반응을 보이면 아동의 관심을 따라간다.

　　　(예시) 부모: 우와, ○○이는 야채를 좋아하는구나.

　　c. 아동이 부모가 준비한 것에 관심이 없으면 다른 준비물을 보여 주며 관심을 유도한다. 이때 질문을 하거나 지시를 하지 않고 상황만을 언급해 준다. 아동에게 질문하거나 지시를 하면 아동 주도가 부모 주도로 바뀌어 자발적인 의사소통이 될 수 없다. 그리고 가능한 아동의 행동에 민감하게 반응하면서 상호작용을 지속하도록 노력한다.

◎ 활용 예

• 아동과 함께 차려야 할 음식과 도구들을 준비한다. 과일과 야채 등 음식 장난감을 이용하여 아동이 좋아하는 음식에 어떤 것들이 있는지 같이 탐색해 본다.

---

③ 공동주의집중 및 공동활동 늘리기: 의사소통 촉진을 위한 놀이 확장

　　a. 아동이 음식을 만지고만 있다면 아동이 좋아하는 음식을 이용하여 접시에 담는 것을 천천히 보여 준다.

　　이때 부모는 아동이 음식을 담는 행동에 집중할 수 있도록 음식을 담는 행동을 다양한 억양과 감탄사 등의 소리를 동반하여 관심을 유도한다. 그리고 지속적으로 아동이 부모의 행동에 관심을 두고 있는지를 확인한다.

　　b. 놀이가 매우 활기를 띠는 상황이 되면 아동은 더 재미있고 동기화될 수 있는 상호작용을 할 수 있기 때문에 얼굴 표정, 제스처, 목소리 톤과 같은 비구어적 의사소통을 과하게 하여 활기를 북돋아 준다.

c. 아동이 관심을 보인다면 반복적으로 보여 준다.

d. 만약 아동이 관심이 없다면 아동이 관심을 보이거나 쥐고 있는 음식을 강조하며 함께 접시에 담아 관심을 갖게 한다.

　(예시1) 부모: (음식을 꺼내며) 우와~ 맛있는 사과다.

　(예시2) 부모: (음식을 꺼내 냠냠 먹다가 접시에 담으며) 냠냠냠~ 사과 맛있다. 사과 담자.

e. 부모는 자극을 줄 때 아동이 잘 볼 수 있게 자세와 위치를 맞춰 둔다.

⊙ 활용 예

• 아동이 숟가락과 젓가락에 관심을 보이면 숟가락으로 음식을 떠먹는 흉내를 내거나 젓가락으로 음식을 집어먹는 흉내를 내어 아동에게 보여 준다. 자를 수 있는 음식은 반을 잘라 속이 어떻게 생겼는지도 탐색할 수 있다. 이때 관심을 더 끌 수 있도록 제스처와 재미있는 소리를 내며 놀이를 확장한다.

④ 기다리기, 얼굴 마주 보기

a. 아동에게 음식을 접시에 담는 놀이 활동을 충분히 보여 준 후 아동에게 음식만을 제공하고 접시는 주지 않은 채 잠시 멈추어 아동의 반응을 기다린다. 이때 접시는 아동의 시야에는 있으나 손이 닿지 않는 곳에 놓아 둔다.

　(예시) 부모: (접시를 달라고 할 때까지 기다린다)

b. 아동이 반응이 없다면 다시 한 번 음식 담기에 관심을 갖도록 노력한다. 부모가 아동의 반응을 잘 기다리는 경우, 아동이 부모의 얼굴을 마주 보고 의사소통 의도를 표현하는 것을 확인할 수 있다.

c. 부모가 반응을 기다렸는데 아동이 부모에게 요청하지 않고 자신이 원하는 것만 하려고 한다면 부모는 아동이 부모에게 요청할 수 있는 또 다른 상황을 만들어 준다.

d. 이때 중요한 것은 아동의 반응이 정확한 문장이거나 정확한 발음의 낱말이 아니어도 좋다는 것이다. 부모는 어떤 의사소통 수단이든 아동의 상호작용 시작에 긍정적으로 반응해 준다.

(예시1) 아동: *(접시를 달라고 하며)* 덥띠<접시>.

　　　부모: 우와 알겠어. 엄마가 접시 줄게.

(예시2) 아동: *(접시에 음식을 담으려고 하며)* 담아. 혹은 오여<올려>.

　　　부모: 그래, 접시에 담자. 혹은 그래, 여기에 올려 줄게.

(예시3) 아동: *(다른 접시를 달라고 하며)* 이거.

　　　부모: 아~ 알겠어. 이 접시 줄게.

e. 기다리는 상황에서 부모가 무표정을 보이는 등 지시적/학습적인 상황이 되면 아동이 요청하지 않을 수 있다. 항상 부모가 가까이에 있어 언제든 도움을 줄 수 있다는 것을 아동이 인식하게 해 준다(예: 손을 가까이 두기). 그리고 기다리는 상황에서 다치거나 위험한 상황이 예상되면 상황을 만들지 않거나 미리 제지한다.

f. 반응이 잘 나오는 경우, 한 번의 시도에서 끝내는 것이 아니라 이를 반복적으로 해 보며 길게 상호작용하도록 한다.

◎ 활용 예
- 아동이 담을 음식에 비해 너무 작은 접시를 주거나 아동이 관심 보이는 음식을 반만 잘라 주었을 때 아동이 의도를 표현하면 바로 도와주지 않고 아동의 얼굴을 보며 반응을 기다린다. 아동이 반응을 보이면 즉각적으로 반응해 준다.

낱말 수준	*(예시1)* 아동: *(큰 접시를 달라고 하며)* 덥띠<접시>~ 　　　부모: 우와 알겠어. 엄마가 큰 접시 줄게. *(예시2)* 아동: *(음식을 더 달라고 하며)* 줘. 　　　부모: 우와 알겠어. 아빠가 음식 더 줄게.
초기 문장 수준	*(예시1)* 아동: *(큰 접시를 달라고 하며)* 　　　큰 거. 혹은 큰 거 줘~ 　　　부모: 우와 알겠어. 엄마가 큰 접시 줄게. *(예시2)* 아동: *(음식을 더 달라고 하며)* 더 줘. 　　　부모: 우와 알겠어. 아빠가 음식 더 줄게.

⑤ 모방하기, 언어 확장하기(1)

a. 아동이 의사소통을 시작하기 위한 행동이나 소리를 냈다면 이를 모방한다. 대신 부모가 해석한 행동이 아니라 아동의 행동, 발성 그대로를 모방한다.

b. 모방을 할 때는 부모가 아동의 행동을 모방하고 있다는 것을 충분히 과장되게 표현해 준다.

c. 아동의 행동을 모방한 후에는 아동의 발성 및 언어 수준을 고려하여 확장을 해 준다. 만약 아동이 낱말 단계인데 음절 수준이 2음절이면 2음절 내에서 다양한 소리 목록을 넣어 들려준다. 만약 아동이 초기 문장 단계이면 무조건 긴 문장이 아니라 한 어절 정도를 추가하여 문장을 확장하여 들려준다.

(예시1) 아동: (접시를 달라고 하며) 덥띠<접시>.
부모: 접시. 접시 줘.
(예시2) 아동: (접시에 음식을 담으려고 하며) 담아.
부모: 담아. 음식 담아.
(예시3) 아동: (다른 접시를 달라고 하며) 이거.
부모: 이거. 이 접시 줘.

d. 아동이 다른 곳에 집중할 때보다는 부모와 상호작용하는 상황에서 공동 집중할 때 언어 확장을 시도한다. 이때, 부모는 아동에게 눈과 입을 보여 주며 목표 언어를 들려준다. 그리고 목표 언어를 강조해서 천천히 들려준다. 아동이 부모의 얼굴을 보고 있지 않은 상황이면 부모는 언어자극이 적절하게 입력될 수 있도록 자세와 위치를 변경하여 시선을 맞춰 본다. 발성 및 언어 확장을 할 때 제스처와 같은 시각적인 단서를 함께 사용한다.

e. 반응이 잘 나오는 경우, 한 번의 시도에서 끝내는 것이 아니라 이를 반복적으로 해 보거나 다른 음식들을 이용하여 보다 많은 횟수의 언어 확장이 이루어지도록 한다. 모방을 유도해도 좋다. 하지만 아동이 많이 거부하면 필수적으로 모방을 유도하지 않아도 좋다.

◎ 활용 예
• 아동이 담을 음식에 비해 너무 작은 접시를 주거나 아동이 관심 보이는 음식을 반만 잘라 주었을 때 아동이 의도를 표현하면 바로 도와주지 않고 아동의 얼굴을 보며 반응을 기다린다. 아동이 반응을 보이면 즉각적으로 모방해 주고 언어 확장해 준다.

낱말 수준	*(예시1)* 아동: *(큰 접시를 달라고 하며)* 덥띠<접시>~
	       부모: 접시, 접시 줘.
	(예시2) 아동: *(음식을 더 달라고 하며)* 줘.
	       부모: 줘. 더 줘.

초기 문장 수준	*(예시1)* 아동: *(큰 접시를 달라고 하며)*
	       큰 거. 혹은 큰 거 줘~
	       부모: 큰 접시에 담아.
	(예시2) 아동: *(음식을 더 달라고 하며)* 더 줘.
	       부모: 음식 더 줘.

⑥ 언어 확장하기(2), 차례 주고받으며 대화하기

a. 음식을 차리고 먹는 활동으로 부모와 함께 차례를 주고받으며 대화를 해 본다. 한 번은 아동이 부모에게 요청을 하면 부모가 반응해 주고, 다음 차례는 부모가 아동에게 요청하면 아동이 반응해 준다.

b. 이때 아동이 반응이 나올 때까지 기다리기를 본 활동에서도 적용해 본다. 어느 정도 활기찬 활동이 되고 반복이 이루어졌다면 기다리기를 한 후 부모가 확장해 준 언어를 모방할 때까지 기다려 본다. 아이가 언어 확장을 보이면 더 격한 반응으로 아이를 칭찬해 주면서 활동을 더욱 활기차게 만든다. 아이가 확장을 보이지 않는 경우에도 격려하면서 다시 반복해서 목표언어를 들려준다.

  (예시) 부모: 자 우리 엄마 한 번, ○○ 한 번 해서 같이 음식 차리자. 누가 먼저 도와줄까?

    아동: ○○.

    부모: 자 그럼 ○○이가 먼저 도와줘. ○○아 엄마 접시 줘.

    아동: 자 여기요. *(접시를 준다)*

    부모: 여기 사과 담아 줘.

    아동: 여기요. *(사과를 담아 준다)*

    부모: 사과 더 담아 줘.

    아동: 사과 더. *(사과를 더 담아 준다)*

    부모: 자 이번에는 엄마가 줄게. *(말하고 기다린다)*

아동: (접시를 가리키며) 접시.

부모: 접시. 큰 접시? (작은 접시를 준다)

아동: 아니. 큰 거.

부모: 큰 거. 큰 거 주세요. (모방할 때까지 기다려 본다)

아동: 큰 거 주세요.

부모: 우와 알겠어. 엄마가 큰 접시 줄게. 사과 많이 담아주세요. (언어가 확장되었을 때 더 칭찬하며 말해 준다)

c. 차례를 주고받으며 대화를 할 때 아동마다 차례를 주고받는 시간이 다를 수 있다. 아동이 흥미를 잃으면 오랜 시간을 지속할 수 없기 때문이다. 아동의 주의집중 시간에 따라 처음에는 짧은 시간이라도 차례를 주고받는 횟수(빈도)를 늘려 주도록 한다. 이후 상호작용을 지속할 수 있는 시간이 길어지면 차례를 주고받는 횟수(빈도)뿐만 아니라 한 가지 놀이를 통해서 차례를 주고받는 시간을 늘려 준다.

◎ 활용 예

낱말 수준	부모: 자 아빠랑 음식 차리자. ○○이는 뭐 담을까? (말하고 기다린다) 아동: 사과. 부모: 사과. 사과 담아. (너무 작은 접시를 준다) 아동: (큰 접시를 아빠에게 요청하는 상황) 안 돼. 접시. 부모: 안 돼. 접시 큰 거. (모방할 때까지 기다려 본다) 아동: 접시 큰 거. 부모: 우와 알겠어. 아빠가 큰 접시 줄게. (언어가 확장되었을 때 더 칭찬하며 접시를 준다) 부모: (아동과 먼 위치에 놓으며) 사과 어디에 놓을까? 아동: 여기. 부모: 여기. 여기 놓아. 혹은 여기 사과 놓아. (모방할 때까지 기다린다) 아동: 여기 사과 놓아. 부모: 이제 아빠가 차릴래. ○○아. 토마토 담아 줘. 아동: 네. (토마토를 담아 준다) 부모: 토마토 많이 담아 줘. 아동: 네. 많이요. (토마토를 많이 담아 준다)

	부모: 여기 놓아 주세요. 아동: 네. (접시를 놓는다)
초기 문장 수준	부모: 자 아빠랑 음식 차리자. ○○이는 뭐 담을까? (말하고 기다린다) 아동: 사과 담아. 부모: 사과 담아, 사과 담을래요. (너무 작은 접시를 준다) 아동: (큰 접시를 아빠에게 요청하는 상황) 안 돼. 접시. 부모: 안 돼. 접시 큰 거 줘. (모방할 때까지 기다려 본다) 아동: 접시 큰 거 줘. 부모: 우와 알겠어. 아빠가 큰 접시 줄게. (언어가 확장되었을 때 더 　　　칭찬하며 접시를 준다) 부모: (아동과 먼 위치에 놓으며) 사과 어디에 놓을까? 아동: 여기 놓아. 부모: 여기 놓아, 사과 여기 놓아. 혹은 여기에 사과 놓아. 　　　(모방할 때까지 기다린다) 아동: 여기에 사과 놓아. 부모: 이제 아빠가 차릴래. ○○아, 접시에 토마토 담아 줘. 아동: 네. (토마토를 담아 준다) 부모: 토마토 많이 담아 줘. 아동: 네. 토마토 많이요. (토마토를 많이 담아 준다) 부모: 여기 놓아 주세요. 아동: 네. 여기 놓아요. (접시를 놓는다)

3) 고려사항

- 아동의 언어 및 의사소통 수준에 따라 들려주고 촉진하는 것이 달라질 수 있다.
- 언어 확장이 잘된다고 하더라도 아동의 관심사를 놓치지 않고 지속해서 따라 한다.
- 언어 확장이 잘되지 않더라도 언어 유도를 위해 너무 학습적·지시적으로 이끌지 않고, 놀이는 항상 즐겁게 유지하도록 한다.
- 아동이 놀이의 개념을 어려워 할 경우 실제 일상생활에서 부모님이 음식을 차리는 과정을 관찰하거나 참여해 보는 것도 도움이 될 수 있다.
- 놀이 동안에 아동에게 음식에 대한 편견을 주지 않는다.

| 놀이
활동 | 병원놀이 | 종합 / 언어기 |

1) 목표

(1) 부모 목표

- 관찰하기, 공동주의집중 및 공동활동 늘리기: 참여하며 놀기, 아동 주도 따르기
- 공동주의집중 및 공동활동 늘리기: 의사소통 촉진을 위한 놀이 확장
- 기다리기, 얼굴 마주 보기
- 모방하기, 언어 확장하기(1)
- 언어 확장하기(2), 차례 주고받으며 대화하기

(2) 아동 목표

- 병원놀이 상황에서 상호작용할 때 다양한 낱말, 문장을 이해하고 표현할 수 있다.

🎯 **목표 예**
- 낱말 수준: 손, 발, 코, 입, 팔, 다리, 엉덩이, 아파, 싫어, 무서워, 주사, 청진기, 안경, 써, 껴, 열, 재, 맞아, 한 대/두 대, 병원, 의사, 사람, 환자, 마셔, 쓰다, 이름 등
- 초기 문장 수준: 손 아파, 코 아파, 다리 싫어, 엉덩이 주사, 약 싫어, 주사 싫어, 주사 무서워, 청진기 해, 안경 껴, 열 재, 병원 가, 약 써, 한 대 맞아, 엄마랑 주사 맞아, 아빠가 주사 놔, 약 먹고 사탕, 밥 먹고 약 등

2) 언어 및 의사소통 촉진 방법

- 준비물: 병원 놀이 세트 등

〈놀이방법〉

① 아동이 좋아하는 병원놀이 세트를 준비한다.

② 관찰하기, 공동주의집중 및 공동활동 늘리기: 참여하며 놀기, 아동 주도 따르기

　　a. 아동이 좋아하는 병원놀이 장난감을 주며 아동이 어떻게 노는지를 관찰한다.

　　(예시) 부모: ○○아, 우와 ○○이가 좋아하는 병원이다.

　　b. 만약 아동이 주사기에 관심이 있다면 아동의 관심을 따라간다.

　　(예시) 부모: 우와, ○○이가 주사기를 좋아하는구나.

　　c. 아동이 부모가 준비한 것에 관심이 없으면 다른 준비물을 보여 주며 관심을 유도한다. 이때 질문을 하거나 지시를 하지 않고 놀이 상황만을 언급해 준다. 아동에게 질문하거나 지시를 하면 아동 주도가 부모 주도로 바뀌어 자발적인 의사소통이 될 수 없다. 그리고 가능한 아동의 행동에 민감하게 반응하면서 상호작용을 지속하도록 노력한다.

◎ 활용 예

• 아동이 주사기를 보며 눌러 보고 움직이면 부모도 함께 눌러 보고 조작해 본다.
• 아동이 청진기를 껴 보면 관심을 갖고 반응해 주며 아동이 놀이를 계속할 수 있도록 한다.

---

③ 공동주의집중 및 공동활동 늘리기: 의사소통 촉진을 위한 놀이 확장

　　a. 아동이 주사기를 눌러 보기만 한다면 부모는 신체 부위에 주사를 놓으며 놀이를 확장하며 보여 준다.

　　이때 부모는 아동이 주사 놓는 것에 집중할 수 있도록 억양을 다르게 하거나 재미있는 소리를 내며 관심을 유도한다. 그리고 지속적으로 아동이 부모의 행동에 관심을 두고 있는지를 확인한다.

　　b. 놀이가 매우 활기를 띠는 상황이 되면 아동이 더욱 재미를 느끼고 동기화되어 적극적인 상호작용을 할 수 있기 때문에 얼굴 표정, 제스처, 목소리 톤과 같은 비구어적 의사소통을 과장되게 표현하여 활기를 북돋아 준다.

c. 아동이 관심을 보인다면 반복적으로 보여 준다.

d. 만약 아동이 관심이 없다면 아동에게 주사기를 건네고 아동이 주사를 놓을 수 있도록 해 본 후 다시 부모가 주사 놓는 것에 집중할 수 있도록 유도해 본다.

　(예시) 부모: (주사를 놓으며) 으악! 주사 아따요~ (우는 척 하며) 으앙! 주사기 아따~

e. 부모는 자극을 줄 때 아동이 잘 볼 수 있게 자세와 위치를 맞춰 둔다.

◎ 활용 예
• 아동이 의사 안경을 만지면 얼굴에 끼워 본다.
• 아동이 체온계를 만지고 살피면 겨드랑이에도 끼워 본다.
• 아동이 청진기를 당기고 쳐 보면 함께 논 후 청진기를 낀 모습을 보여 준다.

---

④ 기다리기, 얼굴 마주 보기

a. 아동에게 약 먹는 것을 보여 준 후 아동의 반응을 기다린다. 아동이 반응을 보이면 즉각적으로 반응해 준다.

　(예시) 부모: (약을 먹는 척 하며) 으악. 약 너무 쓰다.

b. 아동이 반응이 없다면 다시 한 번 약에 관심을 갖도록 시도해 본다. 부모가 아동의 얼굴을 바라보며 반응을 잘 기다리는 경우, 아동이 부모의 얼굴을 마주 보고 의사소통 의도를 표현하는 것을 확인할 수 있다.

c. 부모가 반응을 기다렸는데 아동이 부모에게 요청하지 않고 자신이 원하는 것만 하려고 한다면 부모는 아동이 부모에게 요청할 수 있는 또 다른 상황을 만들어 준다.

d. 이때 중요한 것은 아동의 반응이 정확한 문장이거나 정확한 발음의 낱말이 아니어도 좋다는 것이다. 부모는 어떤 의사소통 수단이든 아동의 상호작용 시작에 긍정적으로 반응해 준다.

　(예시1) 아동: (약을 달라고 하며) 야(약)~

　　　　부모: 우와 알겠어. 엄마가 약 줄게.

　(예시2) 아동: (약을 거부하며) 시어<싫어>~

> 부모: 우와 알겠어. 약 안 줄게.
>
> *(예시3)* 아동: *(주사 맞으며)* 아야, 아따~
>
> 부모: 우와 알겠어. 엄마가 주사 안 할게.

e. 기다리는 상황에서 부모가 무표정을 보이는 등 지시적/학습적인 상황이 되면 아동이 요청하지 않을 수 있다. 항상 부모가 가까이에 있어 언제든 도움을 줄 수 있다는 것을 아동이 인식하게 해 준다(예: 손을 가까이 두기). 그리고 기다리는 상황에서 다치거나 위험한 상황이 예상되면 상황을 만들지 않거나 미리 제지한다.

f. 반응이 잘 나오는 경우, 한 번의 시도에서 끝내는 것이 아니라 이를 반복적으로 해 보며 길게 상호작용하도록 한다.

⊛ 활용 예

- 아동에게 원하는 것(예: 안경, 청진기, 주사기 등)을 한 번씩 조작해 보도록 한 후 아동에게 건네지 않고 아동이 사물을 달라고 할 때까지 기다린다. 아동이 반응을 보이면 즉각적으로 반응해 준다.
- 아동이 원하는 사물을 말할 때 일부러 다른 것을 준다. 아동이 아니라는 것을 표현할 때까지 기다린다. 아동이 반응을 보이면 즉각적으로 반응해 준다.
- 아동에게 질문한 후 대답을 기다린다. 아동이 반응을 보이면 즉각적으로 반응해 준다.

낱말 수준	*(예시1)* 아동: *(청진기를 달라고 하며)* 줘. 줘~ 부모: 우와 알겠어. 엄마가 청진기 줄게. *(예시2)* 부모: 주사 어디 맞을까? 아동: 손~ 부모: 알겠어~ 손에 주사 놔 줄게.
초기 문장 수준	*(예시1)* *(아동이 말한 것과 다른 물건을 주자)* 아동: *(고개 저으며)* 주사 아니~ 부모: 알겠어. 주사는 아니구나. *(예시2)* *(아동이 말한 곳과 다른 곳에 주사 놓자)* 아동: 손 싫어~ 부모: 우와 알겠어. 손에 안 놓을게.

⑤ 모방하기, 언어 확장하기(1)

a. 아동이 의사소통을 시작하기 위한 행동이나 소리를 냈다면 이를 모방한다. 대신 부모가 해석한 행동이 아니라 아동의 행동, 발성 그대로를 모방한다.

b. 모방을 할 때는 부모가 아동의 행동을 모방하고 있다는 것을 충분히 과장되게 표현해 준다.

c. 아동의 행동을 모방한 후에는 아동의 발성 및 언어 수준을 고려하여 확장을 해 준다. 만약 아동이 낱말 단계인데 음절 수준이 2음절이면 2음절 내에서 다양한 소리 목록을 넣어 들려준다. 만약 아동이 초기 문장 단계이면 무조건 긴 문장이 아니라 한 어절 정도를 추가하여 문장을 확장하여 들려준다.

  (예시1) 아동: *(약을 달라고 하며)* 야<약>~

       부모: 야<약>. 약 먹어.

  (예시2) 아동: *(약을 거부하며)* 시어<싫어>~

       부모: 시어<싫어>. 주사는 싫어.

  (예시3) 아동: *(주사 맞으며)* 아야, 아따~

       부모: 아따. 엉덩이가 아따.

d. 아동이 다른 곳에 집중할 때보다는 부모와 상호작용하는 상황에서 공동 집중할 때 언어확장을 시도한다. 이때, 부모는 아동에게 눈과 입을 보여 주며 목표 언어를 들려준다. 그리고 목표 언어를 강조해서 천천히 들려준다. 아동이 부모의 얼굴을 보고 있지 않은 상황이면 부모는 언어자극이 적절하게 입력될 수 있도록 자세와 위치를 변경하여 시선을 맞춰 본다. 발성 및 언어 확장을 할 때 제스처와 같은 시각적인 단서를 함께 사용한다.

e. 반응이 잘 나오는 경우, 한 번의 시도에서 끝내는 것이 아니라 이를 반복적으로 해 보거나 다른 병원놀이 도구들을 이용하여 보다 많은 횟수의 언어 확장이 이루어지도록 한다. 모방을 유도해도 좋다. 하지만 아동이 많이 거부하면 필수적으로 모방을 유도하지 않아도 좋다.

◎ 활용 예

• 아동에게 원하는 것(예: 안경, 청진기, 주사기 등)을 한 번씩 조작해 보도록 한 후 아동에게 건네지 않고 아동이 사물을 달라고 할 때까지 기다린다. 아동이 반응을 보이면 즉각적으로 모방해 주고 언어를 확장해 준다.

• 아동이 원하는 사물을 말할 때 일부러 다른 것을 준다. 아동이 아니라는 것을 표현할 때까지 기다린다. 아동이 반응을 보이면 즉각적으로 모방해 주고 언어를 확장해 준다.

• 아동과 반복적으로 놀이를 한 후에 예상된 반응과 다른 반응을 보여 준다. 아동이 약을 줬을 때 맛있는 척을 한다. 아동이 아니라고 하거나 행동을 언급하며 반응을 보이면 즉각적으로 모방해 주고 언어를 확장해 준다.

낱말 수준	*(예시1) 아동:* (청진기를 달라고 하며) 줘줘~ *부모:* 줘, 청진기 줘. *(예시2) 부모:* 주사 어디 맞을까? *아동:* 발. *부모:* 발, 발 맞아.
초기 문장 수준	*(예시1) (아동이 말한 것과 다른 물건을 주자)* *아동:* (고개 저으며) 주사 아니~ *부모:* 주사 아니고 청진기. *(예시2) (아동이 말한 곳과 다른 곳에 주사 놓자)* *아동:* 코 싫어. *부모:* 코 싫고 엉덩이.

⑥ 언어 확장하기(2), 차례 주고받으며 대화하기

a. 병원놀이를 하는 상황에서 부모와 함께 차례를 주고받으며 대화를 해 본다. 한 번은 아동이 부모에게 요청을 하면 부모가 반응해 주고, 다음 차례는 부모가 아동에게 요청하면 아동이 반응해 준다.

b. 이때 아동이 반응이 나올 때까지 기다리기를 본 활동에서도 적용해 본다. 어느 정도 활기찬 활동이 되고 반복이 이루어졌다면 기다리기를 한 후 부모가 확장해 준 언어를 모방할 때까지 기다려 본다. 아동이 언어 확장을 보이면 더 격한 반응으로 아이를 칭찬해 주면서 활동을 더욱 활기차게 만든다. 아동이 언어 확장을 보이지 않는 경우에도 격려하면서 다시 반복해서 목표 언어를 들려준다.

(예시) 부모: 자 우리 엄마 한 번. ○○이 한 번 해서 주사 놓자. 누가 먼저 놓을까?

아동: ○○.

부모: 자 그럼 ○○이가 먼저. ○○아 엉덩이에 주사 놔.

아동: *(엉덩이에 놓으며)* 꾸욱~

부모: *(아픈 척하며)* 으악 엉덩이 아따. 딸에 주사 놔.

아동: *(딸에 주사 놓으며)* 딸 꾸욱~

부모: 으악 딸 아따인. 발에도 주사 놔~

아동: 발에 꾸욱. *(발에 주사를 놓는다)*

부모: 자 이번에는 아빠가 주사 놓을게. *(말하고 기다린다)*

아동: *(다리를 가리키며)* 놔.

부모: 놔. 다리에 주사 놔. *(주사를 놓으려다 멈춘다)*

아동: 다리 놔.

부모: 다리 놔. 다리에 주사 놔. *(모방할 때까지 기다려 본다)*

아동: 다리에 놔.

부모: 우와 알겠어. 아빠가 다리에 주사 놓을게. 아! 무서워. *(언어가 확장되었을 때 더 칭찬하며 주사를 놓는다)*

c. 차례를 주고받으며 대화를 할 때 아동마다 차례를 주고받는 시간이 다를 수 있다. 아동이 흥미를 잃으면 오랜 시간을 지속할 수 없기 때문이다. 아동의 주의집중 시간에 따라 처음에는 짧은 시간이라도 차례를 주고받는 횟수(빈도)를 늘려 주도록 한다. 이후 상호작용을 지속할 수 있는 시간이 길어지면 차례를 주고받는 횟수(빈도)뿐만 아니라 한 가지 놀이를 통해서 차례를 주고받는 시간을 늘려 준다.

◎ 활용 예

낱말 수준	부모: 자 아빠랑 ○○이랑 병원놀이 하자. ○○이는 뭐 하고 싶어? *(말하고 기다린다)* 아동: 이거. 부모: 이거, 주사. *(주지 않고 기다린다)*

	아동: (손 내밀며) 줘. 부모: 줘. 주사. (모방할 때까지 기다려 본다) 아동: 주사. 부모: 우와 알겠어. 아빠가 주사 줄게. (언어가 확장되었을 때 더 칭찬하며 아동이 원하는 사물을 준다) 부모: 이번에는 뭐 할래? 아동: (청진기를 포인팅 하며) 이거. 부모: 이거. 청진기. 혹은 이거 주세요. (모방할 때까지 기다린다) 아동: 청진기. 부모: 이제 아빠가 할게. ○○아. 체온계 줘. 아동: 네. (체온계를 준다) 부모: 고마워. 열 재 줘. 아동: 네. (겨드랑이에 넣는다) 부모: 열 난다. 아따. 약 줘. 아동: 네. (약을 준다)
초기 문장 수준	부모: 자 아빠랑 ○○이랑 같이 병원놀이 하자. ○○이는 누구 할래? (말하고 기다린다) 아동: 의사 해. 부모: 의사 해. ○○이가 의사 해. (의사가 필요한 물건 주지 않고 기다린다) 아동: (아빠에게 요청하며) 의사 해. 부모: 의사 해. ○○이가 의사 해. (모방할 때까지 기다려 본다) 아동: ○○이 의사 해. 부모: 우와 알겠어. 아빠가 ○○이 병원 가방 줄게. (언어가 확장되었을 때 더 칭찬하며 원하는 사물을 제공한다) 부모: 이번에는 뭐 할래? 아동: ○○ 아파요. 부모: ○○ 아파요. ○○이 아픈 사람. (혹은) ○○이 환자. (모방할 때까지 기다린다) 아동: 아픈 사람 해. 부모: 이제 아빠가 의사야. ○○아. 아빠가 약병 주세요. 아동: 응 먹어. (약통을 준다) 부모: 주사도 놔야 해. 아동: 응. 주사. (주사를 준다)

	부모: 꾸욱. 청진기도 필요해. 아동: 청진기 여기. (청진기를 준다)

3) 고려사항

• 아동의 언어 및 의사소통 수준에 따라 들려주고 촉진하는 것이 달라질 수 있다.

• 언어 확장이 잘된다고 하더라도 아동의 관심사를 놓치지 않고 지속해서 따라 한다.

• 언어 확장이 잘되지 않더라도 언어 유도를 위해 너무 학습적·지시적으로 이끌지 않고, 놀이는 항상 즐겁게 유지하도록 한다.

• 아동이 놀이를 좋아하지 않거나 관심 갖지 않는 경우에는 억지로 시도하지 않는다.

놀이 활동	**목 욕 놀 이**	종합 / 언어기

1) 목표

(1) 부모 목표

- 관찰하기, 공동주의집중 및 공동활동 늘리기: 참여하며 놀기, 아동 주도 따르기
- 공동주의집중 및 공동활동 늘리기: 의사소통 촉진을 위한 놀이 확장
- 기다리기, 얼굴 마주 보기
- 모방하기, 언어 확장하기(1)
- 언어 확장하기(2), 차례 주고받으며 대화하기

(2) 아동 목표

- 목욕놀이 상황에서 상호작용할 때 다양한 낱말, 문장 수준을 이해하고 표현할 수 있다.

> ◉ **목표 예**
> - 낱말 수준: 또〈손〉, 빠〈발〉, 따〈짜〉, 오〈옷〉, 삐〈빗〉, 줘, 여어〈열어〉, 아니, 많이, 아기, 삐빠〈신발〉, 우까〈수건〉, 오떠〈로션〉, 머이〈머리〉, 입어, 닦아, 뚜까〈뚜껑〉, 찌또〈칫솔〉, 바따〈발라〉, 바따〈벗어〉, 따바〈잡아〉, 비누 등
> - 초기 문장 수준: 로션 발라, 뚜껑 열어, 손 발라, 발 발라, 많이 줘, 아기 손, 아기 발, 아기 발라, 비누 줘, 옷 입어, 옷 벗어, 신발 벗어, 수건 닦아, 칫솔 아니, 손 닦아, 발 닦아, 손 잡아, 발 잡아, 아기 손 잡아, 아기 발 닦아, 손이 아니야, 엄마가 닦아, 발도 발라, 수건으로 닦아 등

2) 언어 및 의사소통 촉진 방법

> - 준비물: 인형, 인형 옷, 수건, 비누, 샤워기, 칫솔, 치약, 머리빗, 로션, 욕조, 가방(목욕용품을 넣는 용도)

〈놀이방법〉

① 목욕용품(수건, 비누, 샤워기, 칫솔, 치약, 머리빗, 로션)과 인형을 준비한다.

② 관찰하기, 공동주의집중 및 공동활동 늘리기: 참여하며 놀기, 아동 주도 따르기

    a. 아동에게 목욕놀이 장난감을 보여 주며 아동이 무엇에 관심이 있고 좋아하는지를 관찰한다.

      (예시) 부모: 우와 여기 ○○이가 좋아하는 인형이 있네. 아기 목욕하나 봐.

    b. 아동이 관심 있는 것을 만지거나 반응을 보이면 아동의 관심을 따라간다.

      (예시1) 부모: (아동이 인형의 머리를 만지며) 아, 아기 머리 감고 싶구나.

      (예시2) 부모: (아동이 수건으로 인형을 닦으며) 아, 수건이 좋아. 수건으로 닦아.

    c. 아동이 부모가 준비한 것에 관심이 없으면 다른 준비물을 보여 주며 관심을 유도한다. 이때 질문을 하거나 지시를 하지 않고 놀이 상황만을 언급해 준다. 아동에게 질문하거나 지시를 하면 아동 주도가 부모 주도로 바뀌어 자발적인 의사소통이 될 수 없다. 그리고 가능한 아동의 행동에 민감하게 반응하면서 상호작용을 지속하도록 노력한다.

◉ 활용 예

- 아동이 인형 옷에 관심을 보이면(인형의 옷을 만지작거리거나 잡아당김) 아동과 같은 방법으로 탐색해 본다.
- 아동이 인형을 움직이면서 관심을 보이면(인형을 눕히거나 욕조에 앉게 함) 아동과 같은 방법으로 함께 놀이해 본다.
- 아동이 치약 튜브를 누르면서 관심을 보이면 아동과 같은 방법으로 사물을 탐색해 본다.

---

③ 공동주의집중 및 공동활동 늘리기: 의사소통 촉진을 위한 놀이 확장

    a. 아동이 로션을 만지기만 한다면 로션을 눌러서 손에 짜는 것을 보여 준다. 그리고 반복적으로 보여 주며 관심을 유도한다.

    이때 부모는 아동이 로션을 짜는 것에 좀 더 집중할 수 있도록 억양을 다르게 하거나 재미있는 소리를 내며 관심을 유도한다. 그리고 지속적으로 아동이 부모의 행동에 관심을 두고 있는지를 확인한다.

    b. 놀이가 매우 활기를 띠는 상황이 되면 아동이 더욱 재미를 느끼고 동기화되어 적극적인 상

호작용을 할 수 있기 때문에 얼굴 표정, 제스처, 목소리 톤과 같은 비구어적 의사소통을 과장되게 표현하여 활기를 북돋아 준다.

c. 아동이 관심을 보인다면 반복적으로 보여 준다.

d. 만약 아동이 관심이 없다면 다시 보여 주거나 아동의 손에 로션을 짜 주면서 관심을 갖게 한다.

   (예시1) 부모: (인형에게 로션을 발라 주며) 우와 쓰윽쓰윽~ 발라.

   (예시2) 부모: (로션을 아이의 손에 짜 주며) 쭈욱~ 로션 짜.

e. 부모는 자극을 줄 때 아동이 잘 볼 수 있게 자세와 위치를 맞춰 둔다.

◎ **활용 예**
- 아동이 인형의 옷을 만지기만 한다면 인형 옷을 벗겨 보거나 단추를 열어 보인다. 이때 관심을 더 끌 수 있도록 제스처와 재미있는 소리를 내며 놀이를 확장한다.
- 아동이 치약 튜브를 만지기만 한다면 뚜껑을 열어 치약을 짜는 것을 보여 준다. 이때 관심을 더 끌 수 있도록 제스처와 재미있는 소리를 내며 놀이를 확장한다.
- 아동이 인형의 발을 만지고 있으면 수건으로 인형의 발을 닦는 것을 보여 주거나 비누를 발에 문지르는 것을 보여 준다. 이때 관심을 더 끌 수 있도록 제스처와 재미있는 소리를 내며 놀이를 확장한다.

---

④ **기다리기, 얼굴 마주 보기**

a. 부모는 아동에게 재미있게 놀이하는 것을 충분히 보여 준 후 아동이 로션을 볼 수는 있지만 손이 닿지 않는 곳에 둔다. 혹은 로션 뚜껑을 열지 못한다면 뚜껑을 닫은 상황에서 잠시 멈추고 아동의 반응을 기다린다.

   (예시) 부모: 우와~ 로션이 있네. 우리 같이 아기 발라 주자. (아동이 로션을 달라고 하거 나 뚜껑을 열어 달라고 할 때까지 기다린다)

b. 아동이 반응이 없다면 다시 한 번 로션에 관심을 갖도록 시도해 본다. 예를 들어, 부모가 아동의 얼굴을 바라보며 기다린다. 부모가 아동의 반응을 잘 기다리는 경우, 아동이 부모의 얼굴을 마주 보고 의사소통 의도를 표현하는 것을 확인할 수 있다.

c. 부모가 반응을 기다렸는데 아동이 부모에게 요청하지 않고 자신이 원하는 것만 하려고 한다

면 부모는 아동이 부모에게 요청할 수 있는 또 다른 상황을 만들어 준다.

d. 이때 중요한 것은 아동의 반응이 정확한 문장이거나 정확한 발음의 낱말이 아니어도 좋다는 것이다. 부모는 어떤 의사소통 수단이든 아동의 상호작용 시작에 즉각적으로 반응해 준다.

> *(예시1)* 아동: *(로션을 달라고 하며)* 오떠<로션>.
>
>   부모: 우와 알겠어. 엄마가 로션 줄게.
>
> *(예시2)* 아동: *(로션 뚜껑을 열어 달라고 하며)* 열어/어어<열어>.
>
>   부모: 우와 알겠어. 아빠가 뚜껑 열어 줄게.
>
> *(예시3)* 아동: *(로션을 인형에게 바르려고 하며)* 바따<발라>.
>
>   부모: 우와 알겠어. 엄마가 로션 발라 줄게.
>
> *(예시4)* 아동: *(로션을 인형에게 바르려고 하며)* 오떠 바따<로션 발라>.
>
>   부모: 우와 알겠어. 엄마가 로션 발라 줄게.

e. 기다리는 상황에서 부모가 무표정을 보이는 등 지시적/학습적인 상황이 되면 아동이 요청하지 않을 수 있다. 항상 부모가 가까이에 있어 언제든 도움을 줄 수 있다는 것을 아동이 인식하게 해 준다(예: 손을 가까이 두기). 그리고 기다리는 상황에서 다치거나 위험한 상황이 예상되면 상황을 만들지 않거나 미리 제지한다.

f. 반응이 잘 나오는 경우, 한 번의 시도에서 끝내는 것이 아니라 이를 반복적으로 해 보며 길게 상호작용하도록 한다.

◎ 활용 예
- 아동이 인형 옷을 벗기거나 입히는 것이 어려울 때 바로 도와주지 않고 아동의 얼굴을 보며 반응을 기다린다. 아동이 반응을 보이면 즉각적으로 반응해 준다.

낱말 수준	*(예시1)* 아동: *(인형을 들고 옷을 입혀 달라고 하며)* 입어. 　부모: 우와 알겠어. 엄마가 옷 입혀 줄게. *(예시2)* 아동: *(인형 신발을 벗겨 달라고 하며)* 바따<벗어>. 　부모: 우와 알겠어. 아빠가 신발 벗겨 줄게.

초기 문장 수준	(예시1) 아동: (인형을 들고 옷을 입혀 달라고 하며) 옷 입어. 부모: 우와 알겠어. 엄마가 옷 입혀 줄게. (예시2) 아동: (인형 신발을 벗겨 달라고 하며) 신발 벗어. 부모: 우와 알겠어. 아빠가 신발 벗겨 줄게.

• 아동이 인형 머리를 빗기고 싶어 할 때, 빗 대신 칫솔을 주고 아동의 얼굴을 보며 반응을 기다려 본다. 아동이 반응을 보이면 즉각적으로 반응해 준다.

낱말 수준	(예시1) 아동: (인형 머리를 잡으며) 빗. 부모: 우와 알겠어. 빗 줘. 엄마가 빗 줄게. (예시2) 아동: (인형 머리를 잡고 칫솔을 밀어내며) 아니. 빗. 부모: 아~ 칫솔 아니야. 알겠어~빗. 아빠가 빗 줄게.
초기 문장 수준	(예시1) 아동: (인형 머리를 잡으며) 빗 줘. 부모: 우와 알겠어. 엄마가 빗 줄게. (예시2) 아동: (인형 머리를 잡고 칫솔을 밀어내며) 칫솔 아니. 머리 빗. 부모: 아~ 칫솔 아니야. 알겠어. 머리 빗. 아빠가 빗 줄게.

⑤ 모방하기, 언어 확장하기(1)

a. 아동이 의사소통을 시작하기 위한 행동이나 소리를 냈다면 이를 모방한다. 대신 부모가 해석한 행동이 아니라 아동의 행동, 발성 그대로를 모방한다.

b. 모방을 할 때는 부모가 아동의 행동을 모방하고 있다는 것을 충분히 과장되게 표현해 준다.

c. 아동의 행동을 모방한 후에는 아동의 발성 및 언어 수준을 고려하여 확장을 해 준다. 만약 아동이 낱말 단계인데 음절 수준이 2음절이면 2음절 내에서 다양한 소리 목록을 넣어 들려준다. 만약 아동이 초기 문장 단계이면 무조건 긴 문장이 아니라 한 어절 정도를 추가하여 문장을 확장하여 들려준다.

(예시1) 아동: (발에 로션을 발라 달라고 하며) 발.

부모: 발. 발 발라.

(예시2) 아동: (로션 뚜껑을 열어 달라고 하며) 열어/여어<열어>.

　　　　부모: 열어/여어<열어>, 뚜껑 열어.

(예시3) 아동: (비누를 달라고 하며) 비누.

　　　　부모: 비누, 비누 줘.

(예시4) 아동: (발에 비누를 바르자고 하며) 발 비누.

　　　　부모: 발 비누, 발에 비누 발라.

d. 아동이 다른 곳에 집중할 때보다는 부모와 상호작용하는 상황에서 공동 집중할 때 언어 확장을 시도한다. 이때, 부모는 아동에게 눈과 입을 보여 주며 목표 언어를 들려준다. 그리고 목표 언어를 강조해서 천천히 들려준다. 아동이 부모의 얼굴을 보고 있지 않은 상황이면 부모는 언어자극이 적절하게 입력될 수 있도록 자세와 위치를 변경하여 시선을 맞춰 본다. 발성 및 언어 확장을 할 때 제스처와 같은 시각적인 단서를 함께 사용한다.

e. 반응이 잘 나오는 경우, 한 번의 시도에서 끝내는 것이 아니라 이를 반복적으로 해 보거나 다른 목욕용품을 요구하게 하거나 신체 부위를 씻는 활동을 이용하여 보다 많은 횟수의 언어 확장이 이루어지도록 한다. 모방을 유도해도 좋다. 하지만 아동이 많이 거부하면 필수적으로 모방을 유도하지 않아도 좋다.

👄 활용 예

• 아동이 인형 옷을 벗기거나 입히는 것이 어려울 때 바로 도와주지 않고 아동의 얼굴을 보며 반응을 기다린다. 아동이 반응을 보이면 즉각적으로 모방해 주고 언어 확장을 해 준다.

낱말 수준	(예시1) 아동: (인형을 들고 옷을 입혀 달라고 하며) 입어. 　　　　부모: 입어, 옷 입어. (예시2) 아동: (인형 신발을 벗겨 달라고 하며) 바따<벗어>. 　　　　부모: 벗어, 신발 벗어.
초기 문장 수준	(예시1) 아동: (인형을 들고 옷을 입혀 달라고 하며) 옷 입어. 　　　　부모: 옷 입어, 아기 옷 입어. (예시2) 아동: (인형 신발을 벗겨 달라고 하며) 신발 벗어. 　　　　부모: 신발 벗어, 아기 신발 벗어.

• 아동이 인형 머리를 빗기고 싶어 할 때, 빗 대신 칫솔을 주고 아동의 얼굴을 보며 반응을 기다려 본다. 아동이 반응을 보이면 즉각적으로 모방해 주고 언어 확장을 해 준다.

낱말 수준	(예시1) 아동: (인형 머리를 잡으며) 빗. 　　　　부모: 빗. 빗 줘. (예시2) 아동: (인형 머리를 잡고 칫솔을 밀어내며) 아니. 빗. 　　　　부모: 아니야. 빗 아니야. 혹은 빗. 줘.
초기 문장 수준	(예시1) 아동: (인형 머리를 잡으며) 빗 줘. 　　　　부모: 빗 줘. ○○이 빗 줘. (예시2) 아동: (인형 머리를 잡고 칫솔을 밀어내며) 칫솔 아니. 　　　　부모: 칫솔 아니. 칫솔이 아니야.

⑥ 언어 확장하기(2), 차례 주고받으며 대화하기

a. 로션 짜기와 로션을 바르는 활동에서 부모와 함께 차례를 주고받으며 대화를 해 본다. 한 번은 아동이 부모에게 요청을 하면 부모가 반응해 주고, 다음 차례는 부모가 아동에게 요청하면 아동이 반응해 준다.

b. 이때 아동의 반응이 나올 때까지 기다리기를 여기에서도 적용해 본다. 어느 정도 활기찬 활동이 되고 반복이 이루어졌다면 기다리기를 한 후 부모가 확장해 준 언어를 모방할 때까지 기다려 본다. 아이가 언어 확장을 보이면 더 격한 반응으로 아이를 칭찬해 주면서 활동을 더욱 활기차게 만든다. 아이가 언어 확장을 보이지 않는 경우에도 격려하면서 다시 반복해서 목표 언어를 들려준다.

(예시) 부모: 자 우리 아빠 한 번, ○○ 한 번 해서 같이 로션 짜보자. 누가 먼저 짜 볼까?

아동: ○○.

부모: 자 그럼 ○○이가 먼저 눌러봐. ○○아 아빠 로션 짜 줘.

아동: 로션 여기. (로션을 짜 준다)

부모: (아동에게 로션을 받아서 자신의 손에 바르며) 더 많이 줘.

아동: 많이 여기. (더 많이 준다)

부모: 아기도 발라 줘.

아동: 아기 발라. (방금 짜낸 로션을 아기 인형에게 발라 준다)

부모: 자 이번에는 엄마가 발라 줄게. *(말하고 기다린다)*

아동: *(인형의 손을 가리키며)* 아기 손.

부모: 아기 손, 아기 손 발라. *(인형 손에 발라 준다)*

아동: 발 발라.

부모: 발 발라. 아기 발 발라. *(아동이 모방할 때까지 기다려 본다)*

아동: 아기 발 발라.

부모: 우와 알겠어, 아빠가 아기 발에도 발라 줄게. 쓱쓱쓱~아기 다 됐다. *(언어가 확장되었을 때 더 칭찬하며 아동이 원하는 부위에 로션을 발라 준다)*

c. 차례를 주고받으며 대화를 할 때 아동마다 차례를 주고받는 시간이 다를 수 있다. 아동이 흥미를 잃으면 오랜 시간을 지속할 수 없기 때문이다. 아동의 주의집중 시간에 따라 처음에는 짧은 시간이라도 차례를 주고받는 횟수(빈도)를 늘려 주도록 한다. 이후 상호작용을 지속할 수 있는 시간이 길어지면 차례를 주고받는 횟수(빈도)뿐만 아니라 한 가지 놀이를 통해서 차례를 주고받는 시간을 늘려 준다.

🌀 활용 예

낱말 수준	부모: 자 여기 수건 있어. 할머니랑 ○○이랑 같이 아기 손이랑 발 닦자. 아기 어디 닦을까? *(말하고 아동의 반응을 기다린다)* 아동: 손. 부모: 손, 손 닦아. *(아기 인형의 손 대신 발을 닦는다)* 아동: *(인형 손을 가리키며, 발이 아니고 손을 닦으라고 요구하며)* 아니. 손. 부모: 아니. 손. 손 아니야. *(아동이 모방할 때까지 기다려 본다)* 아동: 손 아니. 부모: 우와~ 알겠어. 아기 손 닦자. *(언어가 확장되었을 때 더 칭찬하며 인형을 닦아보게 해 준다)* 부모: *(수건을 주며)* 이번에는 어디 닦을래? 아동: 발. 부모: 발. 발 닦아. 혹은 발. 아기 발 닦아. *(아동이 모방할 때까지 기다린다)* 아동: 아기 발 닦아.

	부모: 이제 할머니가 닦을게. ○○아, 수건 줘. 아동: 수건. *(수건을 할머니에게 준다)* 부모: *(아기 인형의 발과 손을 내밀며)* 아기 발 잡아 줘. 아동: 응, 발 잡아. *(아기 인형의 발을 잡아 준다)* 부모: *(아기 인형의 발을 닦는 흉내를 내며)* 아이~ 깨끗해~ 이제 손 잡아 줘. 아동: 손. *(아기 인형의 손을 잡아 준다)*
초기 문장 수준	부모: 자 여기 수건 있어. 할머니랑 ○○이랑 같이 아기 손이랑 발 닦자. 아기 어디 닦을까? *(말하고 아동의 반응을 기다린다)* 아동: 손 닦아. 부모: 손 닦아. 아기 손 닦아. *(아기 인형의 손 대신 발을 닦는다)* 아동: *(인형의 손을 가리키며 발이 아니고 손을 닦자고 요구하며)* 손 아니야. 부모: 손 아니야. 손이 아니야. *(아동이 모방할 때까지 기다려 본다)* 아동: 손이 아니야. 부모: 우와~ 알겠어. 아기 손 닦자. *(언어가 확장되었을 때 더 칭찬하며 인형을 닦아 보게 한다)* 부모: *(수건을 보여 주며)* 이번에는 어디 닦을래? 아동: 발 닦아. 부모: 발 닦아. 아기 발 닦아. 혹은 발 닦아. ○○이가 발 닦아. *(아동이 모방할 때까지 기다린다)* 아동: 아기 발 닦아. 부모: 이제 할머니가 닦을게. ○○아, 수건 줘. 아동: 수건 여기. *(수건을 할머니에게 준다)* 부모: *(아기 인형을 내밀며)* 아기 발 잡아 줘. 아동: 응, 아기 발 잡아. *(아기 인형의 발을 잡아 준다)* 부모: *(아기 인형의 발을 닦는 흉내를 내며)* 아이~ 깨끗해~ 이제 손 잡아 줘. 아동: 아기 손 잡아. *(아기 인형의 손을 잡아 준다)*

3) 고려사항

- 아동의 언어 및 의사소통 수준에 따라 들려주고 촉진하는 것이 달라질 수 있다.
- 언어 확장이 잘된다고 하더라도 아동의 관심사를 놓치지 않고 지속해서 따라 한다.
- 언어 확장이 잘되지 않더라도 언어 유도를 위해 너무 학습적·지시적으로 이끌지 않고, 놀이는 항상 즐겁게 유지하도록 한다.
- 아동이 목욕놀이를 좋아하지 않거나 원하지 않을 때 또는 아픈 경우에는 억지로 시도하지 않는다.
- 아동이 인형으로 목욕놀이 하는 것을 어려워하거나 선호하지 않는 상황에서는 아동의 신체를 이용하여 목욕놀이를 진행해 본다.

| 놀이
활동 | 마트놀이 | 종합 / 언어기 |

1) 목표

(1) 부모 목표

- 관찰하기, 공동주의집중 및 공동활동 늘리기: 참여하며 놀기, 아동 주도 따르기
- 공동주의집중 및 공동활동 늘리기: 의사소통 촉진을 위한 놀이 확장
- 기다리기, 얼굴 마주 보기
- 모방하기, 언어 확장하기(1)
- 언어 확장하기(2), 차례 주고받으며 대화하기

(2) 아동 목표

- 마트놀이 상황에서 상호작용할 때 다양한 낱말, 문장을 이해하고 표현할 수 있다.

🌀 **목표 예**
- 낱말 수준: 우~〈우유〉, 따디〈딸기〉, 암파〈양파〉, 미어〈밀어〉, 어떠〈없어〉, 할미〈할머니〉, 주스, 카트, 오이, 이거, 넣어, 빼(요), 바나나, 오렌지, 당근, 포도 등
- 초기 문장 수준: 빵 없어, 엄마 밀어, 이거 빵, 양파 빼, 딸기 줘, 바나나 담아(요), 아빠 오렌지 주스, 카트에 빵 넣어, 아빠 양파 뺐어요, 할머니 빵이 없어, 아빠 수박도 뺐어요 등

---

2) 언어 및 의사소통 촉진 방법

- 준비물: 마트 물건 장난감(채소, 과일, 과자, 우유, 주스 등의 장난감)과 카트 등

〈놀이방법〉

① 아동이 좋아하는 마트 물건들과 카트를 차례대로 진열하여 준비한다.

② 관찰하기, 공동주의집중 및 공동활동 늘리기: 참여하며 놀기, 아동 주도 따르기

   a. 아동에게 여러 가지 마트 물건을 보여 주며 아동이 무엇에 관심이 있고 좋아하는지를 관찰한다.

      (예시1) 부모: ○○아. 우와 여기 마트야. ○○이가 좋아하는 것들이 많구나.

      (예시2) 부모: 우와. 여기 ○○이가 좋아하는 카트가 있네.

   b. 아동이 관심 있는 물건들을 만지거나 집는 등의 반응을 보이거나 카트를 움직인다면 아동의 관심을 따라간다.

      (예시1) 부모: (아동이 포도를 만지면) 우와. ○○이가 포도를 좋아하는구나.

      (예시2) 부모: (아동이 카트를 만지면) 우와. 카트가 앞으로 (굴러)가네.

   c. 아동이 부모가 준비한 것에 관심이 없으면 다른 준비물을 보여 주며 관심을 유도한다. 이때 질문을 하거나 지시를 하지 않고 놀이 상황만을 언급해 준다. 아동에게 질문하거나 지시를 하면 아동 주도가 부모 주도로 바뀌어 자발적인 의사소통이 될 수 없다. 그리고 가능한 아동의 행동에 민감하게 반응하면서 상호작용을 지속하도록 노력한다.

    ◎ 활용 예

- 아동이 카트를 미는 것에 관심을 보이면 아동과 같은 방법으로 아동과 함께 카트를 밀어 보고, 주위를 돌면서 카트를 밀면 아동과 같은 방법으로 카트를 민다.
- 아동이 여러 가지 마트 물건에 관심을 보이면 아동과 같은 방법으로 함께 만져 보거나 집어 본다.

③ 공동주의집중 및 공동활동 늘리기: 의사소통 촉진을 위한 놀이 확장

   a. 아동이 카트 밀기를 좋아하면 아동을 따라가면서 카트를 함께 밀고, 앞이나 뒤쪽으로 움직이면서 천천히 따라가 준다.

   이때 부모는 아동이 부모와 함께 카트를 밀고 있다는 것에 집중할 수 있도록 억양을 다르게 하거나 재미있는 소리를 내며 관심을 유도한다. 그리고 지속적으로 아동이 부모의 행동에 관심을 두고 있는지를 확인한다.

b. 놀이가 매우 활기를 띠는 상황이 되면 아동이 더욱 재미를 느끼고 동기화되어 적극적인 상호작용을 할 수 있기 때문에 얼굴 표정, 제스처, 목소리 톤과 같은 비구어적 의사소통을 과장되게 표현하여 활기를 북돋아 준다.

c. 아동이 관심을 보인다면 반복적으로 보여 준다.

d. 만약 아동이 관심이 없다면 바퀴가 굴러가는 것을 보여 주거나 부모가 대신 카트를 밀면서 인형을 태우는 행동을 하거나 아동이 좋아하는 물건을 담으면서 관심을 갖게 한다.

    (예시1) 부모: (카트 손잡이를 잡고 밀며) 우와~ 이거 뭐지? 카트가 밀리네.

    (예시2) 부모: (카트에 물건을 넣으며) 우와~ 딸기우유다. 카트에 넣자.

e. 부모는 자극을 줄 때 아동이 잘 볼 수 있게 자세와 위치를 맞춰 둔다.

  ◉ **활용 예**
- 아동이 카트 밀기를 더 좋아하면 물건은 하나만 담고 한 바퀴를 돌아온 후, 다른 물건을 담고 반복해서 카트 밀기를 해 본다. 이때 관심을 더 끌 수 있도록 제스처와 재미있는 소리를 내며 놀이를 확장한다.
- 아동이 마트 물건에 관심을 보이면 좋아하는 물건을 함께 만져 보고 흔들어서 살펴본 후 집어서 카트에 물건 넣기를 한다. 혹은 싫어하는 물건을 집어서 카트에서 물건을 뺀다.

④ **기다리기, 얼굴 마주 보기**

a. 아동에게 마트 물건을 카트에 담는 것이 재미있다는 것을 충분히 보여 준 후 아동이 좋아하는 물건을 들고 가만히 쳐다본다. 혹은 카트에 싫어하는 물건을 담아 두고 잠시 멈추고 아동의 반응을 기다린다.

    (예시) 부모: 우와 이거 엄청 맛있겠다. 이거 카트에 넣어 보자. (원하는 물건을 달라고 하거나 싫어하는 물건을 빼 달라고 할 때까지 기다린다)

b. 아동이 반응이 없다면 다시 한 번 카트를 앞뒤로 과장되게 밀고 아동이 좋아하는 물건을 넣어서 아동이 관심을 갖도록 시도해 본다. 그리고 부모가 아동의 얼굴을 바라보며 기다린다. 부모가 아동의 반응을 잘 기다리는 경우, 아동이 부모의 얼굴을 마주 보고 의사소통 의도를 표현

하는 것을 확인할 수 있다.

c. 부모가 반응을 기다렸는데 아동이 부모에게 요청하지 않고 자신이 원하는 것만 하려고 한다면 부모는 아동이 부모에게 요청할 수 있는 또 다른 상황을 만들어 준다.

d. 이때 중요한 것은 아동의 반응이 정확한 문장이거나 정확한 발음의 낱말이 아니어도 좋다는 것이다. 부모는 어떤 의사소통 수단이든 아동의 상호작용 시작에 긍정적으로 반응해 준다.

>　(예시1) 아동: (우유를 달라고 가리키며) 우~<우유>.
>
>　　　　부모: 우와 알겠어. 엄마가 우유 줄게. 여기 넣어.
>
>　(예시2) 아동: (싫어하는 양따를 카트에서 빼 달라고 하며) 얌따<양따>.
>
>　　　　부모: 우와 알겠어. 엄마가 양따 빼 줄게.
>
>　(예시3) 아동: (다른 물건을 달라고 하며) 따디<딸기> 줘.
>
>　　　　부모: 우와 알겠어. 아빠가 딸기 줄게.

e. 기다리는 상황에서 부모가 무표정을 보이는 등 지시적/학습적인 상황이 되면 아동이 요청하지 않을 수 있다. 항상 부모가 가까이에 있어 언제든 도움을 줄 수 있다는 것을 아동이 인식하게 해 준다(예: 손을 가까이 두기). 그리고 기다리는 상황에서 다치거나 위험한 상황이 예상되면 상황을 만들지 않거나 미리 제지한다.

f. 반응이 잘 나오는 경우, 한 번의 시도에서 끝내는 것이 아니라 이를 반복적으로 해 보며 길게 상호작용하도록 한다.

◎ 활용 예
- 아동이 혼자서 카트를 미는 것을 어려워하거나 원하는 물건을 찾기 어려워할 때 바로 도와주지 않고 아동의 얼굴을 보며 반응을 기다린다. 아동이 반응을 보이면 즉각적으로 반응해 준다.

낱말 수준	(예시1) 아동: (카트를 밀어 달라고 하며) 미~<밀어>.　부모: 우와 알겠어. 엄마가 카트 밀어줄게. (예시2) 아동: (원하는 물건이 없다고 하며) 어뻐<없어>.　할머니: 우와 알겠어. 할머니가 찾아 줄게.

마트놀이

초기 문장 수준	(예시1) 아동: (카트를 밀어 달라고 하며) 엄마 미어<밀어>. 부모: 우와 알겠어. 엄마가 카트 밀어줄게. (예시2) 아동: (원하는 물건이 없다고 하며) 할미<할머니>, 빵 어떠<없어>. 할머니: 우와 알겠어. 할머니가 찾아 줄게.

⑤ 모방하기, 언어 확장하기(1)

a. 아동이 의사소통을 시작하기 위한 행동이나 소리를 냈다면 이를 모방한다. 대신 부모가 해석한 행동이 아니라 아동의 행동, 발성 그대로를 모방한다.

b. 모방을 할 때는 부모가 아동의 행동을 모방하고 있다는 것을 충분히 과장되게 표현해 준다.

c. 아동의 행동을 모방한 후에는 아동의 발성 및 언어 수준을 고려하여 확장을 해 준다. 만약 아동이 낱말 단계인데 음절 수준이 2음절이면 2음절 내에서 다양한 소리 목록을 넣어 들려준다. 만약 아동이 초기 문장 단계이면 무조건 긴 문장이 아니라 한 어절 정도를 추가하여 문장을 확장하여 들려준다.

　(예시1) 아동: (우유를 달라고 가리키며) 우~<우유>.

　　　　부모: 우~, 우유.

　(예시2) 아동: (싫어하는 양파를 카트에서 빼 달라고 하며) 앙따<양파>.

　　　　부모: 앙따, 앙따 빼.

　(예시3) 아동: (다른 물건을 달라고 하며) 따디<딸기> 줘.

　　　　부모: 따디 줘, 아빠 딸기 줘.

d. 아동이 다른 곳에 집중할 때보다는 부모와 상호작용하는 상황에서 공동 집중할 때 언어확장을 시도한다. 이때, 부모는 아동에게 눈과 입을 보여 주며 목표 언어를 들려준다. 그리고 목표 언어를 강조해서 천천히 들려준다. 아동이 부모의 얼굴을 보고 있지 않은 상황이면 부모는 언어자극이 적절하게 입력될 수 있도록 자세와 위치를 변경하여 시선을 맞춰 본다. 발성 및 언어 확장을 할 때 제스처와 같은 시각적인 단서를 함께 사용한다.

e. 반응이 잘 나오는 경우, 한 번의 시도에서 끝내는 것이 아니라 이를 반복적으로 해 보거나 다

른 물건들을 이용하여 보다 많은 횟수의 언어 확장이 이루어지도록 한다. 모방을 유도해도 좋다. 하지만 아동이 많이 거부하면 필수적으로 모방을 유도하지 않아도 좋다.

◎ 활용 예
• 아동이 혼자서 카트를 미는 것이 어렵거나 원하는 물건을 찾기 어려울 때 바로 도와주지 않고 아동의 얼굴을 보며 반응을 기다린다. 아동이 반응을 보이면 즉각적으로 모방해 주고 언어 확장을 해 준다.

낱말 수준	(예시1) 아동: (카트를 밀어 달라고 하며) 미~<밀어>. 부모: 미~ 밀어. (예시2) 아동: (원하는 물건이 없다고 하며) 어떠<없어>. 할머니: 어떠, 할미 어떠<할머니 없어>.
초기 문장 수준	(예시1) 아동: (카트를 밀어 달라고 하며) 엄마 미어<밀어>. 부모: 엄마 미어<밀어>. 엄마 카트 밀어. (예시2) 아동: (원하는 물건이 없다고 하며) 할미<할머니>, 빵 어떠<없어>. 할머니: 할미 빵 어떠. 할미 빵이 어떠<할머니 빵이 없어>.

⑥ 언어 확장하기(2), 차례 주고받으며 대화하기

a. 원하는 마트 물건을 찾아서 카트에 담는 활동에서 부모와 함께 차례를 주고받으며 대화를 해 본다. 한 번은 아동이 부모에게 요청을 하면 부모가 반응해 주고, 다음 차례는 부모가 아동에게 요청하면 아동이 반응해 준다.

b. 이때 아동이 반응이 나올 때까지 기다리기를 본 활동에서도 적용해 본다. 어느 정도 활기찬 활동이 되고 반복이 이루어졌다면 기다리기를 한 후 부모가 확장해 준 언어를 모방할 때까지 기다려 본다. 아동이 언어 확장을 보이면 더 격한 반응으로 아이를 칭찬해 주면서 활동을 더욱 활기차게 만든다. 아동이 언어 확장을 보이지 않는 경우에도 격려하면서 다시 반복해서 목표 언어를 들려준다.

　(예시) 부모: 자 우리 엄마 한 번. ○○ 한 번 해서 같이 좋아하는 물건을 찾아오기 해 보자. 누가 먼저 해 볼까?

　　아동: ○○.

부모: 자 그럼 ○○이가 먼저 찾아오는 거야. ○○아 엄마 오이 가져다 줘.

아동: 오이. (오이를 가져온다)

부모: (오이를 가리키며) 이번에는 오이를 카트에 넣어 줘.

아동: (오이를 들며) 넣어, 넣었다. (카트에 넣는다)

부모: (우유를 가리키며) 와, 저건 우유네. (우유를 가리키며) 우유 넣어 줘.

아동: 우유, 넣어. (우유를 카트에 넣는다)

부모: 자 이번에는 엄마가 넣을게. (말하고 기다린다)

아동: (빵을 가리키며) 이거, 빵.

부모: 이거, 이거 빵이야. (빵을 가져온다)

아동: 빵 넣어.

부모: 빵 넣어. 카트에 빵 넣어. (모방할 때까지 기다려 본다)

아동: 카트에 빵 넣어.

부모: 우와 알겠어. 엄마가 빵을 카트에 넣을게. 됐다. (언어가 확장되었을 때 더 칭찬하며 준다)

c. 차례를 주고받으며 대화를 할 때 아동마다 차례를 주고받는 시간이 다를 수 있다. 아동이 흥미를 잃으면 오랜 시간을 지속할 수 없기 때문이다. 아동의 주의집중 시간에 따라 처음에는 짧은 시간이라도 차례를 주고받는 횟수(빈도)를 늘려 주도록 한다. 이후 상호작용을 지속할 수 있는 시간이 길어지면 차례를 주고받는 횟수(빈도)뿐만 아니라 한 가지 놀이를 통해서 차례를 주고받는 시간을 늘려 준다.

◎ 활용 예

낱말 수준	부모: 자 아빠랑 ○○이랑 같이 카트에 과일 담아보자. ○○이는 어떤 과일 담고 싶어? (말하고 기다린다) 아동: 바나나. 부모: 응~, 바나나. (바나나를 들고 가만히 있는다) 아동: (바나나를 사 달라고 아빠에게 요구하며) 바나나. 바나나. 부모: 바나나. 바나나 담아. (모방할 때까지 기다려 본다) 아동: 바나나 담아.

	부모: 우와 알겠어, 아빠가 바나나 담는다. (언어가 확장되었을 때 더 칭찬하며 건네준다)
	부모: (사과 주스, 오렌지 주스 등을 보여 주며) 이번에는 어떤 주스를 넣을래?
	아동: 오렌지.
	부모: 오렌지. 혹은 오렌지 주스. (모방할 때까지 기다린다)
	아동: 오렌지 주스.
	부모: 이제 아빠가 카트에 넣어 볼게. ○○아, 포도 줘.
	아동: 포도. (포도를 준다)
	부모: (카트에 아동이 싫어하는 당근을 가리키며) 당근 빼 줘.
	아동: 당근, 빼. (당근을 뺀다)
	부모: 수박도 있네, 수박도 빼 줘.
	아동: 수박 빼요. (수박도 뺀다)
초기 문장 수준	부모: 자 아빠랑 ○○이랑 같이 카트에 과일 담아 보자. ○○이는 어떤 과일 담고 싶어? (말하고 기다린다)
	아동: 바나나요.
	부모: 응~, 바나나. (바나나를 들고 가만히 있는다)
	아동: (바나나를 달라고 아빠에게 요청하며) 바나나요. 이거 바나나예요.
	부모: 바나나 담아. 혹은 아빠 바나나. (모방할 때까지 기다려 본다)
	아동: 아빠 바나나 담아요.
	부모: 우와 알겠어, 아빠가 바나나 담는다. (언어가 확장되었을 때 더 칭찬하며 건네준다)
	부모: (사과 주스, 오렌지 주스 등을 보여 주며) 이번에는 어떤 주스를 넣을래?
	아동: 오렌지요.
	부모: 오렌지. 혹은 오렌지 주스. (모방할 때까지 기다린다)
	아동: 아빠 오렌지 주스요.
	부모: 이제 아빠가 카트에 넣어 볼게 ○○아, 포도 줘.
	아동: 포도 줘. (포도를 준다)
	부모: (카트에 아동이 싫어하는 당근을 가리키며) 당근 빼 줘.
	아동: 아빠 당근 뺐어요. (당근을 뺀다)
	부모: 수박도 있네, 수박도 빼 줘.
	아동: 아빠 수박도 뺐어요. (수박도 뺀다)

3) 고려사항

- 아동의 언어 및 의사소통 수준에 따라 들려주고 촉진하는 것이 달라질 수 있다.
- 언어 확장이 잘된다고 하더라도 아동의 관심사를 놓치지 않고 지속해서 따라 한다.
- 언어 확장이 잘되지 않더라도 언어 유도를 위해 너무 학습적 · 지시적으로 이끌지 않고, 놀이는 항상 즐겁게 유지하도록 한다.
- 아동이 카트에 물건을 담을 때 물건이 너무 크거나 작지 않은, 담기 쉬운 크기의 물건을 담도록 한다.
- 아동이 놀이를 좋아하지 않거나 관심이 없는 경우에는 억지로 시도하지 않는다.

| 놀이
활동 | 미장원 놀이 | 종합 / 언어기 |

1) 목표

(1) 부모 목표

- 관찰하기, 공동주의집중 및 공동 활동 늘리기: 참여하며 놀기, 아동 주도 따르기
- 공동주의집중 및 공동 활동 늘리기: 의사소통 촉진을 위한 놀이 확장
- 기다리기, 얼굴 마주 보기
- 모방하기, 언어 확장하기(1)
- 언어 확장하기(2), 차례 주고받으며 대화하기

(2) 아동 목표

- 미장원 놀이 상황에서 상호작용할 때 다양한 낱말, 문장을 이해하고 표현할 수 있다.

🎯 **목표 예**

- 낱말 수준: 무〈물〉, 빗, 더, 봐, 줘, 많이, 머이〈머리〉, 아빠, 엄마, 아기, 앉아, 안 돼, 빗어, 뿌려, 누야〈눌러〉, 무까〈묶어〉, 푸따〈풀어〉, 까이〈가위〉, 까우〈거울〉, 짜야〈잘라〉, 예뻐, 할머니/함미 등
- 초기 문장 수준: 물 뿌려, 물 눌러, 빗 빗어, 거울 봐, 머리 빗어, 아기 예뻐, 머리 뿌려, 많이 뿌려, 머리 묶어, 머리 풀어, 가위 잘라, 머리 잘라, 아기 앉아, 함미 묶어, 더 많이 뿌려, 머리 빗 빗어, 함미 머리 묶어, 아빠 가위 줘, 빗으로 빗어 등

---

2) 언어 및 의사소통 촉진 방법

- 준비물: 인형(머리가 긴 것), 가위, 분무기, 빗, 드라이기, 거울, 머리끈

〈놀이방법〉

① 미용실 도구(가위, 분무기, 빗, 드라이기, 거울, 머리끈 등)와 인형을 준비한다.

② 관찰하기, 공동주의집중 및 공동 활동 늘리기: 참여하며 놀기, 아동 주도 따르기

　a. 아동에게 미용실 도구를 보여 주며 아동이 무엇에 관심이 있고 좋아하는지를 관찰한다.

　　(예시) 부모: ○○아. 우와 여기 미용실이다. ○○이가 좋아하는 것들이 많이 있네.

　b. 아동이 관심 있는 것을 만지거나 반응을 보이면 아동의 관심을 따라간다.

　　(예시1) 부모: (아동이 가위를 만지며 관심을 보이면) 아. 싹둑싹둑 잘라. 머리 자르고 싶어.

　　(예시2) 부모: (아동이 거울을 쳐다보면) 아. 거울이 좋아. 거울 봐. ○○이가 있네. 선생님
　　　도 있어.

　c. 아동이 부모가 준비한 것에 관심이 없으면 다른 준비물을 보여 주며 관심을 유도한다. 이때 질문을 하거나 지시를 하지 않고 놀이 상황만을 언급해 준다. 아동에게 질문하거나 지시를 하면 아동 주도가 부모 주도로 바뀌어 자발적인 의사소통이 될 수 없다. 그리고 가능한 아동의 행동에 민감하게 반응하면서 상호작용을 지속하도록 노력한다.

> ◎ 활용 예
> • 아동이 인형의 머리카락에 관심을 보이면(인형의 머리를 움켜쥐거나 비벼 대면) 아동과 함께 머리카락을 만지면서 놀이해 본다.
> • 아동이 드라이기를 켰다 껐다 하면서 관심을 보이면 함께 드라이기를 작동해 보면서 놀이해 본다.

③ 공동주의집중 및 공동 활동 늘리기: 의사소통 촉진을 위한 놀이 확장

　a. 아동이 분무기를 두드리거나 만져 보고만 있다면 분무기를 눌러서 물 뿌리는 것을 보여 준다. 이때 부모는 아동이 분무기로 물을 뿌리는 것에 좀 더 집중할 수 있도록 억양을 다르게 하거나 재미있는 소리를 내며 관심을 유도한다. 그리고 지속적으로 아동이 부모의 행동에 관심을 두고 있는지를 확인한다.

　b. 놀이가 매우 활기를 띠는 상황이 되면 아동이 더욱 재미를 느끼고 동기화되어 적극적인 상호작용을 할 수 있기 때문에 얼굴 표정, 제스처, 목소리 톤과 같은 비구어적 의사소통을 과장되

게 표현하여 활기를 북돋아 준다.

c. 아동이 관심을 보인다면 반복적으로 보여 준다.

d. 만약 아동이 관심이 없다면 다시 보여 주거나 아동의 손에 물을 뿌려 주면서 관심을 갖게 한다.

(예시1) 부모: (분무기로 인형 머리에 물을 뿌려 주며) 치익치익~ 뿌려.

(예시2) 부모: (분무기로 아이의 손에 물을 뿌려 주며) 치익~ 물 뿌려.

e. 부모는 자극을 줄 때 아동이 잘 볼 수 있게 자세와 위치를 맞춰 둔다.

활용 예
- 아동이 인형의 머리카락을 만지작거리기만 한다면 빗으로 머리를 빗거나 머리끈으로 머리 묶는 것을 보여 준다. 이때 관심을 더 끌 수 있도록 제스처와 재미있는 소리를 내며 놀이를 확장한다.
- 아동이 드라이를 켰다 껐다 하고 있다면 머리를 말리는 것을 보여 준다. 이때 관심을 더 끌 수 있도록 제스처와 재미있는 소리를 내며 놀이를 확장한다.

④ 기다리기, 얼굴 마주 보기

a. 아동에게 재미있게 놀이 하는 것을 충분히 보여 준 후 아동이 분무기를 볼 수는 있지만 손이 닿지 않는 곳에 둔다. 혹은 분무기를 원할 때 가위를 제공한 뒤 잠시 멈추고 아동의 반응을 기다린다.

(예시) 부모: 우와~ 물이 있네. 우리 같이 머리에 뿌려 보자. (아동이 분무기를 달라고 하거나 물 뿌리는 것을 도와 달라고 할 때까지 기다린다)

b. 아동이 반응이 없다면 다시 한 번 분무기에 관심을 갖도록 시도해 본다. 부모가 아동을 바라보면서 아동의 반응을 잘 기다리는 경우, 아동이 부모의 얼굴을 마주 보고 의사소통 의도를 표현하는 것을 확인할 수 있다.

c. 부모가 반응을 기다렸는데 아동이 부모에게 요청하지 않고 자신이 원하는 것만 하려고 한다면 부모는 아동이 부모에게 요청할 수 있는 또 다른 상황을 만들어 준다.

미장원 놀이

d. 이때 중요한 것은 아동의 반응이 정확한 문장이거나 정확한 발음의 낱말이 아니어도 좋다는 것이다. 부모는 어떤 의사소통 수단이든 아동의 상호작용 시작에 긍정적으로 반응해 준다.

>*(예시1)* 아동: *(분무기를 달라고 하며)* 무*(물)*.
>
>>부모: 우와 알겠어. 엄마가 물 줄게.
>
>*(예시2)* 아동: *(분무기를 눌러 달라고 하며)* 누야*(눌러)*.
>
>>부모: 우와 알겠어. 아빠가 물 눌러 줄게.
>
>*(예시3)* 아동: *(분무기를 머리에 뿌리려고 하며)* 머이*(머리)*.
>
>>부모: 우와 알겠어. 머리에 뿌려 보자.

e. 기다리는 상황에서 부모가 무표정을 보이는 등 지시적/학습적인 상황이 되면 아동이 요청하지 않을 수 있다. 항상 부모가 가까이에 있어 언제든 도움을 줄 수 있다는 것을 아동이 인식하게 해 준다(예: 손을 가까이 두기). 그리고 기다리는 상황에서 다치거나 위험한 상황이 예상되면 상황을 만들지 않거나 미리 제지한다.

f. 반응이 잘 나오는 경우, 한 번의 시도에서 끝내는 것이 아니라 이를 반복적으로 해 보며 길게 상호작용하도록 한다.

◎ 활용 예

• 아동이 혼자서 인형의 머리를 묶는 것이 어렵거나 머리끈을 푸는 것이 어려울 때 바로 도와주지 않고 아동의 얼굴을 보며 반응을 기다린다. 아동이 반응을 보이면 즉각적으로 반응해 준다.

낱말 수준	*(예시1)* 아동: *(머리끈을 들고 묶어 달라고 하며)* 무까*(묶어)*. 부모: 우와 알겠어. 엄마가 머리 묶어 줄게. *(예시2)* 아동: *(인형 머리에서 머리끈을 풀어 달라고 하며)* 푸따*(풀어)*. 부모: 우와 알겠어. 아빠가 머리 풀어 줄게.
초기 문장 수준	*(예시1)* 아동: *(머리끈을 들고 묶어 달라고 하며)* 머리 묶어. 부모: 우와 알겠어. 엄마가 머리 묶어 줄게. *(예시2)* 아동: *(인형 머리에서 머리끈을 풀어 달라고 하며)* 머리 풀어. 부모: 우와 알겠어. 아빠가 머리 풀어 줄게.

• 아동이 인형 머리 자르기를 좋아한다면 가위로 머리를 조금만 잘라 보게 한 뒤 가위를 가져간다. 그리고 다시 가위를 더 달라고 할 때까지 아동의 얼굴을 보며 반응을 기다린다. 아동이 반응을 보이면 즉각적으로 반응해 준다.

낱말 수준	*(예시1)* 아동: *(인형 머리를 잡고 엄마에게 보여 주며)* 짜야<잘라>. 　　　　부모: 우와 알겠어. 엄마가 잘라 줄게. *(예시2)* 아동: *(인형 머리를 잡고 가위를 가리키며)* 까이<가위>. 　　　　부모: 우와 알겠어. 아빠가 가위 줄게.
초기 문장 수준	*(예시1)* 아동: *(인형 머리를 잡고 보여 주며)* 머리 잘라. 　　　　부모: 우와 알겠어. 엄마가 머리 잘라 줄게. *(예시2)* 아동: *(인형 머리를 잡고 가위를 가리키며)* 가위 줘. 　　　　부모: 우와 알겠어. 아빠가 가위 줄게.

⑤ 모방하기, 언어 확장하기(1)

a. 아동이 의사소통을 시작하기 위한 행동이나 소리를 냈다면 이를 모방한다. 대신 부모가 해석한 행동이 아니라 아동의 행동, 발성 그대로를 모방한다.

b. 모방을 할 때는 부모가 아동의 행동을 모방하고 있다는 것을 충분히 과장되게 표현해 준다.

c. 아동의 행동을 모방한 후에는 아동의 발성 및 언어 수준을 고려하여 확장을 해 준다. 만약 아동이 낱말 단계인데 음절 수준이 2음절이면 2음절 내에서 다양한 소리 목록을 넣어 들려준다. 만약 아동이 초기 문장 단계이면 무조건 긴 문장이 아니라 한 어절 정도를 추가하여 문장을 확장하여 들려준다.

　(예시1) 아동: *(머리에 물을 뿌려 달라고 하며)* 물.

　　　부모: 물, 물 뿌려.

　(예시2) 아동: *(분무기를 눌러 달라고 하며)* 누야<눌러>.

　　　부모: 누야. 눌러. 물 눌러.

　(예시3) 아동: *(거울을 보여 달라고 하며)* 거울 봐.

　　　부모: 거울 봐. ○○가 거울 봐.

d. 아동이 다른 곳에 집중할 때보다는 부모와 상호작용하는 상황에서 공동 집중할 때 언어 확

장을 시도한다. 이때, 부모는 아동에게 눈과 입을 보여 주며 목표 언어를 들려준다. 그리고 목표 언어를 강조해서 천천히 들려준다. 아동이 부모의 얼굴을 보고 있지 않은 상황이면 부모는 언어자극이 적절하게 입력될 수 있도록 자세와 위치를 변경하여 시선을 맞춰 본다. 발성 및 언어 확장을 할 때 제스처와 같은 시각적인 단서를 함께 사용한다.

e. 반응이 잘 나오는 경우, 한 번의 시도에서 끝내는 것이 아니라 이를 반복적으로 해 보거나 다른 물건들을 이용하여 보다 많은 횟수의 언어 확장이 이루어지도록 한다. 모방을 유도해도 좋다. 하지만 아동이 많이 거부하면 필수적으로 모방을 유도하지 않아도 좋다.

◎ 활용 예
• 아동이 혼자서 인형의 머리를 묶는 것이 어렵거나 머리끈을 푸는 것이 어려울 때 바로 도와주지 않고 아동의 얼굴을 보며 반응을 기다린다. 아동이 반응을 보이면 즉각적으로 모방해 주고 언어 확장을 해 준다.

낱말 수준	*(예시1)* 아동: *(머리끈을 들고 묶어 달라고 하며)* 무까<묶어>. 부모: 무까. 머리 묶어. *(예시2)* 아동: *(인형 머리에서 머리끈을 풀어 달라고 하며)* 푸따<풀어>. 부모: 푸따. 머리 풀어.
초기 문장 수준	*(예시1)* 아동: *(머리끈을 들고 묶어 달라고 하며)* 머리 묶어. 부모: 머리 묶어. 아기 머리 묶어. *(예시2)* 아동: *(인형 머리에서 머리끈을 풀어 달라고 하며)* 머리 풀어. 부모: 머리 풀어. 아기 머리 풀어.

• 아동이 인형 머리 자르기를 좋아한다면 가위로 머리를 조금만 잘라 보게 한 뒤 가위를 가져간다. 그리고 다시 가위를 더 달라고 할 때까지 아동의 얼굴을 보며 반응을 기다린다. 아동이 반응을 보이면 즉각적으로 모방해 주고 언어 확장을 해 준다.

낱말 수준	*(예시1)* 아동: *(인형 머리를 잡고 보여 주며)* 짜야<잘라>. 부모: 짜야. 머리 잘라. *(예시2)* 아동: *(인형 머리를 잡고 가위를 가리키며)* 까이<가위>. 부모: 까이. 가위 줘.

초기 문장 수준	*(예시1)* 아동: *(인형 머리를 잡고 보여 주며)* 머리 잘라. 부모: 머리 잘라, 아기 머리 잘라. *(예시2)* 아동: *(인형 머리를 잡고 가위를 가리키며)* 가위 줘. 부모: 가위 줘, 아빠 가위 줘.

⑥ 언어 확장하기(2), 차례 주고받으며 대화하기

a. 분무기를 뿌리는 상황에서 부모와 함께 차례를 주고받으며 대화를 해 본다. 한 번은 아동이 부모에게 요청을 하면 부모가 반응해 주고, 다음 차례는 부모가 아동에게 요청하면 아동이 반응해 준다.

b. 이때 아동이 반응이 나올 때까지 기다리기를 본 활동에서도 적용해 본다. 어느 정도 활기찬 활동이 되고 반복이 이루어졌다면 기다리기를 한 후 부모가 확장해 준 언어를 모방할 때까지 기다려 본다. 아동이 언어 확장을 보이면 더 격한 반응으로 아동을 칭찬해 주면서 활동을 더욱 활기차게 만든다. 아동이 언어 확장을 보이지 않는 경우에도 격려하면서 다시 반복해서 목표 언어를 들려준다.

(예시) 부모: 자 우리 아빠 한 번, ○○ 한 번 해서 같이 물 뿌려 보자. 아빠가 뿌릴까, ○○ 뿌릴까?

아동: ○○ 뿌려.

부모: 자 그럼 ○○이가 먼저 뿌려. ○○아 아기 머리에 물 뿌려 줘.

아동: 물 뿌려. *(아기 인형 머리에 물을 뿌린다)*

부모: *(아기 인형의 머리를 만지면서)* 더 많이 뿌려.

아동: 많이 뿌려. *(인형 머리에 물을 더 많이 뿌린다)*

부모: 아빠도 뿌려 줘.

아동: 아빠 뿌려. *(아빠 머리에 물을 뿌려 준다)*

부모: 자 이번에는 아빠가 뿌려 줄게. *(말하고 기다린다)*

아동: 머리 뿌려. *(자신의 머리카락을 잡아 흔들어 보인다)*

부모: 머리 뿌려. ○○ 머리 뿌려. *(아동의 머리에 물을 뿌려 준다)*

아동: 더 뿌려.

부모: 더 뿌려. 더 많이 뿌려. *(모방할 때까지 기다려 본다)*

아동: 더 많이 뿌려.

부모: 우와 알겠어. 아빠가 더 뿌려 줄게. 치익치익~ 다 뿌렸다. *(언어가 확장되었을 때 더 칭찬하며 아동이 원하는 부위나 대상에 물을 뿌려 준다)*

c. 차례를 주고받으며 대화를 할 때 아동마다 차례를 주고받는 시간이 다를 수 있다. 아동이 흥미를 잃으면 오랜 시간을 지속할 수 없기 때문이다. 아동의 주의집중 시간에 따라 처음에는 짧은 시간이라도 차례를 주고받는 횟수(빈도)를 늘려 주도록 한다. 이후 상호작용을 지속할 수 있는 시간이 길어지면 차례를 주고받는 횟수(빈도)뿐만 아니라 한 가지 놀이를 통해서 차례를 주고받는 시간을 늘려 준다.

활용 예

낱말 수준	부모: 자 여기 빗이랑 머리끈 있어. 할머니랑 ○○이랑 같이 아기 머리 만져 주자. 아기 머리 빗을까 묶을까? *(말하고 기다린다)* 아동: 묶어. 부모: 묶어. 머리 묶어. *(아동이 혼자서 묶기 어려운 머리끈을 준다)* 아동: *(혼자서 머리를 묶어 보지만 잘 안 되자 할머니에게 도움을 요청하며)* 안 돼. 머리. 부모: 안 돼. 머리. 머리 묶어. *(모방할 때까지 기다려 본다)* 아동: 머리 묶어. 부모: 우와~ 알겠어. 할머니가 머리 묶어 줄게. *(언어가 확장되었을 때 더 칭찬하며 머리를 묶어 준다)* 부모: 이번에는 뭐 할까? *(빗과 거울을 보여 준다)* 아동: 빗. 부모: 빗. 빗 빗어. 혹은 빗, 머리 빗. *(모방할 때까지 기다린다)* 아동: 빗 빗어. 부모: 이제 할머니가 머리 빗을게. ○○아, 빗 줘. 아동: 빗. *(빗을 할머니에게 준다)* 부모: *(아기 인형을 주며)* 아기 앉혀 줘. 아동: 응, 아기 앉아. *(아기 인형을 앉힌다)* 부모: *(아기 인형의 머리를 빗어 주며)* 아이~ 예뻐~ 이제 거울 보여 줘. 아동: 거울. *(거울을 가져온다)*

초기 문장 수준	부모: 자 여기 빗이랑 머리끈 있어. 할머니랑 ○○이랑 같이 아기머리 만져 주자. 아기 머리 빗을까 묶을까? (말하고 기다린다)
	아동: 머리 묶어.
	부모: 머리 묶어. 아기 머리 묶어. (아동이 혼자서 묶기 어려운 머리끈을 준다)
	아동: (혼자서 머리를 묶어 보지만 잘 안 되자 할머니에게 도움을 요청하며) 안 돼. 머리.
	부모: 안 돼. 머리. 할머니 머리 묶어. (모방할 때까지 기다려 본다)
	아동: 할머니 머리 묶어.
	부모: 우와~ 알겠어. 할머니가 머리 묶어 줄게. (언어가 확장되었을 때 더 칭찬하며 머리를 묶어 준다)
	부모: 이번에는 뭐 할까? (빗과 거울을 보여 주며)
	아동: 빗 빗어.
	부모: 빗 빗어. 머리 빗 빗어. 혹은 빗 빗어. 빗으로 빗어. (모방할 때까지 기다린다)
	아동: 빗으로 빗어.
	부모: 이제 할머니가 머리 빗을게. ○○아, 빗 줘.
	아동: 빗 있다. (빗을 할머니에게 준다)
	부모: (아기 인형을 주며) 아기 앉혀 줘.
	아동: 응, 아기 앉아. (아기 인형을 앉힌다)
	부모: (아기 인형의 머리를 빗어 주며) 아이~ 예뻐~ 이제 거울 보여 줘.
	아동: 거울 봐. (거울을 가져온다)

3) 고려사항

• 아동의 언어 및 의사소통 수준에 따라 들려주고 촉진하는 것이 달라질 수 있다.

• 언어 확장이 잘된다고 하더라도 아동의 관심사를 놓치지 않고 지속해서 따라 한다.

• 언어 확장이 잘되지 않더라도 언어 유도를 위해 너무 학습적·지시적으로 이끌지 않고, 놀이는 항상 즐겁게 유지하도록 한다.

• 아동이 미장원 놀이를 좋아하지 않거나 원하지 않을 때 또는 아픈 경우에는 억지로 시도하지 않는다.

• 아동이 놀이 중 특정 사물만을 너무 선호한다면(예: 드라이기를 켬) 때로는 해당 사물을 제외한 상태에서 장난감을 제공한다.

미장원 놀이

생일축하 놀이 종합 / 언어기

1) 목표

(1) 부모 목표

- 관찰하기, 공동주의집중 및 공동활동 늘리기: 참여하며 놀기, 아동 주도 따르기
- 공동주의집중 및 공동활동 늘리기: 의사소통 촉진을 위한 놀이 확장
- 기다리기, 얼굴 마주 보기
- 모방하기, 언어 확장하기(1)
- 언어 확장하기(2), 차례 주고받으며 대화하기

(2) 아동 목표

- 생일 축하 놀이 상황에서 상호작용할 때 다양한 낱말, 문장 수준을 이해하고 표현할 수 있다.

🌀 **목표 예**
- 낱말 수준: 후~, 부〈불〉, 나, 부터〈붙여〉, 포도, 케이〈케이크〉, 우유, 꼬자〈꽂아〉, 노래, 아빠, 생일 등
- 초기 문장 수준: 불 꽂아, 더/또 꽂아, 이거 불, 우유 빼, 케이 부처/부터〈케이크 붙여〉, 아빠 축하해, 내 생일이야, 생일 노래해(요), 아빠 생일이야, 생일 축하해, 내 생일이에요 등

2) 언어 및 의사소통 촉진 방법

- 준비물: 생일 케이크, 장식에 쓰이는 과일, 크림, 초, 칼 등

〈놀이방법〉

① 아동이 좋아하는 장식에 쓰이는 용품들과 케이크를 준비한다.

② 관찰하기, 공동주의집중 및 공동활동 늘리기: 참여하며 놀기, 아동 주도 따르기

　a. 아동에게 여러 가지 모양의 장식용품을 보여 주며 아동이 무엇에 관심이 있고 좋아하는지를 관찰한다.

　　(예시1) 부모: ○○아, 우와 여기 ○○이가 좋아하는 초들이 많구나.

　　(예시2) 부모: 우와, 이건 ○○이가 좋아하는 맛있는 크림이네.

　b. 아동이 관심 있는 것을 만지거나 누르는 등의 반응을 보이면 아동의 관심을 따라간다.

　　(예시1) 부모: *(아동이 케이크를 만지면)* 우와, ○○이가 케이크를 좋아하는구나.

　　(예시2) 부모: *(아동이 촛불을 쳐다보면)* 우와, 초에 불이 있네.

　c. 아동이 부모가 준비한 것에 관심이 없으면 다른 준비물을 보여 주며 관심을 유도한다. 이때 질문을 하거나 지시를 하지 않고 놀이 상황만을 언급해 준다. 아동에게 질문하거나 지시를 하면 아동 주도가 부모 주도로 바뀌어 자발적인 의사소통이 될 수 없다. 그리고 가능한 아동의 행동에 민감하게 반응하면서 상호작용을 지속하도록 노력한다.

　⊛ 활용 예

　• 아동이 케이크 조각과 장식용품에 관심을 보이면 아동과 같이 만져 보고 좋아하는 장식품을 들거나 모양을 쳐다보면서 함께 모양을 같이 탐색해 보고 만져 본다.

　• 아동이 케이크 조각에 관심을 보이면 아동과 조각을 함께 붙여 보고, 조각을 떼어 내려고 하면 아동이 하는 대로 따라한다.

---

③ 공동주의집중 및 공동활동 늘리기: 의사소통 촉진을 위한 놀이 확장

　a. 아동이 좋아하는 케이크를 만지고 있다면 케이크 조각을 서로 붙이는 것과 장식품들을 케이크에 꽂는 것을 천천히 보여 준다.

　이때 부모는 아동이 부모가 장식품들을 케이크에 꽂는 것에 좀 더 집중할 수 있도록 억양을 다르게 하거나 재미있는 소리를 내며 관심을 유도한다. 그리고 지속적으로 아동이 부모의 행동에 관심을 두고 있는지를 확인한다.

b. 놀이가 매우 활기를 띠는 상황이 되면 아동이 더욱 재미를 느끼고 동기화되어 적극적인 상호작용을 할 수 있기 때문에 얼굴 표정, 제스처, 목소리 톤과 같은 비구어적 의사소통을 과장되게 표현하여 활기를 북돋아 준다.

c. 아동이 관심을 보인다면 반복적으로 보여 준다.

d. 만약 아동이 관심이 없다면 다시 보여 주거나 부모가 아동에게 케이크 장식을 건네고 아동이 장식을 꽂아 볼 수 있도록 한다. 또는 아동의 손에 케이크 조각 하나를 쥐어 준 뒤, 부모가 또 다른 케이크 조각 하나를 가져와 아이의 케이크에 붙여 보며 관심을 유도해 본다.

(예시1) 부모: (좋아하는 장식품을 보여 주고 아동에게 꽂아 보기를 유도하며) 딸기 꽂아.
우와~ 맛있겠다.

(예시2) 부모: (아이의 손에 있는 케이크에 부모가 든 케이크 조각을 붙이며) 우와~ 이거
뭐지? 케이크다.

e. 부모는 자극을 줄 때 아동이 잘 볼 수 있게 자세와 위치를 맞춰 둔다.

> 🎨 **활용 예**
> • 아동이 케이크 장식을 좋아하면 장식을 끼워 보기도 하고 먹는 흉내를 내기도 하면서 흥미를 가지도록 한다. 이때 관심을 더 끌 수 있도록 제스처와 재미있는 소리를 내며 놀이를 확장한다.
> • 아동이 케이크를 자르고만 있다면 케이크를 자른 뒤 접시나 상자에 담아 보게 하면서 놀이를 확장한다. 이때 관심을 더 끌 수 있도록 제스처와 재미있는 소리를 내며 놀이를 확장한다.

④ **기다리기, 얼굴 마주 보기**

a. 아동에게 생일 케이크 장식 놀이가 재미있다는 것을 충분히 보여 준 후 아동이 좋아하는 장식품을 들고 케이크에 끼우지 않은 채로 아동의 얼굴을 보며 반응을 기다려 본다. 혹은 아동이 스스로 케이크 조각을 붙이지 못한다면 아동에게 케이크 조각을 하나 쥐어 준 뒤 잠시 멈추고 아동의 반응을 기다린다.

(예시) 부모: 우와 이거 엄청 맛있겠다. 이거 케이크에 꽂아 보자. (아동이 원하는 장식품
을 달라고 하거나 케이크 조각을 붙여 달라고 할 때까지 기다린다)

b. 아동이 반응이 없다면 다시 한 번 케이크에 관심을 갖도록 노력한다. 그리고 부모가 아동의 얼굴을 바라보며 기다린다. 부모가 아동의 반응을 잘 기다리는 경우, 아동이 부모의 얼굴을 마주 보고 의사소통 의도를 표현하는 것을 확인할 수 있다.

c. 부모가 반응을 기다렸는데 아동이 부모에게 요청하지 않고 자신이 원하는 것만 하려고 한다면 부모는 아동이 부모에게 요청할 수 있는 또 다른 상황을 만들어 준다.

d. 이때 중요한 것은 아동의 반응이 정확한 문장이거나 정확한 발음의 낱말이 아니어도 좋다는 것이다. 부모는 어떤 의사소통 수단이든 아동의 상호작용 시작에 긍정적으로 반응해 준다.

    (예시1) 아동: (초를 달라고 하며) 후~ 부<불>.

        부모: 우와 알겠어. 엄마가 촛불을 줄게.

    (예시2) 아동: (케이크 조각을 붙여 달라고 하며) 부터<붙여>.

        부모: 우와 알겠어. 엄마가 케이크 붙여 줄게.

    (예시3) 아동: (다른 장식을 달라고 하며) 포도 줘.

        부모: 우와 알겠어. 아빠가 포도 줄게.

e. 기다리는 상황에서 부모가 무표정을 보이는 등 지시적/학습적인 상황이 되면 아동이 요청하지 않을 수 있다. 항상 부모가 가까이에 있어 언제든 도움을 줄 수 있다는 것을 아동이 인식하게 해 준다(예: 손을 가까이 두기). 그리고 기다리는 상황에서 다치거나 위험한 상황이 예상되면 상황을 만들지 않거나 미리 제지한다.

f. 반응이 잘 나오는 경우, 한 번의 시도에서 끝내는 것이 아니라 이를 반복적으로 해 보며 길게 상호작용하도록 한다.

◎ 활용 예

• 아동이 혼자서 케이크를 만지다가 케이크 모양을 붙이는 방향이 다르거나 케이크에서 장식품을 빼는 것이 어려울 때 바로 도와주지 않고 아동의 얼굴을 보며 반응을 기다린다. 아동이 반응을 보이면 즉각적으로 반응해 준다.

생일축하 놀이

낱말 수준	*(예시1)* 아동: *(케이크를 다른 방향으로 붙이며)* 케이<케이크>. 부모: 우와 알겠어. 엄마가 케이크 잘 붙여 줄게. *(예시2)* 아동: *(원하는 장식품을 빼 달라고 하며)* 우유. 부모: 우와 알겠어. 엄마가 우유크림 빼 줄게.
초기 문장 수준	*(예시1)* 아동: *(케이크를 다른 방향으로 붙이며)* 케이크 안 돼. 부모: 우와, 알겠어. 엄마가 케이크 잘 붙여 줄게. *(예시2)* 아동: *(원하는 장식품을 빼 달라고 하며)* 우유 빼. 부모: 우와 알겠어. 엄마가 우유크림 빼 줄게.

⑤ 모방하기, 언어 확장하기(1)

　a. 아동이 의사소통을 시작하기 위한 행동이나 소리를 냈다면 이를 모방한다. 대신 부모가 해석한 행동이 아니라 아동의 행동, 발성 그대로를 모방한다.

　b. 모방을 할 때는 부모가 아동의 행동을 모방하고 있다는 것을 충분히 과장되게 표현해 준다.

　c. 아동의 행동을 모방한 후에는 아동의 발성 및 언어 수준을 고려하여 확장을 해 준다. 만약 아동이 낱말 단계인데 음절 수준이 2음절이면 2음절 내에서 다양한 소리 목록을 넣어 들려준다. 만약 아동이 초기 문장 단계이면 무조건 긴 문장이 아니라 한 어절 정도를 추가하여 문장을 확장하여 들려준다.

　　(예시1) 아동: *(초를 달라고 하며)* 후~ 불.

　　　　부모: 불. 불 켜.

　　(예시2) 아동: *(케이크 조각을 붙여 달라고 하며)* 부터<붙여>.

　　　　부모: 부터, 붙여. 케이크 붙여.

　　(예시3) 아동: *(다른 장식을 달라고 하며)* 포도 줘.

　　　　부모: 포도 줘. 아빠 포도 줘.

　d. 아동이 다른 곳에 집중할 때보다는 부모와 상호작용하는 상황에서 공동 집중할 때 언어 확장을 시도한다. 이때, 부모는 아동에게 눈과 입을 보여 주며 목표 언어를 들려준다. 그리고 목표 언어를 강조해서 천천히 들려준다. 아동이 부모의 얼굴을 보고 있지 않은 상황이면 부모는

언어자극이 적절하게 입력될 수 있도록 자세와 위치를 변경하여 시선을 맞춰 본다. 발성 및 언어 확장을 할 때 제스처와 같은 시각적인 단서를 함께 사용한다.

e. 반응이 잘 나오는 경우, 한 번의 시도에서 끝내는 것이 아니라 이를 반복적으로 해 보거나 다른 케이크 장식들을 이용하여 보다 많은 횟수의 언어 확장이 이루어지도록 한다. 모방을 유도해도 좋다. 하지만 아동이 많이 거부하면 필수적으로 모방을 유도하지 않아도 좋다.

◎ 활용 예

• 아동이 혼자서 케이크를 만지다가 케이크 모양을 붙이는 방향이 다르거나 케이크에서 장식품을 빼는 것이 어려울 때 바로 도와주지 않고 아동의 얼굴을 보며 반응을 기다린다. 아동이 반응을 보이면 즉각적으로 모방해 주고 언어 확장을 해 준다.

낱말 수준	(예시1) 아동: (케이크를 반대 방향으로 붙이며) 케이<케이크>. 부모: 케이크, 케이크 아니. (예시2) 아동: (원하는 장식품을 빼 달라고 하며) 우유. 부모: 우유. 우유크림.
초기 문장 수준	(예시1) 아동: (케이크를 반대 방향으로 붙이며) 케이크 안 돼. 부모: 케이크 안 돼. 케이크 안 붙어. (예시2) 아동: (원하는 장식품을 빼 달라고 하며) 우유 빼. 부모: 우유 빼. 우유크림 빼.

---

⑥ 언어 확장하기(2), 차례 주고받으며 대화하기

a. 케이크에 초를 꽂고 생일을 축하하는 활동으로 부모와 함께 차례를 주고받으며 대화를 해 본다. 한 번은 아동이 부모에게 요청을 하면 부모가 반응해 주고, 다음 차례는 부모가 아동에게 요청하면 아동이 반응해 준다.

b. 이때 아동이 반응이 나올 때까지 기다리기를 본 활동에서도 적용해 본다. 어느 정도 활기찬 활동이 되고 반복이 이루어졌다면 기다리기를 한 후 부모가 확장해 준 언어를 모방할 때까지 기다려 본다. 아이가 언어 확장을 보이면 더 격한 반응으로 아이를 칭찬해 주면서 활동을 더욱 활기차게 만든다. 아이가 확장을 보이지 않는 경우에도 격려하면서 다시 반복해서 목표언어를 들려준다.

(예시) 부모: 자 우리 엄마 한 번, ○○ 한 번 해서 같이 촛불을 꽂아 보자. 누가 먼저 해 볼까?

아동: ○○ 꽂아.

부모: 자 그럼 ○○이가 먼저 꽂아 봐. ○○아, 엄마 별 그림 촛불 꽂아 줘.

아동: 불 꽂아. *(별 그림 촛불을 준다)*

부모: *(촛불을 꽂은 다음에)* 더 많이 꽂아 줘.

아동: 더 꽂아. *(더 많이 촛불을 꽂는다)*

부모: 자 이번에는 엄마가 촛불을 꽂을게. *(말하고 기다린다)*

아동: *(불 모양 촛불을 가리키며)* 이거, 불.

부모: 이거, 이거 불이야. *(불 모양 촛불을 꽂는다)*

아동: 또.

부모: 또, 또 꽂아. *(아동이 모방할 때까지 기다려 본다)*

아동: 또 꽂아.

부모: 우와 알겠어. 엄마가 촛불 또 꽂을게. 됐다. *(언어가 확장되었을 때 더 칭찬해 준다)*

c. 차례를 주고받으며 대화를 할 때 아동마다 차례를 주고받는 시간이 다를 수 있다. 아동이 흥미를 잃으면 오랜 시간을 지속할 수 없기 때문이다. 아동의 주의집중 시간에 따라 처음에는 짧은 시간이라도 차례를 주고받는 횟수(빈도)를 늘려 주도록 한다. 이후 상호작용을 지속할 수 있는 시간이 길어지면 차례를 주고받는 횟수(빈도)뿐만 아니라 한 가지 놀이를 통해서 차례를 주고받는 시간을 늘려 준다.

활용 예

낱말 수준	부모: 자, 엄마랑 ○○이랑 같이 생일 축하해 보자. *(말하고 기다린다)* 아동: 노래. 부모: 응~ 노래, 노래 해. *(노래하지 않고 가만히 있는다)* 아동: *(노래를 하자고 엄마에게 요구하는 상황)* 노래. 엄마. 부모: 노래 해. 노래해요. *(모방할 때까지 기다려 본다)*

	아동: 노래해요. 부모: 우와 알겠어. 엄마랑 생일 축하 노래 하자. (언어가 확장되었을 때 더 칭찬해 준다) 부모: (아동을 쳐다보며) 이번에는 누구 생일이라고 할까? 아동: 아빠. 부모: 아빠, 생일. 혹은 아빠 축하해. (모방할 때까지 기다린다) 아동: 아빠 축하해. 부모: 이제 아빠가 축하 노래해 줄게. ○○아. 생일 축하해. 아동: 생일. 부모: (케이크를 가리키며) 누구 생일이야? 아동: ○○. 나 생일. (자신을 가리킨다) 부모: 나, 아니야. 내 생일. 아동: 내 생일.
초기 문장 수준	부모: 자, 엄마랑 ○○이랑 같이 생일 축하해 보자. (말하고 기다린다) 아동: 노래 해. 부모: 응~ 노래. 생일 노래 해. (노래하지 않고 가만히 있는다) 아동: (노래를 하자고 엄마에게 요구하는 상황) 엄마 생일 노래. 부모: 노래 해. 생일 노래해요. (모방할 때까지 기다려 본다) 아동: 생일 노래해요. 부모: 우와 알겠어. 엄마랑 생일 축하 노래하자. (언어가 확장되었을 때 더 칭찬해 준다) 부모: 이번에는 누구 생일이라고 할까? (아동을 쳐다보며) 아동: 아빠, 아빠 생일이야. 부모: 아빠, 생일이야. 혹은 아빠 생일 축하해. (아동이 모방할 때까지 기다린다) 아동: 아빠 생일 축하해. 부모: 이제 아빠가 축하 노래해 줄게. ○○아. 생일 축하해. 아동: 생일 축하해. 부모: (케이크를 가리키며) 누구 생일이야? 아동: ○○. 내 생일이야. (자신을 가리킨다) 부모: 내 생일이에요. 아동: 내 생일이에요.

3) 고려사항

- 아동의 언어 및 의사소통 수준에 따라 들려주고 촉진하는 것이 달라질 수 있다.
- 언어 확장이 잘된다고 하더라도 아동의 관심사를 놓치지 않고 지속해서 따라 한다.
- 언어 확장이 잘되지 않더라도 언어 유도를 위해 너무 학습적·지시적으로 이끌지 않고, 놀이는 항상 즐겁게 유지하도록 한다.
- 아동이 놀이를 좋아하지 않거나 관심이 없는 경우에는 억지로 시도하지 않는다.
- 케이크를 장식하는 물건이 아동의 입에 들어가지 않도록 안전하게 활동을 한다.
- 음식을 먹는 흉내를 낼 때 자연스럽게 상징 놀이를 할 수 있도록 한다.

놀이활동 **책 보 기 활 동** 종합 / 언어이전기

1) 목표

(1) 부모 목표

- 관찰하기, 공동주의집중 및 공동활동 늘리기: 참여하며 놀기, 아동 주도 따르기
- 공동주의집중 및 공동활동 늘리기: 의사소통 촉진을 위한 놀이 확장
- 기다리기: 상호작용 시작 시간 기다리기, 얼굴 마주 보기
- 행동 및 구어 모방하기, 제스처/발성 및 언어 확장하기
- 기다리기: 상호작용 지시에 반응하기를 기다리기

(2) 아동 목표

- 책 보기 활동 상황에서 상호작용할 때 다양한 제스처, 발성, 언어를 이해하고 표현할 수 있다.

목표 예

- 제스처: (토끼 귀 쫑긋하며 흉내 내기), (돼지코 만들며 돼지 흉내 내기), (호랑이 흉내 내기)
- 발성 및 언어: 어흥, 꿀꿀, 아하하하(하품하는 모습) 등

---

2) 언어 및 의사소통 촉진 방법

- 준비물: 책

〈놀이방법〉

① 책이 있는 곳에 간다.

② 관찰하기, 공동주의집중 및 공동활동 늘리기: 참여하며 놀기, 아동 주도 따르기

　a. 아동과 함께 서로 얼굴을 마주 보며 책꽂이에 가서 아동에게 책을 만지게 한다. 아동이 어떤 책에 관심이 있고 좋아하는지를 관찰한다.

　　(예시) 부모: ○○아. 여기 책이 많이 있네.

　b. 만약 아동이 동물 책을 좋아한다면 아동의 관심을 따라간다.

　　(예시) 부모: (아동이 동물 책을 꺼내거나 꺼내려고 한다면) 아~ 이거. 혹은 아~ 어응<호랑이>.

　c. 아동이 부모가 준비한 것에 관심이 없으면 다른 준비물을 보여 주며 관심을 유도한다. 이때 질문을 하거나 지시를 하지 않고 상황만을 언급해 준다. 아동에게 질문하거나 지시를 하면 아동 주도가 부모 주도로 바뀌어 자발적인 의사소통이 될 수 없다. 그리고 가능한 아동의 행동에 민감하게 반응하면서 상호작용을 지속하도록 노력한다.

---

⑨ 활용 예
- 아동이 책에서 소리가 나거나 반짝반짝 불이 켜지는 것에 관심을 보인다면 함께 관심을 가져 본다.
- 아동이 책 보는 것보다는 넘기기에만 관심이 있다면 아동의 관심을 따라간다.

---

③ 공동주의집중 및 공동활동 늘리기: 의사소통 촉진을 위한 놀이 확장

　a. 아동이 동물 중에 호랑이에만 관심이 있다면 다른 동물들을 보여 주며 관심을 확장해 준다. 그리고 지속적으로 아동이 부모의 행동에 관심을 두고 있는지를 확인한다.

　b. 놀이가 매우 활기를 띠는 상황이 되면 아동은 더 재미있고 동기화될 수 있는 상호작용을 할 수 있기 때문에 얼굴 표정, 제스처, 목소리 톤과 같은 비구어적 의사소통을 과하게 하여 활기를 북돋아 준다.

　c. 아동이 관심을 보인다면 반복적으로 보여 준다.

d. 만약 아동이 관심이 없다면 이때 부모는 아동이 부모가 보여 주는 몸의 움직임과 소리에 집중할 수 있도록 억양을 다르게 하거나 재미있는 소리를 내며 관심을 유도한다.

> (예시) 부모: (아동이 호랑이를 떠서 보면 다른 동물들을 보여 주며) 우와 여기 다른 동물들이 있네. 우와 멋지다.

e. 부모는 자극을 줄 때 아동이 잘 볼 수 있게 자세와 위치를 맞춰 둔다.

◉ 활용 예
- 아동이 소리가 나거나 반짝반짝 불이 켜지는 것에 관심을 보인다면 다른 페이지를 넘기면서 확장해 본다.
- 아동이 책 넘기기에만 관심이 있다면 책에 노크하기, 동물 표정 따라 하기 등으로 확장해 본다.

---

④ 기다리기: 상호작용 시작 시간 기다리기, 얼굴 마주 보기

a. 책을 한 번씩 다 훑어본 후 아동 스스로 원하는 동물을 지적하거나 페이지를 펴는 아동의 반응을 기다린다.

> (예시) 부모: (동물 흉내를 내며 기다리다가 아동이 좋아하는 동물을 지적하거나 그 페이지를 펴면) 우와 이거 토끼네. (토끼 귀 쫑긋 제스처를 보여 주며) 깡총 깡총.

b. 아동이 반응이 없다면 다시 한 번 동물들을 흉내 내본다. 이때 부모가 아동의 얼굴을 바라보며 기다린다. 부모가 아동의 반응을 잘 기다리는 경우, 아동이 부모의 얼굴을 마주 보고 의사소통 의도를 표현하는 것을 확인할 수 있다.

c. 부모가 반응을 기다렸는데 아동이 부모에게 요청하지 않고 자신이 원하는 것만 하려고 한다면 부모는 아동이 부모에게 요청할 수 있는 또 다른 상황을 만들어 준다.

d. 이때 중요한 것은 아동의 반응이 정확한 구어여도 좋고 그렇지 않아도 된다는 것이다. 혹은 제스처나 모음발성이어도 좋다. 부모는 어떤 의사소통 수단이든 아동의 상호작용 시작에 긍정적으로 반응해 준다.

> (예시1) 아동: (호랑이를 보고 엄마를 쳐다본다)
>
> 부모: 우와 알겠어. 호랑이구나. 어흥.

(예시2) 아동: (돼지를 보고 코를 만지며) 어~

부모: 우와 맞아. 돼지. 꿀꿀.

e. 기다리는 상황에서 부모가 무표정을 보이는 등 지시적/학습적인 상황이 되면 아동이 요청하지 않을 수 있다. 항상 부모가 가까이에 있어 언제든 도움을 줄 수 있다는 것을 아동이 인식하게 해 준다(예: 손을 가까이 두기). 그리고 기다리는 상황에서 다치거나 위험한 상황이 예상되면 상황을 만들지 않거나 미리 제지한다.

f. 반응이 잘 나오는 경우, 한 번의 시도에서 끝내는 것이 아니라 이를 반복적으로 해 보며 길게 상호작용하도록 한다.

활용 예
- 아동이 소리가 나거나 반짝반짝 불이 켜지는 것에 관심을 보이고 버튼을 누르는 부분을 장난스럽게 막아 보고 아동의 누르라는 의도를 표현할 때까지 반응을 기다린다.
- 아동이 책 넘기기에 관심이 있어 다음 페이지 넘길 때 아동이 의도를 표현할 때까지 반응을 기다린다.

⑤ 행동 및 구어 모방하기, 제스처/발성 및 언어 확장하기

a. 아동이 의사소통을 시작하기 위한 행동이나 소리를 냈다면 이를 모방한다. 대신 부모가 해석한 행동이 아니라 아동의 행동, 발성 그대로를 모방한다.

b. 모방을 할 때는 부모가 아동의 행동을 모방하고 있다는 것을 충분히 과장되게 표현해 준다.

c. 아동의 행동을 모방한 후에는 아동의 발성 및 언어 수준을 고려하여 확장을 해 준다. 만약 아동이 모음이 주로 나온다면 모음의 소리를 확장해 주거나 몇 개의 자음만을 이용하여 확장한다. 만약 아동이 자음 2개가 모두 1음절 상황에서 나온다면 1음절의 소리를 중첩적으로 반복하여 들려주어 음절을 확장해 주거나 다른 자음을 1음절 상황에서 알려 주어 음소 목록을 확장하여 들려준다.

(예시1) 아동: (호랑이를 보고 두 손을 앞으로 내밀며 호랑이를 따라한다)

부모: (호랑이를 보고 두 손을 앞으로 내밀며 똑같이 따라 하며) 어~어흥~

(예시2) 아동: *(하품하는 동물을 보고 하품하는 제스처를 하며)* 아하하~

부모: *(하품하는 동물을 보고 하품하는 제스처를 하며)* 아하하 빠빠빠빠~

(예시3) 아동: *(돼지를 보고 지적하며)* 음마~마마<엄마>.

부모: *(돼지를 보고 지적하며)* 음마~ 마마<엄마>. *(코에 손을 대며)* 꿀꿀.

d. 아동이 다른 곳에 집중할 때보다는 부모와 상호작용하는 상황에서 공동 집중할 때 언어 확장을 시도한다. 이때, 부모는 아동에게 눈과 입을 보여 주며 목표 언어를 들려준다. 그리고 목표 언어를 강조해서 천천히 들려준다. 아동이 부모의 얼굴을 보고 있지 않은 상황이면 부모는 언어자극이 적절하게 입력될 수 있도록 자세와 위치를 변경하여 시선을 맞춰 본다. 발성 및 언어 확장을 할 때 제스처와 같은 시각적인 단서를 함께 사용한다.

e. 반응이 잘 나오는 경우, 한 번의 시도에서 끝내는 것이 아니라 이를 반복적으로 해 보거나 다른 언어들을 이용하여 보다 많은 횟수의 언어 확장이 이루어지도록 한다. 모방을 유도해도 좋다. 하지만 아동이 많이 거부하면 필수적으로 모방을 유도하지 않아도 좋다.

😊 활용 예

• 아동이 소리가 나거나 반짝반짝 불이 켜지는 것에 관심을 보이고 버튼을 누르는 부분을 장난스럽게 막아 보고 아동이 누르라는 의도를 표현할 때까지 반응을 기다린다. 기다린 후에 아동이 버튼을 포인팅하며 소리를 내면 모방해 주고 아동의 언어 및 의사소통 수준에 맞는 소리로 확장한다(예: 어~, 꾹 등).

• 아동이 책 넘기기에 관심이 있어 다음 페이지 넘길 때 아동이 의도를 표현할 때까지 반응을 기다린다. 기다린 후 아동이 소리를 내면 아동의 소리를 모방해 주고 확장한다(예: 여어<열어>, 열어 등).

---

⑥ 기다리기: 상호작용 지시에 반응하기를 기다리기

a. 책을 보고 부모는 동물 제스처와 소리를 들려주며 어디에 있는지 동물을 찾게 한다. 이때 충분히 기다려도 반응이 없다면 다시 들려주고 기다린다.

(예시) 부모: 자, 이제 우리 엄마가 말하는 동물 찾아보자. *(코에 손을 대며)* 꿀꿀. 꿀꿀. 어디 있어요?

b. 아동이 반응이 없다면 손을 잡고 다시 시도해 본다.

c. 아동이 반응이 없다면 활동에 주의집중할 수 있도록 신체적 촉구(예: 손 잡기)를 하여 활동 중심으로 시선을 옮겨온 후 다시 반응을 기다려 본다.

(예시) 부모: (돼지에 아동의 손을 갖다 대며) 꿀꿀 어디 있어요?

d. 그래도 반응이 없다면, 포인팅을 하거나 직접 지시를 하거나 모델링을 통해 아동이 해야 할 것을 보여 준다.

(예시) 부모: (돼지를 포인팅하며) 꿀꿀 어디 있어요?

e. 앞의 과정을 여러 차례 반복하며 알려 준다.

f. 이 목표에서는 아동에게 지시를 할 때 아동 주도 따르기를 반드시 사용할 필요는 없다.

◎ 활용 예
• 책을 덮고 부모가 흉내 내는 동물의 페이지를 찾게 한다.
• 버튼을 눌렀을 때 동물 소리가 나는 책이라면 부모의 동물을 찾으라는 지시에 버튼을 누르게 한다.

3) 고려사항

• 아동의 언어 및 의사소통 수준에 따라 들려주고 촉진하는 것이 달라질 수 있다.
• 언어 확장이 잘된다고 하더라도 아동의 관심사를 놓치지 않고 지속해서 따라 한다.
• 언어 확장이 잘되지 않더라도 언어 유도를 위해 너무 학습적·지시적으로 이끌지 않고, 놀이는 항상 즐겁게 유지하도록 한다.
• 아동이 놀이를 좋아하지 않거나 관심이 없는 경우에는 억지로 시도하지 않는다.
• 똑같은 책이어도 목적에 따라 활동을 다르게 할 수 있다. 책에 있는 동물 이름을 가르쳐 주는 데 활용할 수도 있고 책 페이지 넘기기, 책 속의 버튼 누르기, 책 속의 팝업을 함께 보기 등이 그 예이다.

| 놀이
활동 | **책 보 기 활 동** | 종합 / 언어기 |

1) 목표

(1) 부모 목표

- 관찰하기, 공동주의집중 및 공동활동 늘리기: 참여하며 놀기, 아동 주도 따르기
- 공동주의집중 및 공동활동 늘리기: 의사소통 촉진을 위한 놀이 확장
- 기다리기, 얼굴 마주 보기
- 모방하기, 언어 확장하기(1)
- 언어 확장하기(2), 차례 주고받으며 대화하기

(2) 아동 목표

- 책 보기 활동 상황에서 상호작용할 때 다양한 낱말, 문장을 이해하고 표현할 수 있다.

⊛ **목표 예**
- 낱말 수준: 호앙이〈호랑이〉, 돼지, 하품해, 누여〈눌러〉, 여어〈열어〉 등
- 초기 문장 수준: 호앙이〈호랑이〉 무서워, 돼지 코 여기 있네, 또 누여〈눌러〉, 엄마가 누여〈눌러〉 등

---

2) 언어 및 의사소통 촉진 방법

- 준비물: 책

〈놀이방법〉

① 책이 있는 곳에 간다.

② 관찰하기, 공동주의집중 및 공동활동 늘리기: 참여하며 놀기, 아동 주도 따르기

a. 아동과 함께 서로 얼굴을 마주 보며 책꽂이에 가서 아동에게 책을 만지게 한다. 아동이 어떤 책에 관심이 있고 좋아하는지를 관찰한다.

(예시) 부모: ○○아, 여기 책이 많이 있네.

b. 만약 아동이 동물책을 좋아한다면 아동의 관심을 따라간다.

(예시) 부모: (아동이 동물책을 꺼내거나 꺼내려고 한다면) 아~ 이거. 혹은 아~ 호랑이다.

c. 아동이 부모가 준비한 것에 관심이 없으면 다른 준비물을 보여 주며 관심을 유도한다. 이때 질문을 하거나 지시를 하지 않고 놀이 상황만을 언급해 준다. 아동에게 질문하거나 지시를 하면 아동 주도가 부모 주도로 바뀌어 자발적인 의사소통이 될 수 없다. 그리고 가능한 아동의 행동에 민감하게 반응하면서 상호작용을 지속하도록 노력한다.

⊛ **활용 예**
- 아동이 책에서 소리가 나거나 반짝반짝 불이 켜지는 것에 관심을 보인다면 함께 관심을 가져 본다.
- 아동이 책 보는 것보다는 넘기기에만 관심이 있다면 아동의 관심을 따라간다.

③ 공동주의집중 및 공동활동 늘리기: 의사소통 촉진을 위한 놀이 확장

a. 아동이 동물 중에 호랑이에만 관심이 있다면 다른 동물들을 보여 주며 관심을 확장해 준다.

b. 놀이가 매우 활기를 띠는 상황이 되면 아동이 더욱 재미를 느끼고 동기화되어 적극적인 상호작용을 할 수 있기 때문에 얼굴 표정, 제스처, 목소리 톤과 같은 비구어적 의사소통을 과장되게 표현하여 활기를 북돋아 준다.

c. 아동이 관심을 보인다면 반복적으로 보여 준다.

d. 만약 아동이 관심이 없다면 부모는 아동이 부모가 보여 주는 몸의 움직임과 소리에 집중할 수 있도록 억양을 다르게 하거나 재미있는 소리를 내며 관심을 유도한다. 그리고 지속적으로 아동이 부모의 행동에 관심을 두고 있는지를 확인한다.

(예시) 부모: (아동이 호랑이를 떼서 보면 다른 동물들을 보여 주며) 우와 여기 다른 동물들이 있네. 우와 멋지다.

e. 부모는 자극을 줄 때 아동이 잘 볼 수 있게 자세와 위치를 맞춰 둔다.

◎ 활용 예
• 아동이 소리가 나거나 반짝반짝 불이 켜지는 것에 관심을 보인다면 다른 페이지를 넘기면서 확장해 본다.
• 아동이 책 넘기기에만 관심이 있다면 책에 노크하기, 동물 표정 따라 하기 등으로 확장해 본다.

④ 기다리기, 얼굴 마주 보기
a. 아동과 함께 책을 한 번씩 다 훑어본 후 아동 스스로 원하는 동물을 지적하거나 페이지를 펴는 아동의 반응을 기다린다.

(예시) 부모: (동물 흉내를 내며 기다리다가 아동이 좋아하는 동물을 지적하거나 그 페이지를 펴면) 우와 이거 토끼네. (토끼 귀 쫑긋 제스처를 보여 주며) 깡총 깡총.

b. 아동이 반응이 없다면 다시 한 번 동물들을 흉내 내본다. 이때 부모가 아동의 얼굴을 바라보며 기다린다. 부모가 아동의 반응을 잘 기다리는 경우, 아동이 부모의 얼굴을 마주 보고 의사소통 의도를 표현하는 것을 확인할 수 있다.

c. 부모가 반응을 기다렸는데 아동이 부모에게 요청하지 않고 자신이 원하는 것만 하려고 한다면 부모는 아동이 부모에게 요청할 수 있는 또 다른 상황을 만들어 준다.

d. 이때 중요한 것은 아동의 반응이 정확한 문장이거나 정확한 발음의 낱말이 아니어도 좋다는 것이다. 부모는 어떤 의사소통 수단이든 아동의 상호작용 시작에 즉각적으로 반응해 준다.

(예시1) 아동: (호랑이를 보고 엄마를 쳐다본다)
부모: 우와 알겠어. 호랑이구나.
(예시2) 아동: (돼지를 보고 코를 만지며) 엄마 꿀꿀~
부모: 우와 맞아. 돼지. 꿀꿀

e. 기다리는 상황에서 부모가 무표정을 보이는 등 지시적/학습적인 상황이 되면 아동이 요청하지 않을 수 있다. 항상 부모가 가까이에 있어 언제든 도움을 줄 수 있다는 것을 아동이 인식하게 해 준다(예: 손을 가까이 두기). 그리고 기다리는 상황에서 다치거나 위험한 상황이 예상되면

상황을 만들지 않거나 미리 제지한다.

f. 반응이 잘 나오는 경우, 한 번의 시도에서 끝내는 것이 아니라 이를 반복적으로 해 보며 길게 상호작용하도록 한다.

⊚ 활용 예

- 아동이 소리가 나거나 반짝반짝 불이 켜지는 것에 관심을 보이고 버튼을 누르는 부분을 장난스럽게 막아 보고 누르라는 의도를 표현할 때까지 반응을 기다린다.
- 아동이 책 넘기기에 관심이 있어 다음 페이지를 넘길 때 의도를 표현할 때까지 반응을 기다린다.

낱말 수준	*(예시1)* 아동: *(버튼을 누르라고 하며)* 누여<눌러>. 부모: 우와 알겠어. 불 눌러 보자. *(예시2)* 아동: *(책 열어 달라고 하며)* 여어<열어>. 부모: 응~ 책 열어 줄게.
초기 문장 수준	*(예시1)* 아동: *(버튼을 누르라고 하며)* 엄마 누여<눌러>. 부모: 우와 알겠어. 엄마가 눌러 줄게. *(예시2)* 아동: *(책 열어 달라고 하며)* 또 봐. 부모: 응~ 알겠어. 우리 또 보자.

⑤ 모방하기, 언어 확장하기(1)

　a. 아동이 의사소통을 시작하기 위한 행동이나 소리를 냈다면 이를 모방한다. 대신 부모가 해석한 행동이 아니라 아동의 행동, 발성 그대로를 모방한다.

　b. 모방을 할 때는 부모가 아동의 행동을 모방하고 있다는 것을 충분히 과장되게 표현해 준다.

　c. 아동의 행동을 모방한 후에는 아동의 발성 및 언어 수준을 고려하여 확장을 해 준다. 만약 아동이 낱말 단계인데 음절 수준이 2음절이면 2음절 내에서 다양한 소리 목록을 넣어 들려준다. 만약 아동이 초기 문장 단계이면 무조건 긴 문장이 아니라 한 어절 정도를 추가하여 문장을 확장하여 들려준다.

　　(예시1) 아동: *(호랑이를 보고 엄마를 쳐다본다)*

　　　　부모: 우와 알겠어. *(호랑이를 함께 보고 흉내 내며)* 어흥~ 호랑이.

(예시2) 아동: (돼지를 보고 코를 만지며) 엄마 꿀꿀~

부모: 우와 맞아. 엄마 꿀꿀. 엄마 이거 돼지야

d. 아동이 다른 곳에 집중할 때보다는 부모와 상호작용하는 상황에서 공동 집중할 때 언어확장을 시도한다. 이때, 부모는 아동에게 눈과 입을 보여 주며 목표 언어를 들려준다. 그리고 목표 언어를 강조해서 천천히 들려준다. 아동이 부모의 얼굴을 보고 있지 않은 상황이면 부모는 언어자극이 적절하게 입력될 수 있도록 자세와 위치를 변경하여 시선을 맞춰 본다. 발성 및 언어확장을 할 때 제스처와 같은 시각적인 단서를 함께 사용한다.

e. 반응이 잘 나오는 경우, 한 번의 시도에서 끝내는 것이 아니라 이를 반복적으로 해 보거나 다른 그림이나 책들을 이용하여 보다 많은 횟수의 언어 확장이 이루어지도록 한다. 모방을 유도해도 좋다. 하지만 아동이 많이 거부하면 필수적으로 모방을 유도하지 않아도 좋다.

🖾 활용 예
• 아동이 소리가 나거나 반짝반짝 불이 켜지는 것에 관심을 보이고 버튼을 누르는 부분을 장난스럽게 막아 보고 누르라는 의도를 표현할 때까지 반응을 기다린다. 기다린 후에 아동이 버튼을 포인팅하며 소리를 내면 모방해 주고 아동의 언어 및 의사소통 수준에 맞는 소리로 확장한다(예: 눌러, 이거 꾹 눌러 등)
• 아동이 책 넘기기에 관심이 있어 다음 페이지로 넘기라는 의도를 표현할 때까지 반응을 기다린다. 기다린 후 아동이 소리를 내면 아동의 소리를 모방해 주고 확장한다(예: 펴, 또 보여 줘 등).

낱말 수준	*(예시1) 아동: (버튼을 누르라고 하며) 누여<눌러>.* 부모: 누여, 눌러. *(예시2) 아동: (책 열어 달라고 하며) 여어<열어>.* 부모: 여어, 열어.
초기 문장 수준	*(예시1) 아동: (버튼을 누르라고 하며) 엄마 누여<눌러>.* 부모: 엄마 누여, 엄마가 눌러. *(예시2) 아동: (책 열어 달라고 하며) 또 봐.* 부모: 또 봐, 엄마 또 보여 줘.

⑥ 언어 확장하기(2), 차례 주고받으며 대화하기

a. 책보기 활동에서 부모와 함께 차례를 주고받으며 대화를 해 본다. 한 번은 아동이 부모에게 요청을 하면 부모가 반응해 주고, 다음 차례는 부모가 아동에게 요청하면 아동이 반응해 준다.

b. 이때 아동이 반응이 나올 때까지 기다리기를 본 활동에서도 적용해 본다. 어느 정도 활기찬 활동이 되고 반복이 이루어졌다면 기다리기를 한 후 부모가 확장해 준 언어를 모방할 때까지 기다려 본다. 아동이 언어 확장을 보이면 더 격한 반응으로 아이를 칭찬해 주면서 활동을 더욱 활기차게 만든다. 아동이 언어 확장을 보이지 않는 경우에도 격려하면서 다시 반복해서 목표 언어를 들려준다.

(예시) 부모: 자 우리 엄마랑 같이 책 보자.

아동: 네. *(호랑이를 가리킨다)*

부모: 우와 여기 호랑이가 있네. *(호랑이 흉내 내며)* 어흥 호랑이.

아동: 어흥.

부모: 어흥. 호랑이다.

아동: 호앙이다<호랑이다>.

부모: 어흥 호앙이다. 호랑이 무서워.

아동: *(책을 넘기며 돼지에 관심을 보이고 엄마를 쳐다보며)* 돼지.

부모: 돼지. 돼지 꿀꿀.

아동: 돼지 꿀꿀.

부모: 돼지 꿀꿀. 돼지 코 여기 있네.

아동: 돼지 코.

아동: *(책을 넘겨 하품하는 것을 보며)* 하~

부모: 하~ 하품해.

아동: 하~

부모: 하~ 하품해.

아동: 하품해.

부모: 하품해. 코끼리가 하품해.

부모: 자 이번에는 엄마가 말하는 것 보고 찾아봐요.

아동: 네.

부모: 코끼리가 하품해. 어디 있나요? (아동의 반응을 기다린다)

아동: (찾아서 코끼리 코를 따라 하며) 여기.

부모: 우와 잘한다. 그럼 이번에는 꿀꿀 돼지 어디 있나요?

아동: 꿀꿀 돼지?

부모: 응.

아동: (페이지를 넘기며) 여기 있다 꿀꿀.

부모: 우와 잘했어. 꿀꿀. 돼지 코가 어디 있지?

아동: (돼지 코를 가리키며) 여기.

c. 차례를 주고받으며 대화를 할 때 아동마다 차례를 주고받는 시간이 다를 수 있다. 아동이 흥미를 잃으면 오랜 시간을 지속할 수 없기 때문이다. 아동의 주의집중 시간에 따라 처음에는 짧은 시간이라도 차례를 주고받는 횟수(빈도)를 늘려 주도록 한다. 이후 상호작용을 지속할 수 있는 시간이 길어지면 차례를 주고받는 횟수(빈도)뿐만 아니라 한 가지 놀이를 통해서 차례를 주고받는 시간을 늘려 준다.

😊 활용 예

낱말 수준	(예시1) 부모: 자 우리 책 보고 버튼을 눌러 볼까요? 아동: (버튼을 누르라고 하며) 누여<눌러>. 부모: 누여, 눌러. (아동에게 버튼을 누르게 한다) 아동: (다른 버튼을 누르라고 하며) 누여<눌러>. 부모: 누여, 또 눌러. (예시2) 아동: (책 열어 달라고 하며) 여어<열어>. 부모: 여어, 열어. 아동: (다른 페이지 열어 달라고 하며) 여기 여어<열어>. 부모: 여기 여어. 코끼리 여어.
초기 문장 수준	(예시1) 아동: (버튼을 누르라고 하며) 엄마 누여<눌러>. 부모: 엄마 누여, 엄마가 눌러. 아동: 엄마가. 부모: 엄마가. 엄마가 눌러. 아동: 엄마가 누여<눌러>.

	(예시2) 아동: *(책을 열어 달라고 하며)* 또 봐. 부모: 또 봐. 엄마 또 보여 줘. 아동: 또 보여 줘. 부모: 또 보여 줘. *(장난치며)* 싫어. 아동: 엄마 또 보여 줘. 부모: 엄마 또 보여 줘. 엄마 돼지 꿀꿀 보여 줘.

3) 고려사항

- 아동의 언어 및 의사소통 수준에 따라 들려주고 촉진하는 것이 달라질 수 있다.
- 언어 확장이 잘된다고 하더라도 아동의 관심사를 놓치지 않고 지속해서 따라 한다.
- 언어 확장이 잘되지 않더라도 언어 유도를 위해 너무 학습적·지시적으로 이끌지 않고, 놀이는 항상 즐겁게 유지하도록 한다.
- 똑같은 책이어도 목적에 따라 활동을 다르게 할 수 있다. 책에 있는 동물 이름을 가르쳐 주는 데 활용할 수도 있고 책 페이지 넘기기, 책에 있는 버튼 누르기, 책 속의 팝업을 함께 보기 등이 그 예이다.

저자 소개 ·····································

진연선(Jin Yeonsun)
한림대학교 대학원 언어청각학과 언어병리학(박사)
1급 언어재활사
현 한림대학교 보건대학원 언어병리학과 겸임교수
  아이들세상의원 공감형의사소통발달연구소장
  아이들세상의원 언어치료사
  한국난독증협회 '난독증 평가 및 치료' 자문 위원 및 슈퍼바이저
  여성가족부 사업 다문화 언어발달지도 슈퍼바이저

〈대표 저서〉
우리말카드와 함께하는 한국어 해독해(공저, 학지사, 2017)
우리말카드(공저, 인싸이트, 2013)
5~8세 아동을 위한 교육 교재: 의미, 문법, 화용 및 담화, 읽기 및 쓰기(공저, 여
  성가족부, 2013)
다문화가족 자녀와 함께하는 이야기글, 설명·설득글: 함께 읽고 말해요(공저,
  여성가족부, 2010)

김다윤(Kim Dayoon)
연세대학교 대학원 언어병리학(석사)
1급 언어재활사
현 아이들세상의원 공감형의사소통발달연구소 연구원
  아이들세상의원 언어치료사

김종경(Kim Jongkyung)
단국대학교 대학원 특수교육학과 언어병리전공(석사)
1급 언어재활사
현 아이들세상의원 공감형의사소통발달연구소 연구원
    아이들세상의원 언어치료사

주은영(Joo Eunyoung)
한림대학교 대학원 언어청각학과 언어병리학(석사)
1급 언어재활사
현 아이들세상의원 공감형의사소통발달연구소 연구원
    아이들세상의원 언어치료사
    을지병원 정신건강의학과 소아청소년 발달증진클리닉 언어치료사

송엽(Song Yeop)
한림대학교 보건과학대학원 언어병리학(석사)
2급 언어재활사
현 아이들세상의원 공감형의사소통발달연구소 연구원
    아이들세상의원 언어치료사

우리 아이와 함께 나누어요

영유아의 언어 · 의사소통 발달 촉진 부모교육 프로그램

Share with My Child

Parent Education Program to Facilitate Language and
Communication Abilities of Infants and Toddlers

2018년 1월 30일 1판 1쇄 발행
2024년 7월 25일 1판 4쇄 발행

지은이 • 진연선 · 김다윤 · 김종경 · 주은영 · 송엽
펴낸이 • 김 진 환
펴낸곳 • (주)**학지사**
            04031 서울특별시 마포구 양화로 15길 20 마인드월드빌딩 5층
대표전화 • 02) 330-5114   팩스 • 02) 324-2345
등록번호 • 제313-2006-000265호
홈페이지 • http://www.hakjisa.co.kr
인스타그램 • https://www.instagram.com/hakjisabook

ISBN 978-89-997-1445-0 93370

정가 **23,000원**

출판미디어기업 **학지사**

간호보건의학출판 **학지사메디컬** www.hakjisamd.co.kr
심리검사연구소 **인싸이트** www.inpsyt.co.kr
학술논문서비스 **뉴논문** www.newnonmun.com
원격교육연수원 **카운피아** www.counpia.com
대학교재전자책플랫폼 **캠퍼스북** www.campusbook.co.kr